KB236948

한국영화와 민주주의

한국영화와 민주주의

초판 1쇄 발행 2011년 12월 30일

편 자 | 한국현대매체연구회 이순진 · 이승희
발행인 | 윤관백
발행처 | 

편 집 | 이경남 · 김민희 · 하초롱 · 소성순 · 안수진
표 지 | 김현진
제 작 | 김지학
영 업 | 이주하

인 쇄 | 대덕인쇄
제 본 | 광신제책

등록 | 제5-77호(1998.11.4)
주소 | 서울시 마포구 마포동 324-1 곳마루 B/D 1층
전화 | 02)718-6252 / 6257   팩스 | 02)718-6253
E-mail | sunin72@chol.com
Homepage | www.suninpub.co.kr

정가 30,000원
ISBN 978-89-5933-400-1(세트)
ISBN 978-89-5933-498-8 94300

민주화운동기념사업회 4월혁명 50주년 기념 연구총서 7

한국영화와 민주주의

한국현대매체연구회
이순진 · 이승희 편

발간사

　지난해 50주년을 맞이했던 4월혁명이 다시 한 해를 더 보냈습니다. 50년 전 이승만 정권에 짓밟혔던 민주주의를 회복하기 위해 수많은 젊은이들이 희생되었고, 그 희생 위에 우리의 민주주의가 세워졌습니다. 부정선거에 대한 학생시위로 시작되어 시민혁명으로 발전한 4월혁명은 민주화운동의 시원이자 한국민주주의의 거대한 분수령이었습니다. 뿐만 아니라 4월혁명은 아시아는 물론 세계 민주화 역사에서도 선도적 모범으로서 길이 남을 위대한 혁명이었습니다.

　민주화운동기념사업회는 4월혁명 50주년을 맞았던 작년부터 그 정신을 재조명하고 계승하기 위한 일련의 작업을 진행해 왔습니다. 사료관에서 4월혁명 관련사료를 집대성하여 4월혁명 사료총집 8권을 발행한 것도 그런 작업의 일환이었습니다. 그리고 연구소는 전국적으로 학술토론회를 개최하여 4월혁명의 구체적인 역사를 복원하고, 학술단체들과 함께 오늘의 시각에서 4월혁명을 재조명하는 다양한 연구를 진행한 바 있습니다. 모두 7권으로 발행되는 4월혁명 50주년 기념총

시장 : 한국영화와 민주주의

한국영화는 '발전'했는가. 그렇다고도 말할 수 있다. 무엇을 그 기준으로 삼을 것인가에 따라 달라지는 답변일 테지만, 한국영화가 '조선영화', '국산영화', '방화'로 불리던 시절에 비하자면 괄목할 만한 변화가 있었음에 틀림없다. 그 시절은 식민지시대로부터 가깝게는 제5공화국에 이르는 오랜 시간이었으며, 그동안에 여러 변화가 있었음에도 불구하고 한국영화의 구조적 병폐로 지목되어온 한결 같음이 있었으니 그것은 '거대한' 국가와 '왜소한' 시장이라는 불균형한 역학관계였다. 이 거대함과 왜소함의 짝은 영화가 시장의 영역에서 그 둥지를 틀기 시작할 무렵부터 초래된 것이었고, 주지하는 바와 같이 탈식민 이후에도 오랫동안 그 상황은 거의 달라지지 않았다. 상영과 외화배급이 영화사의 대부분을 차지했던 식민지시대에 비하면, 1950년대 후반 이후의 엄청난 제작편수는 그야말로 한국영화의 전성시대를 구가했던 증거로 비춰지기도 하지만, 이 역시 국가권력에 의한 정치적 조율의 결과였을 따름이다. 즉 시장은 있었으되, 그것은 어디까지나 국가권력의 강력한 드라이브에 의해 좌우되는 타율성을 본질로 삼고 있었다.

　국가와 시장의 불균형한 역학관계는 1987년을 분기점으로 하여 비로소 변화가 일기 시작했다. 1987년이 그 전환점이 된 것은 당연했다. 그 불균형한 역학관계가 지극히 정치적인 결정에서 비롯되었듯이, 그 변화 역시 정치적인 계기에서 시작되었다. 정치적 자유에의 요구는 사회변동을 추동했으며, 한국영화 역시 산업적 매력을 가진 경쟁력 있는 미디어로 급부상하였다. 이는 영화가 문화자본으로서의 가치가 널리 합의되는 과정이기도 했지만, 여기에는 그것이 인문학적 상상력을 대중적으로 고양시킬 수 있는 미디어라는 기대도 얼마간은 작용했다. 기술의 발전과 유능한 인력의 축적, 그리고 소재의 다변화와 창의적인 주제의식은 바로 이러한 맥락 속에서 이뤄진 결과였다. 물론 이 모든 것이 가능했던 것은 한국영화가 비로소 국가권력의 시스템으로부터 독립하기 시작하여 그 자율성을 토대로 명실상부한 문화산업으로 구축되어갔다는 점에 있다. 한국영화의 발전을 논할 수 있다면, 그것은 국가와 시장의 불균형한 역학관계에서 비롯된 여러 병폐들이 역학구조의 변화에 따라 상당부분 극복되었기 때문일 것이다.

　그러나 문제가 그렇게 단순하지만은 않을 것이다. 그것은 두 가지 차원에서 그렇다. 하나는 그러한 거시적인 구조와 연관되어 있으면서도 그 질기고도 질긴 미시적인 수준의 문제, 즉 제도 및 역사의 경험이 좀처럼 사라지지 않는 장구한 지속력으로 특정한 문화적 결과들을 생산해내고 있다는 점이다. 그것은 구조적이거나 제도적인 차원에서 발현되기도 하지만, 텍스트는 이 모든 것들이 응집되어 있는 결정(結晶)이라는 점에서 더욱 문제적이다. 지나간 과거가 분명한데도, 오지 않은 미래임이 분명한데도, 텍스트에서는 생생하게 살아있는 현실로 현상하기 일쑤이다. 때로는 노골적으로, 때로는 은밀하게. 잊을 만하면 불러내는 '과거'는 현재의 우리가 떠나보내지 못한 유령의 방문이며, 어딘가 익숙한 '미래'는 현재를 견디어내는 한낮의 백일몽이다. 텍스트에는 현실을 초과하는 과거와 미래가 공존하고 있다. 한국영화 1세기의 역사는 그런 점에서 직선의 시간이 아니라 그 모든 시간들이 앞서거니 뒤서거니 하면서 중첩되어 있는 공간의 역사라 할 만한다.

다른 하나는 국가와 시장의 역학관계가 한국영화의 성장을 돕는 방향으로 진행되었다고 해도, 이제 시장의 법칙이 모든 것을 삼켜버리는 거대한 공룡처럼 움직이기 시작했다는 점이다. 사실, 시장경제의 논리가 충분히 활성화된다고 해서 한국영화에서 민주화가 비로소 성취될 수 있는 것은 아니다. 그 역기능 또한 만만치 않다. '큰' 시장이 권위주의적인 국가권력과 결탁할 가능성, 그리고 모든 사회관계가 경제체계 속에 내장되는 시장주의의 가능성 또한 어렵지 않게 상상될 수 있기 때문이다. 그런 점에서 생각하자면 현재 제작·배급·상영 등 영화산업의 구조는 국가와는 또 다른 의붓아비를 만난 형국이다. 소수 메이저 회사들의 시장독점은 현저하고, 그 외부에 존재하는 영화들은 사라져가고 있다. 시장의 활력이 가져다준 문화적 생산성은 점차 고갈되어가고 있으니, 다양한 시선과 차이에 대한 억압은 시장의 논리에 의해 급속하게 진행되고 있는 중이다. 하지만 이 새롭게 제기된 문제들의 해법은 좀처럼 보이지 않고 있다. 국가권력과 시장의 편향적 역학구도를 모두 경험한 상황에서, 양자의 행복한 균형추가 되어줄 그 무엇이 절실히 필요한 상황이다.

사유가 여기에 미치면, '발전'이란 그저 공허한 수사일 따름이 된다. 다만 분명히 말할 수 있는 것은 한국영화, 더 나아가 한국문화계의 민주화가 한국사회의 민주화와 필연적인 관계에 놓인다는 점일 것이다. 경제적 자유에의 요구가 정치적 자유의 획득으로 고양되고, 그러한 사회의 윤리적 압력이 그 역기능을 저지해야만 비로소 민주화의 성취는 가능해질 것이다. 그런 점에서 4·19혁명은 그러한 장면을 '혁명적으로' 밀낼 수 있있던 경험이었나고 할 수 있다. 이 시간성을 통해 '비민주성'이 지각되고 공개되었으니, 그것은 식민지시대를 거쳐 자유당 정부에 이르렀던 모든 관행과 제도에 대한 부정이었다. 그러나 '비민주성'의 선명함에 비해 '민주화'의 과제는 추상적이었으며 이것이 좀 더 구체화되기 위해서는 시간이 다소 필요했다. 물론 이는 5·16쿠데타로 인해 유예되었지만, 그 혁명성은 권위주의적인 국가권력이 강력했던 시대에도 사라질 수 없는 원초적 장면이었음이 분명하다.

'한국영화'와 '민주주의'—이 책이 내세운 주제는 이러한 영화사적 현실을 성찰적으로 바라보면서 그 해법을 찾아보고자 하는 바람으로 기획되었다. 2010년 4·19혁명 50주년을 기념하여 현대매체연구회와 민주화운동기념사업회는 〈민주주의와 한국영화〉라는 제하의 심포지엄을 개최했고, 그 성과를 바탕으로 핵심적으로 제기되어야 할 주제들이 보완되면서 하나의 책으로 엮기에 이르렀다.

이 과정을 거치면서 얻은 소득이 있었다면 그것은 4·19혁명이 한국영화의 과거와 미래를 모두 품어내는 시간성을 갖고 있다는 새삼스런 발견이었다. 혁명의 물리적 시간은 1년 남짓에 불과하지만, 약간의 과장이 허용된다면 여기에는 1세기의 시간이 담겨 있었다. '거대한' 국가와 '왜소한' 시장의 불균형한 역학관계가 지속되는 시간 안에서 4·19는 마치 섬처럼 존재하지만, 이 섬에는 식민지와 해방 그리고 한국전쟁으로부터 유전된 기억들이 마치 햄릿에게 나타난 선왕의 유령처럼 출몰하였고, 한 번도 입에 올려보지 않았을 것 같은 언어들이 뭍을 향해 쏟아졌다. 그리고 오염된 뭍을 바로잡을 이념으로서 민주주의가 제시되었다. 이 언어는 과거를 재정의하였으며 다가올 미래의 윤리적 기준이 되었다. 이 총체성은 한국영화의 역사에서 찰나의 순간이었겠지만, 바로 그것은 식민 이후로부터 유전되어온 역사적 흔적들의 섬광이었다. 그리고 섬이 사라진 이후, 4·19의 경험은 그 이전의 기억들에 겹쳐져 다시 그 흔적으로 잔존하였다. 4·19혁명은 말하자면 그 전후(前後)의 일상적 시간들을 낯설게 불러오면서 이를 새롭게 비추는 특별한 조우였던 셈이다. 이 책의 저자들이 4·19혁명을 하나의 소실점으로 삼기보다는 그 특별한 외출의 전사(前史)와 그 섬광이 어떻게 이후의 역사와 조우하는가에 훨씬 더 많은 관심을 기울인 까닭도 거기에 있을 것이다. 말하자면, 4·19혁명은 한국영화의 역사에서 민주주의를 사유하도록 유인하는 동시에 그 전후의 시간들로 시선을 확장할 것을 요청하는 안내자인 셈이다. 이에 따라 총11편의 글들을 세 가지의 주제로 나누어 4·19혁명을 전후로 한 한국영화의 역사를 묘사해보고자 하였다.

풍속의 와동, 제도의 폭력과 대중의 실천 사이에서

근대에 접어들어 문화사에서 일어난 가장 큰 변화를 꼽는다면, 그것은 문화의 산업화 현상일 것이며 그 가운데 가장 유력한 미디어로 영화가 등장했다는 점일 것이다. 그러나 동시에 영화는 대중에게 강력한 영향력을 행사할 수 있는 매스미디어라는 점에서 국가권력이 적극적으로 관심을 보인 대상이기도 했다. 영화의 이와 같은 태생적 모순이 한국의 경우 더욱 특별하게 다가오는 것은, 영화의 역사가 일본제국의 식민지경영이라는 거시적인 차원에서 시작됨으로써 매우 기형적인 양상으로 진행되었다는 점에 있다. 식민권력의 지배력은 절대적이었으나, 영화의 산업화 가능성은 매우 낮은 수준에서 결정되어 '모순'이라고 말할 만한 그 무엇을 갖고 있지 못했다. 극장을 거점으로 하는 흥행업의 주도권은 재조 일본인들이 갖고 있었고, 더욱이 1930년대 중반에 이르면 일본내지로부터 육박해 들어온 흥행자본은 식민지 조선의 영화시장을 거의 점유한 지경에 이르렀다. 식민지주민의 문화적 생산성은 시간이 길수록 고갈되어가고 있었다.

1945년 8월, 갑작스럽게 맞이한 해방은 그런 점에서 하나의 기회였다. 흥행문화 통제의 알파와 오메가였던 (일본)국가권력이 갑자기 사라졌으며, 일본인이 점유했던 문화자본도 일시에 공중분해 되었고, 사회영역은 억압된 것의 귀환으로 넘쳐흘렀다. 이승희의 「흥행 장의 정치경제학과 폭력의 구조, 1945~1961」은 바로 그 시점의 현저한 변화, 즉 국가와 시장의 역학이 진동하고 있음에 주목하면서 흥행 장이 어떻게 재질서화되는지를 추적하고 있다.

그런 점에서 적산극장의 향방과 극장-민간기구의 출현을 주시한 것은 당연했다. 극장은 근대 이후 흥행문화의 거점으로서 그 점유권의 향방이 중요한 사안이 될 수밖에 없었다는 점에서, 그리고 극장-민간기구의 출현은 국가권력의 독점을 제어할 수 있는 제도적 장치로서 시장의 자율성을 주장하는 징후였다는 점에서 그러했다. 그러나 결과는 나쁘게 흘러갔다. 사회여론은 적산극장을 공공기관으로 전환할 것을 촉구했으나, 이는 결국 현실화되지 못했다. 또한 적산관리인이 중심이 된 극장-민간기구는 자신들의 취약한 입지를 지배권력과의 종속적 관계로 보상함으로써 경제적/정치적 동원의 수행기구이기를 자처했다. 이러한 일련의 과정은 식민권력이 일궈놓은 흥행시장의 허약성이 국가권력과 종속적 관계를 맺게 되는 토대가 되었음을 시사한다. 그리고 자유당정부에 이르러 극장 혹은 극장-민간기구는 탈법의 묵인을 보장받으면서 유력한 인사들의 정치자금을 지원하는 비선의 토대로 안착되어갔다. 더욱 심각한 문제는 정치권력이 강력한 권력 구축을 위해 폭력조직을 비공식적인 파트너로 선택했다는 점인데, '연예계의 대통령' 임화수의 등장은 경제권력의 부재, 정치논리에 포박되어 있던 흥행 장의 구조적인 문제를 상징적으로 보여주는 스캔들이었던 셈이다. '정치깡패의 문화사업'이라는 아이러니는 이런 정황에서 성립될 수 있었다.

그러나 이 글의 최종적인 귀결점은 바로 그 이후에 있다. 필자가 마지막 장에서 할애하고 있는 4·19혁명에서 5·16쿠데타로 넘어가는 국면은 우리로 하여금 제도의 폭력이 구조적이라는 점을 다시 한 번 숙고할 것을 요청하고 있다. '임화수 일당'의 일소가 공직에서의 추방이든 사형이든 모종의 '절단'을 통해서 이뤄질 수 있다고 해도, '임화수'를 탄생시킨 폭력의 구조는 지속되었기 때문이다. 혁명의 열기로 새로운 언어들이 솟아오르고 있던 바로 그 순간에도 그 구조의 덜미가 잔존하고 있었음은 검열문제에 대한 영화인들의 입장에서도 확인할 수 있지만, 더욱 문제적인 것은 깡패의 폭력을 회수해간 새로운 국가권력이 화려하게 등장하고 그 권력에 의해 또 다른 변이형이 준비되고 있었다는 점일 것이다. 폭력의 구조는 강력한 국가주의체제 안으로 내재화되었던바, 자유당정부가 '임화수'를 통한 비공식적이고 사적인 청부폭력을 선택했다면, 박정희 시대에 이르러서는 그 폭력의 구조가 국가권력의 합법적이고 투명한 관리체계 안으로 들어와 공식성을 띠게 되었던 것이다.

해방 이후 흥행 장의 이러한 역사적 추이는 다시 '거대한' 국가의 귀환으로 읽혀진다. 물론 이승희의 글에서 언급되었듯이, 국가와 시장의 균형추가 되어줄 만한 사회의 윤리적 압력이 없었던 것은 아니다. 미군정기, 그리고 4·19혁명 당시 사회역량의 활성화에 힘입어 '거대한' 국가와 '교활한' 시장에 대한 경계가 이루어지기도 했다. 그러나 주지하다시피 사회적 압력이 유효했던 시간은 매우 짧았다. 해방에서 박정희시대로 이어지는 시간은 그 현상에서 다른 굴곡을 보일지라도 여전히 심층에서는 식민지시대의 유령에 붙들려 있는 것처럼 보인다.

그렇다면, 해방 이후의 시간성이 진정 그 어떤 것도 심층적인 변화를 이끌어내지 못했던 것일까. 이봉범의 「한국전쟁 후 풍속과 자유민주주의의 동태」와 이선미의 「미국영화, 교양과 소비, 젠더」는 그렇지 않다고 답한다. 이 논문들은 흥행 장의 정치경제학적 국면에서는 좀 처럼 발견할 수 없었던 대상들을 경유하면서, '무정형의 실천'을 수행하는 대중의 존재를 발견해낸다. 물론 이 대중은 '조직되지 않은' 존재들이며, 그 실천은 시장의 논리에 의해서 드러날 수 있었던 대중의 욕망이라는 영역을 통해서만 감지될 수 있다. 이들의 문화적 개입은 명백한 한계를 안고 있다고 할 수 있지만, 이들이 엄존했다는 그 자체만으로도 주목되어야 하며 때로는 각종의 제도적 기구들에 간접적인 영향을 미침으로써 문화 장에 깊숙이 개입했음을 환기한다.

아마도 가장 커다란 쟁점은 1950년대 '풍속'이 보여준 '급진성'일 것이다. 이봉범은 먼저 정치적 폐쇄성, 경제적 낙후성에 비대칭적이면서도 역동성을 드러내는 사회문화적 동향을 지목한다. 분명 근대화의 지표들이 가파르게 상승했음에도 불구하고 근대적·현대적(탈근대적)·봉건잔재적·아프레게르적인 요소가 광범하게 작동하고 있었던 1950년대—이 '비동시적인 문화현상'의 역동성은 과도기적·전환기적 현상이란 술어로는 설명할 수 없는 파괴력을 내포하고 있었던 것이다. 그리고『자유부인』신드롬 혹은 '박인수 사건'이 말해주듯이 그 가운데 '성(性)' 문제는 첨예한 논전의 중심이었다. 그런 점에서 잡지『여원』을 대상으로 미국영화의 소비에 주목한 이선미의 글은 여성문화의 형성이라는 차원에서 그러한 풍속의 일면을 읽을 수 있다. 이에 의하면 미국영화의 중요성은 그것이 관람대상이어서가 아니라 하나의 '문화환경'이자 '문화체험' 그 자체였다는 점에 있다. 미국영화는 감각적 자극과 볼거리를 제공하는 스펙터클이었지만, 소비의 주체, 사랑과 결혼의 주체, 성적 자기결정권을 지닌 여성을 구체적으로 제안하는 매체였던 것이다.

1950년대, 풍속의 와동(渦動)은 확실히 현저했다. 그렇다면 도대체 이러한 현상은 어디에서 연원했던 것일까. 첫째, 그것은 직접적으로는 '전쟁 후'라는 시간적 위치에서 연원한 것으로 보인다. 전쟁은 기존의 질서가 더 이상 유지될 수 없는 사적·집단적 경험을 강제했고, 이 경험은 아직 혼란스럽지만 새로운 질서에 대한 기대를 함축하고 있었다. 이 와동은 전대에 대한 부정이면서, 동시에 그 어떤 생산성을 내포하고 있었다. 둘째, 사회전반은 갈등과 불일치를 합리적으로 조정할 수 없는 상태에 있었으며, 더욱이 자유당 정부와 그 '수하들'이 행하는 정치는 강한 불신을 불러일으키고 있었다. '반공주의'와 '반일주의'라는 이념적 프레임이 정치적인 폐쇄성을 강제했으나, 그 네가티브한 규범이 일상적인 삶의 영역에까지 작동될 수는 없었다. 오히려 그러한 정치적 폐쇄성은 풍속의 와동을 더욱 부추겼다고도 말할 수 있을는지 모른다. 셋째, 이때 해방 이후부터 진행되어온 '미국발(發) 문화'가 도덕적 규범의 와동에 개입하면서 포지티브한 규범으로 표상되고 있었다는 점이다. 전쟁을 거치면서 종래의 문화적 구성에 균열을 가할 만큼 파괴력을 보이면서 더욱 강력해졌던 시기가 바로 1950년대라 할 수 있다. 이봉범이 제시한 바와 같이, 1955년 해방 10주년을 기념하는 언론의 기획물들은 하나같이 전후 풍속의 난맥상이 대체로 해방 이후 수용된 '자유민주주의에 대한 오인과 남용'에 그 기원이 있음을 지적했던 것이다.

와동하던 풍속은 국가권력 혹은 지배 이데올로기에 회수되지 않는 일탈적 주체의 운동이 드러나는 장소라고 할 만하다. 이봉범의 글이 강조하고 있는 것도 바로 그 점이다. 그러나 동시에 그 장소에서 각 세력의 투쟁과 타협, 갈등과 교류가 일어나고 있었다는 사실도 간과할 수 없다. 풍속의 와동현상은 그렇기 때문에 계속될 수 없었다. 권력관계의 재편에 따라 그 소용돌이는 순치의 수순을 밟아 갔다. 이봉범에 의하면 1955년은 중요한 전환점이기도 한데, 근대화 기획과 전후재건 사업이 본격적으로 추신되고 풍속이 규율대상이 되기 시작했기 때문이다. 이선미 역시 '미국적인 것'에 매개되어 있는 욕망이 1960년대 이후 소비적이고 향락적인 문화로 젠더화되었음을 지적하였다.

이처럼 1950년대 풍속의 와동 현상은 급격히 안정화 추세를 보여주었지만, 그럼에도 불구하고 또 다른 방식으로 '무정형의 실천'을 수행하고 있던 대중 혹은 그 문화적 표상들을 기억해 둘 필요가 있다. 4·19라는 원초적 장면은 느닷없이 나타나고 흔적 없이 사라지는 '하나의 사건'이 아니었기 때문이다.

식민의 기억과 혁명의 시간

1950년대 후반에 폭발적으로 성장한 신문·잡지·영화와 같은 매스미디어들이 개인, 자유, 민주주의라는 가치들과 표상들이 경합하는 장이 되었음은 분명하다. 그러한 미디어들을 통해 생산, 유통된 문화적 표상들에서 대중의 '무정형의 실천'을 감지할 수 있다면, 그리고 그것이 전대에 대한 부정의 정신과 어떤 생산성을 내포하는 것이었다면, 그 안에서 혁명의 징후를 읽어내는 것도 가능한 일일 것이다. 그러나 이와 같은 '실천'이 대중문화산업 안에서 상품의 형식으로 소진되는 대중의 욕망으로만 그 모습을 드러내는 것이고, 더구나 이봉범, 이선미가 지적하는 것처럼 1950년대 후반을 향해 가면서 그마저도 규율화·안정화되어갔다고 했을 때, 이 제한적인 문화적 실천만으로 혁명의 징후를 그려내는 것이 한계를 갖고 있음 또한 분명하다.

정근식·곽귀병의 「전후사회와 디스토피아의 재현: 〈돈〉과 〈지옥화〉의 교차분석을 통하여」는 1950년대 후반을 개인, 자유, 민주주의라는 가치들과 표상들이 경합하고 있던 '혁명 전(前)'인 동시에, 혼란과 궁핍이 지배하던 '전후(戰後)'라는 쌍방향적 시간의 프레임을 통해 조명하고자 한다. 이는 문화적 표상과 더불어 구체적인 삶의 조건들을 함께 돌아보는 일이며, 또한 근대성의 문제를 도시공간에 국한시키는 논의의 한계를 돌파하려는 시도이기도 하다. 이를 위해 각각 농촌과 도시의 삶의 조건들을 '사실주의적'으로 다루고 있는 두 편의 영화 〈돈〉과 〈지옥화〉가 분석 대상으로 선택되었다. 당시 한국사회의 동태적 변화를 보여주는 두 장소였던 농촌과 기지촌을 각각 배경으로 삼은 이 영화들은 당대 사회를 읽어내는 데 있어서 상호보완적 텍스트로 간주될 수 있다. 각종 사회적 지표들과 사회 전체를 아우르는 거시적 통찰을 통해 농촌과 기지촌의 삶의 조건들을 검토하면서, 저자들은 이 영화들에서 1950년대 사회적 사실들과 함께 이면의 심층적 세계, 즉 '욕망의 흐름'을 함께 포착할 수 있음을 지적한다. 농촌과 도시를 각각 배경으로 한 〈돈〉과 〈지옥화〉에서 젊은 세대들은 현실을 모두 디스토피아로 인식하고 대안을 찾고자 움직이기 시작했으나 유토피아는 농촌, 도시 어디에도 존재하지 않는다는 것이다. 이와 같은 욕망의 흐름을 혁명의 징후로 이해할 수 있으나, 무엇보다 중요한 것은 그것이 혼란과 궁핍이 지배하는 전후사회에서 생존의 논리에 의해 촉발된 것이라는 점을 인식하는 것이다.

정근식·곽귀병이 지적한 것처럼 경제적인 현실에 대해서 발언하고 있는 당대의 주류 상업영화들이 정치적인 영역으로서의 한국전쟁과 이데올로기 투쟁에 대해서 침묵하고 있다는 사실은 의미심장하다. 이순진의 「냉전의 논리와 식민지 기억의 재구성」은 바로 이 지점에서 출발한다. 이승만 정권기에 영화는 대중문화산업이기보다는 정권의 공보적 관심사에 의해 지배되는 미디어였다. 이와 같은 상황은 식민지배와 전쟁을 거치면서, 정치권력에 의존하지 않고는 영화의 생산수단을 확보할 수 없었던 영화계의 조건에 의해 강제된 것이기도 했다. 1950년대 국가권력은 영화의 생산수단을 직접 장악하고 영화계의 일부에게 자원을 배분하면서 영화 미디어를 통해 생산, 유포되는 정치

이념들을 강력하게 통제할 수 있었다. 이순진은 〈대한뉴스〉와 문화영화 같은 정권의 공보 수단들과, 정부로부터 특혜를 받았던 일부 영화인들이 정권과 공모하여 생산한 영화들에서 반공주의와 반일주의가 어떻게 다루어졌는가를 질문한다. 이는 곧 일제 잔재의 청산이라는 탈식민의 과제가 2차대전 후의 냉전적 세계질서 안에서 어떻게 재구성되었는지를 묻는 것이다. 이 시기에 남한에서는 식민지시대를 지배했던 과거 일본과, 냉전체제 안에서 협력관계를 구축해야 했던 현재의 일본이 동시에 기거하는 중첩된 시간성을 경험했다. 이순진은 영화를 비롯한 대중문화 안에서 이와 같은 중첩된 시간성이 발생시키는 모순을 식민지시대 '독립투사'였고 당시 남한의 대통령인 이승만을 특정한 방식으로 형상화함으로써 해소하고자 했다고 주장한다. 하지만 탈식민의 문제가 제도의 혁신이나 인적 청산의 문제를 넘어서서 근대 한국의 정체성과 관련되어 있는, 즉 광범위한 사회구성원의 생활방식, 언어, 문화적 취향 등과 관련된 문제라고 한다면, 이것은 또한 매우 장기적인 문제일 수밖에 없을 것이다. 따라서 식민의 기억을 이승만 중심의 독립운동 서사로 재구성하고자 하는 국가적 기억 만들기 프로젝트가 4·19의 도래로 단기적으로는 실패한 것으로 판명되었을지언정, 이 시기 식민과 전쟁 경험을 기억하는 방식이 5·16 이후의 개발독재 시대에까지 지속되었다는 점에 주목할 필요가 있다.

안진수의 「식민의 기억과 혁명적 열정 사이에서: 영화 〈예라이샹〉을 중심으로」는 정치적 상황 속에서 억압되었던 탈식민의 과제가 분출했던 계기로서 4월혁명이 갖는 의미에 주목한다. 안진수에 따르면 혁명은 필연적으로 전과 후의 시간을 아우르는 사건이다. 혁명이 추구하는 급진적인 정의는 현재 정치상황에서 억눌린 형태로 잠복하는 '과거의' 문제들과 연결되어 있고 혁명의 경험이 촉발한 '열정' 또한 장기 지속되면서 새로운 사고와 이상 그리고 행동을 추동하기 때문이다. 따라서 4월혁명과 한국영화의 관계를 고찰한다는 것은, 혁명이 영화(계)에 야기한 직접적인 정치적 결과에 주목한다는 것에 그치지 않는다.

물론 4월혁명은 수많은 가시적인 변화를 이끌어냈다. '연예계의 대통령'으로 군림하면서 영화계를 좌지우지했던 임화수의 권력이 무너진 자리에서 새로운 리더십을 창출하기 위한 논의가 활성화되었으며, 검열을 비롯한 제도의 변화가 모색되었고, 혁명 직후의 공간에서 여러 영화인들은 예전에는 상상할 수 없었던 정치적 급진성에 기반한 영화의 창작을 꿈꾸었다. 하지만 이와 같은 직접적이고 가시적인 변화에만 주목하는 논의는 필연적으로 혁명의 영향력을 축소하는 결과를 낳게 되는데, 이러한 변화의 움직임은 대부분 그 이듬해에 발발한 5·16군사쿠데타에 의해 좌절되었기 때문이다.

안진수는 영화에 미친 4월혁명의 여파를 4·19와 5·16 사이로 국한해서 고찰하는 기존의 연구들에 문제를 제기하면서 혁명의 의의가 넓은 의미로 이해되어야 한다고 말한다. 혁명이 촉발시킨 '열정'은 이후 한국영화에 반복 출현하면서 새로운 이상과 실천에 대한 촉구, 즉 정의 실현에 대한 요구를 추동해왔다는 것이다. 4월혁명은 그동안의 정치적 현실 속에서 억눌려왔던 '과거의 문제' 즉 탈식민의 문제를 급진적이고 폭력적인 방식으로 제기하였으며, 식민 과거의 청산이야말로 혁명의 결과로서 실현되어야 할 정의임을 보여주었다. 한일회담을 둘러싼 격렬한 항의시위가 이어지면서 탈식민의 과제가 다시 한 번 주목을 받았던 1960년대 중반에 나온 〈예라이샹〉은 이와 같이 장기 지속되는 혁명의 열정과 사라지지 않는 정의실현에 대한 요구를 드러내는 분명한 예다. 안진수가 여기서 특히 주목하는 것은 영화매체가 갖고 있는 탁월한 능력, 즉 동일시의 메커니즘과 감동을 유발하는 형식적 득질들, 그리고 행동과 반응이 싹으로 구성되는 서사구조이다. 이와 같은 자질들은 영화로 하여금 혁명의 시간적, 심리적, 윤리적 자산들을 효과적으로 절합할 수 있도록 했던 것이다.

스티븐 정의 「멜로드라마, 스타일, 그리고 개발의 장면: 신상옥의 〈상록수〉와 〈쌀〉」은 5·16 이후 출현한 군부정권의 이상을 시연한 정책영화로 여겨졌던 신상옥의 〈쌀〉과 〈상록수〉에서 역사적으로 대단히 중층결정된, 다수의 서로 다른, 때로는 갈등관계에 있는 사회적·정치적 프로젝트들을 읽어낼 것을 제안한다. 이는 5·16이 4·19를 어떻게 계승했는가가 아니라, 5·16의 발발에도 '불구하고' 4·19를 포함한 그 이전의 역사적 경험들의 여파가 어떻게 지속되었는가를 질문하는 것이다. 신상옥의 정치적 행보에 대한 영화계의 비난과, 정책영화로서의 분명한 성격에도 불구하고 〈쌀〉과 〈상록수〉가 누렸던 비평적·상업적 성공은 바로 그와 같은 지평 안에서 이해될 수 있다. 이 영화들은 멀게는 식민지시대 이래 지속되어온 농촌계발에 대한 지식인들의 계몽적 열정을 반영하고, 가깝게는 전쟁 이후 제기된 농촌의 활성화, 민족 재건 이데올로기, 자립정신을 전경화하면서 동시대 관객의 광범위한 관심사에 호소할 수 있었던 것이다.

이처럼 폭넓은 사회정치적 관심사를 반영하는 것과 함께 이 영화들이 취하고 있는 대중 멜로드라마의 관습을 고려하는 것이 중요하다. 신상옥 스스로가 〈쌀〉과 〈상록수〉는 자신의 의도가 관철된 사회적 리얼리즘 영화임을 반복해서 밝혀왔지만, 스티븐 정은 이 영화들의 멜로드라마적 특징이야말로 영화적 경험의 핵심을 제공한다고 주장한다. 스티븐 정에 따르면 이 영화들은 '개발 그 자체를 극화'함으로써 사적인 것과 정치적인 것을 봉합하는 '개발의 멜로드라마'의 전형을 보여준다.

또 한편으로 스티븐 정은 〈쌀〉과 〈상록수〉가 민족주의적－개발주의적 취지와는 대립하는 것처럼 보이는 형식적 표면을 갖고 있음을 지적한다. 이 영화들에서는 산업 발전, 협동 경제와 북한의 사회주의적 담론을 참조하고 있음이 드러나고 있을 뿐 아니라, 예컨대 군중 패닝 쇼트나 노동 몽타주 같은 형식적 요소들은 사회주의 리얼리즘 계열의 영화들, 마오 시대 중국과 이탈리아 네오리얼리즘 그리고 1950년대 말, 1960년대 북한영화들의 스타일을 연상시킨다는 것이다. 요컨대 이데올로기들이 영화 서사 내에서 서로 충돌할 수 있으며 영화의 시각적 표면은 스크린 밖 세계에서의 이데올로기적 투쟁과 물리적인 갈등을 반영할 뿐 아니라, 관객이 영화의 심층에 자리잡고 있는 이데올로기적 의미와 협상하고 그것과 동일화하는 방식을 매개할 수도 있다는 것이다.

냉전체제의 문화제도와 재현의 위기

이승만 정권이 영화계의 일부와 비공식적인 공모 관계를 구축했다면, 5·16 이후 등장한 박정희 정권은 이 모든 것을 제도화하고 구조적으로 안착시켰다. 1962년에 제정된 「영화법」은 정권이 원하는 재현을 생산할 수 있는 시스템을 구축하는 초석이었으며, 이후에 여러 차례 개정된 「영화법」은 성장하고 있던 시장에서 활동해온 여러 이익집단들의 상충하는 이해관계를 '정권의 관점'에서 조율해나가는 과정이었다. 조준형의 「지배하는 국가와 교활한 시장: 박정희 정권기 영화정책과 산업」은 그러한 과정이 정권과 특정 이익집단 사이의 공모—이들이 맺은 공모관계에는 편법과 탈법의 자행과 이에 대한 묵인까지도 포함된다—를 통해 이루어졌음을 밝히고 있다. 한국영화제작가협회에 모여 있던 등록된 영화사의 제작자들과 한국영화인협회로 대표되던 현장 영화인들 간의 갈등은, '국가 중심의 발전국가 전략'을 채택한 정권에 의해 궁극적으로 제작자들의 이해관계를 반영하는 방식으로 봉합되었다. 요컨대 정권은 영화계 여러 세력들의 이해관계가 충돌하는 와중에서 그것을 조정하기보다는 특정한 이익집단과의 공모를 통해 다른 이익집단을 억압했다는 것이다. 이리한 과정이 제도의 이름으로 합법적으로 수행되었다 하더라도 그것이 매우 강압적이며 일방적인 것이었음은 분명하다. 한국영화사에 있어서 이와 같은 국가정책은 단지 산업의 자연스런 발전을 저해하는 데 머무르지 않고, 새로운 영화제작인력의 시장진입을 막고, 그럼으로써 창작의 다양성을 구조적으로 위축시키는 결과를 낳았음에 주목할 필요가 있다. 박정희 정권은 강력한 검열제도의 시행과 더불어, 근본적으로는 시장에 대한 전격적인 개입과 조정을 통해 영화를 통제하는 효과적인 수단을 확보했던 것이다.

이길성의 「1960년대 후반기 영화에 재현된 전쟁의 기억」과 박유희의 「예술과 독재: 유현목 영화의 정체성」은 그와 같은 제도화가 구체적으로 영화 장르와 영화작가, 개별 텍스트들에 어떠한 결과를 야기했는가를 보여준다. 이길성은 1960년대 한국의 맥락에서 출현한 문예영화라는 특수한 장르가 갖는 양면적인 성격을 지적한다. 문예영화는 '우수영화' 및 영화제 수상작에 대한 보상이라는 정권의 장려정책에 힘입어 융성할 수 있었던 한편으로, 서구 모더니즘 영화의 화법을 원용함으로써 산업화의 진전에 따라 부상한 새로운 도시 관객층의 감수성에 호소할 수 있었다는 것이다. 여기서 유의해야 할 것은 문예영화 장르가 당대 관객과 소통할 수 있는 측면을 갖고 있었다 하더라도, 근본적으로는 정권의 그물망 안에 포획될 수밖에 없는 존재 조건 위에 놓여 있었다는 사실이다. 시장의 선택이 아니라 정권의 장려정책에 힘입어 만들어진 '장르' 안에서는 '욕망'을 통해 드러나는 대중의 '무정형의 실천'이 갖는 제한적인 생산성조차 발견하기가 쉽지 않다. 이러한 맥락에서 이길성이 주목하는 것은 문예영화들에서 감지되는 '재현

불가능성'에 대한 인식이다. 현실의 모순은 인지된다 하더라도 발언될 수 없는 것이었으며, 서구 모더니즘 영화의 파편화된 언어는 바로 그와 같은 상태를 표현하기 위해 차용되었다. 문예영화가 내세운 '영상미' 또는 '예술성'은 사실상, 현실의 모순을 우회하는 수단이자 현실에 대한 발언을 비켜가는 것에 대한 알리바이였다고 할 수 있다.

1960년대 중반을 넘어서며 산업화의 성과가 가시화되는 것과 맞물려 영화산업 또한 두드러진 성장을 이루었지만, 이는 영화와 정권이 맺는 관계가 제도적인 안정성을 획득한 것에 다름 아니었다. 물론 이러한 안정성은 쉽게 얻어진 것은 아니었다. 「영화법」을 둘러싼 논란은 끊이지 않았고, 무엇보다도 검열제도를 둘러싼 영화 창작자와 국가권력 간의 충돌이 영화인에 대한 인신구속으로까지 이어지는 초유의 사태를 초래했던 것이다. 이러한 갈등은 외견상으로는 정권의 물리력에 영화인들이 굴복하는 모양새로 봉합되었으나, 그러한 직접적인 결과보다 더 심각한 문제는 그것이 낳은 깊고도 넓은 여파였다. 1960년대 중반 〈7인의 여포로〉와 〈춘몽〉을 둘러싼 일련의 사태는 한국사회의 이념적 경직성이 예술을 해치는 도식성을 혐오할 뿐 근본적으로 반공 이념에 동의하는 유현목 같은 영화작가조차도 허용할 수 없는 수준임을 보여준다. 박유희는 유현목이라는, 한국을 대표하는 '예술파 감독'의 예술세계가 바로 그와 같은 검열제도와의 상호작용을 통해 구성된 것임을 밝히고 있다. 기독교적 세계관과 반공주의 및 근대화에 대한 신념은 유현목 영화세계의 근간을 이루는 것이었으나, 또 한편으로 그가 갖고 있던 예술지향적 태도는 그의 예술이 다른 방향으로 나아갈 수 있는 가능성이었다. 그런 점에서 1966년 〈춘몽〉 사태는 그의 작품세계의 변곡점이자, 한국 예술영화 또는 작가영화의 변곡점이었다고 할 수 있다. 4월혁명의 국면에서 〈오발탄〉을 통해 드러났던 다른 가능성이, 영화감독을 법정에 세우는 우여곡절을 거치며 더 이상 발현될 여지를 차단당했던 것이다. 하지만 정작 박유희의 논의가 흥미로운 것은 바로 그와 같은 경직된 검열제도에의 승복이 제도로서의 한국 예술영화의 정체성을 구성했다는 통찰이다. 〈오발탄〉에서 〈조국의 등불〉에 이르는 유현목 감독의 긴 여정을 검토하면서 박유희는 '저항적 리얼리즘' 영화 작가로서의 유현목과 자신을 '탄압'했던 정권의 '우두머리'를 찬양하는 영화를 만든 유현목 사이에 내적 일관성이 있음을 밝혀낸다. 영화작가는 검열제도를 내면화하는 과정을 통해, 자신의 신념체계 안에서 허용 가능한 요소들의 배치를 바꾸며 조율함으로써 예술세계를 구성해왔던 것이다. 요컨대 영화를 만신창이로 만들었던 검열제도는 한국 예술영화의 '생산자'이기도 했다.

무엇보다도 이와 같은 재현의 위기 또는 재현 불가능성이 주로 정치 이념의 영역에 집중되었다는 점은 주목할 필요가 있다. 이길성이 문예영화에서 특히 한국전쟁의 재현을 문제삼고 있는 것이나, 박유희가 유현목의 '반공 또는/그리고 예술영화'의 형성과정에 집중하는 것은 그 때문이다. 재현의 위기를 초래한 현실의 모순의 정점에 한국전쟁과 분단체제의 고착화, 그리고 그것에 기대어서만 연명할 수 있었던 정권의 폭압적 통제가 놓여 있었던 것이다.

영화제작에 관과 군이 직접 개입했던 1960년대 초까지는 한국전쟁을 다룬 전쟁영화들이, 우수 반공영화 포상과 같은 제도가 안착된 1960년대 중반 이후에는 간첩을 다룬 영화들이 주로 만들어졌다는 점도 지적할 필요가 있다. 1960년대 중반 이후 간첩영화의 성황은 전면적인 전쟁이 재발할 수도 있다는 실질적인 위기감이 사라진 대신, 분단체제가 고착화되었다는 점을 암시한다. 이제 '북한의 위협'은 남한 정권이 내부의 반대자를 제거하는 수단으로 활용되기 시작했다. 천정환의 「간첩과 영화, 그리고 한국 민주주의: 1960년대 후반 반공영화 텍스트의 생산맥락을 중심으로」는 '간첩'이 '국내용'이었으며 간첩의 존재야말로 국가의 위력을 통치대상에게 과시하는 것이었다고 지적한다. 예컨대, 중앙정보부장 김형욱이 그림표나 증거품과 더불어 기자회견장의 마이크 앞에서 '간첩 서사'를 발표하는 '퍼포먼스'를 시연했을 때, 재현의 과잉이야말로 간첩(서사)의 본질적 요소임이 드러난다는 것이다. 보이지 않아야 하는 존재인 간첩을 '현시'하는 것, 법적으로 뿐 아니라 '사실적'으로도 정확하게 규정될 수 없는 '간첩'을 규정하여 처벌하는 것이 갖는 근본적인 모순은 다양하고도 과잉적인 간첩의 명명법을 통해 보상된다. 간첩의 실체성을 간첩이라는 명명이 대신하는 형국인 것이다. 그런 점에서 볼 때 '간첩'에서 문제가 되는 것은 실체가 아니라 재현이다. 간첩영화뿐 아니라 TV, 〈대한뉴스〉, 라디오드라마 등 모든 매체가 총동원되어 이루어진 간첩의 과잉적인 재현은 이길성과 박유희가 다루었던 '재현 불가능성'과 짝을 이룬다. 어떤 것은 과잉 재현되고, 또 다른 것은 전혀 재현되지 않았다. 간첩 또한 어떤 간첩은 착취하듯 반복하여 재현되어왔지만 어떤 것에는 시선조차 두지 못했다. 이 모든 것을 아울러 '재현의 위기'라고 말할 수 있다면, 이는 천정환이 주장한 바대로, 자신의 통치대상을 잠재적인 적으로 간주하는 박정희 정권의 '심리전'의 한 효과일 것이다.

한국영화와 민주주의, 이 관계를 명쾌하게 정리한다는 것은 어려운 문제임에는 틀림없다. 여기에는 여러 층위에서 수행된 복수(複數)의 문화적 실천이 포함되어 있기 때문이다. 그럼에도 불구하고 이 관계에 대해 이 책이 답해야 한다면, 그것은 대략 세 가지 방향에서 이야기될 수 있을 것이다.

첫째는 한국영화 생산과 소비의 제도적 조건으로서의 비/민주주의이다. 이 문제는 이 책의 기본 출발점으로서 국가와 시장의 불균형한 역학관계와 그 제도의 힘이 한국영화의 역사와 구조에 미친 기저를 탐색하는 일이다. 이를 논의의 중심으로 삼은 것이 바로 이승희와 조준형의 글인데, 이로부터 해방 이후부터 박정희 시대에 이르는 비민주주의적 조건과 민주주의에의 기대를 확인할 수 있다.

둘째는 비/민주주의의 미디어로서의 한국영화이다. 영화가 매스미디어라는 사실은 그 정체성을 구성하는 핵심이라고 해도 과언이 아닌데, 바로 그러한 점 때문에 영화가 비민주적인 정부의 도구가 되는 것은 피할 수 없는 현실이었다. 이순진이 국가적 기억 만들기 프로젝트를 탐색하고, 천정환이 반공영화의 생산맥락을 짚어낸 사례는 이를 적실하게 보여준다. 반면, 영화가 제도 밖에 위치하는 것은 사실상 거의 불가능했기 때문에 그 반대의 사례를 찾기란 쉽지 않다. 다만, 이봉범과 이선미의 글이 보여주듯이, 영화 안/밖을 가로지르고 있는 풍속의 급진성, 혹은 영화에 표상된 미국발 민주주의에 대한 문화적 소비는, 민주주의에의 기대가 삶의 양식으로부터 높아지고 있음을 분명히 드러낸다.

셋째는 한국영화에 표상된 비/민주주의의 역사이다. 아마도 텍스트로부터 '민주주의'라는 추상성을 이끌어내는 일은 생각만큼 쉬운 일이 아닐 것이며, 그 결과 또한 반영론적 결과론으로 함몰될 공산이 크다는 점에서 그다지 생산적인 일이 아닐지도 모른다. 차라리 그보다는 텍스트에 새겨진 역사의 기억이라는 우회를 통해 한국영화와 민주주의의 근원적 관계를 숙고해보는 것이 더 나은 방도일 수 있다. 한국영화들로부터 중층결정된 역사인식을 새롭게 불러낸 정근식 · 곽귀병, 안진수, 스티븐 정, 이길성, 박유희의 글은 그런 점에서 비/민주주의의 역사 그 자체라고 할 수 있다.

솔직히 고백하자면, 이 책에 실린 11편의 글들이 모든 것을 선명하고 명쾌하게 제시한다는 것은 애초에 가능한 일이 아니었다. 다만, 이 책으로부터 그 어떤 의의를 찾을 수 있다면, 그것은 한편으로는 한국영화의 역사와 구조를 밝혀내면서, 다른 한편으로는 그 구조적인 힘이 포획하지 못하는 역사적 경험들이 때로는 서로 충돌하면서까지 그 존재를 증거하고 있음을 드러낼 수 있었다는 점이다. 모두 3부로 구성된 이 책은 얼마만큼은 그 역사적 추이를 따라가면서도 4·19혁명이라는 섬광이 비추었던 시간성과 완고한 구조와 마주한 영화의 현존을 묘사하고자 했다. 한국영화와 민주주의의 관계를 명징하게 설명하는 것은 여전히 난망한 일이지만, 이 책이 이를 새롭게 숙고하면서 그 관계의 역사를 성찰적으로 바라보는 제언으로서는 족하지 않을까 하는 기대를 품어본다.

마지막으로 감사의 마음을 전하고자 한다. 이 책에 귀한 글을 실어준 모든 분들을 비롯하여, 비록 이 책의 필자로 참여하지는 않았으나 기획단계에서부터 이 주제를 함께 고민하면서 조언을 아끼지 않았던 한기형, 김소영, 이화진, 김예림, 유선영, 오영숙, 박헌호, 김인수, 박혜영 선생께 깊이 감사드린다. 그리고 2010년 10월 심포지엄에서부터 이 책의 출간에 이르기까지, 이 모든 일은 민주화운동기념사업회의 지원이 없었더라면 가능하지 않았을 것이며, 이 책이 출간될 수 있도록 독려해주신 정근식 한국민주주의연구소 소장님과 권형택 선생께 진심으로 감사드린다. 아울러 이 책의 출판을 기꺼이 맡아준 도서출판 선인과 책을 정갈하게 만들어준 편집부에도 감사의 마음을 전한다.

책임편집 이순진, 이승희

차례

제1부 풍속의 와동, 제도의 폭력과 대중의 실천 사이에서

제1장 흥행 장의 정치경제학과 폭력의 구조, 1945~1961*

이승희

1. 정치깡패의 문화사업

4·19 직후, 검찰과 치안국은 장안의 깡패들을 대거 검거했다. 검찰은 이들로부터 업무상횡령·공갈·상해·중상해·조세법위반 등의 범죄사실을 찾아냈고, 법원은 이들에게 실형을 언도했다. 그러나 이 '깡패잡기'는 폭력배 근절을 위한 일상적 업무가 아니라, 제1공화국에 깊숙이 연루되어 있었던 '정치깡패'의 소탕을 겨냥하고 있었다. 이 정치깡패들은 가깝게는 1960년 4월 18일 천일백화점 앞에서 발생한 고려대생 습격사건 및 3·15부정선거에의 관여, 그리고 제1공화국을 위해 일상적으로 저질러온 폭력행위의 혐의를 받고 있었다.

이들 가운데에는 한때 "연예가의 대통령"으로 군림했던 임화수(林和秀)가 있었다. 그는 1961년 3월 업무상횡령 및 특수폭행치상에 대하여 징역 1년, 벌금 12,073,403환을 언도받았으나,1) 결국 8월에 '단체적 폭력행위사건'에 대한 최고형인 사형을 언도받았고, 12월 21일 사형이 집행되었다. 그의 범죄 사실은 크게 보면 두 가지였다. 하나는 신도

---

* 이 글은 『대동문화연구』 제74집(성균관대 대동문화연구원, 2011.6)에 실린 논문을 수록한 것임을 밝혀둔다.

1) 「임화수에 징역1년 언도」, 『동아일보』 1961년 3월 13일자.

이런 사례가 있었다면, 그것은 식민지조선에 와 있던 야쿠자뿐이었다. 일본야쿠자조직의 조선지부 '와케지마 구미[分島組]'의 두목이었던 와케지마 후지로[分島周次郎]가 그런 경우이다. 그는 일본의 대표적인 우익단체 '대일본국수회'의 조선지부장으로서 세도가 막강했고, 조선에 순회를 온 일본 예능단체들의 흥행권을 쥐고 있었다. 뿐만 아니라 경성촬영소 및 경성극장을 경영했고 동양극장의 설립에도 관여했을 만큼 조선 흥행계와도 깊은 관계에 있었다. 그러나 식민지조선의 폭력단들에게는 야쿠자조직과 같은 정치적 권력이 부재했으며, 문화사업이란 상상할 수 있는 영역이 아니었다.[10] 정치깡패의 출현은 1945년 8·15 이후에나 가능했으며, 이들이 흥행계에 본격적으로 개입하기 시작했던 것도 정치깡패 재생산의 구조가 안착되면서부터였다. 그리고 정치깡패의 문화사업은 4·19 이후 일단락되었고, 5·16으로 그 정치적 생명은 끝이 났다. 임화수의 출현과 퇴장은 그 상징적이고도 실질적인 중심이었다.

이 글이 관심을 두고 있는 것은 바로 그러한 문화적 현상을 가능케 했던 정치경제학적 국면, 특히 독립변수로 보이는 국가권력과 흥행시장 및 사회영역의 관계이다. 해방 이후, 흥행 장의 역학구조가 진동하고 있음은 여러모로 명백해 보였다. 그도 그럴 것이, 흥행문화 통제의 알파와 오메가였던 (일본)국가권력이 갑자기 사라졌으며, 일본인이 점유했던 문화자본도 일시에 공중분해 되었고, 사회영역은 억압된 것의 귀환으로 넘쳐흘렀다. 이러한 변화는 국가권력의 일방성을 제어할 만한 다른 힘들이 생성되고 있었음을 의미했던바, 국가권력의 이해관계와 상충할 수 있는 정치적 혹은 경제적 자유에의 요구가 긍/부 양면

---

10) 식민지시대 문화 장에서 폭력단에 관한 것은 이승희, 「조선극장의 스캔들과 극장의 정치경제학」, 『대동문화연구』 72, 성균관대 대동문화연구원, 2010.12, 140~154쪽 참조.

에서 현상하고 있었다. 이것의 역사성은 개인과 국가를 매개하는 영역이 희박했던 식민지시대와 구별된다는 점에 있다. 여기에는 아마도 정치적·경제적 자유에의 열망이라는 식민 직후의 국면에서, 사회영역의 확대와 함께 '민주주의'가 중요한 이념적 준거로서 부상했던 사정과 관계가 있을 것이다. 민주주의는 과거를 평가하는 기준이자 미래에 성취해야 할 명분이었으며, 이 어휘는 모든 이들에게 공유되었고 이를 독점하기 위한 각축이 벌어졌다. 지배권력을 향한 사회의 정치적·경제적 압력에 있어서 '민주주의'의 동원은 효과적인 것으로 간주되었고, 특히 정치적 압력에 있어서 더욱 그러했다. 말하자면, 이 글은 이렇게 시작된 식민 직후의 상황이 일정한 역사적 추이 속에서 흥행 장의 역학구조에 어떤 작용을 했는지에 대한 탐사이다. 이 과정은 곧 극장 문전 앞에서 얼쩡거리며 잡범을 일삼던 불량배가 어떻게 해서 일약 "도깨비 출세"[11]를 하여 흥행계의 독재자로 군림할 수 있었는가에 대한 정치경제학적 소묘가 될 것이다.

2. 적산극장의 향방과 극장-민간기구의 딜레마

해방이 되자, 사회의 역량은 상당한 정도에 이른 것처럼 보였다. 특히 미군정 초기에 문화예술단체의 정치적 압력은 강력했다. 일제 말기 조선총독부의 문화전략이 종족적인 횡적 연대를 제어하는 동시에 개인을 직접 국가에 귀속시켜 사실상 개인을 공동화(空洞化)했던 점을 염두에 두면,[12] 해방 이후의 이런 현상은 다소 의외적인 것으로 비

---

11) 유지광, 『대명』, 1974, 169쪽.
12) 이승희, 「식민지시대 흥행(장)「취체규칙」의 문화전략과 역사적 추이」, 『상허학보』 29, 상허학회, 2010.6, 182쪽.

1) **극장예술의 발전을 위하여** : 세계의 어느 연극사를 들춰 보더라도 극장과 극장예술의 이해를 달리하고는 발전하지 않았다는 사실을 심심히 양해하여 극장 전부를 극장예술가에게 일임할 것.

2) **극장관리에 대하여** : 극장관리는 조선 현상에 비추어 보아 문화를 잘 이해하고 그 발전을 위하여 희생적으로 헌신할 수 있으며 극장운영에 정진할 수 있는 양심적인 문화인이라야 할 것.

3) **종전 관리인의 결함** : 극장관리인이 아무런 근거 없이 문화인으로 자처하더라도 앞날의 진정한 극장예술의 발전을 위하여 유해한 존재라 하겠으니 그 이유는 종전에 극장관리에 경험이 있다는 사람의 다대수는 문화면을 떠나서 진부하고 비속한 모리적 목적과 방법을 습득하였기 때문이다.

4) **인선에 대한 우리들의 희망** : 이러한 이유로 공정한 극장관리인을 선택하는 데 있어 극장예술가로 하여금 추천케 하고 심사 고선(考選)에 참여케 하여 주기를 바란다.

미군정 당국에서 적산극장 입찰제의 시행을 기정사실화하고 있는 이상, 문화계는 최대한 양보하여 입찰심사에 참여함으로써 가장 중요한 인선과정에 개입하고자 했다. 미군정은 문화단체의 의견을 받아들여 추민·이서향·조택원 3인을 입찰심사에 참여토록 했으나, 적산극장의 처리문제는 고전을 거듭했다.[19] 물론 이러한 지연이 극장에만 해당된 것은 아니었다. 모든 분야에서 그 처리는 순조롭지 못했다. 이런 데에는 적산에 대한 미국정부와 주한미군정 당국의 정책적 부재와 혼선, 그리고 연합국의 전쟁배상문제라는 국제적인 문제와 연동된 사정이 있었다.[20] 그런 가운데 시간이 지연될수록 적산극장 귀속문제는

---

18) 「각 문화단체대표, 극장관리권의 극장예술가에게 일임, 건의서제출」, 『서울신문』 1946년 3월 28일자.

19) 조혜정, 「미군정기 영화정책에 관한 연구」, 중앙대 박사학위논문, 1998, 62~65쪽 참조.

20) 미군정기 적산 처리 문제에 관한 자세한 논의는 정성화, 「적산의 처리를 통해서 본 미국의 대한정책 1945~1948」, 『경희사학』 16·17합집, 경희사학회, 1991 참조.

대부분의 사람들이 우려했던 방향으로 흘러갔다. 더욱이 이 문제에 관해 가장 적극적인 태도를 보였던 좌파 문화단체들의 입지는 점점 축소되고 있었고 이내 퇴거할 지경에 이르고 있었다. 사실상 적산극장 문제를 기회로 극장을 공공기관으로 귀속케 하고자 했던 시도는 아무런 효력을 얻지 못했고, 입찰제도의 반대사유가 현실이 되는 상황이었다.

적산극장의 처리는 단정수립 이후에서야 현실화되었다. 미국정부는 "한반도에 있는 일본의 적산이 한국이 일본으로부터 획득할 수 있는 전쟁배상을 구성하고 있다고 통보함으로써, 대한민국의 전쟁배상과 남한 내 적산을 상호교환하는 방식으로 최종적인 결정을 내렸"[21]던 것이다. 이러한 정치적 결정 이후 적산극장의 처리는 서울의 경우 1948년 9월 수도극장(舊 약초극장) 등 몇몇 극장이 거액의 가격으로 불하되는 것으로 시작되었다. 불하받은 이들 중에는 재력은 없으나 자금을 가진 다른 이들로부터 압력을 받아 '울며 겨자 먹기'로 받은 이도 있었다.[22]

물론 적산극장 처리문제가 이렇게 흘러갔어도 이득을 본 사람은 있는 법이다. 미군정이 적산극장의 대여를 입찰제도로 선정하겠다고 발표했을 때, 이를 반대한 또 다른 집단이 있었다. 반대의 명분은 다른 문화단체가 표명한 것과 별반 다르지 않았지만, 이들의 제안은 '현 관리인'에게 절대 우선권을 달라는 것이었다.[23] 이 단체는 바로 1945년 12월 2일 서울시내 16개 극장이 망라되어 조직된 '한성극장협회'였다. 임원진에는 이사장 홍찬(洪燦), 부이사장 김상진(金尙進)·박응면(朴應冕), 이사 윤화(尹華)·엄순성(嚴順成), 감사 김양성(金良成)·홍용

---

21) 정성화, 「적산의 처리를 통해서 본 미국의 대한정책 1945~1948」, 435쪽.
22) 「시내극장 불하, 謀利대상된 문화전당」, 『동아일보』 1948년 9월 4일자.
23) 「극장협회도 반대를 진정」, 『자유신문』 1946년 3월 27일자.

택(洪龍澤) 등이 포진되어 있었다.[24] 이들의 상당수는 식민지시대부터 흥행계에서 활동해온 인물들로, 이 분야에서 어느 정도의 지분이 있다고 자처하는 이들이었다. 홍찬은 음반사·극장·영화사 등을 두루 걸쳐 활동했던 인물로 수도극장의 관리인이었고, 김상진은 영화 타이틀맨으로 시작한 영화감독 출신으로 중앙극장의 관리인이었다. 박응면은 영등포 영보극장을 관리하고 있었고, 엄순성 역시 우미관 관주 하야시다 긴지로[林田金次郞]의 일을 보아주던 사람으로 당시 우미관을 관리하고 있었으며, 홍용택은 평북도청 관원출신으로 길림극장 지배인의 이력을 지닌 명동극장 관리인이었다. 그 외에 김양성도 서울극장 관리인이었다. 이듬해인 1946년 11월 18일 제2회 정기총회에서는 협회의 명칭을 '서울극장협회'로 변경하고 임원도 개선했다.[25] 이와 같은 극장-민간기구는 여타의 지역에서도 조직된 것으로 보이는데, 1946년 11월 15일 그 전국적인 조직망인 '남조선극장연합회'가 결성되었던 것이다. 당시 '한성극장협회'의 회장이었던 홍찬이 연합회 회장으로 선임되었다.[26] 이후 이 단체는 '전국극장연합회'로 개칭되었다.

　이러한 극장-민간기구의 조직은 극장의 경영·소유에 관한 기득권 확보와 제도적 보장을 위한 포석이라는 점에서 참여인사들에게는 매우 긴요한 일이었다. 적산극장의 점유는, 자신의 취약한 기반을 단숨

---

24) 「순문화적 운영을 목표로, 서울 16극장 결합, 극장협회 창립」, 『조선일보』 1945년 12월 3일자 ; 「서울극장협회를 결성, 문화적 사명수행에 전력키로」, 『자유신문』 1945년 12월 4일자 ; 「한성극장협회 설립」, 『서울신문』 1945년 12월 5일자.

25) 「극장협회 임원개선」, 『조선일보』 1946년 11월 28일자 ; 「한성극장협회, 서울시극장협회로 개편」, 『동아일보』 1946년 11월 28일자. 임원진은 다음과 같다. 이사장 홍찬, 부이사장 이창용, 이사 김상진·박응면, 감사 홍용택·김양성, 상무이사 김두수(金斗洙) 등. 초대 임원진이 거의 그대로 유임되었는데 이 중 제일극장을 관리하고 있었던 이창용(李創用)이 부이사장에 선임된 것이 눈에 띈다. 그는 권위 있는 촬영기사였을 뿐만 아니라 영화배급업자였는데, 협회 당시 조선영화동맹 부위원장으로 활동하고 있었다.

26) 영화진흥공사 편, 『한국영화자료편람』 1977, 287쪽.

에 극복할 수 있는 절호의 기회이자 흥행계에서 세력가가 된다는 것을 의미했다. 임원진의 면면이 보여주듯이, 이 협회는 사실상 극장건물 소유주와 흥행권을 가진 경영주보다는 적산극장 관리인들의 이해 속에서 성립되었다고 할 수 있다. 이들이 현 관리인들에게 불리한 입찰제를 반대했던 것은 이런 사정이 있었다.[27) 물론 이들에 대한 외부의 시선은 대체로 곱지 않았다. 이들의 경험이란 식민지시대의 유산으로 "진부하고 비속한 모리적 목적과 방법을 습득한" 것에 지나지 않기 때문이다.[28)

사실, 한성극장협회는 8·15 직후 극장의 관리를 둘러싸고 계속해서 모리배들이 문제를 일으키자 "경기도 보안과의 알선"으로 성사된 것이었다.[29) 말하자면 경찰당국과 극장 관리인들의 이해가 합치되었던 것이다. 그러나 모리배 운운하는 것이 이 단체가 조직된 이유의 전부는 아닐 것이다. 식민지시대부터 극장이 경찰당국의 관리를 받아야 하는 준공적 공간이었듯이, 해방 이후에도 사정은 마찬가지였다. 이러한 극장을 통어하기 위한 효과적인 방법은, 소유권 혹은 흥행권이 보장되지 않는 관리인들의 절실한 요구를 볼모로 삼는 것이었다. 1946년 11월, 수도경찰청장 장택상이 이 협회의 명예회장으로 추대된

---

27) 1946년 12월 경남문화단체대표들은 새로운 관리인 선정의 부당성을 지적하는 동시에 이전 관리인에게 이관해줄 것을 건의했는데, 그들은 신관리인들이 '악질 모리배'이거나 관료의 친인척 혹은 자본가들이라는 점을 지적했다(조혜정, 「미군정기 영화정책에 관한 연구」, 66쪽). 아마도 그 '문화단체'린 현 극장 관리인들이 중심이 된 단체일 가능성이 높다.

28) "극장관리인이 아무런 근거 없이 문화인으로 자처하더라도 앞날의 진정한 극장예술의 발전을 위하여 유해한 존재라 하겠으니 그 이유는 종전에 극장관리에 경험이 있다는 사람의 다대수는 문화면을 떠나서 진부하고 비속한 모리적 목적과 방법을 습득하였기 때문이다." 「각 문화단체대표, 극장관리권의 극장예술가에게 일임, 건의서제출」, 『서울신문』 1946년 3월 28일자.

29) 「순문화적 운영을 목표로, 서울 16극장 결합, 극장협회 창립」, 『조선일보』 1945년 12월 3일자 ; 「서울극장협회를 결성, 문화적 사명수행에 전력키로」, 『자유신문』 1945년 12월 4일자.

사실은,[30] 이들을 중심으로 조직된 극장협회가 결코 독립적 기구가 아니었음을 단적으로 보여준다. 관리인들은 경찰당국과 우호적인 관계를 유지할 때에만 이 협회를 통하여 모종의 이득을 얻을 수 있었고, 그렇지 않을 때에는 관리인으로서의 자격을 박탈당하는 처지에 있었다. 그리고 경찰당국의 상위에는 바로 미군정의 이해관계가 놓여 있었다. 미군정의 막후지원을 받는 중앙영화배급사의 횡포에 대한 협회 측의 대응은 기본적으로 소극적이고 무기력했으며 때로는 적극적으로 협조하였다.[31] 또한 서울극장협회가 입장세 세율감하운동의 일환으로 3일 동안 휴관을 단행했을 때, 미군정장관 헬믹 소장이 관리권을 취소하겠다고 경고하자 이들은 극장을 다시 개관할 수밖에 없었다.[32]

해방 이후 극장-민간기구의 출현이 흥행 장의 변동을 나타내는 징후였음은 분명하다. 당국의 알선으로 성사되었지만, 이는 경제적·정치적 자유를 도모하는 이익집단으로서 흥행시장의 자율성을 주장하는 징후 그 자체였기 때문이다. 민간기구는 국가권력이 독점했다시피 한 경제권력의 분산을 촉진시키거나 흥행관련 정책결정에 간여할 가능성의 확대를 의미했다. 특히 적산극장의 향방은 흥행 장의 구조를 변경시킬 수 있는 사안이었다는 점에서 극장-민간기구의 조직은 이 시기의 특수한 국면을 드러낸다고 볼 수 있다. 그러나 그 실제는 지극히 초라했다. 적산 처리를 계기로 극장이 공적 기관이 되기를 바라는 사회의 여망과는 달리, 그것은 많은 문화관계자들의 우려가 현실이 되는 과정이었고, 극장-민간기구의 주체들은 그로부터 이득을 보았다.[33]

---

30) 『예술통신』 1946년 11월 7일(유민영, 『한국 근대극장변천사』, 태학사, 1998, 297쪽에서 재인용).

31) 조혜정, 「미군정기 극장산업 현황 연구」, 『영화연구』 14, 한국영화학회, 1998, 520쪽.

32) 「시내 각 극장 4일부터 일제 개관, 세율저하운동은 계속」, 『동아일보』 1948년 6월 5일자.

33) 서울극장협회 주요 멤버들은 1950년 2월 현재에도 존속하고 있었는데, 수도극장의 홍찬, 중앙극장의 김상진, 제일극장의 이창용, 명동극장의 홍용택, 서울극장의

문제는 이 주체들이 대체로 미군정과 한국정부에 종속적일 수밖에 없는 관리인이었다는 데 있었으며, 시장의 규모도 그리 크지 않은 상황에서 경제권력의 조성과 분립은 더더욱 기대할 수 없었다는 점이다. 이것이 바로 이익집단인 극장-민간기구의 딜레마였다.

3. 극장의 경제적 동원과 탈법의 관행

남조선 세무서장 회의는 기보한 바와 같이 24일로 제2일의 회의를 마치었는데 동 회의석상 각 세무서에서 제출된 세무통계 보고 중 해방이후 작년까지 3개년간 서울시내의 유흥세 총액이 도합 1억6천2백48만1천5백60원이라는 놀라운 숫자를 내고 있어 그간의 유흥면의 실태를 여실히 표시하고 있으며, 다음 **극장 등의 입장세가 3개년간 3천2백68만7천5백79원**, 마권세가 3개년간 1천9백5만4백50원이라는 숫자를 제시하고 있어 **남조선 경제의 파행적 현상**을 엿보게 한다.[34] (강조―인용자)

이는 해방 이후부터 1947년까지 유흥 계통의 세액을 통해 남한 경제의 파행성을 지적한 기사이다. 유흥세·입장세·마권세 등의 세수입이 다른 조세와 비교할 때 어느 정도였는지 헤아리기는 어렵지만, 분명한 것은 남한의 경제상태를 고려할 때 여가오락 분야의 소비가 기형적일 정도로 높았다는 점이다. 그 당시 경제적 빈곤상태가 매우 심각한 지경에 이르렀음은 주지의 사실이지만,[35] 이런 상황이 비단 이

김양성, 국도극장의 김동렬 등이 그러하다. 1950년 2월 현재의 상황은 「서울시 부호들, 거액의 세금을 체납」, 『서울신문』 1950년 2월 7일자 참조.

[34] 「해방 후 3년간 유흥세, 1억6천만원 돌파, 극장입장세도 3천백만원」, 『동아일보』 1948년 3월 25일자.

[35] 해방 이후부터 4·19혁명에 이르기까지 경제적 빈곤 문제에 대한 개관은 이영환, 「해방 후 도시빈민과 4·19」, 『역사비평』 46, 역사비평사, 1999.3 참조.

기했다. 입장세가 100%로 인상되었던 1948년 당시, 표면상으로는 '10원짜리 극장'이 득세했지만 음지에서는 여러 종류의 탈법이 진행되고 있었다. 이면 경우는 입장권을 판매하는 대신 회원권·찬조권 등의 명의로 입장수익을 올렸다.[59] 그러나 그 가운데에서 입장세의 탈세가 가장 일상적으로 이뤄졌으며 당연히 그 액수도 상당했다. 경찰당국은 서울시내 극장들의 입장세 횡령을 조사하여, 지난 1년 동안 극장들의 미납금액이 무려 7천2백만여 원에 달한다고 보고했다.[60] 서울시는 세금 체납자에 대한 대대적인 조사에 착수했고, 서울시내 10여 개가 넘는 극장들이 적발되었다.[61] 이 가운데 그 미납액이 수도극장의 홍찬은 2천7백여 만 원, 국도극장의 김동렬은 4천여만 원에 달했다. 홍찬·김동렬·김인순·김양성·김상진·이금권·안병수·최세용·최예득 등 9명이 구속되었고,[62] 이 중 단성사 김인순은 직결처분으로 석방되고, 성남극장의 안병수, 명동극장의 홍용택은 체납액의 1할에 해당하는 벌금형이 내려졌다.[63] 이 밖에 2억1천여만 원이라는 거액의 탈세로 장안에 화제가 되었던 계림극장주 김갑기 사건도 있었다.[64]

한편, 전쟁 이후 입장세 탈세가 문제된 경우는 없어 보이는데, 이런데에는 과거 입장세 100%에 비하자면 1950년대의 세율이 어느 정도 적정선을 유지하고 있다는 감각이 반영된 것일 수 있다. 비록 외화의

---

59) 「탈세도 여러 가지, 회원권 파러 흥행 타말성」, 『조선일보』 1949년 3월 6일자 ; 「학예회 간판 걸고 표 팔다가 말성」, 『조선일보』 1949년 5월 17일자.

60) 「입장세 횡령 혐의로 7개 극장 관리인 문초」, 『조선일보』 1949년 4월 7일자 ; 「입장세 거액을 유용, 13극장에 총액이 7천만원」, 『조선일보』 1949년 4월 13일자.

61) 「서울시 부호들, 거액의 세금을 체납」, 『서울신문』 1950년 2월 7일자.

62) 「間稅체납에 痛棒, 극장, 요정주 등 20명을 검거」, 『조선일보』 1950년 2월 15일자 ; 『경향신문』 1950년 2월 15일자.

63) 「9명을 구속 송치, 극장 주 등 간세 체납자의 응보」, 『조선일보』 1950년 3월 4일자.

64) 「모 고관댁에 은신, 계림극장주 金甲起를 재구속」, 『조선일보』 1953년 1월 18일자 ; 「계림극장 사건, 첫 공판엔 사실심리」, 『조선일보』 1953년 2월 11일자 ; 「8개월 체형에 백여만원 벌금, 계림극장 사건 언도」, 『조선일보』 1953년 3월 7일자.

경우는 가공할 만한 것이었지만, 공연물이나 국산영화의 육성이라는
민족주의적 명분의 동원은 시장경제의 논리를 억압하는 데 유효했는
지 모른다. 대신 기부금에서는 탈법사례가 종종 있었다. 이대통령 동
상건립비를 '자진부담'하겠다고 한 전국극장연합회는 결국 서울사세
청의 집계에 의해 탈세의혹을 받았고,[65] 태풍 사라호 수재의연금에서
도 모든 극장들이 횡령한 혐의를 찾아내고 동도극장과 국도극장을 정
식으로 입건했다.[66] 물론 당국의 이런 조치는 경고성이었다. 일반단
체나 공무원들의 모금에 비해 극장의 모금성적이 불량했던 것이고,[67]
이러한 칼날 덕분에 이후로는 모금에 가속도가 붙었다.

그러나 현상의 본질은 거기에 있지 않을 것이다. 1959년 경남극장
협회의 탈세를 거론할 수도 있겠지만,[68] 자유당정부의 개입은 비상시
적인 기금 조성이 시급할 경우에만 일벌백계의 포즈를 취하는 정도에
서 멈추었다. 이는 극장 혹은 극장-민간기구의 탈법행위가 감소된 것
을 증명한다기보다는, 정부당국이 극장과 우호적인 파트너십을 유지

---

[65] 「이대통령의 동상건립, 적립에 疑雲」, 『동아일보』 1956년 9월 13일자 ; 「'극련'서
해명, 동상건립비 적립문제에」, 『동아일보』 1956년 9월 14일자.

[66] 「극장에 일제 메스, 수해재민 의연금 횡령」, 『동아일보』 1959년 10월 31일자 ; "전
극장에 혐의 있다", 최내무, 의연금횡령사건수사강조」, 『동아일보』 1959년 11월 5일
자 ; 「국도·동도극장정식입건, 수재의연금횡령혐의로」『동아일보』 1959년 11월
6일자 ; 「실적보고지시, 극장의연금 모집액」, 『동아일보』 1959년 11월 7일자 ; 「극
장의 부정 엄단, 이대통령, 의연금사건에 지시」, 『동아일보』 1959년 11월 17일자 ;
「전극장을 수사할 듯, 수해의연금의 모금성적 불량, 법무·검찰서 검토」, 『동아
일보』 1959년 11월 18일자.

[67] "15억의 연금모집운동에 있어서 일반단체나 공무원들의 모금은 순조로운 현상인
데 유달리 극장 측의 모금운동만이 지지부진상태로서 불과 27퍼센트밖에 안 되
고 있기 때문에 검찰에서는 전기와 같은 결정을 하게 된 것이라 한다." 「전극장
을 수사할 듯, 수해의연금의 모금성적 불량, 법무·검찰서 검토」, 『동아일보』
1959년 11월 18일자.

[68] 이 협회는 6년간 산하 30여 개 극장으로부터 협회비를 징수하여 협회 직원들에게
지불한 급여에 대한 원천과세를 전연 납부하지 않았다. 「경남 극장협회에 다액
의 탈세혐의」, 『조선일보』 1959년 2월 16일자.

하면서 취체에는 그리 적극적이지 않았음을 암시하는 것에 가깝다. 이러한 파트너십은 결국 국가권력과 극장이 '공적' 관계로 맺어진 것이 아니라 유력한 징치인 개인(들)과 극장이 '사적' 관계로 맺어진 것임을 시사한다. 즉 비공식적이면서 사적으로 이뤄지는 극장의 경제적 동원이 상당한 비중을 차지했던 것이다. 따라서 극장의 탈법 적발사례가 많지 않다는 것은, 국가권력이 극장의 사적인 지원에 상응하는 탈법을 묵인했다는 반증일 것이다. 해방 이후 극장을 둘러싸고 진행된 역학관계의 추이는, 자유당정부 시기에 이르러 이처럼 유력한 정치자금을 비공식적으로 지원하는 비선(秘線)의 토대로서 극장제도가 안착되는 과정이었다. 말하자면 탈법은 준(準)-공식적인 하나의 관행이었던 것이다. 이런 상황 속에서 국가권력을 제어할 만한 경제권력의 조성이란 상상할 수 없는 것이었다. 더욱이 시장의 규모가 협소하고 가용자본도 부족한 조건 속에서 모종의 권력이 조성되었다면, 그것은 국가권력에 기생하면서 그로부터 일부를 불하받아 조성된 권력일 것이다. 이에 대한 당대의 묘사는 4·19혁명 이후 공개되었으며, 그 중심에는 임화수가 있었다.

4. 예술인의 정치적 동원과 폭력의 문화정치

임화수는 본명이 권중각(權重珏)으로, 1920년[69] 경기도 여주군 강천면 가야리에서 농부 권중달(權炳達)의 차남으로 태어났다. 2년 후 아버지가 작고하자, 그의 어머니가 토월회의 전속 '조라치'('마찌마와리'를 하는 사람)였던 사람에게 재가하여 성과 이름을 임화수로 바꾸

---

[69] 임화수의 출생연도는 확실치 않다. 유지광은 1920년생이라고 했으나, 그 외에 1921년생, 1925년생 등 이설이 있다. 그러나 재판기록에 의하면 1920년이 유력하다.

게 되었다. 그는 미나도좌 주변에서 조라치들을 따라다니면서 극장 일에 관계하기 시작했다. 말하자면 그는 1930년대부터 번성하기 시작한 극장가의 불량배들 가운데 하나였고, 제일극장[70] 주변의 왕초였다.[71] 여기까지는 일반 폭력배들과 큰 차이점이 없다.[72] 극장 문전에 위치한 기도(きど[木戸]) 문화의 장본인이었다는 정도이지, 임화수를 포함하여 이들에게는 야쿠자와 같은 권력을 현실화할 만한 능력이나 조건이 결여되어 있었다. 임화수가 훌쩍거리며 제일극장의 주인이 되고 싶다고 한들 그것은 거의 불가능한 일이었다. 그러나 식민권력이 '반도의용정신대'(1943.4)라는 조직으로 이 불량한 룸펜계급을 정치적으로 동원한 일제 말기에 이르러서는 상황이 달라지기 시작했다. 즉 그것은 경제적 자립성이 결여된 폭력단이 국가권력과 종속관계를 맺기 시작한 최초의 계기였고, 그러한 성격의 폭력단과 흥행계가 조우하게 되었다는 점이다. 반도의용정신대가 조직한 '유성연예대'가 그 결과이며, 바로 여기에 다른 불량배들과는 달리 이 '딴따라'의 세계에 매혹되어 있던 임화수가 합류했던 것이다.[73]

물론 식민지시대 내내 임화수의 존재감은 없었다. 그러나 해방이 되고 나서부터 임화수의 인생은 달라졌다. 그는 폭력조직의 일원으로서 일정한 지분을 가질 수 있게 되었는데, 이를 바탕으로 이정재가 관리하던 평화극장을 양도받으면서[74] 새로운 전환점을 맞이했다. 평화극장(舊 '미나도좌 → 제일극장')은 임화수가 어린 시절부터 조라치들

---

70) 미나도좌의 개칭. 이후 평화극장으로, 다시 한일극장으로 개칭되었다.

71) 해방 이전의 임화수에 대해서는 유지광, 『대명』, 1974, 169~173쪽 참조.

72) 임화수는 식민지시대에 소매치기를 전문으로 하던 불량배로 전과 3범(소매치기·장물고매·상해)이었다. 「임화수 일당 송청」, 『경향신문』 1960년 5월 2일자.

73) 식민지시대 기도문화의 계급성과 국가권력과의 관계에 대한 좀 더 자세한 내용은 이승희, 「조선극장의 스캔들과 극장의 정치경제학」, 140~154쪽 참조.

74) 「평화극장 양도 경위증언청취, 이정재 사건」, 『동아일보』 1961년 8월 7일자.

을 따라다니며 불량배 노릇을 했던 본거지였으며, 그는 바로 이곳의 주인이 되기를 오래 전부터 꿈꿔왔다. 이 극장 역시 적산극장으로서 이창용이 인수해 관리해오던 곳이었는데, 그의 행적은 1950년 2월[75]을 끝으로 묘연해졌다. 한국전쟁을 전후로 하여 이 극장은 돌연 무주공산이 되었고 이를 동대문시장 일대를 장악하고 있던 이정재가 관리하게 되었다. 임화수는 이미 전쟁 중인 1951년 대구에서 '무궁화악극단'을 창설하여 흥행활동을 본격화한 상황이었고, 1954년 부산의 거상 손종록에게 2천만 환을 빌려 평화극장을 불하받았다.[76] 이곳은 자신의 본거지이기도 했고, 자신은 폭력조직 동대문파[77]의 2인자였으며, 여기에 김두한이 적극 지원해주었다고 하니 평화극장의 인수는 손쉽게 성사될 수 있었다.

임화수가 평화극장의 사장이 된 것은 유지광의 표현을 빌면 "범에게 날개가 돋친 격"이었다. 물론 평화극장의 시설이나 입지가 매우 좋아서 이곳이 화수분이 된 것은 아니었다. 이 극장은 식민지시대 이래 2류 혹은 3류 정도에 지나지 않았는데, 그럼에도 불구하고 임화수는 더 좋은 극장을 갖기 위해 노력하지 않았다. 아니, 그럴 필요가 없었다. 임화수에게 있어 평화극장은 마치 로빠힌에게 있어 벚나무동산과도 같은 것이었겠지만, 일류극장을 굳이 소유하지 않아도 이를 마음대로 사용할 수 있는 권세가 있었기 때문이다. 설·추석·연휴와 같이 흥행대목에 일류극장을 대관하여 '땅 짚고 헤엄치기'로 한몫 보는, 이른바 '몸비' 흥행사였다.[78] 중요한 것은 평화극장 사장이라는 사회적 직함이 흥행계에 본격적으로 개입하는 출발점이었다는 점이다. "그

---

75) 「서울시 부호들, 거액의 세금을 체납」, 『서울신문』 1950년 2월 7일자.
76) 유지광, 『대명』, 1974, 176~178쪽 참조.
77) 동대문파에 대해서는 조성권, 『한국조직범죄사』, 한성대 출판부, 2006, 62~79쪽 참조.
78) 유지광, 『대명』, 1974, 207쪽.

누구도 흉내 내기 어려운 도깨비 출세"[79]는 기본적으로 그가 이승만 정부의 비공식적인 정치기반이었던 동대문파의 두목급 깡패였다는 사실에 있겠지만, 그의 인적 네트워킹 능력 또한 특출해 보였다.

먼저, 이후 임화수의 공식적인 행보는 1955년 8월 '한국연예주식회사'의 창립이었다.[80] 초대 임원진은 다음과 같이 구성되었다―취체역 회장 강일매(姜一邁), 사장 임화수, 부사장 강치성(姜致晟), 전무 고재원(高在元), 문예제작국장 박노홍(朴魯洪). 인적 구성은 매우 안정적이었다. 강일매는 실업계와 언론계에서 두루 활동했던 인물로 당시 동화백화점(前 미쓰코시백화점)을 경영하고 있었으며, 동대문시장 청계상우회 이사장이었던 관계로 임화수와 인연이 된 것으로 보인다. 강치성은 동도극장의 사장이었고, 고재원은 평화극장의 전무이사이자 임화수가 경영하고 있던 예술시보사의 총무국장을 맡고 있었다. 박노홍은 유명한 작사가이자 극작가로서 악극 분야의 독보적인 존재였다. 뿐만 아니라 이 회사의 태동은 당시 존속하고 있던 악(가)극단들의 대통합이었다. 무궁화악극단의 임화수를 비롯해 백조가극단의 최일, 악극단 호화선의 김화랑, 은방울악극단의 박시춘, 희망가극단의 박노홍, 대도회악극단 및 창공악극단의 김석민 등 내로라하는 악극단이 통폐합하여 자유가극단과 코리아악극단을 발족시켰던 것이다.[81]

박노홍은 이 단체의 설립이 악극의 부흥을 위한 자구책이었다고 이해했으나, 당시를 기억하는 김인기와 심우섭에 의하면 한국연예주식회사는 특정한 정치적 목적을 위해 마련된 것이었다. 그들에 따르면, 이 회사는 한국반공연맹의 군 위문공연이 모체가 되어 조직된 것이었는데, 이는 연맹 소속 박호·김석민의 아이디어에 의한 것이었고 임

---

79) 유지광, 『대명』, 1974, 169쪽.
80) 「한국연예주식회사 창립」, 『동아일보』 1955년 8월 3일자.
81) 박노홍, 『박노홍의 대중연예사 1』, 연극과인간, 2008, 168~170쪽.

화수는 이에 '이용'을 당해 '깡패 보스'가 된 셈이다.[82] 이 상황은 다음과 같이 정리될 수 있다. 조직의 모체가 될 악극단들을 향해서는 통합의 명분—낭국의 무대책과 민간자본의 결핍으로 침체된 연예계의 부흥—을 제공했고, 이 명분에 전적으로 공감하도록 설득했으리라는 것이다. 그러나 김인기와 심우섭의 기억도 틀리지 않을 것이다. 물론 이 기억은 임화수를 그저 바지저고리쯤으로 만들고 있지만, 설사 실제로 그렇게 비춰졌다고 할지라도 이는 임화수의 야심이 만들어낸 전술이었을 가능성이 높다. 중요한 사실은 한국연예주식회사가 당시 공연가의 최고 흥행성적을 올리고 있다가 침체기에 접어든 악극단과 배우를 장악하는 데 성공했다는 점이다. 그리하여 1950년대 후반은 임화수의 시대라 할 만 했다. 한국연예주식회사는 그 중심을 공연에서 영화로 옮겨 영화제작사로서의 위상을 갖추게 되었다. 그는 아시아영화제에 매우 적극적이었고, 제작비의 상승과 영화기술향상의 필요성 그리고 국내 시장의 협소함을 돌파하기 위한 방책으로 외국과의 합작영화를 추진했으며,[83] 4·19 직전까지 삼성영화사를 인수하는[84] 등 의욕적인 활동을 전개했다.

이런 그가 민간기구에서 요직을 점한 것은 당연했다. '김희갑 구타 사건'으로 임화수가 도의적인 책임을 지기 위해 현재의 모든 공직에서 물러나겠다고 말했을 때, 1959년 11월 현재 그가 관여한 공직은 모두 5개였다—한국영화제작가협회 부회장, 전국극장연합회 부회장, 서

---

82) 김인기의 구술, 『한국영화를 말한다: 1950년대 한국영화』, 한국영상자료원, 2004, 48~53쪽 참조. 이 구술기록에는 심우섭 감독이 동석하여 김인기의 기억을 확인해주고 있다.

83) 임화수, 「합작영화의 의의」, 『조선일보』 1957년 5월 28일자 ; 임화수, 「합자영화의 가능성」, 『조선일보』 1958년 2월 20일자 ; 임화수, 「영화육성과 예술인의 단합」, 『조선일보』 1959년 6월 20일자.

84) 박진수의 구술, 한국영상자료원 엮음, 『한국영화를 말한다: 한국영화의 르네상스 3』, 한국영상자료원, 2007, 189~193쪽.

울극장협회 부회장, 한국무대예술원 최고심의위원, 한국반공예술인단장 등.[85] 이외에도 서울극장협회 회장, 한국무대예술원 부원장[86] 등을 역임하는 등 요직을 두루 걸쳤다. 유지광은 이런 임화수에 대해 "여러 사람 앞에 나서야 하는 직종은 모두 '부회장'이다. 이유는 간단하다. 나서서 연설할 자신이 없기 때문이다"[87]라고 말했지만, 2인자를 자처하는 것은 취약한 기반의 보완적 장치이자 권력의 더 깊숙한 곳에 이르기 위한 하나의 단계로 보인다. 이를테면 이런 식이다. 임화수는 전쟁 전부터 시공관 관장에 재직해온 백순성(白順星)을 형님으로 모셨는데, 그는 "정계요처에 줄이 닿고 명동주먹사단에 영향력을 행사할 수 있는 거물야인"이었다. 임화수는 백순성을 전국극장연합회 회장으로 추대하고 자신은 부회장 자리에 앉았으며, 이 연줄로 이기붕에게 접근했다.[88] 임화수의 자신감은 아마도 후술될 한국반공예술인단의 조직과 함께 시작된 1959년에 최고조로 올라와 있었던 것 같다. 문교부장관을 꿈꾸었다는 소문도 날 만했다. 말하자면 '김희갑 구타사건'은 그 정점과 몰락의 교차지점을 보여주는 상징적인 사건이라 할 만한데, 그때까지도 그의 권력은 건재함을 과시했다. 그에 대한 처벌로 벌금 3만 환이 언도[89]된 지 불과 며칠 후인 1960년 1월 10일, 임화수는 한국영화제작가협회(1957.2.18 설립)[90] 제4대 회장으로 선출되었던 것이다.[91]

---

85) 「임화수 씨 구속을 지시, 임화수 씨 변」, 『동아일보』 1959년 11월 30일자.

86) 「원장 등 임원개선, 한국무대예술원」, 『동아일보』 1957년 5월 15일자. 그가 악극단의 경영자이기도 했지만 한국무대예술원의 권력이었던 유치진이 바로 한국연예주식회사의 창작위원회 회장이었다(박노홍, 『박노홍의 대중연예사 1』, 168쪽).

87) 유지광, 『대명』, 1974, 202쪽.

88) 유지광, 『대명』, 1974, 183쪽.

89) 「벌금 3만환을 구형, 약식기소로 석방된 임화수씨에」, 『동아일보』 1959년 12월 11일자 ; 「벌금 3만환 언도, 김희갑씨 구타사건 略裁서 임화수씨에」, 『동아일보』 1959년 12월 31일자.

90) 영화진흥공사 편, 『한국영화자료편람』, 1977, 286쪽.

　　민간기구의 장악은 제도와 관계된다는 점에서 그 영향력은 증폭될 수밖에 없었다. 이를테면 4 · 19 이후 한국영화제작가협회의 개혁내용으로 지적되있던 것은 "임화수 일파에 의하여 굳게 닫혔던 문호를 과감하게 개방해야"[92] 한다는 것이었다. 임화수가 회장으로 있을 때 한국영화제작가협회(이하 '제협')의 가입이 까다롭도록 정관이 개정된 것을 가리키는 것인데, 첫째 본회의 재적회원 2/3 이상의 추천이 필요하고 둘째 서울시 소재 은행에 3천만환 이상이 계속해서 30일 이상 예치가 되어 있음을 증명하는 서류가 필요하다 하여 가입요건을 제한한 것이다.[93] 물론 이 규정에는 국산영화 면세조치와 장려보호책에 대한 임화수의 입장이 반영되어 있다. 그에 의하자면 이 정책은 일확천금을 꿈꾸는 제작가의 수만 늘리고 이로 말미암아 태작의 범람이 악순환된다는 것이다.[94] '기업의 자유경쟁원칙'을 주장하는 입장에서 보면, '제협'의 역할은 "영화사의 난립에서 오는 경쟁이 영화를 육성하는 방향으로" 진행되도록 해야 하는 것이기 때문에,[95] 그 규정은 흥행시장의 불평등을 심화시키는 폭력적 간섭인 것이다. 더욱이 그의 전횡에 의해 회원들은 언제나 제명될 수 있는 불안한 지위에 있었다.[96] 임화수는 제도적인 권한뿐만 아니라 음지에서 동원할 수 있는 폭력조직을 가지고 있었던 것이다.

　　임화수의 무소불위의 권력을 가장 잘 보여주는 대목이 '한국반공예술인단'일 것이다. 이 단체가 조직된 경위는 다음과 같다.[97] 1959년

---

[91] 「회장에 임화수 씨를 영화제협 임원 개선」, 『동아일보』 1960년 1월 15일자.

[92] 「영화계 민주화의 방향」, 『조선일보』 1960년 5월 12일자.

[93] 「아전인수의 영화제작가협회」, 『조선일보』 1960년 5월 21일자.

[94] 임화수, 「영화육성과 예술인의 단합」, 『조선일보』, 1959년 6월 20일자.

[95] 「영화계 민주화의 방향」, 『조선일보』 1960년 5월 12일자.

[96] 임화수에 의해 제명되었던 이는 25명에 이르며 4 · 19 이후 이 가운데 19명이 복권을 신청했다. 「아전인수의 영화제작가협회」, 『조선일보』 1960년 5월 21일자.

[97] 「4 · 19의 음지: 반공예술인단」, 『동아일보』 1960년 11월 13일자 ; 김석민, 『한국연

3·1절 문화인들의 경축가장행렬에 참가한 후 저녁의 주연에서 누군가의 "우리 반공예술인단을 만드는 것이 어떻겠느냐?"는 한마디에 이구동성으로 합의하고, 발기인 대표에 유치진을 선출했다. 유치진을 단장으로 추대하려고 했으나 본인이 고사하여 실질적으로 단을 운영할 재력이 있는 자를 선출하자는 의견에 임화수가 추대되었다. 그리하여 3월 19일 시공관에서 창단 대의원대회를 개최하고, 단장 임화수, 부단장 김석민·이해랑, 사무총장 박호를 선출했다. 그러나 창단 바로 다음날 대표 100명이 경무대를 방문한 민첩성은,[98] 그 즉흥성과 자발성을 그대로 믿기 어렵게 한다. 더욱이 4월에는 영화 〈독립협회와 청년 리승만〉의 제작을 결정하고, 5월에는 이승만으로부터 명예총재직의 수락을 받는, 창단 직후의 경과는 일종의 과잉 상태이다.

의외로 문제는 간단하다. 한국반공예술인단은 3·15선거의 승리를 위해 조직된 선전기관이었다. 자유당정부는 주지하는 바와 같이 이를 위해 착실히 준비해오고 있었고, 1958년 12월 보안법 파동과 지방자치제 법안 개정을 거치면서 기본적인 준비를 거의 끝낸 상태였다. 그리고 이기붕 가의 출입인 명부(1959년 1년치)에 의하면, 임화수는 1월에 두 차례나 이기붕을 방문했고 21일자의 방문 다음날은 대한반공청년단이 조직되었다.[99] 이런 정황을 고려하면, 한국반공예술인단의 창립은 유권자와 대중적인 대면관계를 형성하는 예술인들의 범조직이었다. 김석민이 정리한 반공예술인단의 일지를 참고할 때,[100] 반공예술인단 목적에 부합하는 활동은 몇 차례밖에 되지 않는다. 굳이 따지자면 이 행사들은 기존 조직체에서 동원되거나 기획될 수 있었다. 그럼

예인 반공운동사』, 예술문화진흥회 출판부, 1989, 102~103쪽.

[98] 「반공예술인단, 이 대통령 방문」, 『동아일보』 1959년 3월 20일자.

[99] 김진송, 『장미와 씨날코』, 도서출판 푸른역사, 2006, 308쪽.

[100] 김석민, 『한국연예인 반공운동사』, 108~109쪽.

에도 불구하고 이 단체의 조직이 필요했다면, 그것은 반공예술인단이 일종의 연합체 성격을 띤다는 점에 있다. 그때까지 각 부문별 민간기구들이 존속하고 있었지만, 모든 흥행분야를 아우르는 성격의 단체는 없었다. 전국문화단체총연합회가 그 역할을 했다고는 하지만, 조직이 매우 광범위한 만큼 구체적인 실천력에서는 부족할 수밖에 없었다. 이 점은 이해랑의 기억과도 일치한다. 임화수가 지금까지 문총 문인들에게 이용만 당했다고 하소연하면서 같이 예술단체를 조직하자고 했고, 이에 이해랑은 무대예술인 중심의 단체를 생각하고 있던 차에 동의했다는 것이다.[101]

① 문예분과 (전창근)　② 제작기획분과 (박구)　③ 연출분과 (이병일)
④ 연기분과 (김승호)　⑤ 음악분과 (김교성)　⑥ 미술분과 (김정환)
⑦ 기술분과 (김성춘)　⑧ 국악분과 (김연수)　⑨ 특수연예분과 (김상흡)
⑩ 극장문화분과 (강치성)[102]
※ 괄호 안은 위원장

　각 부문을 망라한 단체의 발족이 '반공'으로 집적된 까닭은, '반공'이 흥행분야의 각 부문별/지역별 단체를 하나의 조직체로 엮어내는 강력한 명분이었기 때문이다. 경무대를 방문한 100여 명이나 되는 대의원들의 수효 혹은 중앙본부의 단원만 1,500여 명에 달했다는 엄청난 동원력은, 이 명분에 승선하지 않으면 곧 '빨갱이'로 몰리는 이분법의 시대가 낳은 효과였다. "반공예술인단은 툭하면 '없애버린다! 제명 처분한다'고 모든 예술인을 위협했고 '6·25 때 뭘 했느냐!'는 식으로 일부 연예인들을 괴롭혔다."[103] 즉 반공예술인단은 '반공' 이데올로기의 구

---

101) 이해랑, 『허상의 진실』, 새문사, 1991, 410쪽.

102) 김석민, 『한국연예인 반공운동사』, 107~108쪽. 조직과 임원진 구성이 언제 것인지는 나와 있지 않다. 당시 신문기사들을 참조하면, 창립 당시 혹은 제2회 정기총회(1960.3.2) 때의 것은 아니다.

속력을 최대한 이용해 예술인들을 정치적으로 동원했고, 이들을 앵벌이로 만들었다. 태풍 사라호 수재의연금을 위해 반공예술인단은 10월 18일 220여 명의 배우들로 하여금 시내 9개 개봉극장에서 관객으로부터 모금을 해오도록 했다. 이렇게 해서 거둬들인 액수는 총 659,615환이었으며, 도금봉이 39,600여 환을 모아 최고를 기록했다.[104]

'김희갑 구타사건'[105]은 말하자면 폭력으로 강제된 흥행계가 임계점에 근접했음을 보여주는 것이었다. 늘 초법의 상황에서, 폭력에 압도당하는 경험의 누적은 사실 그 시기에 이르러 포화되고 있었다. 물론 늑장부린 구속과 신속한 약식명령(벌금 3만환), 혹은 관대한 처분을 바라는 문총 산하 6개 단체[106]와 김승호·최무룡·황정순·김희갑 등 배우들의 진정서 및 탄원서 제출은[107] 사건이 봉합되어가는 수순이었다. 반공예술인단의 역할은 그때부터 본격적으로 시작되어야 했기 때문이다. 1960년 3월 2일 제2회 정기총회[108]는 "반공전선에서의 예술인들의 단결을 강조하고 이승만 박사와 이기붕 선생의 정부통령 당선을 예술인들이 자발적으로 추진"하기 위한 선거운동 발대식이었다.[109]

---

103) 「이제는 말할 수 있다 : 희극배우 김희갑 씨」, 『동아일보』 1960년 11월 20일자.

104) 「65만환 기탁, 반공예술인단서」, 『조선일보』 1959년 10월 19일자.

105) 사건은 1959년 11월 27일 밤 한국반공예술인단 사무실에서 발생했다. 사건의 동기는 "희극배우 합동쇼에 김희갑 씨의 사전양해는 물론 사전에 주어야 할 보수도 주지 않은 채 신문에 광고를 내자 김씨는 '돈도 주지 않고 광고를 냈으니 고소를 제기하겠다'고 말하자 임씨가 때린 것"이었다. 「임화수 씨 구속지시, 검찰서 폭력배엄단방침 따라」, 『조선일보』 1959년 11월 30일자.

106) 「임화수 씨를 구속, 김희갑 씨 구타사건 5일 만에」, 『동아일보』 1959년 12월 2일자.

107) 「인기배우들이 검찰청에, 임화수 씨에 관대한 조치를 진정」, 『조선일보』 1959년 12월 3일자 ; 「임화수 씨 5일 송청, 영화인들의 탄원서와 함께」, 『조선일보』 1959년 12월 5일자.

108) 「부단장에 金宗文씨 선출, 반공예술인단 정기총회盛了」, 『조선일보』 1960년 3월 3일자

109) 선거운동 참여 당시 임화수의 논리는 「예술·정치·인생=예술인의 정치참여에 관하여」(『조선일보』 1960년 3월 14일자)를 참조할 수 있는데, 그가 이 글을 직접 작성하지는 않았을 것이다. 그는 문맹이었기 때문이다.

반공예술인단은 3·15선거의 전위부대로서 조직된 반공청년단의 자매단체였다. 그러나 4·19는 상황을 완전히 바꾸어놓았다. 고대생 시위대 습격사건으로 피검된 임화수는 문총과 한국영화제작가협회에서 제명을 당했고,[110] 반공예술인단은 자연적으로 해체되었다. 그리고 5·16 이후 결국 '단체적 폭력행위사건'으로 1961년 12월 21일 사형되었다.

임화수의 문화권력은 한국연예주식회사로부터 본격화하여 한국반공예술인단에서 정점을 이루고, 4·19를 경과하면서 몰락했다. 물론 이를 가능하게 했던 원천은 식민지시대 말기로부터 시작하여 자유당의 몰락에 이르는 과정에 개재되어 있는 불량한 룸펜계급과 국가권력이 유착되는 역사에 있다. 그리고 이를 임화수의 시대로 한정하자면 그것은 자유당과 동대문파의 관계에서 기원한다. 이 관계는 조성권에 의하면 "정치가 범죄화하는 과정에서 나타나는 정치부패와, 범죄가 정치화하는 과정에서 생성되는 정치폭력의 상호유착관계"이며, 이는 기본적으로 동대문파가 '종속적 기생관계'를 보여주는 '정치화된 조직범죄단'임을 의미한다.[111]

이 관계의 형성은 일종의 거래였다. 자유당정부는 취약한 정치적 기반을 다지는 데 이 폭력조직을 이용하고, 동대문파는 그 대가로 정치적 울타리를 제공받음으로써 자신들의 권역을 확장시켜나간 것이다. 정치의 범죄화와 범죄의 정치화라는 이러한 현상이 해방 이후에 조성된 것임은 물론이다. 임화수의 권력은 바로 그러한 관계 속에서 조성된, 범죄의 문화정치였다. 폭력에 의한 이런 특권적 지위는 흥행 장의 자율성을 제약하는 구조적인 힘을 지닐 수밖에 없었다. 그리고 이것

---

110) 「문총에서 결의, 임화수 등을 제명, 반공예술인단도 해체」, 『조선일보』 1960년 4월 25일자 ; 「임화수를 제명, 영화제작가협회」, 『조선일보』 1960년 4월 26일자.
111) 조성권, 『한국조직범죄사』, 한성대 출판부, 2006, 70쪽.

의 태생적 한계도 거기에 있는바, 범죄를 묵인 혹은 조장하는 정치적 울타리가 없다면 더 이상 존속할 수 없는 것이었다. 임화수의 생명이 자유당정부의 운명과 함께 할 수밖에 없었던 것은, 그가 자유당정부를 위해 집단적 폭력을 행사했기 때문이 아니라 경제적 독립성에 기초한 정치적 자율성이 애초에 부재했기 때문이다. 국가권력의 경제적 압력에 의한 극장 혹은 극장-민간기구의 탈법행위나, 묵인에 의한 임화수의 탈법행위는 동일한 심층을 갖고 있었다. 그것은 경제권력의 부재, 정치논리에 포박되어 있는 시장의 조건이다. 해방으로부터 4·19에 이르는 시기가 그 전후, 즉 식민지시대와 박정희 시대가 보여준 강력한 국가권력에 미치지 못함에도 불구하고, 이러한 현상이 야기된 것은 그만큼 시장이 활성화될 수 있는 동력, 즉 경제적 자유에의 요구가 정치적 자유의 획득으로 고양되는 경험이 결여되었음을 반증한다.

5. 폭력의 구조와 4·19 이후

해방이 되었어도 식민지시대의 법령은 전면 폐지되지도 않았으며 새로운 것으로 대체되지도 않았다. 「조선흥행등취체규칙」(1944)은 「공연법」(1961.12)이 제정되기까지 계속해서 법적 효력을 지녔다. 신법(新法) 제정의 지연은 '식민지시대'의 구법을 폐기해야 한다는 강박증만이 문제였던 것이지, 실질적으로는 흥행문화의 통제가 구법만으로 혹은 고시(告示) 정도의 수준에서 보완 가능한 것이었음을 시사한다. 어떤 조항들은 사문화되었을지라도, 법적 효력은 중요한 몇 가지의 취체원칙에 의해 존속될 수 있었다. 이렇게 식민지시대의 구법이 어색하게 잔존했던 동안, 국가권력은 그 전후(前後)와 비교할 때 연성국가에 준하는 미약한 집행능력을 보여주었다. 그런데 흥행시장의 규모나 경제적 기반은 그보다도 열악한 상태에 놓여 있었다. 이러한 상황은 흥행계가 국가권력과 종속적 관계를 맺게 되는 토대였던바, 이것의 용이함은 식민지시대 말기 국가지원 시스템이라는 당의정을 경험했던 역사에서 그 국가의 내셔널리티가 이민족에서 자민족으로 이동했다는 안도감에서 기인하는 것이었다.

극장-민간기구는 국가의 경제적 압력에 대하여 집단적인 대응으로써 상황을 교정해보려고 때때로 노력해보지만, 이것이 실효를 거두는 경우는 거의 없었다. 국가와 교섭할 역량이 결여되어 있는 상황에서는 결국 탈세 · 횡령이라는 탈법적인 행위가 최고의 선택인 것으로 보였다. 한 손은 경애와 헌신을 표하고, 다른 한 손은 뒷주머니를 만지작거리는 형국이었다. 이러한 양상은 자유당정부 시기에 이르러서 재정비되는데, 극장 혹은 극장-민간기구는 탈법의 묵인을 보장받으면서 유력한 인사들의 정치자금을 비공식적으로 지원하는 비선의 토대로 안착되어갔던 것이다. 더욱 심각한 문제는 식민지의 경험과 흥행계의 가난으로 생겨난 '국가'에 대한 짝사랑이 합리적이고 균형잡힌 관계로 재조정되지 못하는 가운데, 정치권력이 강력한 권력구축을 위해 폭력조직을 비공식적인 파트너로 선택했다는 점이다. 정치적으로나 경제적으로 취약한 기반을 갖고 있던 자유당정부가 정권유지를 위해 취할 수 있었던 대책이란 비용 대비 효과가 높은 '폭력'과 '반공' 외에는 별로 뚜렷한 것이 없었다. 아마도 이 양자가 결합된 결정체가 있다면 그것은 3 · 15정부통령선거를 위해 조직된 한국반공예술인단일 것이다. 국가가 임화수의 폭력을 선택한 것은 그 비용이 경제적이었기 때문이다. 임화수의 문화권력은 그렇게 해서 형성되었고, 경제적 자립성이 결여된 그 정치적 예속성은 자유당정부의 몰락과 운명을 같이 했다.

4 · 19혁명이 영화계 혹은 연극계에 가져다준 새로운 바람은 마치 해방 직후의 상황과 흡사했다. 이 유사성은 부정적인 의미에서 그러

한데, 양자 모두 스스로 쟁취한 것이 아니었기 때문이다. 적대적인 대상이 일본 제국주의든 자유당과 결탁된 제도화된 폭력이든, 스스로의 힘에 의해 그것들과 결별하지 않았던 까닭에 그 대상들은 '친밀한 적'으로 잔존하여 미래를 붙들었던 것이다. 그런 점에서 4·19 이후 영화계의 민주화를 모색하는 글에서 기자의 다음과 같은 언급은 약간의 놀라움과 침울한 예감을 느끼게 한다.

> **영화인 스스로가 마련한 민주화운동이 아니라 학생들이 성스러운 피의 대가로 쟁취한 민주혁명이 결과적으로 갖다 준 민주화운동이기에 적지 않은 혼란을 가져왔다.** 더욱이 자의였건 타의였건 간에 일부 영화인을 제외하고는 대다수의 영화인들이 임화수 일당의 그늘에서 직접 간접으로 독재정권에 협력했던 만큼 그 혼란은 더 심했던 것이다. (중략) 이와 같이 보복 행위에는 재빨랐던 영화인들은 영화계 민주화를 위하여서는 아직 그 방향조차 잡지 못한 혼란상태 속에서 헤매고 있는 것이다.[112]

이 혼란은 오랫동안 지속되었다. 4·19는 분명 과거와의 단절을 꾀할 수 있는 계기였고, '형식'을 바꾸는 것으로써 그간의 고질적인 병폐들을 서서히 조정할 수 있는 기회였으나, 그 부정적인 관행들은 좀처럼 사라지지 않았다. '임화수 일당'의 일소는 공직에서의 추방이든 사형이든 모종의 '절단'을 통해서 이뤄질 수 있었지만, '임화수'를 탄생시킨 폭력의 구조는 지속되었다. 폭력의 자연화 혹은 폭력의 일상적 감각의 누적은 아마도 검열에서 가장 잘 드러나지 않을까 싶다. 검열제도는 흥행계의 민주화라는 쟁점에서 가장 많이 운위된 대상이었다. 민간기구에 대한 국가권력의 정책적 운용보다 훨씬 오래된, 이 법제 영역에 대한 4·19 효과는 '관제검열의 반대, 민간규제의 지지'로 모아졌고,[113] 1960년 6월 법무부는 영화검열이 개정헌법 제28조에 의해 무

---

112) 「영화계 민주화의 방향」, 『조선일보』 1960년 5월 12일자.

효라고 유권해석을 내렸다.[114] 마침내 민간기구의 자율적인 규제를 위한 '영화윤리전국위원회'(1960)[115]와 '전국무대윤리위원회'(1961)[116]로 그 성사를 보았다. 그러나 이러한 결과가 느닷없이 이뤄진 것은 아니었다. 이미 1957년 영화 〈로마의 여인〉의 적성 시비가 일어났을 때부터 조심스럽게 제기되어온 문제였고,[117] 1957년 8월 중순 문총에서는 영화윤리위원회를 구성하여 「영화윤리규정」을 발표하기도 했다. 민간기구의 자율적 규제는 권위주의적 관제검열에 대한 대안으로서, 일종의 발전이라고 평가할 수도 있을 것이다. 외국의 사례를 참조하면서 최선책을 찾은 결과였다.[118] 그러나 엄밀히 말해서 이는 검열의 성격은 바뀌지 않은 채 그 주체가 국가권력에서 민간기구로 이동하는 것이었다. 즉 법적 구속력이 없더라도 「윤리규정」을 입안·시행하는 민간기구는 국가이데올로기의 수행기구로서 권력화를 피할 도리가 없는 것이다.

더욱이 여전히 흥행 장의 경제적 기반은 취약했고, 이를 정치적·경제적으로 이용할 국가권력은 대기 중이었다. 오히려 깡패의 폭력을

---

113) 「영화계 민주화의 방향」, 『조선일보』 1960년 5월 12일자 ; 「영화검열제를 폐지, 정책협의회서 합의」, 『동아일보』 1960년 5월 17일자 ; 「외국의 영화검열제도」, 『조선일보』 1960년 5월 18일자 ; 「외국의 영화검열제도」, 『조선일보』 1960년 5월 18일자 ; 「공청회에 나타난 영화검열제의 시비」, 『동아일보』 1960년 5월 18일자 ; 「질서 세워 전진, 연극계 개편 구체화」, 『동아일보』 1960년 6월 1일자 등.

114) 「영화: 검열 안 된다, 유권적 해석」, 『동아일보』 1960년 6월 28일자.

115) 「자율적 심의지향, 영화윤리위원회 창립」, 『동아일보』 1960년 8월 10일자.

116) 「무대윤리위원회 창립, 4월 1일부터 정식 운영」, 『동아일보』 1961년 3월 29일자.

117) 「사설: 영화검열제도에 대한 반성」, 『조선일보』 1957년 7월 22일자 ; 「적성영화 시비, 당국·지식인들의 의견」, 『동아일보』 1957년 7월 28일자 ; 허백년(許栢年, 영화평론가), 「영화검열의 기술과 태도—관제검열에서 자주심사제로」(전2회), 『조선일보』 1957년 8월 5~6일자 ; 「사설: 영화는 검열보다 자율적인 절제로」, 『조선일보』 1957년 9월 4일자 ; 「사설: 영화의 윤리기준문제」, 『동아일보』 1958년 9월 30일자 ; 「좁은 검열관문, 가위에 '노이로제'」, 『동아일보』 1959년 4월 24일자.

118) 「외국의 영화검열제도」, 『조선일보』 1960년 5월 18일자 ; 「외국의 영화검열제」, 『동아일보』 1960년 5월 18일자.

회수해간 국가권력에 의해 또 다른 변이형이 준비되고 있었다. 가령, 5·16 이후 극장의 경제적 동원은 비공식적이고 사적인 성격에서 공식적이고 공적인 성격으로 변화하였다. 4·19 이후 특별행위세 반대 운동에 탄력이 붙어 민의원에서는 입장세에 대한 특별행위세를 부과하지 못하도록 하는 법률안을 통과시켰고 경상도 극장주들이 제기한 행정소송도 승리했으나, 5·16 이후 사태는 다시 원점으로 돌아갔다. 대구지역 극장대표들이 특별행위세 집행정지 가처분 신청은 기각되었고,[119] 마침내 1962년 1월 18일 대법원이 입장세와 특별행위세를 이중과세할 수 있다고 판결함으로써 법률상의 논란에 종지부를 찍었다.[120] 또한 정부가 극장의 입장권을 직접 관리한다는 발상도 마찬가지였다. 정부는 1962년 3월부터 서울·인천·대전·광주·대구·부산 등 6개 도시의 극장입장권을 정부에서 발행하기로 결정했는데, 이 조치는 입장세 탈세를 미리 방지하여 세수를 확보하기 위한 것이었다. 여기에 복권제도까지 도입하여 이 제도의 원활한 운영을 기하고자 했다.[121] 또한 한국반공예술인단이 제거된 그 자리에, 국가가 직접 조직한 '연예인궐기단'이 들어섰으며 이후 '연예위문단'으로, 다시 '예그린악단'으로 개편되었다.[122] 그런 점에서 한국반공예술인단과 예그린악단을 비교하는 이원경의 다음 언급은 매우 인상적이다.

임화수는 그때 이승만을 아버님이라고 불렀고, 나중에 4·19 때 들리는 소문은 문교부장관까지 하려 했단다. 어쨌든 자유당에 아부한달까 명색

---

[119] 「고법서 특별행위세 부과, 정지가처분 신청 기각」, 『조선일보』 1961년 7월 6일자.

[120] 「입장세 특별행위세 이중부과할 수 있다, 대법원 판결」, 『조선일보』 1962년 1월 19일자.

[121] 「정부에서 발행, 대도시 극장입장권」, 『조선일보』 1962년 1월 19일자. 이는 얼마 못 되어 폐지되었지만(「입장권 발행제 폐지, 最高議상임위 입장세법 개정법안 등 통과」, 『조선일보』 1962년 11월 15일자), 이 제도는 후일 다시 시행되었다.

[122] 김석민, 『한국연예인 반공운동사』, 예술문화진흥회 출판부, 1989, 114쪽.

이 예술단인 반공예술인단을 이끌었는데, 5·16 후 예그린악단이 또 그런 식으로 만들어졌다. 그러나 임화수가 주먹의 힘으로 무료로 출연시키고 돈도 자기가 먹고 하는 식이었다면, 예그린악단은 중앙정보부 돈을 쓰면서 하되 우연하게 맥그루더가 좋다고 하는 바람에 군사정권이 생기는 때 어용단체로 있었다.[123]

자유당정부 시기가 '임화수'를 통한 비공식적이고 사적인 청부폭력의 형식을 취했다면, 이제 그 폭력은—박정희시대의 경험적 증거들이 시사하듯이—국가권력의 합법적이고 투명한 관리체계 안으로 들어와 공식성을 띠게 되었다. 4·19를 통해 흥행계의 비민주성과 비합리성이 청산의 대상으로 공개되고 민주화를 위한 여러 구상이 제안되었지만, 5·16을 경과하면서 폭력의 구조는 강력한 국가주의체제 안으로 내재화되었다. 경제적 자유에의 요구가 정치적 자유를 요구하는 시민운동으로 진행되는 것은 거의 불가능해보였다. 오히려 국가권력이 제공하는 당의정을 시혜로 받아들이는 입장으로 선회하기도 했는데, 그 대표적인 경우가 유신시대의 '문예중흥 5개년 계획'에 대한 연극계의 반응이었다. 흥행시장에서 경제적 기반이 유독 취약했던 연극계는 그 사업계획을 환영하는 분위기였으며, 영화계보다는 국가에의 의존도가 훨씬 높았다. 이렇게 보면, 임화수의 사형은 '단체적 폭력행위'에 대한 처벌이 아니라, 국가가 폭력의 구조를 개인의 책임으로 전가하고 또 다시 이를 점유·보존하기 위한 대국민적 의례였던 셈이다. 이런 전환국면이 향후 흥행 장의 민주화를 더욱 지체시켰다는 것은 분명하다. 여기서 우리는 흥행 장의 민주화란 적어도 시장의 자율성과 자립성이 갖춰졌을 때 성립 가능한 것임을 확인할 수 있으며, 이것이 한국사회의 민주화와 필연적인 관계에 있음은 두말할 필요가 없다.

---

[123] 이원경, 『공수래공수거』, 늘봄, 2005, 258쪽.

물론 흥행시장의 자율성과 자립성이 확보되고 시장경제의 논리가 충분히 활성화되는 것이 민주주의 조건의 완성은 아닐 것이다. 권위주의적 국가권력과 결탁할 가능성 혹은 시장주의의 가능성—모든 사회관계가 경제체계 속에 내장되는 상황(Polanyi)—을 제어할 만한 또 다른 시도가 함께 수반되어야 하기 때문이다.[124] 그런 점에서 박정희시대로의 전환은 흥행 장의 정치/경제를 다시 섬세하게 읽을 것을 요청한다고 할 수 있다.

---

124) 시장경제와 민주주의의 관계에 관한 이론적 이해는 임혁백, 「시장경제와 민주주의: 긴장에서 공존으로」, 『계간 사상』, 사회과학원, 1998년 여름호 참조.

부록 : 입장세 개정의 추이

시행일시	법 령	세 율
1938. 4. 1~	「조선지나사변특별세령」(제령 제12호)	입장료의 5%
1940. 4. 1~	「조선입장세령」(제령 제22호)	• 1원50전 미만 : 5% • 1원50전 이상 4원 미만 : 15% • 4원 이상 : 20% • 회수, 정기, 대절로 입장계약 : 15%
1940.12. 1~	「조선입장세령」(제령 제32호)	• 75전 미만 : 15% • 1원50전 미만 : 25% • 3원 미만 : 35% • 4원50전 미만 : 45% • 4원50전 이상 : 60% • 회수, 정기, 대절로 입장계약 : 35%
1943. 3. 1~	「조선입장세령」(제령 제3호)	• 75전 미만 : 15% • 1원50전 미만 : 35% • 3원 미만 : 50% • 5원 미만 : 70% • 5원 이상 : 100% • 회수, 정기, 대절로 입장계약—1원50전 미만 50% / 이상 75%
1944. 2.16~	「조선입장세령」(제령 제9호)	• 75전 미만 : 25% • 1원50전 미만 : 55% • 3원 미만 : 85% • 5원 미만 : 120% • 5원 이상 : 170% • 회수, 정기, 대절로 입장계약—1원50전 미만 85% / 이상 125%
1945. 4. 1~	「조선입장세령」(제령 제4호)	• 1원50전 미만 : 85%　　• 1원50전 이상 : 170% • 회수, 정기, 대절로 입장계약 : 130%
1946. 8.31~	「조선입장세령」(군정법령 제101호)	• 입장료의 30%
1948. 5.11~	「조선입장세령」(군정법령 제193호)	• 10원 초과하는 입장료의 100%
1949.10.21 ~	「입장세법」(법률 제61호)	• 연극 : 입장료의 30%　　• 영화 : 입장료의 60%
1954. 3.31~	「입장세법」(법률 제329호)	• 연극 : 입장료의 30% • 영화 : 국산영화는 면세 / 외국영화는 입장료의 90%

1956.12.26 ~	「입장세법」 (법률 제410호)	• 연극 : 입장료의 10% • 영화 : 국산영화는 면세 / 외국영화는 입장료의 115%

1960. 3. 1~	「입장세법」
	(법률 제540호)
		• 연극 : 입장료의 10%
		• 영화
		—서울소재 상설극장 : 외국영화 갑류 23%, 을류 21%, 병류 18%
		                : 국산영화 갑류 4%, 을류 3%, 병류 2%
		—인구 100만 명 이상 시의 상설극장: 서울시 각 해당세율의 70%
		—인구 100만 명 미만 50만 명 이상 : 서울시 각 해당세율의 65%
		—인구 50만 명 미만 30만 명 이상 : 서울시 각 해당세율의 60%
		—인구 30만 명 미만 10만 명 이상 : 서울시 각 해당세율의 55%
		—인구 10만 명 미만의 시·읍·면 : 서울시 각 해당세율의 50%
		—상설극장이 아닌 가설장소 : 외국영화 10% / 국산영화 5%
		단, 서울시에 있는 갑류 장소에서 1일 3회 이하 상영시
		  : 외국영화 28% / 국산영화 5%

1961. 1. 1~	「입장세법」 (법률 제577호)	• 연극 : 입장료의 5% • 영화 : 국산영화 5% / 외국영화 50%

1961. 4.10~	「입장세법」
	(법률 제598호)
		• 연극 : 입장료의 5%
		• 영화 —200환 이하 5%
		       —200환 초과 400환 이하 10%
		       —400환 초과 500환 이하 20%
		       —500환 초과 600환 이하 30%
		       —600환 초과 50%

1962. 1. 1~	「입장세법」
	(법률 제785호)
		• 연극 : 입장료의 5%
		• 영화 —200환 이하 15%
		       —200환 초과 400환 이하 20%
		       —400환 초과 500환 이하 30%
		       —500환 초과 600환 이하 40%
		       —600환 초과 60%

* 비고 : 이 〈표〉는 국가법령정보센터(http://www.law.go.kr/main.html)에서 제공하고 있는 법령을 토대로, 본 논문의 대상 시기에 한정하여 정리한 것임을 밝혀둔다. 참고로, 입장세는 법률 제2934호에 의하여 1977년 7월 1일자로 폐지되었다.

▣ 참고문헌

1. 기본자료

『동아일보』, 『조선일보』, 『자유신문』, 『서울신문』.

영화진흥공사 편, 1977 『한국영화자료편람』.

한국영상자료원 엮음, 2004 『한국영화를 말한다: 1950년대 한국영화』, 도서출판 이채.

──────── 엮음, 2006 『한국영화를 말한다: 한국영화의 르네상스 2』, 한국영상자료원.

──────── 엮음, 2007 『한국영화를 말한다: 한국영화의 르네상스 3』, 한국영상자료원.

2. 단행본

김석민, 1989 『한국연예인 반공운동사』, 예술문화진흥회 출판부.

김진송, 2006 『장미와 씨날코』, 도서출판 푸른역사.

박노홍, 2008 『박노홍의 대중연예사1』, 연극과인간.

유민영, 1998 『한국 근대극장변천사』, 태학사.

유지광, 1974 『대명』, 동서문화원.

──────, 1975 『續 대명』, 동서문화원.

이원경, 2005 『공수래공수거』, 늘봄.

이해랑, 1991 『허상의 진실』, 새문사.

조성권, 2006.6 『한국조직범죄사』, 한성대 출판부.

3. 논문

유선영, 2005 「황색 식민지의 서양영화 관람과 소비실천, 1934~1942 제국에 대한 '문화적 부인'의 실천성과 정상화 과정」, 『언론과 사회』.

이승희, 2010.6 「식민지시대 흥행(장) 「취체규칙」의 문화전략과 역사적 추이」, 『상허학보』 29, 상허학회.

──────, 2010.12 「조선극장의 스캔들과 극장의 정치경제학」, 『대동문화연구』 72, 성균관대 대동문화연구원.

이영환, 1999.3 「해방 후 도시빈민과 4·19」, 『역사비평』 46, 역사비평사.

임혁백, 1998 「시장경제와 민주주의: 긴장에서 공존으로」, 『계간 사상』 여름호,
    사회과학원.
정성화, 1991 「적산의 처리를 통해서 본 미국의 대한정책 1945~1948」, 『경희사학』
    16 · 17합집, 경희사학회.
조혜정, 1998 「미군정기 영화정책에 관한 연구」, 중앙대 박사학위논문.
______, 1998 「미군정기 극장산업 현황 연구」, 『영화연구』 14, 한국영화학회.

제2장 한국전쟁 후 풍속과 자유민주주의의 동태*

이봉범

1. 『자유부인』과 전후 풍속

이 글은 한국전쟁 후 정치적 폐쇄성과 경제적 낙후성에 비대칭적인 역동성을 나타낸 사회문화적 동향을 풍속에 초점을 맞춰 재구성하고, 그 풍속이 내장하고 있는 시대성과 역사적 전망의 문제를 고찰하는 데 목표를 두고 있다. 풍속, 즉 특정시대의 유행과 관습은 에두아르트 푹스의 지적처럼, 그 시대의 특징이 가장 잘 보존되어 있으며 아울러 시대를 움직이는 삶의 전반적인 법칙을 알려준다는 데 그 의의가 있다.[1] 다시 말해 각 시대의 풍속은 경제적인 관계에 지배되는 것은 물론이고, 그 경제적 토대에 대응되는 도덕관념 그리고 이와 관련한 각 계급의 특수한 이해관계가 복잡하게 얽혀 있는 역사적 실재라는 것이다. 그의 관점은 전후사회의 풍속을 역사화 하는 작업에도도 유효하다. 예컨대 한국전쟁 후 증가일로에 있던 매춘은 성 도덕의 변화를 드러내주는 징표일 뿐만 아니라 정치의 빈곤으로 인한 농촌의 피폐, 국민경제의 전반적인 파탄, 중산계급의 몰락, 실업자의 점증, 인구의 자연

---

* 이 글은 『한국어문학연구』 제56집(한국어문학연구학회, 2011)에 실린 논문을 수록한 것임을 밝혀둔다.

1) 에두아르트 푹스, 이기웅·박종만 옮김, 『풍속의 역사 I 』, 까치, 1988, 1쪽.

증가 등과 같은 정치사회적 문제가 인과적으로 작용해 발생한 사회구조적 산물이었다.[2] 아울러 그것이 기성의 공리(公理)가 권위와 지배력을 상실한 가운데 새로운 성도덕의 표준 제정을 둘러싼 제 세력의 이해가 첨예하게 충돌한 사회문화적 중심 의제였다는 점에서, 성 풍속은 전후사회의 본질을 잘 함축해주고 있다고 할 수 있다. 이러한 문제의식에 바탕을 두고 우선『자유부인』을 통해 당시 풍속과 관련한 문제의 지점을 개관해보기로 한다.

정비석의『자유부인』(『서울신문』1954년 1월 7일~8월 6일자)만큼 한국전쟁 후 사회문화적 동향의 중요 지점을 잘 드러내주는 텍스트도 드물다. 그것은『자유부인』이 한국전쟁이 야기한 문화변동과 서구문화의 유입에 따른 문화접변이 교차하면서 급격히 재편되는 전후 사회문화의 동태를 풍속의 차원에서 적절히 재현해냈다는 것만으로 제한되지 않는다. 오히려 텍스트 외적 차원에 당대 풍속과 관련한 근본적이면서도 의미 있는 변화의 여러 요소가 존재한다. 무엇보다 작가와 지식인 간 그리고 일반대중들 간의 대논전이 벌어짐으로써 댄스, 성, 정조와 순결, 연애, 아프레게르, 결혼과 가정, 미망인, 매춘 등 전후 풍속의 여러 요소가 공론화되고 이에 상응해 풍속 내지 풍기담론이 촉발되는 결정적 계기로 작용했다는 점이 중요하다. 풍속의 문제는 과거, 가깝게는 해방기에도 중요한 사회문화적 의제로 다뤄진 바 있지만, 전후의 경우는 정부수립 후 풍속과 관련한 일련의 법적·제도적 모색이 한국전쟁으로 좌절되면서 유예된 것과 전란으로 새롭게 등장

---

[2]「사설: 매음녀의 생존권」,『동아일보』1955년 12월 12일자. 그것은 1959년 기준 전국적으로 30만여 명에 이르는 13~50세의 매춘부들의 매춘 동기를 분석한 글에서도 확인할 수 있다. 생계를 위한 돈벌이 수단으로서의 자발적 동기, 기만·유인·폭력·협박·강제와 같은 무의지적인 동기, 실연·불륜·강간에 의한 정조 상실의 동기가 매춘부로 전락한 중요 이유로 파악되어 있다.「사창은 불사조처럼」,『여원』제5권 7호, 1959.6, 275~279쪽 참조.

한 문제가 한꺼번에 중첩되어 대두하면서 그 담론의 폭이 넓고 격렬할 수밖에 없었다. 특히 정부가 수립됐음에도 불구하고 대중들의 일상생활을 규율하는 민·형사법이 제정되지 못함으로써 일제 때 제정된 법률(또는 일본법)의 적용을 받게 되는 대중들의 모순적 처지, 즉 근대시민으로 신생했으나 여전히 신민(臣民)의 상태를 탈피하지 못한 상황은 이를 더욱 추동했다.[3] 더욱이 국가권력을 포함한 제반세력들 특유의 조건과 방식이 개입하면서 풍속담론은 문화적 주도권을 둘러싼 헤게모니투쟁의 양상으로 비화되기까지 했다. 그 양상은 곧이어 발생한 박인수사건(1955.5)을 통해 절정을 이루는 가운데 한층 격화되기에 이른다.

이 과정에서 간과해선 안 될 것은 일반대중들의 적극적인 참여이다. 우선 『자유부인』의 독자수가 최소 120만~150만이었다는 것에 주목할 필요가 있다. 연재 당시 『서울신문』의 발행부수와 단행본(전2권, 정음사, 1954) 판매부수를 합해 약 20만, 개봉관인 수도극장에서의 26일간 유료관람객 약 10만과 2~4관의 관객을 합쳐 약 120만, 서울을 비롯해 전국 주요 도시에서 상연된 연극관람자 약 10만, 따라서 소설을 읽었거나 연극 및 영화를 보았거나 『자유부인』 텍스트를 접촉한 대중이 전국적으로 적어도 120만(일부 겹치는 숫자를 제외하더라도)이었다고 추산할 수 있다.[4] 또한 익히 알려진 작가와 대학교수의 논전과는 별

---

3) 이봉범, 「8·15해방~1950년대 문화기구와 문학 : 문화관련 법제를 중심으로」, 『현대문학의 연구』 44, 2011.6, 261쪽.

4) 정비석, 「'자유부인'의 생활과 그 의견」, 『신태양』 제6권 1호, 1957.1, 99~100쪽. 정비석은 이 글에서 『자유부인』의 창작동기와 제호 탄생의 배경을 설명해주고 있는데, 이를 통해 당대 풍속의 일면을 감지할 수 있다. 즉 서울을 비롯한 대도시에서 가장 거슬리는 풍경이 백주대로상을 종횡무진 횡행하는 유한부인들, 돈과 권력을 가졌다는 특수가정부인들의 댄스파티, 계 회합과 같은 탈선행위가 여성해방, 민주해방으로 간주되는 풍조에 소설로 때려볼 작정으로 『자유부인』을 창작했다는 것이다. 또 이 부류의 여성들을 민중의 적이라는 의미에서 '적산부대(敵産部隊)', '삼류인생'이니 하는 야유적 제호를 생각했다가 당시 흔히 쓰는 자유에

도로 독자들 간에 연재 여부를 둘러싼 찬반양론의 팽팽한 격론, 가령 서울신문사가 여론의 추이를 살피기 위해 서울시내 각 판매소를 동원한 자체 여론조사에 따르면 연재 중단을 요구한 20%와 연재 계속의 70% 그리고 수효는 적더라도 연재 중단을 요구하는 주장이 적극적이고 강압적이었다는 결과와 군인, 교원, 농민, 실업가, 상인, 공무원, 가정부인, 남녀학생을 포괄한 각계각층이 서울신문사에 보낸 투서에 나타난 공격과 격려의 양론까지 포함하면 대중들의 폭발적인 참여 정도를 능히 짐작해볼 수 있다. 이로 볼 때 '자유부인 신드롬(syndrome)'이라 해도 무방할 만큼 『자유부인』은 뭇 대중과 함께 호흡한 텍스트였다. 『자유부인』의 작자는 정비석이 아닌 당대 사회현실이었으며, 주인공은 대중 자신이었다고 봐도 무리가 없을 듯하다.[5] 자유부인은 일시적 유행어가 아닌 하나의 시대적 숙어(熟語)로 정착된 것이다. 요컨대 『자유부인』은 전후 풍속의 동태적 변화와 이에 결부된 대중들의 욕망을 수렴하는 동시에 확산시키는 매개 기능을 했던 것이다.

하나의 문화사적 사건으로 기록되기에 충분한 자유부인 신드롬은 전후의 사회문화적 동향을 파악하는 데 유력한 거점을 제공해준다. 대중들의 능동적 참여 부분이 특히 그러하다. 그렇다면 『자유부인』의 무엇이 대중들을 열광케 했을까? 달리 말해 대중들은 『자유부인』을 통해 무엇을 얻고자 했으며, 무엇을 실현하려 했는가? 박인수의 공판(1955.7.8)이 방청권을 발부했음에도 불구하고 6~7천 명의 방청객이

다가 부인을 합쳐서 자유부인으로 해 유한부인들을 조소하는 의미를 갖도록 했다고 한다. 그러면서 이 소설이 각광을 받았던 것은 『자유부인』 자체가 그 시기의 풍속을 현실 그대로 그렸기 때문이라고 자평한다.

[5] 그것은 작가의 소설쓰기 방식과도 관련이 있다. 정비석은 소설을 쓰기 위한 기간적(基幹的)인 지식을 신문에서 공급받는다고 밝히는 가운데 특히 『자유부인』은 『청춘산맥』, 『민주어족』과 달리 어떤 전문적인 지식을 필요로 하는 내용이 아니기 때문에 순연히 신문 사회면 기사의 통계로써 얻은 결과만 가지고 썼다고 한다. 정비석, 「소설과 모델문제」, 『동아일보』 1956년 6월 2일자.

들어차 재판이 연기될 수밖에 없었던 그 대중적 참여 열기까지 감안하면, 이에 대한 해명은 전후사회를 관류하고 있던 시대정신을 탐색하는데 유효한 통로가 될 것이다. 국가권력의 압도적이고 우세한 역할을 토대로 한 이승만정권의 권위주의지배에 순응했던 대중들이 '내재적인 민중생활상의 요구에 기초하면서도 자기들의 소시민적 의식을 매개로 한국사회의 현실에 대한 비판을 민주적 요구로 제기'[6]하면서 점차 사회에 대한 부정적·비판적 인식을 표현하는 방향으로 그 태도가 전환되는 징표로 보아야 하는가, 아니면 한국전쟁의 '수난의 경험이 의욕의 저상(沮喪)이나 염세지향적인 것이 아니고 오히려 현실에 대한 더 강한 긍정과 낙관 그리고 현세지향적'[7]이었던 전후 대중들의 공적 소극성과 사적 적극성의 모순된 집단심성의 발로인가. 그것도 아니면 '남자들은 자기 자신이 박인수가 되지 못한 것을 무척 유감스럽게 여기는 눈치였고, 여자들은 박인수 같은 남자와 교제해볼 기회를 은근히 기대하는, 그래서 박인수는 법의 심판을 받고 사회의 규탄을 받는 죄악의 사람이라기보다도 일약 영웅적 존재가 되는'[8] 대중들의 지적 빈곤 내지 속물적 욕망의 발산인 것인가. 또는 결혼 전부터 내통하던 정부(情夫)가 있었던 살인용의자를 미인스타로 윤색해 살인죄마저 용서하게 만든 옐로저널리즘의 상업성과 이에 뇌동한 대중이 공모해 만든 합작품이었던 김정필사건의 재판(再版)에 불과한 것인가.[9] 어느 한쪽으로 귀속시킬 수 없는 복잡성이 전후 자유부인

---

[6] 오유석, 「1950년대 남한에서의 민족주의」, 유병용 외, 『한국현대사와 민족주의』, 집문당, 1996, 116쪽.

[7] 라종일, 「한국전쟁의 의미 : 한국의 입장」, 김철범 편, 『한국전쟁을 보는 시각』, 을유문화사, 1990, 87쪽.

[8] 정비석, 「박인수의 경우」, 『전망』 제1권 2호, 1955.10, 143쪽.

[9] 「엉터리없이 만들어내는 신문기자의 미인제조 비술」, 『별건곤』 1928.8. 1924년 20살의 여인이 남편을 독살한 혐의로 사형판결을 받았으나 대중적 관심과 동정 여론이 일면서 무기징역으로 다시 12년 구형으로 감형이 된다. 항소심 재판에

증후군의 문제성이라 할 것이다. 분명한 것은 당시 대중들은 조봉암이 일컬었던 '피해대중'으로만 존재하지 않았다는 사실이다.[10] 점차 생활에의 의욕과 자각이 움트면서 대중들은 동원과 감시를 통한 국가권력의 국민 만들기에 순응하면서도 이에 전적으로 포섭되지 않는 일탈적 주체로 존재했다고 볼 수 있다. (일상적)문화가 그 일탈을 욕망하는 분출구로 작용하면서 풍속의 거대한 변화가 초래되었다는 잠정적 가설을 설정해두고자 한다.

『자유부인』이 지닌 또 다른 문화사적 의의는 전후 문화텍스트의 검열, 특히 풍속검열의 존재 양상을 잘 보여준 점이다. 1950년대는 지배이데올로기의 광범한 확산과 침투를 위한 목적에서 반공주의검열 및 반일주의검열을 핵심으로 한 사상검열이 정략적으로 엄격하게 시행된 바 있다.[11] 제도적이나마 나름의 형식적 합법성을 기조로 한 유입통로의 차단에서부터 허가취소와 발행정지와 같은 비합법적 통제수단을 모두 동원해 선제적·공세적으로 추진되었다. 이에 비해 풍속차원의 검열은 반일주의검열과 연동돼 일본문화에 대한 금압정책을 폈음에도 불구하고 상대적으로 온건한 편이었다. 가시적으로 드러난 것

수천 명의 인파가 몰려들어 근처 도로가 마비되고(「인산인해의 재판소」, 『시대일보』 1924년 10월 11일자), 그녀의 구명을 위한 대중들의 투서가 판검사에게 쇄도했다는 기사(『동아일보』 1924년 9월 8일자)를 통해 이 사건에 대한 대중의 관심과 참여정도를 능히 짐작해볼 수 있다.

[10] 그것은 1956년 5·15 정·부통령선거에서 발현된 대중들의 민주주의 정치의식을 통해서 확인할 수 있다. 한태연은 선거 결과가 갖는 의의를 첫째, 현 정부에 대한 지지/반대로 확연히 나뉜 것은 국민을 억누르는 어떠한 권력도 단연코 인정할 수 없다는 국민들의 저항의 표시이며, 둘째 정체(정치인의 사고)와 진보(국민의 자각)의 정반대 현상은 비생산적 정치권력의 종언을 고하는 조종을 의미하는 것으로 분석하는 가운데 5·15선거는 "쓰레기 속에서 장미의 꽃을 피우게 한" 민주국민의 승리로 평가한 바 있다. 한태연, 「5·15는 민주국민의 승리」, 『대학신문』 제149호, 1956.5.28.

[11] 1950년대 문화정책과 검열의 관계 양상에 대해서는 이봉범, 「1950년대 문화정책과 영화 검열」, 『한국문학연구』 37, 동국대 한국문학연구소, 2009.12 참조.

을 보면, 『챠타레이부인의 연인』과 「구관조」(조향)의 관능묘사로 인해 주간지 『썬데이』 2호가 판금되는 사건(1952), 김광주의 「나는 너를 싫어한다」의 인물모델문제로 『자유세계』 창간호가 압수 파기 및 전문 삭제된 사건(1952),[12] 『서울신문』에 연재 중이던 이종환의 『人間譜』(1955.5.6~27)가 양공주의 생활안팎을 해부했다는 이유로 공보실의 행정명령으로 연재 22회 만에 게재중지처분을 당한 것, 대중지 『부부』가 풍기 문란한 편집으로 공보실에 의해 판금 처분된 사건(1958), 대중지 『야담과 실화』가 신문에 게재한 광고문 가운데 서울시의 처녀 60%가 처녀성을 상실했다는 문구로 인해[13] 강제 폐간(판권취소)되는 사건(1959) 정도가 있을 뿐이다. 전시에 발생한 김광주 필화사건을 제외하면 사건의 파장도 거의 없었다. 풍속교란, 풍기문란의 온상으로 누차 지목되었던 외화(外畵), 대중잡지, 만화 등에 대한 검열의 가시적 흔적을 찾아보기 어렵다. 『자유부인』은 이 같은 풍속검열의 작동과 관련한 저간의 사정을 잘 시사해준다. 정비석에 따르면, 『자유부인』

---

12) 80매 분량의 이 단편은 권력자(선전부장관) 부인이 중년성악가를 댄스홀과 호텔로 유인해 희롱한다는 줄거리로 되어 있는데, 순박한 가정(성악가의 부인)과 돈과 권력층의 유탕(遊蕩)을 대조시켜 특권층의 병리적 세태를 풍자한 작품으로 볼 수 있다. 그런데 그 부인이 당시 공보처장(이철원) 부인을 모델로 한 것이라는 풍문이 돌고 이에 공보처장 부인이 김광주를 직접 만나 소설을 취소하라고 요구하나 김광주가 거절하자 처장 측근이 무차별 폭행을 가하고 강제로 사과문을 쓰게 하는 일이 발생하면서 이 사건은 '권력/예술의 자유'의 대립으로 비화되어 커다란 사회적 파장을 불러일으킨다. 이 사건으로 『경향신문』에 연재 중이던 『태양은 누구를 위하여』까지 중단하는 등 경제적·인적 고초를 겪었던 김광주는 뒤에 이 소설의 영화화를 승낙하고 제3창작집 제호를 '나는 너를 싫어한다'로 붙이면서 그 이유를 "어디까지나 대한민국은 법치국가라는 것이다. 한 개 작가가 자유로운 공상과 허구로써 만든 문학작품이 영화화되거나 단행본으로 나오는데 어떤 부당한 권력의 탄압이나 제재를 받아야 하는 우리의 대한민국이 절대로 아니라는 것을 나를 끝까지 믿고 살 수 있는 행복스러운 백성으로서의 자신을 버리기 싫기 때문"이라며 권력의 부당한 횡포에 대해 우회적인 비판을 표시한 바 있다. 김광주, 「筆禍·舌禍·人禍 : '나는 너를 싫어한다' 사건 이후 내게 남은 것은 무엇인가」, 『신태양』 1957.1, 108쪽.

13) 오종식, 『硯北漫筆』, 민중서관, 1960, 213쪽.

연재 도중에 국가공무원의 체면을 손상시켰다는 이유로 치안당국에 두어 차례 불려가 취조를 받았고, 모 여성단체 사무국장이 서울시경찰국에 고소장을 제출해 조사를 받았으며, 『자유부인』은 대한민국의 혼란상을 여지없이 폭로함으로써 이적행위를 감행했으니 자유부인의 작가는 제5열이다'라는 투서가 특무부대에 접수되어 서울신문사를 통한 신원조사를 받았다고 한다. 또 소설이라 할지라도 한글간소화를 적극적으로 반대하는 내용을 두고 신문사측이 내용 변경을 요구했으나 이를 자신이 거부함으로써 소설 중간에 '7행 삭제', '몇 십자 삭제'와 같은 형식으로 발표될 수밖에 없었다고 한다.[14]

정비석의 진술을 통해 풍속검열과 관련한 두 가지 사실을 유추해 볼 수 있다. 첫째, 풍속검열에 있어 검열당국의 직접적인 통제보다 미디어자본의 자체 검열이 더 크게 작동했다는 점이다. 그것은 독자적인 재생산조차 버거웠던 1950년대 신문자본의 열악한 조건과 불가분의 관계가 있다. 즉 당대 신문자본이 공통적으로 관권/민권의 대립구도 속에서 민권수호투쟁을 통해 문화적 상징권력을 확보해 필사적인 생존의 활로를 모색하려는 움직임과 더불어 정치권력의 물리적 지원에 상당부분 의존할 수밖에 없는 모순된 상황으로 말미암아 검열의 통제를 벗어나기 위해 신문자본 스스로가 보다 엄격한 기준을 적용했을 가능성이 높다.[15] 실제 신문자본이 상업주의전략의 차원에서 특화상품으로 내걸었던 신춘문예제도와 연재소설의 배치에 자체 검열을 엄격하게 시도한 바 있다. 정치권력의 입장에서도 언론출판의 내용물

---

14) 정비석, 「'자유부인'의 생활과 그 의견」, 102~104쪽.

15) 이에 대해서는 이봉범, 「1950년대 신문저널리즘과 문학」, 『반교어문연구』 29, 2010.8 참조. 당시 『서울신문』 문화부장이던 이덕근의 회고에 따르면 신문사 측이 여론을 의식해 작자의 원고를 임의로 수정 가필해 정비석과 마찰을 빚었다고 한다. 이덕근, 「연재소설 『자유부인』과 그 논쟁」, 한국신문연구소, 『언론비화 50편』, 1978, 634쪽.

을 통제·검열하는 것보다 해당 미디어의 경제적·물리적 자원, 특히 용지할당을 통제하는 것이 경제적이며 그 효과 또한 실질적일 수 있다. 따라서 사상검열과 달리 풍속검열은 사회적 물의를 야기하지 않는 한 직접적인 칼날을 들이댈 필요가 없었던 것으로 보인다. 이 점이 전후 담론 장에서 급진성을 띤 풍속담론이 번성할 수 있었던 제도적 요인으로 작용했다. 둘째, 대중이 또 다른 검열자로 등장했다는 점이다.[16] 국가권력의 절대적 우위 속에 정치를 비롯한 공적 영역에 대해선 소극적·순응적 멘탈리티로 무장하여, 불이익을 동반할 가능성이 있는 참여에 대해 극히 소극적인 태도를 지녔던 일반대중들이[17] 적어도 자신들의 현실생활과 밀접한 관련이 있는 사안에 대해서만큼은 커뮤니티 공간에 적극적인 참여를 감행했던 것이다. 여기에는 도시로의 인구유동과 급격한 도시화, 교육의 확대, 사회적 리터러시의 증대, 매스커뮤니케이션의 성장, 사회적 평등의식의 확산 등과 같은 사회구조의 변화에 따른 정치의식의 변화가 촉진되는 흐름과, 이승만정권이 견지했던 자유민주주의적 제도의 틀 속에서 제한적이나마 언론자유의 공간이 존재했던 조건 등이 복합적으로 작용했다고 추정해볼 수 있다. 이런 긍정적인 참여가 일회적으로 그친 것이 아니고 점진적으로 확대되어 간다는 점에 주목할 필요가 있다. 그 방식 또한 철저한 타락(?)을 통해 구원을 도모하는 역설적 모럴의 양식, 문화텍스트의 소비, 사건사고에 대한 즉자적 반응에 머무르지 않고 사회문화적 의제에 관한 담론 장에서의 자발적이고 능동적인 발언·참여로까지 다

---

16) 여기서 대중의 검열자란 이어령이 김수영과 벌인 이른바 '불온시논쟁'(1967~68)에서 제기했던 것과는 그 표현의미가 조금 다르다. 즉 이어령은 당대 문화의 위기를 정치권력의 검열, 문화기업가들의 지나친 상업주의, 소피스트케이트해진 대중의 복합적 압력에서 찾는 가운데 문화인의 주체성과 창조적 상상력을 실질적으로 구속한 것은 관의 검열보다는 대중의 맹목성과 이에 굴복한 문화인에 있다며, 이 보이지 않는 대중의 힘을 대중의 검열자로 명명한 바 있다.

17) 김동춘, 『분단과 한국사회』, 역사비평사, 1997, 21쪽.

양하게 나타난다. 당대 대중들은 '집권층에 무조건적으로 맹신·복종한 신민(臣民)형의 정치성향'[18]에서 그들 스스로가 벗어나고 있었던 것이다. 따라서 문화상품의 생산주체들은 영합의 형태든, 계몽의 형태든 과거와 달리 대중을 크게 의식할 수밖에 없었다. 1950년대 중후반 계급 갈등보다도 사회문화적 의제를 둘러싼 갈등이 상대적으로 비등했던 것도 이런 대중들의 자발성과 무관하지 않다고 본다. 이렇듯 『자유부인』은 전후 풍속의 역사적 존재에 관여되어 있는 국가권력, 저널리즘, 일반대중의 관계망의 일단을 잘 보여주고 있다.

　『자유부인』을 통해 확인할 수 있듯이 전후에는 풍속을 포함해 일상적 문화전반이 이질성을 내포한 미정형의 혼란으로 표출된 바 있다. 그 저변에는 한 신문이 적시한 바와 같이 현대적(탈근대적)인 것, 봉건잔재적인 것, 아프레게르적인 것의 착종, 즉 "사회의 기저엔 굳센 봉건의 유산이 있고, 그 위에 설익은 근대가 진행되었고, 현실사회의 템포의 괴리로 현대정신은 명동청년의 대사"[19]가 되는 양상이었다. 또 이것에 포섭되지 않는 근대적인 것, 식민지잔재적인 것까지 포함해 비동시적인 것들이 다양한 지층을 이루며 공서하고 있었다.[20] 그

---

[18] 한배호, 「준경쟁적 권위주의 지배의 등장과 붕괴」, 한배호 편, 『한국현대정치론 I』, 오름, 2000, 513쪽.

[19] 「한국문화의 재검토」, 『한국일보』 1958년 1월 17일자.

[20] 문화 또는 풍속과 관련한 법과 제도의 측면에서는 미군정 잔재도 작동하고 있었다고 볼 수 있다. 일례로 군정법령 제88호(1946.5.29)에 의거해 『경향신문』이 폐간되는 사건(1959.4.30)에서 확인할 수 있는데, 공보처가 허가취소의 법적 근거를 제88호로 밝히자 이에 불복한 경향신문 측이 법원에 가처분신청을 제출하고 이에 서울고법이 폐간처분 효력정지가처분을 확정함으로써 제88호의 위헌여부 문제가 논란이 된다. 특히 헌법100조(현행법령은 이 헌법에 저촉되지 아니하는 한 효력을 가진다)에 대한 해석의 차이, 즉 경향신문 측이 제88호가 실효되었다는 논거도 헌법100조였고, 법원 측이 유효하다는 주장의 근거도 역시 헌법100조였던 관계로 폐간처분의 합법성 여부가 팽팽히 맞서나 법원의 판결 직후 공보처가 무기정간처분을 내림으로써 종결된다. 이 사건뿐만 아니라 신문지법이 폐지된 (1952.3) 후 제88호는 1950년대 내내 언론출판통제의 법적 근간으로 활용됐다.

것은 비록 계층적, 세대적, 젠더적, 지역적 편차가 존재하나 개인의 생활과 의식에서도 대체로 마찬가지의 양상으로 현시되었다고 볼 수 있다. 그 결과 고상한 것/저속한 것, 공식적/비공식적, 합법적/비합법적, 전통적/외래적 등 상호 모순적인 표상들이 한데 뒤섞여 범람한다. 그 혼란은 과도기적, 전환기적 현상이란 술어로 설명할 수 없는 파괴력을 내포하고 있었다고 판단된다.

그런데 그 소용돌이는 국가의 근대화기획과 전후재건사업이 본격적으로 추진되는 1955년을 기점으로 공식적, 제도적 조정의 절차를 밟게 된다. 그 과정에서 풍속의 문제가 사회문화적 의제로 급부상한다. 그 담론적 전개는 대체로 '도덕(윤리)의 표준정하기'라는 틀 속에서 수행된다. 국가권력은 '국민도의의 확립'을 목표로 도의운동을 정책적으로 시행하는 한편 행정단속과 검열을 동원해 풍기의 관장자로 나선다. 대통령이 담화를 발표해 부녀자들의 생활태도와 몸가짐까지 간섭하는 정도였다. 미디어들은 풍속문제를 매개로 사회문화 부문의 의제를 주도함으로써 문화적 상징권력을 확보하려는 전략 속에 풍속과 관련한 담론을 대량으로 생산해 전파시킨다. 정치권력의 강압적 · 획일적 정책에 저항하면서도 또 다른 가이드라인을 자체적으로 제시하는 모순적인 행보를 보여준다. 중요한 것은 그 도덕표준이란 것이 현실적으로 존재하지 않는다는 데 있다. 따라서 각 세력의 특수한 이익에 기초해 기존의 도덕표준을 변경하거나 창안해야만 했다. 문제는 그 과정이 도덕표준의 가이드라인으로서 강력한 구속력을 발휘하는 법률이 새롭게 제정되지 못하고 법리상으로는 여전히 법효를 지닌 식민지유제 법률들의 권위가 부정되는 상황으로 인해 지난할 수밖에 없었다. 그 결과 서로 모순된 이해만큼이나 다양한 도덕표준이 제기될 수밖에 없었으며, 자신들의 이해관계에 대립하는 것은 부도덕하고 부당한 것이 된다. 당시 풍속담론 대부분이 방종, 퇴폐, 향락, 타락과 같은 부정적 내용으로 구성된 것은 이 때문이다. 요약하건대 도덕표준을 중심으로 전개된 전후 풍속담론은 각 세력의 투쟁과 타협, 갈등과 교류가 일어나는 장이었다고 할 수 있다. 풍속의 소용돌이에 대응한 풍속담론상의 인정투쟁이 무엇을 향한 것인지를 살펴보는 것도 본고의 주요 관심사이다.

2. 전후 풍속의 혼돈과 시대성

1950년대 역사는 한국전쟁의 폐허란 자장 속에서 전개되었다. 그 폐허더미의 황원(荒原)은 6 · 25의 체험과 결부돼 논리와 합리로는 쉽게 석명되지 않는 비극, 참혹함, 무질서로 기억되고 재생된다. 전쟁 체험의 수준과 수용 방식에 따라 비극의 농도는 다를지언정 그 기억은 대체로 '아아 50년대! 라는 불치의 감탄사'[21)에 포괄된다고 할 수 있다. '6 · 25는 미소의 패권주의와 냉전논리가 강요한 실험적인 대리전'[22)이라는 수준의 전쟁 인식은 한참 뒤에나 가능한 것이었다. 전후에는 전쟁과 그것이 초래한 공포와 외상이 생활과 의식을 절박하게 압도하는 가운데, 특히 젊은 세대에게는 전쟁의 참혹함을 되새김질하기보다는 애써 망각하고 새롭게 눈뜬 신사조에 맹목적으로 탐닉하는 풍조가 주조를 이뤘다. 최일남은 '불확실성으로 점철된 안개'속에서 피(被)위안심리와 도착의 순간성에 의탁해 비극을 희석시키려는 절망적 몸부림으로,[23) 고은은 '실존주의와 코스모폴리탄적인 비애가 만원을 이룬 감탄사의 세대, 절망적인 디오니소스의 감탄사만이 이유가

---

21) 고은, 『1950년대』, 청하, 1989, 19쪽.
22) 김병걸, 『실패한 인생 실패한 문학』, 창작과비평사, 1994, 149쪽.
23) 최일남, 「50年代의 안개」(1981), 『장씨의 수염』, 나남, 1986, 336~337쪽.

된 세대'[24]로 당시 자기세대의 정체성을 구성해낸 바 있다. 이에 비해 4·19세대의 일원인 박태순은 전쟁 후 1950년대 한국사회를 국제정세의 타율적 조건 위에서 분단고착화가 장치되고 개막된 신식민사회로서, 구체적으로는 지배층의 기반확보 노력이 제일 두드러진 시기이며 경제적으로는 양공주가 벌어들인 외화와 미군의 소모품 전략물자가 중요한 경제적 토대를 이루고 있던 한국근대사 전개과정에서 또 다시 맞이한 퇴보적인 시대로 규정한 가운데, 폭력과 허무주의의 논리로 이 시대(1953~1954년)의 본질을 해부한다.[25] 즉 겉으로 풍미한 자유·민주보다는 폭력이 1950년대의 실질적인 이데올로기라는 인식에 기초해 힘의 즉물성에 의지하는 행동주의자, 자신의 더 나은 삶을 개척하기 위해 일단 모든 것을 겪어보자는 비선택적 체험주의자, 자기 실존을 고통스럽게 응시하면서 문학예술을 통해 허무를 넘어서려는 문화주의자 등 세 인물의 지적 방황과 서로 다른 행동양식의 상호관련을 통해 1950년대 불가사의한 역사의 근원을 소설적으로 탐사한다. 이 작업을 통해 박태순이 도달한 지점은 그 행동양식들이 공통적으로 품고 있던 유토피아에의 지향은 현실 논리에 의해 패배할 수밖에 없었으나 그 패배가 역사적 현실에 대한 성찰(사학도)로 전위되는 과정에 새 역사의 역할을 위한 하나의 진통이 잠재적 형태로 내장되어 있다는 발견이다. 그 진통이 어떤 형체를 갖추고 전개되었는지는 더 이상 밝히고 있지 않지만, 중요한 것은 전쟁의 폐허란 자장이 현실에서의 극한적 절망과 그 반면적(反面的) 표출인 미래에 대한 절대 희망이 함께 자성(磁性)을 이루고 있었다는 인식이다. 그 희망의 자성은 한국전쟁의 또 다른 역사적 산물이었다.

기실 한국현대사의 총체적 변동의 계기가 된 한국전쟁은 비극의 원

---

[24] 고은, 『1950년대』, 30쪽.
[25] 박태순, 『어느 사학도의 젊은 시절』, 심설당, 1980, 5~18쪽.

천이었지만, 시각을 달리하면 과거의 낡은 유산을 파괴하고 새로운 사회질서가 구축되는 결정적이고 획기적 전환점이기도 했다. 박명림은 한국전쟁의 역사적 위상을 설정하는 자리에서 '분단의 역설'을 제기한 바 있다. 즉 한국전쟁은 장기 지속적으로 민족분단의 고착과 상시적 남북대결구조의 정착, 세계냉전의 동아시아적 축도로서의 한반도의 냉전 전방 초소화, '한국전쟁이후 체제(the post-Korean war system)에서의 균등화·평등주의·균질화의 확산, 보편이성의 상실에 따른 외눈박이 인식질서를 본질로 하는 분단의 정신구조 형성, 남북대결과 체제수호의 핵심으로서 군대의 비대화와 정치화, 절대절망과 집단경쟁의지의 생성, 반공주의와 민주주의의 분리에 바탕을 둔 한국 민주주의 발전, 성찰이 부재한 문화전변(혁명) 등과 같은 결과를 초래했지만,26) 그 전쟁이 남긴 질서는 남북한 모두에게 체제경쟁에서 우위에 서기 위한 자원의 추출과 집중, 동원을 최고 수준으로 가능케 하였고 폭발적인 사회발전을 이루어내게 했다는 것이다.27) 그것이 비록 민주주의의 유예나 개인지배, 독재를 정당화시키는 근거가 되는 모순성을 지녔지만 한국전쟁이 건설적인 배반성을 지녔다는 지적은, 한국전쟁 후 남한체제, 미시적으로는 1950년대 한국사회를 이해하는 데 유용한 논리적 거점을 제공해준다. 같은 맥락에서 전쟁의 역설이 제기되기도 했다. '한국전쟁 축적구조', 즉 한국전쟁이 전근대적 계급관계를 중심으로 한 낡은 유제를 깨끗이 청소하고 그 자리를 평등주의, 개인주의, 황금만능주의, 경쟁이데올로기가 대체·확산되는 시민혁명의 과제를 철저히 수행함으로써 한국자본주의의 고도 자본축적이 가능하게 되었다는 주장이다.28) 한국전쟁 과정에서 형성된 자본의 절대적 우위

---

26) 박명림, 『한국 1950 전쟁과 평화』, 나남, 2002, 31~41쪽 참조.
27) 박명림, 『한국전쟁의 발발과 기원(Ⅱ)』, 나남, 1996, 889쪽.
28) 정진상, 「한국전쟁과 전근대적 계급관계의 해체」, 경상대학교 사회과학연구소, 『한국전쟁과 한국자본주의』, 한울, 2000, 51~55쪽.

아래에서의 억압적·종속적 노자관계가 이후 고도축적의 기초가 되었다는, 다시 말해 한국전쟁이 동아시아 냉전체제와 한미일 영구 군비경제의 구도를 확립하여 한국자본주의 발전의 원점에 해당하는 의미를 지닌다는 분석 또한 전쟁의 역설적 긍정성에 주목한 견해다.[29) 그 역설은 특히 사회문화적 영역에서 풍부하게 발견된다. 강인철은 한국전쟁의 역사적 중요성이 국민통합의 달성과 근대화를 위한 사회문화적 기반의 조성이라는 점에 주목하면 더욱 두드러진다는 전제 아래 한국전쟁으로 인한 사회문화적 변동의 폭과 내용을 다각적으로 분석해 1950년대 근대화의 특징적 양상을 규명한 바 있다. 그의 해석에서 주목되는 것은 경제적 근대화를 위한 비경제적 조건의 형성, 다시 말해 자본주의적 산업화와 문화의 역사적 결합방식의 중요성에 착안해 1950년대 한국사회가 이 조건들의 형성에 결정적으로 중요한 시기였으며, 이와 관련해 근대적인 사회통합을 위한 사회적·문화적 기초의 형성과 함께 산업화를 촉진할 가능성이 높은 방향으로 전통의 근대적 재해석 내지 변용이 활발하게 이루어졌고, 아울러 근대화가 모든 지역과 사회계층을 동일한 강도와 정도로 전개되는 것이 아닐 뿐 아니라 근대화의 과정은 반근대화 내지 재전통화까지 포함하여 복합적이고 역동적인 과정으로 전개되었다는 분석이다.[30) 이 같은 근대화

[29) 정성진, 「한국전쟁과 영구군비경제」, 경상대학교 사회과학연구소, 『한국전쟁과 한국자본주의』, 125쪽 참조.

[30) 강인철, 「한국전쟁과 사회의식 및 문화의 변화」, 한국정신문화연구원 편, 『한국전쟁과 사회구조의 변화』, 백산서당, 1999, 197~203쪽 참조. 그는 1950년대 근대화 과정의 복잡성이 '한국사회에서 독특한 유형의 근대성이 원형적으로 형성된 일종의 틀 형성의 시기'로 규정하면서 그 양상을 다음과 같이 설명하고 있다. "1950년대의 한국적 근대는 도시를 중심으로 한, 축소된 가족주의와 확대된 가족주의의 동시적 발전을 축으로 한 가족주의의 근대적 재편, 근대적인 자원과 투입의 도시로의 집중과 집적, 신문·잡지·라디오방송·영화 등 대중매체의 발전에 기초한 근대적이고 미국적인 대중문화의 형성, 농촌 내 힘 관계의 역전에 기초하여 도시의 미국적 근대성에 반발하는 농촌의 재전통화를 모두 포함하며 또 그것들을 핵심적 구성요소들로 삼는 것이었다."(300~301쪽).

의 모순적 전개는 불균등성을 동반하면서 전후 풍속에도 연동되어 나타난다.

그런데 전후 풍속의 소용돌이는 한국전쟁으로 야기된 것뿐만 아니라 8·15해방 후의 유산이 지속된 면도 크다. 10년이란 짧은 기간 압축적 변화의 연속에 전후 풍속의 난맥상이 나타났다고 볼 수 있다. 그 변화의 진폭은 당대 저널리즘의 특집을 통해 확인해볼 수 있다. 『동아일보』의 '해방10년의 특산물'시리즈(1955.8.16~25)는 해방10년 동안의 변모된 특징적 세태 10가지를 변태적 특산물이란 다소 희화적인 표제로 소개하고 있다. 첫 번째로 꼽은 것이 자유선풍이다. 민주주의의 두 원리인 자유와 평등이 해방과 더불어 이 땅에 소개되어 열광적인 환대를 받았으나, 자유는 '남편 몰래 댄스하는 자유, 전차 간에서 술주정하는 자유, 깊은 밤중에 라디오를 틀어 벅석대는 자유, 좁은 길 자동차를 세우고 혼자 다니겠다는 자유' 등 '자유로 안 통하는 데가 없고 자유면 못할 일이 없을 정도가 되어 그저 자유, 자유, 자유로, 악의 자유, 방종의 자유'가 범람하고, 평등 또한 무조건적인 동등권으로 오인돼 사제간의 동등권, 부부간의 동등권 요구가 빗발치는 세태를 꼬집고 있다. 그러면서 아직은 미미하지만 점차 자유와 책임, 평등과 존중의 관계에 대한 인식이 싹트면서 자유민주주의 본래의 궤도에 진입하고 있는 것에 긍정적인 평가를 내리고 있다.[31] 양공주의 범람도 주요 특산물로 간주하는데, 고급주택에 정식부인으로 들어앉은 양부인에서부터 직업적 양공주에 이르기까지 그 수효가 한창 번창했을 때는 2만을 넘었으며 극소수의 일부 탈선여성 외에 대부분은 불가피한 생활사정으로 몸을 팔게 된 구호대상자들이라고 본다. 1954년 봄부터 미군부대가 대거 철수하면서 이들 대부분은 스스로 사창굴로 잠입해 고된 생활을 이어가는 형편이며, 사회적으로는 여전히 타락 여성의

---

31) 『동아일보』 1955년 8월 15일자.

전형으로 인식되나 일부는 적성휴전감시단철거 국민운동에 궐기해 외인 상대를 거부한 애국파도 있다며 이들을 기막힌 주요 구호대상자로 간주하고 있다.[32] 당사자들뿐만 아니라 그 부산물인 혼혈아 문제까지 포함해 양공주의 범람은 해방과 한국전쟁으로 인해 새롭게 발생한 사회문제였다. 특히 '해방어린이'로 지칭되는 수천 명에 이르는 혼혈아들이 취학 적령이 되면서 이들에 대한 편견과 국민교육의 문제가 사회적 쟁점으로 부각된 바 있다.[33] 그리고 인육시장, 즉 사창의 창궐을 해방의 부산물 중 가장 가공할 특산물로 거론한다. 필요악이라는 해석과 여권회복 간의 첨예한 논쟁 끝에 공창이 폐지(1948.2.14)된 후 더욱 번창했던 사창이 한국전쟁에 따른 생활고와 사회윤리의 이완으로 인해 전쟁미망인, 직업여성, 양공주, 여학생, 양가규수까지 대거 합류해 인육시장이 급성장한 가운데 검진제도가 제대로 실시되지 않아 망국병인 화류병이 양가까지 위협하는 실정이라는 것이다.[34] 1952년 5월 통계에 따르면 검진을 받은 여성이 댄서 2만 997명, 위안부 22만 7,387명, 접대부 2만 4,950명, 밀창(密娼) 2만 6,623명, 기타 1만 532명으로 나와 있는데,[35] 공식적으로도 윤락여성의 규모가 31만이 넘었다는 사실을 확인할 수 있다. 전후에는 그 규모가 더 늘어나는 추세였다. 단순히 성 모럴의 변화로 해석하기 어려운 사창이나 매음의 성행은 풍기, 국민보건, 도덕, 여성인권 등 여러 차원에 걸쳐 대두된 전후 풍속의 최대 쟁점으로 부각된다.

『한국일보』의 '광복10년 풍물수첩'특집(1955.11.29~12.7) 또한 해방 후 새롭게 등장한 특징적 풍물 8가지의 변천상을 소개하고 있다. 그

---

32) 『동아일보』 1955년 8월 18일자.

33) 「혼혈아와 국민의무교육─감정의 융화가 선무」, 『서울신문』 1953년 5월 1일자.

34) 『동아일보』 1955년 8월 25일자.

35) 서중석, 『이승만과 제1공화국』, 역사비평사, 2007, 202쪽.

과정이 외부적·타율적으로 강제되었고 뚜렷한 시민계급이 부재했던 관계로 왜곡된 근대화가 불가피했으며, 해방 후에도 여전히 정치기구·경제기구·생활세도 전반에 전근대적 유산이 완강하게 작동되고 있다는 것이다. 게다가 시간적 위치가 탈근대적 모색이 왕성하게 벌어진 서구와 마주침으로써 서구적 현대정신이 의제적 형태로 양산될 수밖에 없었다는 본다. 비록 한국전쟁의 폐허 속에서 현대에 대한 자각이 나타나지만 근대적 자아가 미성숙된 상태에서 그것은 안이한 현실도피나 허무에의 정념의 의장 구실을 할 뿐이라고 본다. 전반적으로 전근대로부터의 탈피가 한국사회에서는 우선적 과제로 설정되어야 한다는 논지이다. 황산덕, 한태연 등의 견해에 전적으로 기댄 저널리즘의 시각이 깊숙이 개입된 정리이지만 현대적인 요소가 당대에 어떻게 전개되었는지, 또 이에 대한 당대적 인식이 어떠했는지를 잘 보여주는 자료이다.

봉건잔재에 대한 정리도 마찬가지의 의미를 지닌다. '영화라는 말을 들어도 눈을 흡뜨는 완고한 아버지'(어떤 학생), '살림에는 치를 떨면서 년이 생기면 돈을 마구 쓰는 남편'(어떤 주부), '딸을 낳으면 서운해 하는 남성들'(어떤 女醫) 등과 같은 봉건적 유제가 한국사회의 근대화를 집요하게 가로막고 있다는 문제의식 아래 그 구체적 양태를 제시하고 있다.[51] 봉건제에 대한 학문적 논쟁의 성과 가운데 특히 공동체라는 가부장적 조직의 문제가 한국사회에 가장 큰 영향을 끼치는 유제로서 중시된다. 즉 '자급자족적이고 개인의 창의가 짓밟히게끔 가부장적 조직으로 엮어져 있는 고립된 지역사회 공동체가 봉건유제의 용기(容器)'가 되기 때문이다. 그것은 당시 농촌사회에서 확연히 나타나는데, 생산관계에서는 봉건지대적, 농노적 요소가 거의 사라졌지만, 비록 전란에 따른 인구이동으로 퇴색한 면이 없지 않으나, 농촌사회

---

51) 「한국문화의 재검토② : '봉건잔재'라는 것」, 『한국일보』 1958년 1월 23일자.

의 제 관계, 즉 사상·관행·의식(儀式)에서는 여전히 봉건유제가 뿌리박고 있다는 것이다. 당시 농촌사회는 봉건유제의 잔존과 더불어 재전통화한 요소까지 결합해 도농 간 근대화의 현격한 차이를 드러낸 바 있다.[52] 여기에는 전 국민의 80%를 점유한 농촌의 피폐성, 일례로 1954년 1년 동안 223만 호의 농가가 생계가 아닌 영농을 위해 짊어진 부채가 200억 환(농가당 평균 8971환)에 달하고[53] 매년 부채가 누적되면서 절량농가가 속출하고 이농이 증가하는 악화일로의 농촌경제실정이 작용한 바 크다. 이승만정권의 경제적 동원(economic mobilization)과 정치적 탈동원(political demobilization)의 농촌사회 통제정책이 주효하면서 농촌으로부터 제기되는 정치사회적 갈등을 체제 내로 흡수했던 정황도 영향을 끼쳤다고 볼 수 있다.[54] 이런 조건이 전통적 사회문화를 농민사회에 재생산시키고 농촌사회의 근대적 성장을 방해했던 것이다.

중요한 것은 봉건유제가 농촌에서뿐만 아니라 사회전반에 관철되어 나타난다는 사실이다. 첫째, 가족관계의 경우 해방 후 사회경제적·법제적 변혁의 결과, 집안의 해체과정, 가계(家系)의 계보적 연속

---

[52] 그것은 문화 향유에서도 뚜렷하게 나타난다. 1959년 기준으로 전국 영화관의 분포는 총210관 중 서울에 42개관, 지방 5대도시에 71관이 집중되어 있었으며, 나머지도 대부분 중소도시 이상에만 존재했다. 그리고 서울의 절봉관 9개관(관객수는 평균 2주 흥행에 3만 이상) 중 국산영화 상설관이 4개, 외국영화 상설관이 5개인데 비해 지방은 대부분이 국산영화 상설관이었으며 외국영화는 1개월에 1본 내지 2개월에 3본 정도 상영하는 수준이었다(『합동연감』 1959.9, 461쪽). 농촌지역의 문화적 향유의 낙후성은 도서판매에서도 분명하게 나타난다. 농촌은 노인과 부녀층을 중심으로 유교윤리서적, 점복술서, 딱지본 고대소설의 최대 시장이었는데, 1958년 3월 기준, 명심보감이 3만부, 천자문 2만부, 토정비결 만오천부, 춘향전 심청전이 각 5천 부 이상이 팔렸다고 한다. 그 숫자는 도시독서층이 가장 많이 구매한 까뮈의 「전락」이 7천 부였던 것과 비교해보면 굉장한 규모였다고 할 수 있다. 「날개돋힌 명심보감과 고대소설」, 『한국일보』 1958년 3월 19일자.

[53] 『한국일보』 1955년 1월 8일자.

[54] 김태일, 「농촌사회의 구조변화와 농민정치」, 한배호 편, 『한국현대정치론 I』, 498~507쪽 참조.

관념의 약화, 가장 권위의 후퇴, 상속제의 변화, 가족구성의 단순화, 본가분가적 색채의 쇠퇴, 결혼의 당사자의식이 높아가는 추세였지만, 농촌은 농가경제의 취약성으로 인해 근대적 소가족화에 반발해 세대가족을 고수하고 있고, 도시를 중심으로 소가족화한 경우에도 장남만은 결혼하더라도 부모와 동거하는 원칙이 유지되는 관습이 여전했다. 이런 역행은 민주주의적 인격의 자연적 형성을 가로막는 장애가 되며, 특히 어린이들이 전근대적 환경에서 퍼스낼러티를 형성함으로써 민주주의의 장기적 발전에 큰 장애가 되었다. 둘째, 교육계 경우 관에 대한 예종의식, 여교사에 대한 차별의식은 당연한 것으로 간주되며, 현모양처의 교육목표도 인간의 완성보다는 남편과 자녀에게 적당한 여성상을 배양하는 것으로 변질되어 시행되고 있다. 셋째, 임노동관계의 경우 노동력의 등가교환보다는 노동력을 상품으로 의식하지 못한 가운데 자본가와 노동자의 관계를 전인적 상하관계, 신분관계로 인식해 노동력이 매매됨으로써 통일적인 노동시장이 존재하지 못한다. 넷째, 규범의식의 경우 권위주의적 정신태도, 탈법적 정치의식, 법보다는 대인관계를 위주로 한 지배 질서, 규범보다는 가족과 윤리에 타협하는 의식이 만연되어 있으며, 우매한 미신, 유교적인 윤리의식, 회화에 있어서의 존칭문제, 관존민비사상, 남녀관계에 있어서의 차등의식 등에서도 봉건유제가 지배하고 있다고 본다. 따라서 근대화를 지체 내지 왜곡시키는 봉건유제의 척결이 전후사회의 후진성을 극복하는 제일의적 실천과제가 되어야 한다는 주장이다. 한국전쟁이 근대적 요소를 사회의 요소요소에 침투시킨 것은 주지의 사실이다. 신분과 함께 이념이, 수직적 위계와 함께 수평적 분업에 대한 구조와 의식이 확산되었으며 사회조직과 제도의 측면에서는 근대성이 가장 깊이 확산되었다. 그러나 근대가 전통을 완전하게 대체한 것이 아니었으며, 위에서 언급했듯이 정신구조, 사람들의 생활, 사회관습의 수준에서 전통성은 근대성과 함께 높은 수준의 연속성을 갖고 병존했다.[55] 아버지의 병을 고치기 위해 소녀가 자기 허벅다리를 베어서 효도했다는 '야만성'이 여전히 사회 미담으로 고평되는 상황이었다.[56] 한국의 전통문화가 막 성장하기 시작한 민주주의보다 너무 강하다는 외국인의 지적도 이를 잘 뒷받침해준다.[57]

한편 전후에는 한국전쟁을 고비로 오랫동안 한국사회를 받쳐온 논리가 해체되고 온갖 모순이 집중적으로 분출되는 가운데 가치체계의 급격한 전환에 따른 상실감과 정신적인 황무지 상태에서 아프레게르적인 것이 증식된 바 있다. 이 신문자료에서는 아프레게르의 생태와 그 사회적 배경을 집중적으로 탐색하고 있는데,[58] 사상적으로는 파괴적·반항적이고, 생활적으로는 본능적·충동적이며, 죄악감과 자의식 없이 오로지 육체와 실용적 가치만을 숭상하는 것이 주된 특징이라고 본다. 아울러 그런 생태는 참혹한 전란이 초래한 불안과 허무의식, 그들을 지배해온 권위나 도덕에 대한 증오, 나아가 영(零)의 발견에 따른 원시성이 반영된 시대적 산물로, 일종의 망각을 위한 처절한 몸부림이라는 것이다. 당시 아프레게르에 대한 사회적 인식은 대단히 부정적이었다.[59] 기성 질서, 가치체계와 구별되는 문화의 단층적 성격을 지칭하는 아프레게르가 전후 사회적 병리현상을 총칭하는 의미로

---

55) 박명림, 『한국전쟁의 발발과 기원(Ⅱ)』, 886쪽.

56) 오소백, 「따지고 싶은 몇 가지 사회문제」, 『신태양』, 1958.5, 164쪽.

57) 카린 버커, 「나는 한국문화를 이렇게 본다」, 『신태양』, 1959.6, 162쪽.

58) 「한국문화의 재검토③ : '아프레게르'라는 것」, 『한국일보』 1958년 1월. 30~31쪽.

59) 남한 전후사회의 아프레게르적 향락상은 북한에서도 비판된 바 있다. 신남철은 댄스파티를 비롯한 남조선의 부패 타락한 문화를 미국의 생활문화의 복사판으로 규정하고, 그것이 절대다수의 근로자 인민의 착취와 그들의 영락 위에 이루어진 것이라며 비판한다. 그러면서 '깽스터리즘'(조직적 테러범죄)과 '센세이슈날리즘'(흥분도발)을 남한에서 성행하는 미국적 생활양식의 주 내용으로 꼽는다. 신남철, 「남조선에 대한 미제의 반동적 사상의 침식」, 『근로자』 11, 평양노동신문사, 1955.11, 285쪽.

변질되어 사용되었다.[60] 남녀동등권을 운위하는 것조차 아프레여성의 반항적 구호로 간주될 정도였다.

그것은 아프레게르에 대한 문학예술의 표상에서도 확인된다. 아프레게르가 본격적으로 운위되던 전시에서의 표상은 최태응의 장편『전후파』(『평화신문』1951년 11월~1952년 4월)에 잘 나타나 있다. 이 소설은 전선이 고착된 1951년 전방과 후방을 대비시켜 전후파의 실상과 그 의미를 탐색한 작품이다. 이때 전후파란 전선의 참혹한 상황과 절연된 후방의 향락적·퇴폐적 풍조 일반을 일컫는 용어로 사용되는데, 주로 양갈보들의 생태를 통해 그려진다. 전쟁미망인, 월북사회주의자의 부인, 여대생, 직업적 양공주 등이 집단 거주하는 서울 한 구석의 양갈보소굴은 "마음껏 멸시하고 욕을 해도 좋아요. 대가만 에누리하지 않을 남자라면 언제든지 얼마든지 소개해 주세요."[61]라는 발언에서처럼 생존을 위한 여성들의 필사적인 고투가 벌어지는 삶의 현장이다. 하지만 그 현장은 무력한 이성주의자 지식인 동규에게는 동정은 가되 여성이 지녀야 할 기본 조건을 상실한 매춘부의 소굴에 지나지 않는다. 아프레게르가 전쟁 뒤에 오는 필연적이며 불가항력적인 현실

---

60) 『신천지』, 1954.10, 62쪽. 김광주는 전후파 용어의 의미가 곡해되고 또 값싸게 유행되는 현상에 이의를 제기하면서 정상적인 전후파와 외도적인 전후파를 엄밀히 구별할 필요성을 제기한다. 항간에서 흔히 말하는 아프레는 외도적 전후파, 즉 자신의 정신적, 육체적 소모처를 주로 향락에만 치중하여 떠도는 무리로 규정하고 그들의 찰나주의를 비판한 바 있다. 김광주, 「젊은 세대남녀들의 三形態―전전파, 전후파, 종합미래파」, 『희망』, 1955. 9, 124~125쪽 참조.

61) 권영민 편, 『최태응 문학전집2』, 태학사, 1996, 67쪽(이하 면수만 본문에 표시). 아프레(걸)에 대한 부정적 표상은 특히 신문연재소설에서 두드러진다. 정비석의『여성전선』(『영남일보』1952년 1월 1일~7월 9일자), 김내성의『실락원의 별』(『경향신문』1956년 6월 1일~1957년 2월 25일자), 장덕조의『백조흑조』(『국제신보』1958년 5월 14일~12월 31일자)가 대표적인 경우인데, 이들 작품을 통해 아프레게르에 대한 부정적 인식이 1950년대 전체에 걸쳐 나타난다는 것을 확인할 수 있다. 이 점에 대해서는 최미진, 「1950년대 신문소설에 나타난 아프레걸」, 『대중서사연구』 18, 2007 참조.

과 시간이라는 제자 여옥의 발언에, 그가 "생사의 기로에서 전쟁의 한가운데서 전후를 자처하고 개인적 이해와 사정에 좌우되고 만다면 반드시 그 다음에 올 진짜 전후를 어떻게 맞이하며 무슨 여력으로 그 다음까지 버틸 수 있단 말인가"(75쪽)라며 응대하는 것은 당연하다. 국가와 민족의 존립이 우선되어야 한다는 것이다. 패전 후 아프레게르를 청산하고 산업부흥에 여념이 없는 일본을 그 실증적 사례로 든다. 그의 인식태도는 종군문인으로 활약하는 친구를 우연히 만나 전선에 종군하는 계기로 더욱 철저해진다. "상상을 못했던 경이의 세계, 말기 없는 애국과 민족혼의 세계에서 구지지한 일신상의 애정 문제니 생활 문제니 하는 일에 머리와 가슴을 축낸다는 사실은 염치없고 부끄러"(97쪽)운 것이라는 체험과 자각을 통해 생의 의의를 발견한 그는 종군강연을 통해 아프레게르의 부당성을 설파하는 일에 주력한다. 그 논지는 대체로 '전시상황에 처해 있는 우리에게 전후라는 말부터가 허락될 수 없으며, 후방의 임무는 전쟁을 승리로 이끌어야 한다는 절대적 인식과 의지를 갖고 총력전을 전개하는 데 있다'(211~215쪽)는 것으로 요약된다. 전체적으로 전방/후방, 영혼/육체, 애국/매국의 극단적인 대립구도 속에서 전후파를 전자의 의미로 규정하고 있다. 한마디로 전시하 아프레게르는 '썩어진 후방'(219쪽)을 말하며 매국적 인간군상이라는 것이다.

아프레게르에 대한 부정적 표상은 전후의 혼돈과 맞물리면서 확대 강화된다. 유부녀 아프레걸의 생태를 다룬 영화 〈전후파〉(1956)가 이를 잘 보여준다. 이 영화의 스토리는 간단하다. 남편을 불구자 취급하고 가출한 리라(윤인자)가 우연히 해직을 당한 뒤 사회적·가정적 고민으로 방황하는 철호(김진규)를 유혹해 향락의 생활을 보내던 중 철호가 잠꼬대로 아내를 부른 것을 목격한 리라가 아내가 있는 것이 자신을 기만한 것이라며 이에 대한 최후적 발악으로 자살한다는 것이다. 그것이 이런 일이 언제 있었느냐는 듯이 아내가 있는 안락한 가정으로 돌아가는 철호의 모습과 대비되어 그려진다. 필름이 존재하지 않아 잡지에 소개된 영화스토리를 통해 정리해본 것인데,[62] 아프레게르에 대한 평을 한 '영화후기'가 주목을 끈다. '해방은 우리에게 폐허의 자유를 선물하였고, 이 폐허 속에서 자유를 부르짖으며 뛰쳐나온 수많은 젊은이들은 확실히 보수적이 아닌 무엇인가 새로운 꿈을 꾸고 있는 것이다. 그러나 이들의 눈을 처음 놀라게 한 것은 지나친 유행에 따르는 반나체의 여인, 초현실적인 복장, 이 모든 현실은 전쟁 중 헐벗고 굶주린 사람들에게는 커다란 쇼크가 되었다. 여기서부터 이들의 정확한 판단력은 흐려지며 오로지 향락을 위한 금전의 노예가 되는 것을 서슴지 않고 실천하고 있다. 이들에게는 다만 오늘의 향락이 있을 뿐 내일이란 것은 없다. 자기의 향락을 위해서는 자식이 부모를 죽이고 남편은 아내를 버리고 남편도 또한 아내와 자식을 서슴지 않고 버릴 수 있는 것이 소위 아푸레겔(전후파)들의 기질이라 하겠다. 눈앞에 보이는 인간의 야성적인 욕망의 충족을 위하여서는 모든 것을 희생시킬 수 있는 인간상!' 이 후기는 당시 아프레게르에 대한 사회일반의 인식을 함축하고 있다. 이러한 부정적 인식은 남성지식인들의 전유물이 아니었다. 상당수 여성지식인들도 마찬가지의 입장을 보인다. 일례로 이명온은 전후파여성의 도덕성은 육체가 생활을 보증해준다는 인식 아래 성행위가 육체노동이 되고 정조가 생활도구로 화한 것에 있으며, 그것이 일부 여성에 국한되지 않고 일반성을 띠게 된 것이 현대윤리의 실체라며 이의 청산을 촉구한 바 있다.[63] 즉 민주(여성)와 대립관계로 설정하고 있는 아프레게르(여성)는 사회 공공의 적이자

---

[62] 「전후파 : 우리에게 있는 건 오늘 뿐─돈과 육욕에 우는 리라의 말로」, 『아리랑』 1956.12.

[63] 이명온, 「민주여성의 진로」, 『신천지』, 1954.6, 94~95쪽.

국가 위신과 민족의 권위를 훼손하는 존재라는 것이다.

지금까지 살펴본 바와 같이 비동시적인 요소가 착종돼 난맥상을 드러낸 전후 풍속에는 해방과 한국전쟁이 초래한 해방10년의 역사가 각인되어 있다. 그 난맥상은 두 역사적 격변에 의해 형성되고 변화된 것이면서도,[64] 해방10년의 자유민주주의의 실천의 역사와도 밀접한 관련이 있다. 즉 사회제도와 대중의 심각한 괴리 내지 단층이 혼돈의 또 다른 원인으로 작용하고 있었다고 할 수 있다. 다시 말해 제도는 꾸준히 근대적인 것으로 변하면서 상당한 수준에서 그 골격을 형성하고 있었으나 대중은 식민지적, 봉건적 유제에 여전히 긴박된 결과 사회전반의 근대화가 지체되는 도정에서 빚어진 각종 혼란이 전후 풍속의 혼돈으로 표출된 것이다. 배성룡은 이 같은 현상을 '수구유신(守舊維新)',[65] 즉 제도적 차원의 '유신'과 그 실천·의식상의 '수구'의 기묘한 결합으로 평가한 바 있다. 그 제도와 대중의 괴리, 제도와 실천의 간극이 어떻게 조정되어 가는가 하는 문제가 전후 풍속의 중요 지점이라고 할 수 있다.[66] 그 조정의 진통은 풍속과 관련한 담론적 실천과정에 잘 나타나 있다.

---

[64] 엄요섭, 「한국사회10년사」, 207쪽. 그는 구문화의 파멸과 모든 제도, 문화용어, 습관 등의 급격한 변동의 모순에 따른 사회변전이 해방10년사의 전부였다고 평가한다. 조연현 또한 "8·15해방에서 온 일제적인 기성 권위로부터 해방된 자유와 6·25사변으로 인한 전통적인 권위의 파괴에서 오는 방종이 우리 민족의 도덕적 감정이나 윤리의 행위를 변경시켜 놓은 것"을 해방 후 중대한 사회적 변화로 보았다. 조연현, 『문학과 그 주변』, 인간사, 1958, 103쪽.

[65] 배성룡, 「해방과 민주질서 10년의 과정」, 『신천지』, 1954.8, 27쪽 참조.

[66] 한 신문은 공창제의 폐지와 사창의 번성이라는 모순에서 확인할 수 있듯이 해방 10년의 제도적 혁신이 이상(理想) 하나로만 또는 문서상으로만 이루어짐으로써 오히려 역효과를 야기하고 있다고 비판한 바 있다. 「사설: 어두움 속의 사창굴」, 『한국일보』 1955년 12월 12일자.

3. 풍속담론의 내적 역학

전후 풍속담론은 도덕표준 정하기라는 틀 속에서 전개뇐다. 도덕과 비도덕(부도덕)을 경계 짓고, 특정 도덕관념을 보편적인 사회적 실재로 정립하고자 하는 투쟁이었다고 할 수 있다. 그것은 국가권력을 포함해 사회제반세력들이 자신의 특수한 계급적 이해관계를 관철시키고자 하는 투쟁의 성격을 지닌다. 도덕이란 각각의 특수한 계급이익에 따라서 다양하게 변화하는 시대의 모든 삶의 이해관계에 기초를 둔 사고방식이기 때문이다.[67] 도덕(표준)이 사회의 변화, 특히 경제적 토대의 변화에 따라 변하는 것은 상식이다. 그러나 전후의 경우는 앞서 살폈듯이 해방10년의 압축적 사회 변화에다 기성의 가치체계가 한국전쟁에 의해 완전한 파괴된 상태에서 전면적인 새 출발을 할 수밖에 없었던 시대적 조건으로 말미암아 그 과정이 순조롭게 진행될 수 없었다. 이와 관련해 당대 풍속담론이 네거티브적인 내용으로 구성된다는 것도 염두에 둘 필요가 있다. 그것은 도덕의 본질, 즉 도덕적인 것은 관념의 차원에서 존재하는 것인 반면 부도덕적인 것은 현실사회에서 스스로 행해지는 것이기 때문이다. 따라서 풍속담론 대부분이 그 부도덕적인 현상에 대한 시비를 중심으로 한 풍기(風紀)의 성격을 지니게 된다.

그 과정에서 선편을 쥔 세력은 한국전쟁을 계기로 구조적 안정성을 확보한 국가권력이었다. 그것은 국가권력의 대사회적 통제력을 강화해 지배체제의 안정적 재생산을 위한 목표 속에서 수행된다. 따라서 현존 사회의 성립 조건을 유지하고 강화하는 것을 도덕적인 것으로 공식화하는 방향으로 전개되는 것은 필연적이다. 그 결과 기존의 지

---

67) 에두아르트 푹스, 『풍속의 역사 I』, 48쪽.

배적 도덕관념을 온존시키려는 보수적 성향을 띠게 된다. 아니면 적어도 지배질서를 위협하지 않는 제한된 범위 내에서 변화를 용인한다. 그 면모는 부녀자의 생활태도를 거론한 대통령의 이례적인 담화에서 확인할 수 있다.

> 근래에 와서는 전란 이후로 부녀들 중에 조신(操身)해서 단아한 태도와 언사를 지키지 못하고 길에서 물건을 사거나 파는 데 있어서나 또는 타인들과 접대하는 데 있어서 상스러운 언사와 막된 사람들의 언사를 보이며 음성이 높고 행동이 무례해서 남이 보면 예의 없는 사람으로 알게 되니 우리 부녀 전체에도 좋은 명예를 주기 어려우니 여태(女態)를 많이 보유해서 미개한 사람들의 태도를 아무쪼록 벗어나야 할 것이다.[68]

전후 혼란된 환경 하에서라도 단아한 몸가짐을 가져 조상으로부터 물려받은 미풍을 살려야 한다는 요지의 담화이다. 자유부인신드롬을 다분히 의식한 조치였다. 국민의 행동거지까지 챙기는 대통령의 행태에서, 또 '조신', '여태'와 같은 담화에 사용된 용어를 통해서 가부장적 분위기와 유교적 권위주의의 작동과 영향을 엿볼 수 있다. 그 같은 권위주의는 '신생활복(재건복)' 착용을 의무화시키고자 했던 것에서도 나타난다. 국회는 1955년 7월 8일 현하 경제사정에 비추어 생활간소화의 철저를 기하기 위해, 또 활동에 편하고 손이 덜 가는 옷을 입음으로써 국가재건에 힘쓰는 시간을 늘리자는 취지에서, 신생활복 착용을 의무화하는 법안을 통과시켰다. 정부도 이에 앞서 관변단체와의 협의를 통해 복장간소화의 요령을 정하고 전국적인 실천을 결의한 바 있다(7.1). 비록 그 방안이 명분상으로는 부분적 타당성이 있다 할지라도,[69] 정부가 나서 복제(服制)의 통일을 시민에게 강요하는 것은 정

---

[68] 『동아일보』 1954년 11월 17일자.

[69] 한 논자는 외국원조에 의존하고 있는 국민경제생활의 실정상 신생활복 착용과

치적 통제력의 수단이며, 풍습 또는 시민의 사생활 양식에 대한 이유 없는 간섭에 불과한 것이었다.70) 이런 비판과 아울러 신생활복이 일제의 국민복과 미군전투복을 섞어 놓은 옷이라는 비난이 일면서 결국 법안도 사문화된다. 정부는 모든 국민에게 제복을 입히려 했지만, 이미 해방된 '개성'은 획일화에 완강히 저항했고 쉽게 승리했다. 전시 계엄령 하에서 몸빼, 반소매 착용의 강제적 장려에71) 순응했던 대중들은 더 이상 존재하지 않았던 것이다.

이러한 국가권력의 산발적·미온적인 태도는 1955년에 접어들어 급변한다. 근대화기획의 본격적인 추진과 더불어 풍기의 능동적 관장자로 나선다. 그것은 우선 국가기구를 동원한 강압적 행정단속을 강화하는 것으로 나타난다. 휴전 후 처음으로 사창 단속을 시작한 것을 비롯해 대대적인 왜색일소, 청소년범죄검거, 계 단속, 댄스홀 단속, 사치품 단속 등을 전국적으로 시행한다. 검열이 공세적으로 실시되기 시작한 것도 이 시점이다.72) 하지만 표면적으로는 다대한 성과를 거두었음에도 불구하고 그런 대중요법으로는 퇴풍(頹風) 일소가 불가능했고 실효성 또한 의문시되었다. 가령 왜색일소의 경우 일본어 간판 및 메뉴 이름, 밀수입된 일본제 사치품, 일본서적 등을 망라한 단속에도 불구하고 백화점에 일제 밀수품이 범람하는 것은, 왜색이 문제가 아니라 왜심(倭心)이 근원이라며 이 왜심의 뿌리를 뽑지 않으면 왜색의 발본색원이 불가능하다는 비판론73)이 이를 잘 뒷받침해준다. 더불어

같은 생활혁신운동은 필연적으로 요청되는 것이며, 이의 현실화를 위해서는 지도층의 시범이 선결되어야 하고 아울러 국민세포조직망을 통해 민중 자각에서 용출하는 신생활운동의 지도계몽 작업이 지속적으로 추진되어야 한다고 주장한 바 있다. 김형익, 「신생활복론」, 『한국일보』, 1955년 5월 10일자.

70) 「사설: 국민복 논의」, 『한국일보』 1955년 7월 9일자.

71) 『서울신문』 1953년 5월 5일자.

72) 이에 대해서는 이봉범, 「1950년대 문화정책과 영화 검열」, 『한국문학연구』 37, 동국대 한국문학연구소, 2009.12, 422~444쪽 참조.

사회적으로 문제시되었던 과도한 양풍을 단속 대상에서 제외시킨 것
도 행정단속의 정당성을 약화시켰다. 사창근멸주간까지 정해 시행된
사창 단속 또한 일부 지방에서는 '당국의 지시로 매음업자들의 포주
조합과 위안부회가 구성되고 조합의 이름으로 각종 세금을 당국에 납
부하고 있으며 이들에게는 검진 이외의 일체의 취체를 폐지함으로써
법률로 폐지된 공창제도를 관계당국이 오히려 부활시키는' 행태가 발
생하기도 했다.74) 그리고 행정단속의 합법성도 문제였다. 일례로 주
기적으로 강도 높게 시행된 사창 단속의 경우 신형법 제242조(영리 목
적의 음행매개행위 처벌 조항)에 의해 매음이 범죄로 구성되는 것은
분명하나, 식민지시대의 구법이었던 「경찰범처벌규칙」이 1954년 4월
에 신법 「경범죄처벌법」으로 폐지되었는데 이 신법에는 매음행위를
처벌할 수 있다는 명문 규정이 들어있지 않기 때문에 경찰이 매음녀
를 치안재판에 회부하는 것 자체가 법적 근거 없는 일종의 공권력의
과잉 행사라는 비판에 직면해야 했다.75)

　다른 한편으로는 무한정으로 공권력을 행사할 수도 없었다. 이승만
정권의 지배이데올로기가 자유민주주의였다는 점(비록 그것이 반공
과 의미적 동일성을 지녔다 하더라도) 그리고 그것을 실현할 수 있는
뚜렷한 주체세력이나 사회적 기초가 결여된 상황에서 지배 권력이 그
것의 담당주체가 될 수밖에 없었던 조건에서,76) 과도한 공권력 행사

---

73) 김상기, 「왜색과 왜심」, 『한국일보』, 1955년 9월 22일자.

74) 「공창제의 부활인가」, 『한국일보』 1955년 3월 5일자. 이 신문은 일제시대와 꼭 같
　　은 구조와 조직으로 된 신생공창제도에 대해 관계당국자들은 "일제시의 공창제
　　와 다를 게 없지만 미풍 유지와 공중보건상 할 수 없는 일"로 치부한다고 비판한
　　바 있다.

75) 「사설: 매음녀의 생존권」, 『동아일보』 1955년 12월 12일자.

76) 김경일, 「1950년대 후반의 사회이념 : 민족주의와 민주주의」, 한국정신문화연구
　　원 현대사연구소 편, 『1950년대 후반기의 한국사회와 이승만정부의 붕괴』, 오름,
　　1998, 35쪽. 박현채는 민주주의를 수용하는 주체가 반민족·반민주·반민중적이
　　었고 또 이에 앞서는 민주적 변혁이 주어지지 않았던 관계로 전후 미국적 민주

는 지배 체제의 정당성을 스스로 훼손시키는 결과를 초래했기 때문이었다. 아울러 이에 대한 시민사회의 저항이 과거와 달리 적극적으로 표출되고 있었다는 것도 국가권력으로서는 큰 부담이었다. 물론 이념적인 차원에서는 국가권력이 분명한 이념적 헤게모니를 장악하고 있었으며, 또 다른 지배이데올로기였던 반공주의와 반일주의는 각각 전쟁경험과 식민지경험에 따른 대중들의 동의 기반을 바탕으로 지배력을 확장시킬 수 있었으나 문화적인 차원에서는 그렇지 못했다. 그것은 언론통제의 법제적 근간이었던 「광무신문지법」이 1952년 3월 국회에서 정식으로 폐기된 뒤 곧바로 그 대체법안으로 제출된 「출판물법안」(국회문교위 안)이 부결되고 계속해서 「출판물임시단속법안」(공보처 안, 1954.12), 「국정보호임시조치법안」(자유당정책위 안, 1957.2), 「출판물단속법안」(자유당 안)의 법제화 시도가 여론의 격렬한 반대에 봉착해 무산되는 것에서 단적으로 확인할 수 있다. 적용 당사자였던 언론출판자본 뿐만 아니라 지식인, 일반대중에 이르기까지 적어도 문화적 반민주성에 대한 시민사회의 연대적 저항은 국가권력이 계속해서 무리수를 두게 할 정도로 큰 영향력을 발휘했다. 1956년 정·부통령 선거를 계기로 선거를 통한 대중들의 정치적 저항의 징후도 가시화되기 시작했다. 이런 정황에서 단속 위주의 풍기 관장은 비능률적일 수밖에 없었고 역효과까지 유발하게 된다.

따라서 이에 병행해, 아니 이보다도 국가권력이 더욱 주력한 것은 일종의 정풍(整風)운동인 '국민도의운동'의 강력한 추진이었다. 1955

주의의 도입은 허구였다고 평가한 바 있다. 그의 지적대로 이승만 정권은 민주적 제반운동에 대한 탄압을 통해 민주주의적인 다원적 사회구성을 거부하는 파쇼적 정치체제였으며 자유민주주의 지배이데올로기는 체제정당화를 위한 형해화된 통치이데올로기로 전락했으나 일반대중들에게는 전근대적 유제에 속박된 삶으로부터의 해방의 기제로 작용했다는 점도 아울러 고려될 필요가 있다고 본다. 박현채, 『민족경제론의 기초이론』, 돌베개, 1989, 196쪽 참조.

년 원단부터 전후재건에 필요한 청신한 기풍의 진작을 위한 차원에서 정책적으로 국민도의 확립을 제창하고 사회 각 분야별로 도의실천운동을 하향식으로 전개시킨다.[77] 이를 계기로 정치도의, 경제도의, 교육도의, 사회도의라는 용어가 유행어로 횡행하고 각종 도의담론이 양산되기에 이른다. 국민도의운동의 배경과 성격은 최남선이 쓴 동포에 대한 호소문에 잘 집약되어 있다. 그는 한국(인)이 처한 위기의 근원은 정치의 부패나 타락, 생활의 빈곤에 있기보다는 양심의 마비와 도의의 퇴폐에 있으며, 양심과 도의를 회복하고 작흥(作興)하는 것이 한국의 존폐를 좌우하는 절대적 분기점이라며 일대 정신운동, 즉 도의운동을 전개해야 한다고 주장한다.[78] 이를 통해 우리민족의 당면 과제인 국토통일과 민족부활이 가능하다는 것이다. 나아가 그 의의를 3·1운동에서 찾고 있다. 즉 3·1운동은 정치운동이라기보다는 윤리운동의 성격이 강하다고 평한 뒤, 독립선언서의 주장을 근거로 3·1운동의 정신을 윤리성, 양심성, 전진성으로 정리한다. 그러면서 토지, 인구, 권력이 국가 성립의 3요소로 알려져 있지만 이보다도 상위에 있는 것이 양심, 윤리, 실덕(實德)이라며 이의 회복의 필요성을 강력히 요청한다.[79] 나아가 이의 실천을 위한 방안으로 19세기 초 독일 민족부흥의 토대가 되었던 '도덕동맹'을 본뜬 전국민적 도덕동맹의 결성을 제안한다.[80] 지배 권력의 입장을 잘 대변하고 있다고 볼 수 있는 최남

---

[77] 신남철은 국민도의운동이 파쇼적 문화정책을 이론적, 도덕적으로 뒷받침하기 위한 방편에서 제창된 것으로, 미제의 잉여상품 판매시장, 전쟁도발의 군사기지로 완전히 전변되어 버린 남반부를 해방시키려는 조선 인민의 투쟁을 반대하는 파쇼사상의 선전운동이라고 비판했다. 신남철, 「남조선에 대한 미제의 반동적 사상의 침식」, 291~292쪽 참조.

[78] 최남선, 「광명한 한국으로」, 『한국일보』, 1955년 1월 1일자.

[79] 최남선, 「3·1운동의 윤리성」, 『한국일보』, 1955년 3월 1일자.

[80] 최남선, 「도덕동맹을 제창함」, 『한국일보』, 1955년 4월 9일자. 그가 해방 후 도덕 파괴의 주요인으로 꼽은 것은 아메리카니즘의 맹렬한 침입이다.

선의 논지는 민간차원에서 상당한 호응을 얻게 된다. 대체로 국토통일, 산업부흥, 민주주의 확립의 전제조건으로 도의를 옹립하고 이에 반하는 퇴폐, 패륜, 향락, 무질서, 사적 이기심, 비양심, 몰염치 등은 사회악이며 따라서 시급히 근절해야 한다는 것이다.[81] 이런 바탕에서 처음에는 관제운동의 성격을 지녔던 국민도의운동이 민관합동의 정풍운동으로 자리를 잡으면서 급속히 확산될 수 있었다. 물론 휴전직후 사회일반에서 자발적으로 일었던 '재건국민생활운동'의 흐름을 반영해 정책화한 것도 일조했다.

그 사회적 파장도 매우 컸다. 특히 교육 분야에 현저했다. 1956년부터 '교육으로 도의사회를 건설하자'는 구호 아래 도의교육이 교육정책의 핵심 목표로 설정되고, 이에 따른 교과과정 개편, 교수요목, 초등학교 및 중학교의 국정도의교과서 편찬, 도의교육위원회의 설치와 상설화, 국민윤리강령의 제정 등이 일사불란하게 시행된다. 그것은 4·19 혁명 전까지 지속적으로 추진된 바 있다. 도의교육의 목표는 문교부가 제정한 '도의교육요강'에 잘 나타나 있는데,[82] 관후고결(寬厚高潔)한 인간성을 기른다, 통일성 있는 생활태도를 형성한다, 창조적인 문제해결을 배양한다, 권로역행(勸勞力行)의 생활을 확립한다, 청신하고 명랑한 사회생활을 영위할 능력을 기른다, 애국애족의 사상을 공고히 한다 등이다. 그것은 교사들에게 하달한 지도요강의 내용, 즉 관후고

---

81) 「사설: 도의진작의 선봉은」, 『한국일보』 1955년 1월 11일자 ; 홍형린, 「국민도의의 재건」, 『경향신문』 1957년 5월 4일자.

82) 「도의교육요강 : 초등학교 및 중학교」, 『문교월보』 31, 1957. 3, 20~21쪽. 이 요강에는 이 목표를 구체적으로 달성하기 위한 도의과정의 구성표와 초등학교 및 중학교 각 학년의 교육 요목을 밝히고 있다. 초등학교 도의과정 구성일람표를 보면, 자기실현(정직, 성실, 명랑, 노력, 인내, 침착, 자주, 정결, 자제심 등), 인간관계(효도, 우애, 친절, 겸허, 책임, 사제애 등), 경제직업(검소, 저축, 국산 등), 공민책임(인명, 자유평등, 희생헌신, 정의향토심 등), 반공방일(독립정신, 반공정신, 방일사상) 등으로 편성되어 있다. 반공방일을 중요 항목으로 배치한 점이 눈에 띈다.

결한 인간도야, 애국애족의 사상고취, 협동심과 책임감의 양성, 권로역행의 정신앙양 등에서 재차 확인할 수 있다.[83] 주목할 것은 당대 저명한 학자, 교육자, 대학교수, 언론인 등이 대거 참여해 도의교육의 목표, 방침, 내용 등 전반에 영향력을 행사하고 있었다는 사실이다. 도의교육위원회를 통해서인데, 그 구성을 1957년 11월 기준으로 보면 중앙위원과 지방위원으로 구분된 5개 분과로 되어 있고 인원은 중앙위원 42명, 지방위원 85명으로 규모가 꽤 컸으며[84] 그 규모는 계속 확대되는 추세를 보인다. 또한 대한교육연합회와 같은 민간교육단체와 연합해 관민협동으로 추진되는 특징도 나타낸다. 타 분야에 비해 교육에서의 도의운동(교육)이 가장 강력하게 전폭적인 후원 아래 시행될 수 있었던 것은 국가권력의 힘이 직접 미칠 수 있는 제도적 조건과 함께 장기지속적으로 도의운동의 실질을 기할 수 있기 때문이었다. 아울러 반공반일교육을 도의교육 요강의 주요 항목으로 배치한 것에서 확인할 수 있듯이, 청소년들에게 지배이데올로기를 용이하게 전파해 내면화시키고자 했던 권력의 의도가 작용한 면도 없지 않다. 도의교육을 '민족의 지상과제인 국토통일을 위해 정신통일이 필요하고 따라서 정신생활을 순화하여 하나로 통일시키는 교육'[85]이라고 천명한 문교장관의 발언이 그 유력한 단서이다.

그런데 국민도의운동이 어느 만큼의 효과를 거두었는지 계량해내기는 어렵다. 다만 한국전쟁 후 사회적 무질서와 윤리적 혼란을 수습하고 새로운 국가재건을 의도한 운동이었다는 점에서, 당시 국가권력이 강력하게 추진했던 근대화기획의 드라이브에 긍정적으로 기여했을 것으로 판단된다. 국민통합의 기제로도 작용했을 것이다. 하지만

---

83) 「도의 지도의 당면 목표」, 『문교월보』 30, 1956.11, 160~163쪽.

84) 『문교월보』 37, 1957.11, 29쪽.

85) 최규남, 「국토통일과 교육」, 『문교월보』 31, 1957.8.

역효과도 있었을 것이다. 특히 정치도의의 차원에서 국가권력(기구)의 비민주성이 공격당하는 논리적 근거로 작용할 수 있었기 때문이며, 실제 국민도의 실현의 우선적 과제로 정치 및 정치지도층의 도의 확립이 요구된 바 있다.[86] 이런 정치적 차원과는 별개로 국민도의운동을 통해 국가권력은 가장 강력한 도덕표준의 설정자라는 표상을 획득할 수 있었다는 점이 중요하다. 그것은 풍기를 주도적으로 관장하는 주체가 되었다는 것과 마찬가지의 의미를 지닌다. 그 면모는 5·16 쿠데타 세력과 유사하며 시기적으로는 앞선 것이다.[87] 유의할 것은 그 권능이 행사되는 과정에서 대중들과 갈등관계를 동반할 수밖에 없었다는 점이다. 그것은 도의운동의 양면성, 즉 전통적 가치의 보존과 민주적 요소의 진작이라는 요소를 모순적으로 지니고 있는 것과도 밀접한 관련이 있다.[88] 특히 척결의 대상으로 상정된 도의 퇴폐의 항목 중 상당수는 대중들의 근대적 욕망과 직결된 것으로 충돌이 불가피했다. 요컨대 사회통합 또는 국민통합의 일 기제로 전개된 전후 국민도의운동은 내부적으로 국가권력과 대중 간의 마찰과 균열을 동반하면서 각기 자신의 이해관계를 관철시키기 위한 투쟁의 장으로 기능했다

---

[86] 「사설: 도의진작의 선봉은」, 『한국일보』 1955년 1월 11일자.

[87] 그것은 '혁명공약'의 3번째 항목, 즉 "구정권 하에 있었던 모든 사회적 부패와 정치적인 구악을 일소하고 청신한 기풍의 진작과 퇴폐한 국민도의와 민족정기를 바로 잡음으로써 민족 민주정신을 함양하며"에 여실히 나타나며, 실제 5·16후 쿠데타주체들은 풍기관장자로 군림하면서 국민도의 확립을 위한 다양한 사업을 의욕적으로 시행한 바 있고 『사상계』를 비롯한 잡지들이 국민도의담론을 생산해 전파시킴으로써 국민도의운동이 사회전반으로 확산된 바 있다.

[88] 주창윤은 도의운동이 국가권력과 지배적 도덕담론의 매개 관계, 즉 국가권력은 전후 윤리적 혼란을 극복해 국가재건을 위한 필요에서 지배적 도덕담론은 전후 조장된 가치관의 혼란과 사회윤리의 붕괴를 우려한, 공동의 이해 속에 진행된 결과 국가권력과 도덕담론이 전통을 소환하게 된다고 주장한 바 있다. 필자가 보기엔 전쟁 직후에 지배적 도덕담론이 존재했는지 의문이며 아울러 전후에 기존의 도덕표준이 지배력을 상실한 상태에서 국가권력이 이를 전취하려는 목적에서 도의운동을 전개했던 것으로 판단된다. 전통의 소환을 도의운동과 등치시킨 것 또한 일면적 이해가 아닐까 한다.

고 할 수 있다. 지배와 저항이 길항하고 있었던 것이다. 그 긴장관계
가 전후사회를 움직였던 또 다른 동력이 아니었을까 한다.

한편, 저널리즘은 풍속 문제를 매개로 문화부문의 의제를 주도함으
로써 문화 권력을 확보·강화하려는 전략 속에서 풍속과 관련한 담론
을 대량으로 생산해 전파시킨다.[89] 그 양상이 1955년 박인수사건을
계기로 대폭 확대되는데, 그것은 자유부인파동과 박인수사건을 거치
면서 성, 학생풍기, 댄스, 정조 등과 관련한 현실적 퇴풍(?)에 대해 비
등해진 항간의 여론을 수렴해야 하는 저널리즘의 본래 기능이 적극적
으로 발휘된 측면도 있으나, 그보다는 엽기적인 사건을 이용해 독자
획득을 꾀하려는 신문의 판매 전략이 다분히 작용했다고 볼 수 있
다.[90] 여기에는 재생산조차 버거웠던 신문계가 1955년부터 자구책으
로 선택한 증면책과 상업주의기조의 강화에 따른 신문계 내부의 사활

---

[89] 그 전략의 일환으로 저널리즘이 적극적으로 활용한 의제가 인권 문제이다. 국제
연합의 인권선언선포(1948.12.10)에 의거해 매년 주기적으로 인권/특권, 민권/관
권의 대립구도를 부각시켜 전후 한국사회의 비민주성을 고발하는 방식이다. 일
례로 『동아일보』는 '우리의 인권' 시리즈(1955.12.11~21, ⑩회), 즉 평등, 생명, 고
문, 결혼, 법의 무차별, 집회결사, 노예(하녀), 언론, 일할 권리, 목표 등의 인권유
린 실태와 이와 직접 관련된 인권선언조항을 연재함으로써 민권(인권)수호의 보
루로서 자신의 위상을 정립하고자 시도한다. 다른 저널리즘도 비슷한 양상을 보
이는데, 그 과정에서 인권과 풍속의 연관성이 제기된다. 관권에 의한 인권유린
이상으로 대중의 생존권문제, 상하관계·가족관계·대인관계에서의 전근대적 유
제의 구속이 인권 유린의 중요한 원인으로 작용하고 있었기 때문이다. 「사설: 생
존권과 인권유린」, 『한국일보』 1955년 12월 10일자 ; 「사설: 인권옹호의 날에 즈
음하여」, 『대학신문』 124호, 1955년 12월 5일자.

[90] 그것은 당시 미디어공간을 주도했던 잡지, 특히 대중잡지에서 현저하게 나타난
다. 풍속과 관련한 흥미본위의 선정적 기사를 통한 판매 전략은 당시 대중지들의
일반적인 편집노선이었다. 박인수사건과 관련해 보더라도 『아리랑』은 박인수사
건이 함축하고 있는 현대 청춘남녀의 생태를 다룬다는 취지로 (실화)소설을 집필
케 해 게재한다. 그 작품이 박흥민의 「女風」(1956.12)인데, 박인수사건의 내용을
그대로 복사하다시피하고 있다. "흥, 저이들이 나에게 처녀를 바쳤던가? 처녀는
남에게 주고 날더러 처녀를 유린했다고 괫심한 아푸레들 같으니 내가 믿는 처녀
는 미용사뿐이야"(72쪽)라는 주인공의 항변으로 끝맺는 대목은 대중지가 어떻세
풍속문제를 반영해내고 있는가를 잘 보여준다 하겠다.

주의)과 한국전쟁의 영향에 따른 학생층의 분방한 정조관념을 학생풍기 문란의 주요인으로 강조하는 면모를 보인다. 이에 대한 개선책 또한 검박소질(儉朴素質)한 기풍 확립, 입시위주교육에서 탈피한 실질적 정서교육 구현, 제복(교복)도입을 통한 감시와 제재 강화, 전통적인 윤리도덕의 확고한 고수, 외화수입 금지, 학교의 단속 강화 등 다양하게 제출된다. 주목할 것은 여러 지점에서 의견 차이를 보임에도 불구하고 '표준을 정해서 제시하지 않고는 풍기문제를 논하는 것은 무리'라는 견해가 지배적이라는 점이다. '새로운 사태에 적응할 만한 도의가 형성'되어야 하며(권중휘), '민주적 도의기준이 세워지면 전통적인 요소와 민주적인 요소의 충돌로 야기되는 과도기적 학생풍기 문제는 자연스럽게 해결'(심태진)될 수 있다는 것이다.[99] 학생풍기뿐 아니라 풍속과 관련된 기획특집, 좌담회 등을 살펴보면 논자들의 서로 다른 입장이 첨예하게 대립하는 면모를 확인하게 되는데 논자 개인의 현실인식과 가치관의 차이에서 기인하는 바 있지만,[100] 이같이 사회 일반이 동의할 수 있는 권위 있는 보편적 도덕표준이 부재하기 때문에 야기된 바도 크다. 이를 통해 도덕표준 정하기가 저널리즘 풍속

---

[99] 오종식도 소년 비행(非行) 내지 범행의 원인이 성인과 소년 간의 행동기준상의 현저한 차이, 즉 소년들에게는 엄격하게 제지하거나 금압하면서도 정작 부모세대는 그 기준에 일탈하는 행위를 당연시하는 모순당착의 사회현실이 주된 원인이며, 따라서 그 현격한 차이와 모순을 조정하고 지양한 제도, 규범상의 행동기준의 표준적 규정이 우선적으로 마련되어야 한다고 강조한 바 있다. 오종식,「소년비행의 遠因」,『硯北漫筆』, 220쪽.

[100] 김내성은 전후사회 지성인들이 당면한 가장 큰 과제가 합리적인 모럴의 탐구(비판기준의 모색)에 있다고 보는데, 문제는 그 모럴의 형성이 정치율에 입각한 법률선, 인습률에 입각한 도덕선, 신앙률에 입각한 종교선, 진실율에 입각한 철학선, 심미율에 입각한 예술선 등의 조화와 통일에 의해 가능함에도 불구하고 일부의 선의식을 동원하여 관념, 행동을 비판하는 것으로 모럴을 형성해가거나 또는 위의 상호 배치되는 선의식으로 인해 명쾌한 단안을 내리지 못하는 것이 당대 지성인들이 처한 보편적인 고민이라고 분석한 바 있다. 김내성,「현대지성인의 고민」,『동아일보』, 1956년 4월 7일자.

(기) 담론을 관류하는 요체 가운데 하나였다는 것을 유추해볼 수 있다.

그것은 박인수사건의 담론화에서도 확인할 수 있다. 보수적인 성문화가 최초로 도전받은 사건인 만큼 이 사건은 당대 성 풍속에 대한 서로 다른 입장들이 가장 풍성하면서도 첨예하게 충돌하는 지점이 된다. 『희망』이 기획한 '박인수 혼인빙자간음피의사건 지상공판'에 그 면모가 잘 나타나 있다.101) 담당판사 권순영의 논지는 무죄 언도가 박인수족속의 속출을 장려할 것이라는 세간의 여론에 대응해 무죄의 이유를 밝히는 데 있다. 그는 도덕적 차원과 법 차원은 엄격히 다르며, 죄형법정주의와 증거력에 의거할 때 이 사건은 여성의 정조를 보호하는 데 취지가 있는 신형법의 혼인빙자간음죄 조항에 입각하더라도 이 사건의 피해여성들은 스스로가 정조를 포기해버렸고 박인수와의 성교도 결혼을 전제로 한 것이 아닌 동물적인 교미에 불과하다고 볼 수 있으며, 또 피해여성이 비공개심문에 불응함으로써 법적으로는 무죄일 수밖에 없다는 것이다. "정조라고 하여 법은 다 보호하는 것은 아니다. 법의 이상에 비추어 가치가 있고, 보호할 사회적 이익이 있는 정조만을 법은 보호한다. 따라서 정숙한 여성의 건전한 정조만을 법은 보호하는 것"(53쪽)이라는 것이다. 이에 반해 담당검사 조인구의

---

101) 「박인수 혼인빙자간음사건 지상공판」, 『희망』, 1955.9, 48~53쪽. 원래 공무원자격사칭혐의로 체포된(1955.4.30) 박인수에 대해 검찰이 혼인빙자간음죄로 기소하면서 전국적인 파장을 일으킨 가운데 '한국판 카사노바 박인수사건'으로 이슈화되면서 전후 여성의 정조문제가 공론화되기에 이른다. 이 기획은 7월 9일 형법 제304조(혼인빙자간음) 및 동 230조(공문서부정행사)를 적용해 징역 1년 6개월이 구형된 뒤, 7월 22일 '법은 정숙한 여성의 정조만을 보호한다'는 법이론 하에 혼인을 빙자한 간음죄에 대해서는 증거불충분(형사소송법 제325조 적용)으로 무죄, 공문서부정행사죄에 대해서만 벌금 2만환에 구류83일을 선고함으로써 사건이 일단락된 뒤 마련된 것으로 사건(재판) 관련자, 즉 판사(권순영), 검사(조인구), 이대 학생(이영희), 피고(박인수) 등의 입장을 나란히 싣고 있다. 잘 알려졌다시피 검찰의 항고로 2심에서는 유죄로 인정되어 징역 1년을 선고받았으며 대법원 상고가 기각되면서 유죄가 확정되기에 이른다.

논지는 '박인수는 유죄다'로 요약된다. 그는 사건의 경위와 피해자들의 진술내용을 소상히 밝히는 가운데, 특히 유일하게 박인수의 처벌을 요구한 송모의 경우는 두 번째 이후의 관계가 결혼을 전제로 한 것이기에 형법상 혼인빙자간음죄가 충분히 성립될 수 있다고 본다. 그러면서 과연 송모의 행위가 법의 보호가치가 없을 만큼 부패한 것인가에 의문을 제기한 가운데 '제2, 제3의 박인수가 출현할 가능성을 막을 수 있는 최대의 노력을 소홀히 할 수 없다'며 상소의 불가피성을 독자들에게 전한다. 그리고 이화여대 학생 이영희는 이 사건에 연루된 극소수의 이대생을 이대의 전형적인 타입으로 간주하고 이대를 망국대학으로 치부하는 일반사회인들의 편견에 문제를 제기한다. 항간에 떠도는 이대생들의 사치, 호화, 향락상은 극히 일부에 국한된 현상인데도 불구하고 박인수사건과 이대를 결부시켜 여대생들의 풍기문란을 논하는 것은 예전부터 내려온 이대에 대한 왜곡된 편견이 재생산된 것에 불과하다고 항변하고 있다. 박인수의 입장은(출감 직후 기자회견의 내용을 수록) 자신이 나쁜지 피해여성이 나쁜지는 법과 사회에서만 평가할 수 있는 사안이며, 다만 '요즈음 사회풍기와 여학생들의 풍기가 어떻다는 것을 사회에 전하는 하나의 산 증거'(51쪽)로 사건의 의미를 부여한 뒤 '자신이 희생된다고 해서 땅에 떨어진 윤리와 도덕이 바로 잡히리라고는 믿지 않으며, 사건이 되풀이되지 않기 위해서는 무엇보다 도처에 성업 중인 비밀댄스홀을 폐쇄시키는 것이 가장 중요하고 결정적인 문제'라고 주장한다. 자신보다도 사회 환경이 문제라는 것으로, 자신의 행적을 정당화했던 법정 진술과 크게 다르지 않다.

이 기획을 통해 두 가지 사실을 확인해볼 수 있다. 첫째, 박인수사건 뿐 아니라 사회문제로 대두된 풍속상의 변모·혼란에 대한 상호 이질적인 당대 여론의 저변에 다양한 판단기준이 혼재되어 있다는 점이다. 각기 서로 다른 이해관계만큼이나 다양한 비판의 척도가 동원된 인정투쟁이 풍속담론을 관류하고 있었던 것이다. 그것은 법의 차원을 상회하는 수준이었다. 김내성은 현행 형법을 척도로 삼았음에도 박인수사건에 대한 판결의 배치(背馳)는 '법문해석의 차이에서 기인했다기보다도 비판의 척도를 달리하는 인생관조의 태도'[102]에 있다고 보았는데, 이는 기존 관념이나 윤리가 시대적실성을 상실한 상태에서 사회구성원 전반을 규율할 수 있는 지도적 도덕 표준이 부재했다는 것을 말해준다. 둘째, 바로 이 지점에서 저널리즘의 역능이 강조되었다는 사실이 중요하다. 위의『희망』기획에서 보듯 풍속과 관련한 이질적인 여론을 수렴해 커뮤니티공간을 제공함으로써 중지(衆智)를 모으는 거점으로서의 역할뿐만 아니라 대중독자에 대한 지적 계몽을 동반한 합리적 대안의 모색자로서의 권능을 발휘한다. 그것은 저널리즘 스스로가 자임한 바이기도 하지만, 독자들의 기대 수준이기도 했다. 일례로 한 독자는 저널리즘이 사실의 보도와 논평, 찬반양론의 공정한 배치를 통한 여론화작업을 넘어 하나의 사회문제로 대두된 풍속사태에 대응한 적정한 대책을 능동적으로 모색하는 저널리즘의 지도적 역할을 주문한 바 있다.[103] 그 권능의 영향력을 계량해내기는 쉽지 않지만, 적어도 사회적으로 확산되고 있던 대중들의 욕망에 의거한 새로운 도덕의 기점을 형성하는 데 저널리즘이 일정한 기여를 했다는 것만큼은 유추가 가능하다. 기성의 관념과 도덕기준에 의거한 억압, 매도, 질책 등의 무용론과 기존 도덕체계로 선회시키려는 일부의 의도가 지닌 반역사성에 대한 공론 정도는 저널리즘을 통해 확보되었다는 점에서 그러하다.

---

102) 김내성, 「비판의 척도」, 『동아일보』, 1956년 2월 26일자.
103) 김지산, 「성도덕의 전기와 그 대책」(독자투고), 『한국일보』, 1955년 7월 20일자.

4. 소용돌이 풍속의 사회문화적 의의

이렇듯 저널리즘을 매개로 풍속을 둘러싼 개인과 개인, 집단과 집단, 계층과 계층의 갈등과 교류가 누적적으로 반복되면서 의미 있는 변화를 추동해가는 거대한 소용돌이가 곧 전후 풍속의 혼란으로 현시되었다고 할 수 있다. 그것이 지역적, 계층적 불균등성을 동반하면서 전통과 윤리를 파괴하는 비도덕적·반사회적 탈선행위로, 자유민주주의의 오용과 남용에 따른 부박한 일탈로 부정·폄하되는 것이 주류를 이루었지만, 그 무질서에 내포되어 있던 대중들의 근대적 욕망은 전후 사회문화적 근대화 흐름과 결부돼 변화의 큰 동력으로 작용했다고 볼 수 있다. 그 의미 있는 변화가 가시화되는 것은 일차적으로는 1950년대 후반 일련의 법제화 과정에서다. 1953년 7월 형법상 간통쌍벌제가 채택됨으로써 과거에 비해 남녀동등권에 진전을 가져왔던 것에서[104] 일보 전진해 신민법(1958.2.22, 법률 제471호)에서는 여성의 법적 지위가 상당한 수준으로 보장되기에 이른다. 이 신민법이 단행한 여성의 권리신장의 주요한 점으로는 ① 처의 무능력제도의 폐지(여자가 혼인하더라도 행위무능력자로서 일정한 행위를 하는 데 부의 허가를 필요로 한다는 기존 규정의 철폐), ② 부부별산제(夫婦別産制, 처가 자신의 재산도 혼인 중에는 관리할 수 없고 남편에게 자유로운 관리사용, 수익권을 인정하는 관리공통제의 폐지), ③ 혼인과 협의이혼의 자유, ④ 재판상 이혼원인의 부부평등(간통은 처의 경우에만 이혼

---

[104] 그것은 (여성)단벌제, 쌍벌제, 폐기(남녀 모두 불벌)의 오랜 논란을 거쳐 국회에서 단 3표 차이로 통과됐다. 이와 함께 근로여성의 임신, 생리휴가를 법적으로 보장하는 노동법(현 근로기준법)도 1표 차이로 통과된 바 있다. 한국부인회총본부,『한국여성운동약사』1986, 28쪽. 박인수사건재판에서 논란이 됐던 혼인빙자간음죄는 2009년 11월 26일자로 헌법재판소의 위헌 결정에 의해 비로소 역사 속으로 사라지게 된다.

원인이 되고 남편의 경우는 간통죄로 처벌을 받았을 때만 이혼 원인이 되는 규정 폐지), ⑤ 양자법 혁신(남계혈통주의의 가본위양자제도의 혁신), ⑥ 분가(分家)의 자유, ⑦ 모계혈통의 계승 인정, ⑧ 재산상속 순위에 있어서의 여성의 지위 향상(재산상속에 처, 미혼녀, 출가한 여식도 아들과 같은 순위로 공동상속인이 되며 특히 처에게는 남편의 代襲상속권도 인정) 등이 있다.[105] 개인의 자유와 남녀평등의 원칙을 충실히 구체화하는 데는 미흡했다 할지라도, 가족생활의 민주화와 여성의 법적 지위향상에 일대 혁신을 단행했다는 점만은 당대에서도 공인된 바 있다.

물론 이 같은 법제화의 성과는 법리의 차원, 특히 반식민(일본 민법의 철폐)의 당위가 반영된 것이지만, 풍속문란의 저류를 형성하고 있던 일반대중들의 근대적 욕망을 적극적으로 반영한 산물이기도 한다. 신민법안이 1954년 10월 국무회의를 통과해 국회에 제출되었음에도 불구하고 법리문제와 아울러 당대 시대적실성의 문제가 제기되면서 공전을 거듭하다가 제정되는 곡절을 겪었던 정황이 이를 잘 뒷받침해준다. 특히 민법이 한 나라의 민주주의발전을 좌우하는 막강한 영향력을 지닌 법률임을 감안할 때,[106] 신민법의 성과는 풍기문란으로 분식된 대중들의 근대적 지향이 지닌 제도적 성취로 평가해도 무리가 없을 듯하다. 포지티브한 차원이든 네거티브 차원이든 근대가 전후 한국사회의 움직일 수 없는 시대정신이라고 인정할 수 있다면, 대중들은 이론(이념)의 차원보다는 몸으로 생활로 그 정신을 체현하고 있었으며 그 무정형의 실천이 전진적 사회변화의 중요한 원동력으로 작용했다고 볼 수 있다. 그것은 '서양문화의 무비판적 모방에 따른 사이

---

105) 보다 자세한 내용은 이태영, 「신민법과 여성의 지위」, 『조선일보』, 1958년 12월 28일자 참조.
106) 「사설: 민법제정의 중요성」 『대학신문』 166, 1956년 11월 12일자.

비근대성과 문화적 식민주의'[107]의 부정성을 상쇄하고도 남음이 있다. 다소 비약하자면 『사상계』가 1958년에 접어들어 정부수립10년 동안의 만성적 침체, 허탈을 과도기, 조창기, (준)전시로 위안하며 체념했던 것을 반성하고 '민주주의와 근대화를 두 축으로 한 건설의 데커드(decade)'[108]를 주창할 수 있었던 배경에도 이 같은 뭇 대중들의 아래로부터 분출되었던 사회개조의 욕망이 자리 잡고 있었다고 볼 수 있다. 이것이 한국전쟁 후 소용돌이 풍속이 지닌 사회문화사적 의의가 아닐까 한다.

▣ 참고문헌

1. 기본자료

『조선일보』, 『한국일보』, 『동아일보』, 『서울신문』, 『경향신문』.
『신천지』, 『아리랑』, 『희망』, 『신태양』, 『전망』, 『여성계』, 『여원』, 『문교월보』 등.

2. 단행본

경상대학교 사회과학연구소, 2000 『한국전쟁과 한국자본주의』, 한울.
고은, 1989 『1950년대』, 청하.
권영민 편, 1996 『최태응 문학전집2』, 태학사.
김동춘, 1997 『분단과 한국사회』, 역사비평사.
김철범 편, 1990 『한국전쟁을 보는 시각』, 을유문화사.
김행선, 2009 『6·25전쟁과 한국사회 문화변동』, 선인.
박명림, 1996 『한국전쟁의 발발과 기원(Ⅱ)』, 나남.
박태순, 1980 『어느 사학도의 젊은 시절』, 심설당.

---

107) 김행선, 『6·25전쟁과 한국사회 문화변동』, 선인, 2009, 63쪽.
108) 「언제까지나 초창기는 아니다」(권두언), 『사상계』, 1958.1, 23쪽.

서중석, 2007『이승만과 제1공화국』, 역사비평사.

오종식, 1960『硯北漫筆』, 민중서관.

유병용 외, 1996『한국현대사와 민족주의』, 집문당.

조연현, 1958『문학과 그 주변』, 인간사.

한국신문연구소, 1978『언론비화 50편』.

한국정신문화연구원 편, 1999『한국전쟁과 사회구조의 변화』, 백산서당.

한국정신문화연구원 현대사연구소 편, 1998『1950년대 후반기의 한국사회와 이승
　　　만정부의 붕괴』, 오름.

한배호 편, 2000『한국현대정치론 I 』, 오름.

에두아르트 푹스(이기웅 · 박종만 옮김), 1988『풍속의 역사 I 』, 까치.

3. 논문

김내성, 1956.4.7「현대지성인의 고민」,『동아일보』.

김광주, 1957.1「筆禍 · 舌禍 · 人禍」,『신태양』.

이봉범, 2008.6「1950년대 문화 재편과 검열」,『한국문학연구』 34.

______, 2009.12「1950년대 문화정책과 영화 검열」,『한국문학연구』 37.

______, 2010.8「1950년대 신문저널리즘과 문학」,『반교어문연구』 29

______, 2011.6「8 · 15해방~1950년대 문화기구와 문학; 문화관련 법제를 중심으로」,
　　　『현대문학의 연구』 44.

배성룡, 1954.8「해방과 민주질서 10년의 과정」,『신천지』.

이태영, 1958.12.28「신민법과 여성의 지위」,『조선일보』.

정비석, 1955.10「박인수의 경우」,『전망』제1권 2호.

______, 1957.1「'자유부인'의 생활과 그 의견」,『신태양』제6권 1호.

주창윤, 2009「1950년대 중반 댄스 열풍 : 젠더와 전통의 재구성」,『한국언론학보』
　　　53권.

제3장 미국영화, 교양과 소비, 젠더*

1950년대 『여원』의 미국영화 담론과 욕망의 인정구조

이선미

1. 문화 환경으로서 미국영화

1955년 10월 창간된 『여원』에는 당대 문화적 변화와 관련하여 주목할 만한 만화들이 더러 눈에 띈다.[1] 여성문화의 현대화와 여성교양을 위해 창간된 이 여성지 만화의 주된 소재는 여성들, 그중에서도 여성들의 변화하는 겉모습이다. 아래 네 종류의 만화 중 첫 번째 만화는 여학생 4명의 겉모습이 변해가는 것을 비교할 수 있도록 그려놓았다. 근대 초기 여학생이 처음 생겨났을 때부터 1955년 『여원』이 창간되었을 당시 짧은 머리 모양의 여대생에 이르기까지 세월을 따라 변화하는 젊은 여성의 모습이다. 두 번째는 꽉 끼는 타이트스커트를 입고서 전기다리미를 사용하며 라디오에서 흘러나오는 댄스 음악에 맞춰 춤을 추는 여성이며, 세 번째는 하이힐과 파라솔과 핸드백으로 치장한 여성의 모습을 우스꽝스럽게 희화한 것이며, 네 번째는 한껏 멋을 내

---

* 이 글은 「1950년대 여성문화와 미국영화」(『한국문학연구』 37, 동국대 한국문학연구소, 2009)를 수정 보완하여 수록한 논문임을 밝혀둔다.

1) 이어지는 3개의 만화는 모두 『여원』에 실린 만화들이다. 위부터 『여원』 창간호 (1955.10) 맨 앞에 로고처럼 실린 한 컷 만화이며, 같은 호 57면에 실린 4컷 만화 「댄스」와 「自負心」이며, 1956년 8월 83면에 실린 4컷 만화 「미쓰촘」이다.

고 가슴까지 볼록하게 만들어서 거리를 활보하는 여성을 희화한 것이
다. 이들 만화는 최신 유행을 좇아 멋을 부린 여성들을 소재로 하여,
그런 외양의 변화가 급격하여 자연스럽게 받아들여지지 않는 세태를
풍자하는 방식으로 웃음을 유발한다.

　그런데 이 겉모습의 변화는 모두 당대의 새로운 물건들을 소비하는

것을 통해 이루어진다. 1955년 『여원』이 창간될 즈음 한국사회 서민들의 욕망을 자극하는 '물건들'임을 추측해 볼 수 있으며, 이 물건들이 대부분 외국에서 수입된 것들이거나 혹은 모방품들이라는 점에서 당대 수입용품의 인기를 추측해 볼 수 있다. 여성들을 중심으로 형성되는 새로운 문화는 미국의 물질문명과 밀접한 관계를 지니며, 생활세계의 문화로 급속히 퍼져나갔던 것이다. 『여원』은 여성을 대상으로 한 잡지인 만큼 여성들이 관심을 가질 만한 옷이나 머리모양, 혹은 생활문화를 가꾸는 방법이 주요한 기사목록이었다. 그리고 당연히 소비와 관련된 물품이나 패션들은 대부분 새로이 수입되는 문화나 물건들이어서 누구나 갖고 싶어 하는 것이었다.

당대 최고의 여배우라 할 최은희의 최신 패션화보가 첫머리를 장식하는 경우도 있으며, 멋진 양장을 한 여성이 등장하여 "양식 에치켙"이나 "직장여성 에치켙"을 화보로 자세히 설명하기도 하며, 미국의 헤어를 소개한다고 명칭을 붙여가며 미국 여배우들의 머리모양을 종류별로 나누어 소개하기도 한다. 이 외에도 요리법, 옷 만드는 법, 집안 꾸미는 법 등 여성에게 필요한 정보들이 상당한 지면을 차지하면서 '여성'의 영역을 구성한다. 이렇게 소개되는 여성을 위한 정보들은 모두 새로운 '여성문화'의 세목들인데, 이를 구성하는 물품들은 외래어로만 표기되는 수입품들이다.

이 모든 것들은 주로 미국의 생활문화이면서 여성문화인 경우가 대부분이지만, 미국영화의 시각적 이미지가 겹쳐지면서 구체화되어, 따라하고 싶은 선진문화로 수용된다. 현대여성을 위한 다양한 정보로서 소개/선전되는 물품이나 새로운 외양은 대부분 미국영화 배우들의 외양이나 그들의 생활문화에서 시각적으로 제시됨으로써 구체성을 얻고, 널리 대중화되었던 것이다. 미국 여배우들의 것이기도 한 수입 소비재나 패션과 여성지의 여성상은 누가 먼저랄 것도 없이 한데 어우러져 하나의 '장'에서 한국의 '현대여성'을 구체화했던 것이다.

이렇듯, 이 시기 미국영화는 미국영화를 관람한 사람들에게 미국에 대한 이미지를 제공하는 매체에 국한되지 않았다. 1950년대 한국사회에서 미국영화는 실제 영화를 관람하는 경우만큼이나 미국영화의 이미지들이 여러 매체에 돌아다님으로써 미국영화에 대한 상상을 통해 소통되는 경향이 강했다. 특히 여성 독자를 대상으로 하는 여성지나 대중지에 미국영화의 이미지가 넘쳐남으로써, 영화관람과 상관없이 이미지들을 통해 미국영화를 경험하는 '구조'가 있었다. 미국영화는 직접 혹은 굴절되어 영향을 끼쳤으며, 실제 미국영화의 주제의식이나 관람적 효과와 상관없이 '한국화'라는 맥락 속에서 사회변동에 큰 변수가 되었던 것이다. 미국영화는 영화를 넘어서 '문화환경'[2]이었다고 할 수 있다. 당대 여러 가지 사회변화에 미국영화는 하나의 문화환경으로서 영향관계를 형성하고 있었다.[3]

1950년대 미국영화는 대중매체에서 중요한 이미지 원천으로 활용되었다. 그중에서도 여성지는 미국적 생활문화의 모델을 제공하는 미

---

[2] 문화환경이라는 말은 매체환경이라는 말을 비유적으로 활용하여, 특정의 문화가 환경적 요인이 됨을 지칭하기 위해 사용한다. 임상원 외, 『매체, 역사, 근대성』, 나남출판, 2004 참조.

[3] 이 논문은 필자의 이전 논문인 「'미국'을 소비하는 대도시와 미국영화 ─ 1950년대 한국의 미국영화 상영과 관람의 의미1」(『상허학보』 18, 2006.10)의 1950년대 미국영화 연구를 잇고 있다. 필자는 1950년대 미국영화의 상영과 관람은 단지 영화적 문제로 국한되지 않고, 1950년대 한국사회와 '미국'이 관계 맺는 방식이나 미국 수용의 문제가 미국을 소비하는 욕망의 구조로 연결된다는 점을 통해 미국영화의 시대적 의미를 해명한 바 있다. 1950년대 미국영화를 상영하고 관람하는 양상은 대도시 서울에서 두드러진 현상으로서, 대도시 서울을 중심으로 한 정치적 '야권'의 형성이라는 문제도 이런 '미국' 소비의 욕망에 내재된 민주주의나 자유에 대한 열망과 닿아있다고 보았다. 본 논문은 이런 문제의식의 연장선에서 1950년대 여성문화가 미국영화를 매개로 형성된다는 점을 통해 여성적 주체화를 논하려 한다. 이는 미국영화가 매개하는 여성의 주체화를 논의하고자 하는 것이며, 담론적으로는 소비주의적이고 과도한 성애화를 들어 1950년대 미국산 여성문화로만 폄하되는 여성문화를 새롭게 조명하고자 하는 것이다.

국영화의 효과 때문에 영화잡지를 제외하고는 미국영화 관련 기사가 가장 많은 잡지였다. 특히 『여원』은 1950년대의 가장 주목받은 여성이라 할 여대생을 대상으로 한 '교양' 잡지로서 미국영화 관객의 중심층이 여대생임을 염두에 둔 기사들이 많은데, 『여원』에서 미국영화 관련 담론이나 기사들은 사회적으로 고급화된 여성문화로서 취급되었다. 따라서 이상적인 여성상의 규범과 관련된 여성문화 형성에 미국영화의 개입을 논하기 위해 가장 먼저 검토될 대상이라 판단하였다.

여성지와 여성문화의 관련성은 최근 여성학이나 문화연구 분야에서 연구가 상당히 진척되고 있다. 미국영화가 문화 환경으로서 1950년대 문화에 깊숙이 관여한다는 문제는 대도시의 문화 형성이라는 관점에서 연구된 바 있으며,[4] 『여원』이 당대 여성문화 형성에 끼친 영향력도 논구된 바 있다. 이 논문들은 주로 지배담론으로서 『여원』의 여성담론이 여성상을 어떻게 주조해나갔는가에 초점이 맞추어져 있다.[5]

1950~60년대 지속적으로 발행된 대표적 여성지 『여원』은 현모양처와 같은 여성표상을 현대적인 여성상으로 제안하는 지배담론의 자장을 벗어나지 않는다. 그러나 독자 대중과 소통하면서 대중적 인기를

---

[4] 이선미는 '여촌야도'라는 정치적 특성을 낳은 1950년대 도시문화를 미국영화의 문화 환경적 요인과 연관지어 연구한 바 있으며(이선미, 「'미국'을 소비하는 대도시와 미국영화―1950년대 한국의 미국영화 상영과 관람의 의미1」), 번역극의 상연과 관람 행위에 내재된 여성관객의 미국지향의 욕망이 근대적 주체화를 향한 것이라 봄으로써 미국문화의 영향을 긍정적으로 평가하고 있는 최성희의 연구가 주목된다(최성희, 「미국연극의 수용과 전후 한국여성의 정체성 : 〈욕망이라는 이름의 전차〉의 한국 초연을 중심으로」, 『아케리카나이제이션』, 푸른역사, 2008).

[5] 장미경, 「1960~70년대 가정주부(아내)의 형성과 젠더정치」, 『사회과학연구』 제15집 1호, 2007; 강소연, 「1950년대 여성잡지에 표상된 미국문화와 여성담론」, 『상허학보』 18, 2006.10 ; 김예림, 「1960년대 중후반 개발내셔널리즘과 중산층 가정 판타지의 문화정치학」, 『현대문학의 연구』 32호, 2008.6 참조.

구가했던 시기에는 다양한 관점의 여성담론이 갈등/교차하면서 공존한다.[6] 이 복합적 담론장에서 여성들 스스로의 주체화 욕망이 다양하게 드러난다. 미국영화 수용 양상은 『여원』의 담론 중에서도 여성의 자발적인 욕망이 집중적으로 드러나는 영역이다.

특히 여성과 연관될 때 미국영화의 시각적 이미지들은 일상세계, 즉 생활문화를 적극적으로 매개한다. 여성들(그들과 생활 속에서 함께하는 남성들)은 미국영화의 생활세계를 통째로 새롭고 근대적인 삶의 '양식(style)'으로 받아들이고, 한 덩어리의 삶으로 모방하고자 한다. 주로 소비욕망과 연결되는 이 욕망의 구조는 '스위트홈'처럼 가정이나 사랑으로 미화되기도 하고, 외제물건을 소비하는 행위인 소비문화로 비판되기도 하다. 이 시기 미국영화의 사회적 영향력은 삶을 통째로 모방하는 '구조' 때문에 더 문제적이고 중요하게 검토될 필요가 있다. 1950년대 새롭게 도시문화를 장악한 소비문화가 무엇이고, 근대성과 관련해서 어떤 의미를 구성하는가, 또 이 도시문화가 '여성'의 것으로 담론화되어 어떤 방식으로 '근대'의 영역에서 제시되는가 등이 해명될 필요가 있는 것이다. 어떤 방식으로 현실적인 변화들이 '근대'로서 채택되고, 반근대적인 것으로 타자화됨으로써 현실을 억압하고 왜곡하게 되는가의 문제는 한국의 '근대'를 해명하는데 중요할 텐데, 미국영화 수용의 문제는 그 한 부분을 보여준다.

---

[6] 이선미, 「젊은 『여원』, 여성상의 비등점」, 권보드래 외, 『아프레걸 사상계를 읽다』, 동국대출판부, 2009 참조.

2. 미국영화: 교양, 스펙터클, 모방, 주체성

1) 교양정보와 생활 안내서로서 미국영화

『여원』은 "한국여성을 위한 교양지"라는 성격을 내세우며 발간된 잡지인 만큼 '교양'이라는 의미에 걸맞는 컨텐츠 개발에 신경을 쓴 흔적이 역력하다. 대학교수들의 권두언에서부터 교양, 혹은 계몽의 태도를 내세우고 있으며, 정치 논평이나 사회적으로 논란이 되는 문제에 대한 전문적이고 집중적인 논의를 중요한 기사거리로 삼고 있다. 박인수 사건과 같이 여성의 삶에 깊이 연관되어 있는 사건을 모의재판의 형식으로 전문적으로 다루려는 시도는 잡지의 '교양'적 성격을 유지하면서 대중성을 확보하려는 대표적 기획으로 꼽을 수 있다. 사회생활에서 필요한 각종 에티켓을 연재한다던가, 세계의 동정이나 해외토픽 등의 기사가 다소 선정적인 경우도 있지만, 이 '세계'를 무대로 하는 많은 기사들은 『여원』의 '교양'적 성격을 강화하는 기사에 해당한다. 이와 더불어 '여성논단'이나 특집 기사들도 여성들의 교양지식으로서 기획된 것이며, 양장을 입는 방법이나 음식을 만드는 방법, 몸의 변화에 대처하는 방법, 화초를 가꾸거나 새를 키우는 방법, 또는 음악감상의 방법에 이르기까지 각종 생활, 혹은 취미에 관한 정보들이 '교양'의 내용으로 지면을 메우고 있다.[7] 당대 "대부분의 유식층"에 해당하는 "도시의 소수 여성"들이 즐기는 파리유행 모드나 스포츠, 사교댄스, 승마나 골프 등도 간혹 교양으로서 다루어질 정도다.[8] 이런

---

[7] 속옷을 포함하여 의복 입는 법, 옷 만드는 법, 요리법은 물론이고, 화초 키우기, 새 기르기, 뜨개질, 인형 만들기, 서예, 명곡감상, 명화감상, 등 취미에 관한 정보가 현대여성의 '교양'정보로서 주요하게 다루어진다. 영화 역시 이런 교양정보로 취급되며, 대부분 미국영화이고 감독이나 작품의 내용을 자세하게 전달함으로써 영화를 보지 않아도 영화를 알 수 있을 만하도록 구성되어 있다.

교양담론의 지형에서 미국영화는 중요한 분야를 차지하여 비중있게 다루어진다. 대부분 유식층이 즐기는 문화이지만, 대중적으로도 널리 인지된 문화이기에, 『여원』이 교양 문화로서 가장 주력히는 분아이다.

『여원』에 미국영화 이미지는 여기저기 활용되지만, 미국영화를 직접 소개하거나 미국영화에 대한 전문적인 기사의 분량도 만만치 않으며, 이런 기사들은 교양정보로 분류되도록 구성된다.

창간호부터 그 달의 개봉영화를 소개하는 코너는 「여원극장」이라는 제목으로 연재되었다. 초기에는 주로 한 작품만을 선정해서 영화의 내용을 자세히 설명하는 방식이었다. 따라서 영화를 보지 않고도 감독이나 배우에 대한 정보와 더불어 작품의 전체적인 줄거리를 상세히 알 수 있도록 구성되어 있었다. 특히 작품을 소개하는 면에 치중해서 화보를 많이 싣지 않았고, 선정적인 장면도 많지 않았다.

「여원 키네마」(1956.8)를 거쳐 「여원 시사실」(1959.11)로 바뀌면서 1957년경까지 그 달의 영화를 소개하는 코너는 대폭 증면되어, 여러

---

8) 승마나 골프 같은 취미는 여성교양이라고 통칭할 수 있을 만큼 대중적인 취미에 해당하지는 않는다. 실제로 당대에 승마나 골프를 취미로 즐겼던 사람들은 극소수 지배층에 불과했을 것이다. 그러나 대중적으로 인기를 끌었던 연애소설이나 영화에서 승마와 골프는 연애하는 남녀들이 즐기는 문화로 다루어진다. 연애하는 남녀들은 하이킹이나 피크닉, 또는 승마와 골프를 취미삼아 즐기는 모습을 통해 낭만적 사랑의 판타지의 주역이 되었으며, 이 취미들은 연애서사의 감각화를 위한 장치로 활용되었다. 미국영화의 연애가 이국적인 하나의 판타지에 불과했듯이, 승마나 골프 역시 한국 남녀들의 연애를 이국적으로, 낭만적으로 미화하는 환상적 장치였다. 그런 점에서 하나의 교양취미로 분류되었지만, 실제로 사람들이 배워서 즐기는 문화라고 보기는 어렵다. 이는 이 시기 연애가 실제 생활이기보다는 하나의 낭만적 환상으로서 보고 즐기는 '스펙터클'로 존재했을 가능성을 시사하는 점이며, 미국영화의 연애나 남녀의 애정씬이 스펙터클에 해당했던 것처럼 연애나 애정표현의 이미지 자체가 스펙터클이었던 사회상황을 짐작하게 하는 점이다. 대중적인 인기를 끌었던 박계주, 정비석의 소설은 물론이고 김동리나 안수길, 강신재의 1950~60년대 소설에서도 승마나 골프는 하나의 연애 장치처럼 활용되고 있다.

작품이 동시에 소개된다. 이는 이 시기에 접어들면서 한국에 개봉되는 미국영화의 편수가 늘어난 이유도 있겠지만, 미국영화에 관심을 갖는 여성관객이 늘어난 이유도 작용했다. 1957년 9월에 이르면 영화소개란은 잡지의 맨 앞을 차지한다. 영화소개는 잡지를 펼치면 가장 먼저 보게 되는 코너로 『여원』의 이미지를 구성하는 중요한 요소로 부각된 것이다.

사실, 1950년대 창간된 대중잡지에 영화정보는 빼놓을 수 없는 교양정보에 해당한다.[9] 그러나 이 대중지들의 영화정보를 통한 교양의 내용은 선정적인 기사를 포장하기 위한 경우가 많다. 영화소개를 구실로 선정적이고 화려한 여배우의 외모와 키스신을 시각적 이미지로 활용하는 경우가 많은 것이다.[10] 그러나 『여원』은 시각적으로 미국영화를 활용하면서도, 영화소개에 치중하는 기사로서 손색이 없다. 영화 편수도 많고 영화장면을 활용한 이미지보다는 작품 소개에 치중하고 있다.

물론 『여원』에서도 미국영화와 관련된 기사 중 여배우들의 사생활을 중심으로 구성된 스타스토리가 가장 비중 있게 다루어진다. 흥행에 성공한 미국영화의 배우들을 소개하는 내용으로서, 주로 배우들의 사랑과 연애 등 연예계 가십거리 기사처럼 선정적인 내용들로 채워져 있다. 특히 영화처럼 열렬한 사랑과 결혼을 거쳐 이혼에 이르는 과정을 부풀려 보도함으로써 실제와 영화를 구분하지 않고, 미국영화를 소비하듯이 이런 이야기를 소비하는 방식으로 기사를 구성하기도 한다. 이 이야기들은 구체적인 사생활 묘사와 더불어 화려한 화보가 같

---

[9] 영화잡지는 물론이고, 이 시기에 창간된 대중지들에도 영화정보는 중심 기사에 해당한다.

[10] 영화를 중심으로 대중문화 현상을 주도하고자 창간된 『명랑』의 영화기사는 이런 선정성을 중심으로 편집된 대표적 경우이다. 같은 영화 기사도 『명랑』은 주로 성적 자극이나 감각을 우선적으로 취급한다는 점이 눈에 띈다.

이 실림으로써 미국배우들의 이미지를 중심으로 미국영화의 인상을 만들어내고, 이를 바탕으로 미국을 상상하게 만든다. 구체적인 생활 묘사를 중심으로 하나의 스토리를 세공함으로써 '사실'이라는 점을 통해 실제 미국을 상상하게 만드는 것이다. 미국영화를 통해 미국을 상상하는 과정은 영화적 서사와 함께 배우들의 사생활과 '스토리'성 담론들을 중심으로 퍼져나간다. 그렇지만 교양잡지의 성격에 치중한『여원』은 미국영화 자체가 지닌 사회적 위상이 '교양' 혹은 '문화인'의 정체성과 연관되어 있기 때문에 이런 가십거리용 기사까지도 모두 '교양'의 영역으로 담론화되어 선진문화를 소비하는 것으로 기획/배치한다.

게다가 전문적인 영화지식을 제공하는 영화평을 연재하기도 하여, 영화를 '교양'으로서 교육하려는 의도가 앞서고 있음을 알 수 있다.

> 제이차 세계대전 후 구미에서는 관능적인 영화제작에 골몰한다. 「마리린·몬로」는 그 대표적인 여배우인 것이다. 이 관능적인 매력이 지난여름 이 나라 여성들에게 노출병(露出病)을 가져와서 이렇궁 저렇궁 말썽이 많았다. 이러한 풍습이 수입되어 한국의 지극히 엄한 봉건적인 남녀 윤리를 깨뜨린다고 일부 비난도 모르는 척, 이 관능적인 영화는 여전히 어디서나 만원을 이루고, 그 속에서 흥분하는 「에로틱」하고 저속한 영화라 할지라도 그들은 자기 나라의 암흑면, 오욕을 태연히 묘사하고, 그것을 쳐부수려는 방향으로 그려진다. 이러한 면이 또한 결단성이 없는 현대 인테리에게 큰 매력이 아닐 수 없다.[11]

1956년 4월『여원』은 영화특집을 마련한다. 영화특집이라 하더라도 선정적인 여배우의 키스신이나 관능적 장면은 별로 없다. 영화에 대한 대중적인 관심이 늘어남에 따라 영화라는 대중문화를 어떻게 이해

---

11) 정충량, 「왜 현대인은 영화에 매혹되나」, 『여원』, 1956.4, 198쪽.

할 것인가에 초점이 맞추어진 기획특집이다. 인용문은 당대 활발하게 활동하던 여성평론가 정충량의 글로서 선정적이고 퇴폐적이라고 비난받는 에로틱한 분위기의 미국영화를 객관적으로 분석하고 의미를 해명하고자 하는 노력이 엿보인다. 객관적인 분석력으로 당대의 미국영화를 비롯한 외국영화의 문화적 차이를 흥미위주에서 벗어나 문화적 문제로 해명하고자 하는 식견이 드러나 있다. 『여원』의 영화관련 특집기사는 감각적 자극을 위한 선정적인 내용보다는 영화를 해석하고 잘 감상하기 위한 안내서의 역할에 가깝다 할 것이다.

이 외에도 여러 방식의 영화평이나 감상기가 실려 있으며, 1957년 4월부터는 '청사'라는 필명으로 조풍연이 영화평을 정기적으로 게재하기도 한다.[12] 이후 1958년 8월에도 "영화와 스타―와 현대인의 생활"이라는 특집을 기획하여 영화에 대한 전문적인 지식을 '교양'으로 제공한다.[13]

지식인 잡지로 정평이 나있는 『사상계』를 제외한[14] 거의 모든 잡지에서 미국영화의 장면이 화려한 볼거리와 감각적 자극을 위한 화보로서 남용되는 시기인 점을 고려할 때, 『여원』의 미국영화 담론의 '교양'적 기능은 여성문화와 관련하여 주목할 점이다. 『여원』의 미국영화 기사는 『여원』 내 '여성교양'이라는 담론 지형 안에 배치되어 '교양'을

---

[12] 그 달의 영화를 소개하는 코너인 「여원 시사실」과는 별도로 「스크린 漫步」라는 제목으로 『여원』의 단골 논객인 조풍연이 영화평을 연재한다. 이 코너는 영화 작품을 소개하는 기존의 성격과 달리, 보다 전문적인 영화 정보의 성격을 지닌다. 영화 제작 과정이나 영화산업, 관객의 성격에 따른 문화적 특성에 이르기까지 전문화된 영화지식의 성격을 지닌다.

[13] 이 영화 특집은 상당히 많은 지면에 할애되어 있다. 영화예술론에서부터 한국여배우들에 대한 분석, 꼬마 영화사전, 외국스타 앨범에 이르기까지 다양한 방식으로 영화를 소개하고, 영화지식을 제공함으로써 교양으로서의 성격을 유지한다.

[14] 이 당시 잡지 중 『사상계』는 유일하게 영화관련 기사를 싣지 않았다. 1960년부터 개봉 영화를 소개하기 시작하며, 이후 간간히 영화평이나 영화관련 기사기 실린다.

『여원』 1958년 7월 만화

    미국영화가 여성의 문화적 규범을 제시했다면, 그 중심에는 여배우가 있다. 위 그림에서처럼 미국 여배우는 미의 유형으로 분류될 정도로 상징화된다. 미국영화의 여배우는 1950년대 한국사회의 제일가는 볼거리였으며, 동시에 모든 여성들의 문화를 안내하는 가이드, 또는 리더였던 것이다.

    미국 여배우를 중심으로 여성문화가 형성된다는 문제는 먼저 외양과 정체성을 동일시하는 인식을 촉발시킨다. 미국영화의 여배우 스타일이 패션의 규범이 됨으로써 겉으로 드러나는 외양을 놓고 여성의 현대성을 논하는 여성문화가 일반화된 것이다. 또 새로운 여성상이 등장하면서 외모를 중심으로 정체를 판별하고자 하는 여성인식이 상식처럼 통용되기도 한다.[18]

    긴머리가 헵번 스타일로, 흰옥양목 저고리와 까만 무명 치마가 투피스나 어깨와 가슴팍까지 훤히 내놓은 원피쓰로 바뀐 것만으로 옛날의 여자

---

[18] 『문화와 소비』의 저자인 그랜트 매크래인이 "의복은 문화의 범주와 원리가 코드화되어 명시되는 수단"(이상률 옮김, 문예출판사, 1996, 139쪽)이라고 지적하기도 한 것처럼, 의복은 소비를 통해 이루어지는 대표적인 정체화의 방식이다. 소비를 통한 문화형성의 영역에서 가장 비중 있게 다루어지기도 한다.

전문학교 학생과 지금의 여대생과의 차이를 말할 수는 없다. 우선 학제부터가 틀리고 무엇보다도 두 세대의 행동이나 사고방식이 천양지판으로 달라졌다.[19] 〈여대생〉

　　K여사는 우선 걸음걸이부터가 여늬 여자와는 달랐다. 파마로 머리를 올려붙이고 홀쭉한 바지를 입고 두 팔을 내저으며 거뜬거뜬 걸어가는 품이 그랬다. 강연회장 같은 데서는 썬그라스를 쓰고 연단에도 앉아 있었다. 할 일도 많았다. 반탁(反託)운동으로부터 시작하여 선거운동에 이르기까지 그동안 만난 사람만도 수천을 헤아리고 성명서도 무척 많이 썼다.[20] 〈여성운동가〉

　　다섯자가 될락말락한 키에 굽높은 신을 신어 될 수 있는 대로 키의 차이를 좁히려고 애쓰는 것은 물론 「스카-프」를 쓰고 발톱 손톱까지 「마니큐어」를 하고 눈이나 입언저리도 서양사람에 가까웁게 하려는 등 동족(同族)들의 눈에는 우습게 보이는 이 모습이 그들에겐 심각하고도 애절(哀切)한 노력의 결과인 것이다.[21] 〈양공주〉

『여원』 1957년 8월호에는 「새직장 새여성」이라는 코너를 마련하여 당시에 새롭게 생겨난 여성의 직업이나 신분을 소개한다.[22] 위 인용문은 각각 여대생, 여성운동가, 양공주를 설명하는 글들인데, 이 여성들은 모두 외양으로 정체화될 수 있다고 여겨지는 여성들이다. 물론 예외도 있겠지만, 이렇게 유형화할 만큼 각각의 여성들은 공통의 외모를 지녔다는 것을 짐작할 수 있다. 또 여성의 외양은 이 시기 여성

---

[19] 「새직장 새여성-女大生」, 『여원』, 1957.8, 73쪽.

[20] 「새직장 새여성-女性運動家」, 『여원』, 1957.8, 77쪽.

[21] 「새직장 새여성-洋公主」, 『여원』, 1957.8, 93쪽.

[22] 이 코너는 새로 생긴 직업을 설명하면서, 여성문화의 변화를 소개하는 코너이다. 여류정치가, 레지스타 걸, 여대생, 자유부인, 여성운동가, 댄사-, 여류법조인, 영화배우, 스포츠위맨, 사창, 스튜어디스, 데자이너, 여군, 여자경찰관 등을 새로운 직업으로 유형화하여 이를 설명한다.

의 직업, 계급, 성격을 나타내는 표지로 역할했다는 것도 시사한다. 미국 여배우를 새로운 여성으로 받아들이고 규범화하는 가운데 '외양'이 여성을 구분하는 하나의 기준으로 작용한 구체적 사례이다. '외양'이 여성문화에서 절대적인 역할을 하기 시작한 것이다. 미국 여배우의 스타일에 대한 관심은 여성을 외양을 통해 구분짓고자 하는 여성문화를 형성하며, 외양을 정체성의 핵심요인으로 설정하도록 유도한다.

미국 여배우는 여성을 외양을 통해 정체화하는 여성문화뿐만 아니라, 미국 여배우를 대표적인 미의 유형인 듯이 상징화하고 이상화하는 여성 인식에도 영향을 끼친다. 미국여배우는 하나의 비유적 수사의 역할까지 했던 것이다.

그러나 미국 여배우의 이런 사회적 영향력은 '영화'로 인한 것이라고만 보기는 어렵다. 미국영화가 장안의 화제가 될 정도로 인기가 있었지만, 가격도 비싸고 자막을 읽어야 하는 점 때문에 대중적으로 널리 즐기는 문화는 아니었다.[23] 직접 영화를 보고 영화의 서사를 수용하는 가운데 미국 여배우를 받아들였다기보다는, 미국영화의 서사를 덧입지 않고 매체를 중심으로 남발되는 시각적 이미지, 즉 영화와 관련된 화보를 보고 미국영화를 상상적으로 접했을 가능성도 많다. 주로 대중지와 같은 잡지매체의 미국영화 화보가 이에 해당한다. 이 잡지의 화보를 통해 미국 여배우는 화려한 외양과 자극적인 섹슈얼리티를 중심으로 이미지를 구성한다. 많은 대중잡지나 시각적 홍보자료들은 영화와 상관없이도 선정적이고 자극적인 이미지를 위해 미국 여배우를 활용했다. 특히 여성 독자를 대상으로 하는 『여원』은 이런 방식으로 미국 여배우의 이미지를 여성문화 형성의 규범으로서 활용하는 경향이 강했다.

---

[23] 변재란, 「한국영화사에서 여성관객의 영화관람 경험 연구」, 중앙대 박사학위논문, 2000 참조.

　그런데 현대여성의 정체성을 미국 여배우의 스타일을 중심으로 논의하는 문제는 여러 가지 사회적 변화를 야기한다. 일단, 여성문화와 관련된 논의들이 외양이나 패션용품, 즉 미국 여배우들이 사용하는 물건들을 중심으로 담론화됨으로써 여성들이 소비의 주체로 부상한다는 점이다. 나아가 이 물건들, 즉 미국 여배우의 외양을 따라 하기 위해 사용하는 소비용품들은 소위 '미제'나 수입품인 경우가 태반이어서 이 수입품을 중심으로 새롭게 소비재 유통구조가 변하게 된다.[24]

　　올해같이 해수욕복이 여러 가지 천으로 등장한 적은 없는 것 같습니다. 순모 제품을 비롯하여 무명직물을 중심으로 한 「고무 샤링」한 것이라든가, 「나이롱타프라」나 「사땐」을 사용한 것, 「울나이롱」, 「뉴훼이스」의 「아세테이트」 등 여러 가지 변화합니다.[25]

　최근 유행상품으로 출시된 수영복을 소개하는 글이다. 『여원』의 막간을 이용하는 짧은 형식으로 소개된 글인데, 이 글의 상품은 영어로 직접 소개되어 있어 누가봐도 수입품임을 쉽게 알아볼 수 있다. 이 글 옆에 같이 실린 토막글 「흰 구두의 손질」 역시 구두를 손질하는 재료가 모두 "핸드그리나" "쌘드페퍼" 같은 수입품으로 서술되어 있다. 새로운 문화의 주인공이 되기 위해서는 수입품을 일상적으로 사용할 수밖에 없는 것이다. 새로운 문화는 자연스럽게 수입품의 소비를 이끌

---

[24] 심지어 남자가 첫 월급을 타서 구두를 사고서는 너무 아까워서 신지도 않고 거꾸로 물구나무서서 다닌다는 한 컷 만화가 실리기도 한다(「박봉의 월급쟁이가 어쩌다가 새구두를 한켜레 사 신었습니다」, 『여원』, 1955.10, 50쪽).
소비욕망으로 인한 과소비 풍조를 비판하는 만화의 주제는 단골메뉴이지만, 그 주인공을 남자로 설정한 만화는 극히 드물다는 점을 고려하면, 이 시기 소비재에 대한 욕망은 비단 여성만의 문제는 아니었음을 알 수 있다. 이 시기에 미국영화에 등장하는 일상문화의 구성물로서 소비재에 대한 욕망은 누구에게나 일반적이고 흔한 것이었다(「파이프씨 이어링양」, 『여원』, 1957.7).

[25] 최신 유행상품으로 출시된 수영복의 종류를 소개하는 글이다. 「수영복은 화려하게」, 『여원』, 1956. 8, 232쪽.

어내는 삶의 구조를 만들어낸다. 그리고 이것은 패션용품뿐만 아니라, 의식주 등 생활세계 전반으로 퍼져있는 '소비문화'를 형성한다. 요리하는 방법을 소개하는 글에 등장하는 요리기구도 모두 수입품이며,26) 신부화장을 하기 위한 도구 역시 모두 수입품을 직접 활용하는 방식으로 기사가 구성되어 있다.27)

『여원』의 독자들인 여성들에게 유용한 정보로 취급되는 기사들은 대부분 새로운 문화정보이며, 이 문화의 주체가 되기 위해서는 수입 소비재를 구입하지 않으면 안 되는 삶의 구조가 만들어지는 것이다. 따라서 각종 생활정보는 기사화됨으로써 수입품들을 현대적인 물품, 필수적인 생활용품인 듯이 구매하게 만드는 소비구조를 낳는다.

창간 초기인 1950년대 중반『여원』의 만화는 이런 소비욕망을 소재로 삼아서 여성을 웃음거리로 만들기도 한다. 창간호부터 만화를 그려온 김성환의 첫 번째 연재만화인 「미쓰 꾀꼬리」는 1, 2회에서 여성들이 현대적인 여성의 외양을 갖추는 데 필수적인 소비재로서 화장을 하기 위한 거울, 파라솔, 핸드백, 구두 등을 갖고 싶어 한다는 점을 소재로 삼고 있다.28) 연재만화뿐만 아니라 4컷짜리 작은 만화들에서도 파라솔과 핸드백, 혹은 패션 등은 여성들이 즐기는 소비재로서 여성들의 욕망이 과도하여 빚어지는 에피소드를 웃음의 소재로 활용하는 예는 허다하다.29)

---

26) 「한국요리의 기초」, 『여원』, 1956. 1 참조.

27) 「신부화장」, 『여원』, 1956. 1 참조.

28) 『여원』의 만화 주인공들은 여성지인 만큼 대부분 젊은 여성들이다. 등장하는 여성인물들은 주로 외양을 통해 사회적 신분이나 성격, 남성과의 관계가 드러난다. 미혼여성인 경우 주로 몸매가 드러나는 양장을 하고 핸드백과 파라솔을 들고서 머리를 짧게 깎고 하이힐을 신고서 속눈썹을 휘날리며 거리를 돌아다니는 모습으로 그려져 있다. 이는 서구적인 여성을 아름답고 이상적인 여성으로 인식했던 당대 여성인식의 한 양상을 반영한 것이다. 『여원』만화에 대해서는 장미영, 「『여원』 소재 서사만화 연구」, 『국어문학』 44호, 2008 ; 이선미, 「1950년대 젠더인식의 보수화 과정과 '왈순아지매」, 『여성문학연구』 21호, 2009.6 참조.

실제로 미국영화의 여배우가 매개하는 소비욕망은 바로 국내 '유행' 상품으로 현실화되어 '양품점'의 수입과 연결되었고, 명동 미장원은 미국여배우의 머리 스타일을 따라하는 여성들로 넘쳐날 정도였다.[30] 영화배우들 역시 미국 여배우의 의상을 따라하기 위해 손수 만들어서 어떻게든 같은 스타일의 옷을 입으려고 노력하기도 했다.[31] 특히 이제 막 직장생활에 나선 도시여성들은 명동거리를 기웃거리며 최신 스타일의 외양을 갖춤으로써 근대화된 여성이 되었다는 정체성을 가질 수 있었다. 미국영화는 여성들이 새로운 문화의 주체가 되기 위해 배워야 할 중요한 교과서로 역할하면서 소비를 유도한다. 미국 여배우는 여성들의 문화를 주도하는 라이프스타일의 리더였으며, 소비용품을 팔기 위한 광고전략에 필수적인 '모델'이었던 것이다. 여배우는 새로운 스타일뿐만 아니라, 새로운 소비적 주체로서의 여성을 생산하는 계기였다. 그리고 이렇게 여성이 소비의 주체가 된다는 문제는 이전에는 존재할 수 없었던 '새로운 여성'의 출현을 예고한다. 1950년대 미국영화가 여성문화를 새롭게 구성했다면, 바로 이 소비주체로서 '여성'이 출현하는 계기라는 점을 가장 먼저 꼽을 수 있을 것이다.

그런데 여성이 소비의 주체로 등장한 역사는 그다지 길지 않다. 특히 며느리가 될 때, 비로소 어른의 정체성을 부여받게 되었던 여성들은 경제력이 없기 때문에 소비의 주체가 될 수 없었다. 따라서 1950년

---

29) 1956년 10월호의 신동헌 만화 「미쓰론도」는 유행을 여성들이 착용하는 액세서리나 옷으로 표현하고 있으며, 1956년 8월호에 실린 4컷짜리 만화 「미쓰향」이나 「자부심」은 패션용품을 향한 소비욕망으로 인해 벌어진 일을 웃음의 소재로 삼고 있다.

30) 실제로 옷을 만드는 직업의 여성들과 미장원을 운영했던 여성들은 영화배우의 스타일에 따라 옷을 만들어야 장사가 잘 되었다고 말하기도 한다. 변재란, 「한국영화사에서 여성관객의 영화관람 경험 연구」 참조.

31) 학사출신 배우로서 젊은 세대들에게 인기가 높았던 엄앵란은 미국영화에 등장한 여배우 사진을 보고 직접 옷을 만들어 입었다고 증언한 바 있다. 차순하, 『근대의 풍경-소품으로 본 한국영화』, 소도, 2001 참조.

대 여성이 소비의 주체로 등장한다는 것은 어떤 방식으로든지 구매력을 확보했다는 의미이며, 여성의 사회적 위상이 변했고, 삶의 방식도 점차적으로 변화한다는 것을 의미한다.

게다가 미국영화의 여배우에 대한 관심과 모방은 여성용품, 즉 옷이나 화장품, 미용제품과 같은 소비재의 유통으로 그치지 않는다. 생활 용품에 해당하는 가전제품(커피포트, 전축, 라디오, 토스터기 등), 부엌에서 음식을 만들 때 사용하는 주방용품, 혹은 미국의 일상생활에서 사용되는 가구 등에 이르기까지 미국식 생활문화를 모방할 수 있는 생활용품들을 소비하고자 하는 욕구를 자극한다. 여성은 비로소 '소비'라는 자본주의 사회의 주체화와 관련된 논의에 입문하게 된 셈이다.

그리고 이를 계기로, 『여원』의 여성담론은 여대생보다는 가정경제를 담당하는 소비주체로서 주부를 정체화하는 것으로 바뀐다. 그리고 가정경제와 일상생활 용품을 중심으로 한 소비담론의 중심 논제로 부상한다. 1956년경의 『여원』이 주로 여대생의 소비문화를 자극하는 패션을 중심으로 여성문화를 유도했다면, 1957년을 넘어가면서 가정 경제의 주체로 부각하는 주부의 생활문화를 중심으로 여성문화를 변주해간다.[32] 미국 여배우의 유행을 좇아 새롭게 형성되던 소비주체로서의 젊은 여성은 가정 경제의 주체인 여성으로서 사회적 위상을 갖게 된 것이다. 미국 여배우를 따라 하기 위한 여성의 소비는 미국영화의

---

[32] 여대생의 소비문화는 현대적 여성과 관련된 담론으로는 큰 비중을 차지했지만, 대부분 부정적으로 비판되는 것으로 정리되었다. 여대생은 주로 장식을 위한 소비재를 소비하는 데 치중했기 때문이다. 반면, 주부의 소비는 가정 경제의 필수적인 요소이기 때문에, 적극적으로 권장되고 올바르게 이루어지도록 계몽되었다. 특히 1950년대까지만 해도 여성이 규모 있게 가정 경제를 꾸리기 위해 알뜰한 소비가 중요하다는 젠더 인식이 일반적이었기 때문에 소비주체로서 주부/여성은 긍정적으로 수용되었다. 부완혁은 경제이론가로서 이런 부분에 대한 전문적인 견해를 개진하기도 한다. 부완혁, 「주부들의 현명한 가계」, 『여원』, 1957.3 참조.

생활세계를 따라 하기 위한 소비로 이동하고, 여성은 소비주체이면서 경제의 주체로 서서히 영역을 확장한다.

여성들은 미국영화적 이미지와 더불어 '상상'적으로 구성된 자본주의적 문화 환경 속에서 새로이 소비의 주체로 호명됨으로써, 사회적 정체성을 구성할 수 있는 존재가 되었다. 여성문화의 근대성과 관련하여 미국영화는 소비주체로서 여성을 논의할 수 있게 역할한 것이다. 1950년대 미국영화와 여성문화는 소비와 욕망의 주체로서 여성이 부상하는 데 절대적인 영향력을 행사했던 것이다.[33]

3) 낭만적 사랑과 스위트홈의 간접경험 : 연애와 부부 관계의 주체

미국영화 기사 중 가장 비중있게 다루어지고, 가장 인기있는 기사는 1956년 11월부터 연재된 「스타－스토리」라 할 것이다. 영화중흥기에 들어서면서 외국영화, 그 중에서도 미국영화의 인기가 치솟아 영화관은 말할 것도 없고 각종 매체에서 미국영화는 인기몰이를 할 수 있는 기사거리였다. 특히 스타들의 사생활이나 인생 역전의 이야기들은 앞다투어 보도되었다. 심지어는 해외토픽란에서도 스타들의 사생활이나 연기활동이 보도될 정도로 미국 영화배우들은 관심의 대상이

---

33) 그러나 여성에 의해 소비된 상품들은 수입 소비재인 경우가 많았다. 특히 생필품이 아닌, 패션용품이나 장식품은 수입품이 대부분이었다. 따라서 소비의 문제는 외제취향의 낭비풍조와 연관될 가능성이 컸다. 미국유학 등 미국문화를 경험한 사회 지도층을 중심으로 널리 퍼졌던 미제물건에 대한 선호도는 수입품 취향의 과소비로 이어지기도 했다. 이런 사회풍조가 물의를 일으키자 여성의 외제취향과 사치풍조로 문제를 호도하는 사회담론이 형성되어, 미국영화까지 비난받기도 하였다. 여성이 소비의 주체로 부상하는 과정은 여성의 주체화와 관련하여 중요한 사건이다. 그렇지만 1950년대 소비주체로 부상하려던 여성들은 외래풍조와 사치풍조라는 풍속비판 담론에 묻혀 사회적 위상을 갖지 못하고 배제되기에 이른다. 이는 근대적 주체구성과 관련하여 대중의 자발성이 지배담론의 젠더정치에 의해 의미가 전도된 사례로 볼 수 있다.

었다. 젊은 여성들을 주 독자층으로 설정하고 있었던 여성지 『여원』의 편집에서도 스타들의 사생활은 단연 중요한 지면을 차지할 수밖에 없었다. 1956년 4월호에는 영화 특집을 마련하여 상당량의 지면을 영화관련 기사로 채우고 있으며, 1956년 11월에는 「스타스토리」 코너를 상설화하고, 최근 영화정보를 알려주는 「여원 키네마」도 「여원 시사실」로 이름을 바꾸어 여러 편의 영화 정보를 제공하면서 지면을 늘린다. 첫 번째 스토리의 주인공은 "파이퍼 로우리"와 "제임스 스츄워드"인데, 주로 배우의 연기인생과 사생활을 '스토리'의 구성으로 소개하는 외국 필자의 글이다.

미국 여배우와 관련된 미국영화 담론이 시각적 이미지를 활용하면서 여성들의 일상문화를 미국문화 중심으로 재편하고 소비 주체로서의 여성을 구성하는 데 작용한다면, 이 「스타 스토리」는 이야기성을 통해 미국여배우를 향한 모방심리를 더 자극한다. 미국 여배우들의 화려한 외모만큼이나 다채로운 사생활을 노출하여 '가십거리'를 만드는 동시에 '동일시'를 유도하면서 상업적 효과를 거둔다.

그런데 이런 형식의 스타를 소개하는 기사가 이때 처음 게재된 것은 아니다. 이미 창간 초기부터 대중적으로 화제가 되었던 여배우를 소개하는 기사가 간간히 마련되어 대중들의 흥미를 유발하는 방식으로 활용된 바 있다. 첫 번째 이야기의 주인공은 1955년 〈로마의 휴일〉을 통해 최고의 여배우가 된 오드리 헵번이다.[34]

> 하이스쿨조차 졸업하지 않은 소녀 같기도 하다. 마루바닥에 벌렁 누워 아이스크림을 핥기도 하고, 남의 접시의 음식을 약간 실례해보기도 하고, 파자마 모습채로 하이힐을 신고 집안을 뛰어다니는 소녀이기도 하다. 갑

---

[34] 「스타 스토리」가 생겨나기 전에도 오드리 헵번을 비롯하여 여러 배우들의 사생활이 극적인 이야기 구성으로 중요한 영화정보로 소개되곤 했다. 「허드슨은 게이트와 결혼할 것인가」가 바로 다음 호인 1956년 3월호에 실려 있다.

자기 쟈스를 거는가 하면 「제리 루이스」의 흉내까지 내보는 소녀이다.
〈로마의 휴일〉에서 여왕으로 분장하고 〈아름다운 사브리나〉」에서 운전수
딸에 분장할지라도 오로지 그는 관객을 매혹하고만 만다.[35]

오드리 헵번에 대한 설명이다. 이 기사는 오드리 헵번의 청순하면
서도 관능적인 매력이 풍기는 화보를 보면서 읽을 수 있게 배치되어
있다. 장황하고 인상적인 설명을 거쳐 불행했던 어린 시절의 이야기,
입지전적인 영화계 데뷔, 철저하고 진지한 자기관리까지 오드리 헵번
을 신화화할 이야기들은[36] 이 여배우를 하나의 완벽한 상품으로 만들
어낸다.

이야기들은 주로 여배우의 사생활에 해당하기 때문에 호기심을 자
극하는 가십거리라 할 수 있지만, 불행을 딛고 화려하게 성공한 출세
담으로서 동일시의 욕망을 불러일으키기도 한다. 상업적 인기에 영합
해야 하는 여배우이지만, 그 속에 매력적인 인간 드라마를 삽입시켜
'영웅'의 면모를 담아낸다. 「스타 스토리」는 이 두 가지 기능을 거쳐
미국영화의 상업적 입지를 강화하고, 독자들이 선호하는 읽을 거리도
충족시키는 효과를 낸다. 선정적이면서도 뭔가 읽을 만한 '교양물'의
면모도 갖추어야 할 『여원』의 기사로서 손색이 없게 포장된 것이다.
이는 『여원』의 주 독자층이 가장 관심을 갖는 사랑과 결혼이라는 문
제에 보다 크게 어필한다.

여대생을 주독자층으로 상정하고 창간된 『여원』은 사랑과 결혼에
대한 독자의 관심을 편집방향의 중심으로 설정하고, 이와 관련된 특
집이나 기획기사를 마련한다. 창간호에서부터 연애, 여대생, 결혼, 이
혼, 부부, 등의 주제는 대대적인 필자동원과 함께 가장 비중있게 다루

---

35) 「세기의 요녀-오드리 헵번」, 『여원』, 1956.2, 69쪽.
36) 소제목 "신비적인 성공 이야기"가 이 스타 스토리의 성격을 암시한다.

어진 특집기사들이다.37) 미국영화의 여배우를 비롯한 스타들의 이야
기는 결혼적령기 여성들의 관심에 부합하는 이런 특집기사들과 함께
배치되어 연애와 결혼이라는 담론으로 수용된다. 미국영화는 영화의
장르적 문법으로 수용되기보다 미국지향의 사회문화 지형 내에서 다
른 여러 가지 미국 표상이나 담론들과 어우러져 수용되는 '구조'속에
서 의미를 갖는다. 「스타 스토리」도 대표적인 '사랑과 결혼 이야기'로
서 이 '구조'의 중심담론 역할을 한다.

오드리 헵번을 비롯하여 비비안 리, 험프리 보가트, 제니퍼 존스,
킴 노박, 제임스 딘, 그레이스 켈리 등 당대 인기를 끌었던 미국 스타
들은 한 번씩 모두 이 스토리의 주인공을 거친다. 이 이야기들은 스타
들의 사생활 엿보기와 같은 호기심을 자극하는 가십거리용으로 출발
하지만, 인생역전의 드라마틱한 삶, 많은 역경을 극복하는 사랑과 결
혼의 스토리가 중심이 되는 이야기이다. 그리고 결국에는 안정적이고
화려한 결혼생활로 마무리됨으로써, 화려하면서도 단란한 '스위트홈'38)
의 이상을 충족시키고 동경하게 하는 효과를 자아낸다. 이 스위트홈
은 성실한 가장으로서의 남성과 사랑스러운 내조자로서의 여성이라
는 젠더 역할을 만들어냄으로써 낭만적 사랑과 결혼에 대한 '환상'을
이미지로서 구체화한다. 특히 독자로서의 여성들은 여배우의 화려한

---

37) 『여원』의 특집기사들은 젊은 여성들이 가장 관심을 갖는 연애/결혼/이혼/부부생
활/성 등에 초점이 맞추어져 있다. 이선미, 「젊은 『여원』, 여성상의 비등점」 참조.

38) 스위트홈은 이 시기 대표적인 결혼의 표상이며, 실제 현실에는 전혀 존재할 수
없고, 미국영화의 가정 이미지로서 떠돌던 하나의 '판타지'에 해당한다. 그런데
한국의 결혼이나 가정담론 상에서 이 시기에 가장 유행했던 표상 중의 하나이기
도 했다. 스위트홈이라 할 수 없는 가정상황임에도 '스위트홈'을 차렸다는 식의
서술이 그저 흔한 수사적 비유로 등장한다(방인근, 『아리랑』, 1956.5 ; 황해, 『명
랑』, 1956.10). 스위트홈의 구체적 형상은 미국영화의 가정생활을 통해 이미 대중
적 표상으로 자리잡고 있었음에도 불구하고, 한국사회에서는 부부중심으로 결혼
생활을 하는 경우를 일반화시키는 용어가 되어버린다. 남성적 사용과 여성적 사
용이 서로 다른 의미망 속에서 소통된 언어일 수도 있다.

생활보다는 낭만적 사랑과 스의트홈에 내재된 사랑과 결혼의 '주체성'에 더 많은 관심과 동일시 욕망을 갖도록 지면이 구성된다.

1956년 8월부터 「스타 스토리」와 몇 달의 간격을 두고 나란히 연재되기 시작한 「즐거운 가정방문」이라는 연재 기획코너는 미국 배우들의 사랑과 결혼 스토리인 「스타 스토리」의 가십거리용 성격을 보충/이완시킴으로써 행복한 가정, 혹은 행복한 결혼이라는 스위트홈의 표상을 강화한 대표적인 경우이다. 한국 명사들의 단란한 가정을 부부생활을 중심으로 소개하는 기사는 미국영화 배우의 화려한 생활과 하모니를 이루면서 낭만적 사랑과 스위트홈의 신화를 강화하며, 현실에서는 잘 볼 수 없는 진기한 구경거리, 즉 '스펙터클'의 역할도 한다.

실제로 "즐거운 가정방문"은 현모양처 형 아내이면서 동시에 맞벌이 생활을 꾸려가는 현대여성의 가정을 표상한다. 이로 인해 적어도 부부들 사이에서는 평등한 남녀관계로 '가정'이 꾸려지고, 이상적인 모델로 제시된다. 낭만적 사랑에서 출발한 부부들은 미국영화처럼 살지는 못하더라도 최소한 부부관계 내에서 '평등'한 젠더 질서를 구축하며 '스의트홈'을 실현하는 듯이 '가정'을 꾸려간다. 이 가정의 젠더표상은 미국영화 배우들의 연애/결혼 스토리와 어우러져 평등한 부부의 이미지를 한층 구체화함으로써 근대성을 실현한다.

이렇듯, 미국영화는 대중지들의 화보성 이미지를 거쳐 여배우의 화려한 패션과 드라마틱한 라이프 스토리를 제공할 뿐만 아니라, 행복한 가정의 주체로서의 '여성'까지도 제안하여 현대화된 여성이 이루는 가족 표상 형성에 담론적으로 개입한다. 미국 헐리웃 스타들의 삶은 『여원』을 통과하면서 한국적 현대여성의 사랑과 결혼, 그리고 이상적인 가정생활의 규범을 매개한 셈이다. 미국영화의 시각적 이미지, 배우들의 화려한 삶은 한국적 맥락에 수용되어 사회문화적 규범의 출처로서 기능하는데, 「즐거운 가정방문」은 이 부부관계를 구체화하는 한

국적 가족 표상으로 기능한 것이며, 미국영화 기사와 어우러져 새로운 가족관계를 상상하게 한다.[39]

3. '미국영화'의 수용과 욕망, 그리고 근대적 주체와 좌절의 경험

미국영화는 전쟁으로 인해 폐허가 된 황량한 1950년대 한국의 도시 풍경 속에서 유일하게 화려한 빛을 발했던 별천지의 문화체험이었다. 이 문화체험은 실제로 영화를 관람하는 문제를 넘어서서 극장이 밀집한 도시의 시각적 이미지를 채우는 새로운 문화였다. 도시로 몰려들어 새로운 삶을 꿈꾸는 많은 사람들에게 새로운 삶의 이미지를 제공하는 출처였던 셈이다. 전쟁이라는 상황의 현실인식과 그것을 극복하고자 하는 희망 속의 이상적 표상이라는 양가적 양상을 띠면서 미국영화는 새로운 생활 이미지를 구축하였다. 특히 여배우의 화려한 시각적 이미지가 자극적이었던 만큼 여성문화에 미국영화의 이미지가 끼친 영향력은 절대적이었다.

이렇듯, 1950년대 대중문화로 수용된 '미국'적인 것의 의미는 추상적인 담론이나 고급스러운 클래식 문화로 인식되지 않고, 미국 여배우의 이미지와 같은 외양의 패션이나 생활문화로 수용되었다. 미국은 사회 각계에서 총체적으로 모방/이식된 담론적, 혹은 이념적 출처였음에도 불구하고, 시각적 이미지나 구체적 물질문화를 중심으로 한 '문명'으로 표상되었던 것이다. 이 물질문화와 소비문화는 주로 '여성'의 영역이거나 여성이 소비자로서 관계하는 영역이다. 요컨대, 미국

---

[39] 스위트홈의 표상은 이후 산업사회의 공/사 영역 분리에 따라 가정이 사적인 휴식의 공간으로 젠더화됨으로써 '현모양처' 이데올로기로 포괄된다. 평등한 부부관계를 기반으로 한 가족표상이었던 스위트홈은 이후 단순한 수사적 의미로 변질된다고 볼 수 있다.

문화는 '여성'의 영역으로 젠더화되어 생활문화/소비문화로서 표상되었던 것이다.[40]

게다가 '미국적인 것'은 미국영화의 시각적 이미지와 그 이미지를 활용하는 각종 대중지의 미국체험기와 어우러져 여성들의 삶과 가장 밀접한 문화로서 수용되며, 물질적 생활문화, 소비문화로 수용된다.[41] 그렇지만 미국이 절대적으로 우월하고 풍요로운 문화이기 때문은 아니다. 전후의 가난과 황폐한 환경에서 미국영화의 시각적 이미지가 스펙터클이 될 수 있었던 한국사회의 상황이 작용한 것이라 할 수 있다. 미국영화의 이미지와 담론에는 '미국'이 표상하는 소비문화와 물질문명이 있고, 그 속에서 살아가는 남녀의 낭만적 사랑과 스위트홈이 있었다. 그리고 대중지의 여러 지면을 차지하던 각종 미국체험기는 이 영화적 허구를 사실의 논리로 재구성한다. '미국'을 표상하는 미국적 이미지는 미국영화나 미국체험기에 별로 차별화되지 않고, 그저 미국을 재현하는 기표들로 수용되었던 것이다.

여성들은 이 이미지를 소비하면서 '미국'을 욕망하였으며, 이를 모방하면서 여성문화가 형성되었다. 여성과 남성이 평등하게 살아가는

---

[40] 사실, 미국문화 수용의 문제는 한층 더 복잡하다. 물질문화와 소비문화를 주도하는 생활문화적 수용은 '여성'의 영역이지만, 여성의 육체를 선정적으로 시각화하는 방식으로 대중문화가 형성되는 것은 '남성'의 영역이다. 1950년대 미국영화의 대중문화적 수용의 문제는 젠더적으로 다르게 구성되는 맥락을 염두에 두고 논의되어야 한다. 다만, 『여원』 중심의 미국영화 수용의 담론은 '여성'의 영역을 중심으로 구성된다는 점을 확인할 수 있으며, 이 논문은 이 점을 집중적으로 문제시하는 것이다.

[41] 체험기뿐만 아니라 연재소설도 전체적으로 『여원』의 담론장 안에서 '미국'담론을 형성하면서 미국을 표상하는 데 중요한 역할을 한다. 1956~57년 시기에 연재된 김말봉의 『방초탑』은 '미국' 수용의 담론구조에서 중심적 역할을 했다고 할 수 있다. 서울에서 출발하여 하와이, 샌프란시스코, 뉴욕에 이르는 여정을 따라가면서 미국의 지리와 문화를 상세하게 보여주며, 연애서사를 통해 미국의 연애문화에 내재된 개방적인 성문화를 노골적으로 소개함으로써 미국에 대한 '상상'을 한국적으로 형성하는 데 중요한 역할을 한다.

제1장 전후사회와 디스토피아의 재현*

〈돈〉과 〈지옥화〉의 교차분석을 통하여

정근식 · 곽귀병

1. '전후' 그리고 '혁명전'이라는 국면

한국사회사에서 1950년대 후반은 여러 가지 측면에서 매우 흥미로운 시기이다. 흔히 이 시기를 혼란과 궁핍의 시기로 읽을 것인가, 아니면 근대성의 지표들이라고 할 수 있는 개인·자유·민주주의라는 가치들과 표상들이 경합하던 시기로 읽을 것인가를 쟁점으로 삼아 접근하고 있는데, 이 시기가 한국전쟁의 종료와 1960년 4월혁명, 또는 1961년 5·16쿠데타 사이에 놓여 있는 국면이라는 점을 염두에 둔다면, 지금까지와는 다른 질문이나 해석이 가능할 수 있다. 우리 학계에서는 본격적인 논의를 한 적이 없지만, 예컨대 '전후사회론'이나 '혁명의 징후론'에 관한 이론적 구상이 가능하다고 생각되기 때문이다. '전후사회론'이라는 문제의식은 1950년대라는 특정 시기의 역사성을 심문하는 것을 넘어서서 전쟁을 겪은 사회에서 일반적으로 나타날 수 있는 사회현상들이 무엇인가를 확인하고 이론화할 필요가 있다는 것을 의미하며, '혁명 전'이라는 문제의식은 염상섭의 소설 『만세전』처

---

* 이 글은 『한국사회학연구』 제2호(중앙사회학연구소, 2010)에 실린 논문을 수정하여 수록한 것임을 밝혀둔다.

럼, 사후적 후일담을 넘어서서 커다란 격동적 사건을 몰고 올 수 있는 사회적 징후들이 어떻게 드러나고 있었는가를 검토할 필요가 있다는 것을 의미한다.

이런 문제의식은 1950년대에 발생했던 사회적 사실에 관한 역사학적 연구와 함께 이들의 이면에 숨겨져 있거나 무의식적으로 노출되어 있는 심층적 세계에 대한 관심과 맞닿아 있다. 이런 맥락에서 이 글은 4월혁명을 전후한 시기의 한국영화에 대한 사회사적 연구의 일부로,[1] 이 국면에서 제작된 영화를 통해 당시의 겉으로 드러난 사회상황 저변에 흐르고 있는 '사회적 분위기', 특히 대중적 욕망의 생산과 흐름을 곧 도래할 4월혁명이나 '5·16'과 연관하여 포착해보려고 한다.[2] 이를 위하여 1958년에 제작된 두 개의 영화, 〈돈〉과 〈지옥화〉를 선택하여 이를 분석해봄으로써 전후사회의 인간적 존재양식을 탐구하고, 사회의 심층에 나타나고 있을지도 모르는 혁명의 징후를 탐색하는 작업을 영화분석을 통해 시도할 것이다. 지금까지 사회문화사연구에서 1958년의 의미를 특정화하여 탐구한 경우는 별로 없지만, 이 해는 한국 영화의 제작 편수가 83편이나 달할 정도로 양적 풍요를 이루었던 한국 영화사의 특별한 시기였다.[3] 이 해는 이승만의 권위주의적 지배가 극성에 이르고, 전쟁 후 사회의 재건을 담보해온 미국의 원조가 감소하던 시기였다.

이 시기를 이해하는 방법의 하나로 당시 사회의 이면을 잘 보여주

---

1) 이에 관한 최초의 시도는 함충범 외, 『한국영화와 4·19—1960년대 초 한국영화의 풍경』, 한국영상자료원, 2009 참조.

2) 김선아는 "1950년대 대중들의 밑바닥에 혁명으로까지 연결될 수 있을 정도의 강한 정서적 에너지가 가득 차 있었다는 것은 혁명 이전에 등장한 많은 영화들에서 이미 드러났"다고 했지만(「영화와 혁명 : 반경험으로서의 영화」, 정근식·이호룡 편, 『4월혁명과 한국민주주의』, 선인, 2010, 622쪽), 구체적인 증거는 거론하지 않았다.

3) 이영일, 『한국영화전사(개정판)』, 소도, 2004, 260~265쪽.

는 리얼리즘 계열의 사회문화적 텍스트를 선정하고, 이들에 나타나는 인간적 존재방식들을 파악함으로써, 당시 한국사회의 핵심적 의제와 사회변동의 성격을 좀 더 자세히 규명하려고 한다. 이런 맥락에서 1958년에 제작된 〈돈〉과 〈지옥화〉라는 두 영화를 선정하였다. 〈돈〉에서는 당시 농촌의 빈곤을 상징하는 중농가족의 궁핍화를 중심으로 이에 대비되는 고리대금업자, 그리고 전후사회를 나타내는 제대군인과 성장한 전쟁고아 등이 등장하고, 〈지옥화〉에서는 1950년대의 산업화 없는 도시화, 그리고 전쟁을 통해 형성된 기지촌의 젊은 세대들이 재현되고 있다. 이들 영화는 전쟁 후의 한국사회, 그리고 이농 전후의 인간들이 가졌던 욕망과 생활공간에 대한 인식들이 표현되어 있다. 따라서 이에 대한 분석은 당시의 사회문화사를 재구성하는 의미있는 방법의 하나일 수 있다.

이 글은 우선, 〈돈〉과 〈지옥화〉에 대한 개별적인 선행 연구들을 검토하고, 1950년대의 사회문화사적 재구성을 위해 이를 교차분석할 필요가 있다는 점을 제시하고, 나아가 두 텍스트의 배경이 되는 농촌과 도시 공간에서 나타나는 대중들의 생존전략과 세계관을 살펴보고자 한다. 마지막으로 이 영화들을 통해 드러나고 있는 당시 대중들의 의식과 세계관이 이후의 혁명과 어떤 관계를 가지고 있는가를 고찰해보고자 한다. 이를 통해 우리는 1950년대 후반의 한국사회가 농촌과 도시 모두에서 '뿌리뽑힘'과 방향상실, '유토피아'를 행한 대중적 욕망과 '현실의 디스토피아화'가 서로 교착되는 사회였으며, 이런 아노미적 상황에서 '혁명의 징후'가 싹트기 시작하고 있었음을 보여주려고 한다.

2. 연구시각 및 방법

우리가 전후 사회이자 4·19혁명 이전의 한국사회의 심층을 영화텍스트분석을 통해 접근하려고 할 때 가장 먼저 부딪치는 문제는 어떤 텍스트를 선정하여야 하는가이다. 기존의 영화학계에서 1950년대와 1960년대의 영화를 바라보는 시각은 대체로 연속적 관점에서 근대화론과 발전론적 패러다임에 기초하여 해석해왔는데, 근래에 1950년대의 역사적 특성을 보다 뚜렷하게 부각시키려는 시도들이 나타나고 있다. 안진수는 기존의 설명들이 "1950년대 영화들의 고유한 특정성과 맥락, 그리고 역사성을 설명하는데 한계를 가지고 있었다"[4]고 보고, 1950년대의 영화가 이후의 영화와는 구별되는 특성을 다음과 같이 요약하였다.

> 50년대는 전쟁에 의한 파괴와 빈곤, 인구의 강제적 이동과 재배치, 전통적 사회질서의 물질적 문화적 토대 약화, 미국 대중문화의 급속한 이식과 전파, 물질주의의 팽배, 경찰국가 조직의 폭력, 그리고 반공 이데올로기의 강화와 냉전적 국민주체의 초기 형성 등에서 60년대와는 사뭇 다른 정치사회적 지형을 형성하고 있다. (중략) 50년대는 미성숙의 전사적 시기가 아니라 자율성과 모순 그리고 다양한 재현전략이 산재하던 매혹과 혼돈의 경합공간이었다. 연속성 대신 단절과 차이로 50년대를 바라본다는 뜻이다.[5]

오영숙의 연구도 위의 연구와 비슷한 관점에서 1950년대 영화들을 재독해할 것을 제안하고 있다. 그녀는 이 시기 영화들은 영화적인 관점에서 봤을 때 단일한 규범에 대한 강박과 삶을 규정적으로 파악하

---

4) 안진수, 「서문」, 『매혹과 혼돈의 시대―50년대의 한국영화』, 소도, 2003, 8쪽.
5) 안진수, 「서문」, 『매혹과 혼돈의 시대―50년대의 한국영화』, 8~9쪽.

는 관습에서 벗어나 다양한 실험들이 이루어졌다는 특성을 지니고 있다고 보았다. 또한 이 시기 영화를 비롯한 문화담론에서 개인·자유·민주주의와 같이 새로운 가치들이 화두로 등장하고 있으며, 주체성·개체성·개인의식 등을 문제로 삼는다는 점에서 부정할 수 없는 근대적인 움직임을 보여주고 있다고 평가하고 있다.[6]

이런 1950년대 영화의 전반적인 재평가를 가능하게 하는 원천은 이 시기에 제작된 이른바 리얼리즘 계열의 영화에 대한 주목 때문이라고 할 수 있다. 물론 "리얼리즘은 한국영화사를 관통하는 일관된 과제이자(그것이 사회주의 리얼리즘이든 민족적 리얼리즘이든, 혹은 '한국적' 리얼리즘이든), 모든 영화인들의(그들이 진지하든 낭만적이든 냉소적이든) 강박적 귀환지점"[7]이었다.[8]

1950년대의 한국영화계는 고전적 할리우드 영화와 이탈리아의 네오 리얼리즘 영화의 각축장이었다. 1950년대 후반, 특히 전후 영화의 전성기라고 불리는 1958년에 제작된 영화들도 마찬가지였다. 이때 만들어진 영화는 코미디 영화와 신파물, '건전하지 못한 멜로드라마' 등이 대세를 이루고 있었다. 물론 네오리얼리즘에 대한 생각들은 똑같은 것은 아니지만,[9] 리얼리즘을 영화의 이상으로 생각했던 당시 평론

---

6) 오영숙, 『1950년대, 한국영화와 문화담론』, 소명출판, 2007, 229~231쪽.

7) 김소연, 「전후 한국의 영화담론에서 '리얼리즘'의 의미에 관하여─〈피아골〉의 메타비평을 통한 접근」, 『매혹과 혼돈의 시대─50년대의 한국영화』, 소도, 2003, 18쪽.

8) 비단 규범적·이상적 형식으로서의 리얼리즘의 등장은 영화의 영역에만 국한되지는 않는다. 이는 사진, 문학, 미술 등의 예술 영역에서도 지배적으로 등장했던 담론이다.

9) 태그 갤러거는 "파시즘의 왜곡을 폭로하고, 정치적 변화를 진척시키며, 플롯과 배우와 극화, 세트와 조명과 몽타주를 제거하고, 일상생활의 실재적 단면을 통해 실시간으로 실재 사람들을 따라가는 데 전념했다"라는 진술이 네오리얼리즘의 교과서적 표현에 불과하다고 비판한다. 오히려 이는 네오리얼리즘의 이념형에 가까운 표현일 뿐 "네오리얼리즘 영화들에는 대개 플롯과 전문배우, 극화, 스튜디오 세트와 조명, 그리고 정교한 몽타주가 있었다. 네오리얼리즘 영화들 또한 일상생활의 단면보다는 특권화된, 멜로 드라마적 순간들을 강조하였다." 따라서

가들은 1950년대 후반의 한국 영화들이 대부분 고전적 할리우드 영화들의 영향력을 벗어나지 못했다고 보았다.[10] 이 시기 영화의 새로운 흐름은 네오리얼리즘으로 규정된다. 전쟁의 참화와 열익한 제작 여건 속에서도 한국의 영화인들은 이탈리아의 〈무방비 도시〉나 〈자전거 도둑〉과 같은 네오 리얼리즘계열의 영화를 보며 큰 영감을 얻었다. 전후의 열악한 조건 속에서 다큐멘터리 기법을 동원하여 촬영된 이탈리아의 리얼리즘 영화들은 일부 한국 영화인들에게 규범적 모델로 인식되었고, 한국전쟁이 끝난 후 영화 제작 여건이 개선되자 이를 따르는 영화들이 생산되기 시작하였다. 이영일은 1958년 영화에서 리얼리즘의 의식을 담고 있는 문제작으로, 농촌의 현실을 다룬 김소동의 〈돈〉을 들고 있으며, 이와 함께, "물질적인 빈곤이 사회문제나 윤리 문제에 영향을 주었던" 작품으로 신상옥의 〈지옥화〉와 김기영의 〈초설〉 등을 꼽고 있다.[11]

로셀리니조차 네오리얼리즘을 기법으로 정의하기 보다는 현실에 대한 "도덕적 태도"로 정의한다. 태그 갤러거, 「네오리얼리즘의 지적 계보」, 『로베트로 로셀리니』, 한나래, 2004, 56쪽.

[10] 김호영, 「1950년대 한국 리얼리즘 영화에 나타난 근대의 이미지들 :공간과 오브제를 중심으로」, 『기호학 연구』 16, 2004, 164쪽. 여기서 고전적 할리우드 영화란 역사적으로는 1910년대 후반부터 1950년대 말의 할리우드에서 제작된 영화들을 의미한다. 고전적 할리우드 영화들은 스튜디오 시스템, 스타 배우들의 등장, 장르의 고착화로 특징지어진다. 1920년대 할리우드 스튜디오들은 제작, 배급, 상영을 독점적으로 통합하고 안정된 흥행을 위해서 표준적인 제작 방식과 고정적인 스타 이미지를 재생산해내기 시작했다. 이를 기반으로 할리우드 스튜디오는 서사발달의 공식, 등장인물이나 장면의 관습, 시각적 이미지의 도상을 표준화였다(임재철, 「고전적 할리우드 영화」, 『세계영화사 강의』, 연세대학교 출판부, 2001, 125~140쪽). 고전적 할리우드 영화의 대안적 양식으로 여겨졌던 이탈리아 네오리얼리즘의 이념형이자 시작으로 꼽히는 것은 1945년 로베르토 로셀리니의 〈무방비도시〉와 데 시카의 〈자전거 도둑〉이었다. 〈무방비 도시〉는 1944년 초 실제 일어났던 돈 모로지니 신부의 처형사건을 주제로 이를 실제로 경험했던 생존자들의 기억을 중심으로 여기에 그럴듯한 허구적 요소들을 가미하여 플롯을 짜고, 무명의 전문배우들을 동원하였다. 그는 기억을 재현하듯 실제 사건들이 일어났던 장소에서 영화를 찍었고, 곱게 다듬어지지 않은 사진은 리포트의 형식을 연상시키며 관객에게 진실에 대한 인상을 더욱 강화시켰다.

이런 기존 연구에 의존하여 볼 때, 〈돈〉과 〈지옥화〉는 매우 의미있는 텍스트로 보인다.[12] 두 작품은 약간의 시간차를 두고 개봉된 것으로, 1950년대 후반의 한국사회의 혼란과 절망을 '전쟁 후'라는 맥락에서 정면으로 다루고 있을 뿐 아니라, 근대화 과정 속에 소외된 주체들을 충실하게 재현하고 있다. 이 두 작품은 리얼리즘이라는 주제의식을 공유하면서 각각 다른 공간의 문제에 집중하고 있다. 김소동의 〈돈〉이 농촌의 문제를 집중적으로 다루는 데 반해, 신상옥의 〈지옥화〉는 기지촌을 중심으로 새롭게 만들어지고 있는 도시의 문제를 다루고 있다. 특히 〈지옥화〉는 단지 기지촌의 현실을 사실주의적으로 재현하고 있다는 점을 넘어서서 전후 한국사회에서 언급하기를 회피하는, 일종의 금기였던 기지촌의 모습을 정면으로 다루었다는 점에서 매우 특별한 텍스트이다. 이로부터 현재에 이르기까지 50여 년 동안 이보다 더 정면에서 미군기지문제를 다룬 영화는 없었다.

한국영화사에서 1950년대 후반 한국적 리얼리즘 영화들은 고전적 할리우드 스타일로부터의 탈피 노력이며, 다른 한편으로는 나운규의 〈아리랑〉으로부터 내려온 한국적 리얼리즘 양식의 비판적 계승으로 간주된다. 김소동과 신상옥에게 미친 나운규의 영향력은 무시할 수 없다. 김소동은 나운규와 함께 〈아리랑〉을 작업한 경력을 가지고 있다.[13] 그는 1957년 나운규의 〈아리랑〉을 리메이크한 〈아리랑〉, 1958년 에는 〈돈〉, 1959년에는 〈오! 내 고향〉을 제작하는데 이들 작품은 모두 시골 농촌을 배경으로 하고 있다. 그는 자본주의 사회의 권력인 돈을

---

11) 이영일, 『한국영화전사(개정판)』, 263쪽.

12) 이영일이 지적한 문제작들 중에 kmdb(한국영화데이터베이스)를 통해 볼 수 있는 작품은 〈돈〉, 〈지옥화〉, 〈느티나무 있는 언덕〉이다. 이 중 〈느티나무 있는 언덕〉 은 전후의 혼란상을 고아 소년을 통해 다루고 있다는 점에서 분석의 가치가 있는 텍스트이다.

13) 안진수, 「〈돈〉, '로컬리즘'과 1950년대의 농촌경제」, 『매혹과 혼돈의 시대 50년 대의 한국영화』, 소도, 2003, 62쪽.

매개로 하여 전개되는 사회성, 계급성의 문제를 시골을 무대로 드러내려고 하며, 농촌이 민족적 생활양식의 진정한 무대라고 생각했다. 김소동의 작품에 등장하는 농촌은 소재라기보다 해방 뒤 한국사회의 병폐를 비판하기 위한 주제이며 작가의식의 바탕이었다.[14)]

신상옥 역시 자신의 회고록에서 나운규를 자신의 스승이라고 표현하고 있다.[15)] 신상옥은 자신의 회고록에서 나운규의 영향과 함께 이탈리아 네오리얼리즘의 영향을 인정하면서 자신의 초기작품인 〈악야〉와 〈지옥화〉를 "현실에 환부에 직접 카메라를 들이미는" 사회적 고발물로 표현하고 있다.[16)] 결국 김소동과 신상옥은 나운규에게서 비롯된 민족주의적 의식과 소외된 주체에 대한 탐구를 계승하는 한편, 네오리얼리즘의 자극 속에서 전후 한국사회의 혼란과 부조리를 영상 속에서 재현하려고 노력하였다.

촬영 기법으로 봤을 때 〈돈〉은 고전적 할리우드 스타일이 보여주는 편집기법의 교본이라고 불려도 손색이 없을 정도로 연속편집기법을 반복적으로 사용하며 인물들의 감정과 행동을 중심으로 시간의 단절 없이 내러티브를 전개시키고 있다. 또한 인물들의 감정 상태를 분명하게 전달하기 위해 카메라는 클로즈업을 반복하고 조명은 세심하게 쓰이고 있다.[17)] 이에 반해 〈지옥화〉는 다큐멘터리 기법을 시도하는 등의 이탈리아 네오 리얼리즘적 촬영기법을 도입한 흔적이 있지만, 내러티브의 전개는 〈돈〉에 비해선 느슨하며,[18)] 전형적인 할리우드 스

---

14) 김수남, 『한국영화감독론 2—해방 뒤부터 1970년대까지 한국영화작가 14인』, 지식산업사, 2003, 52~56쪽.

15) 신상옥, 『난, 영화였다』, 랜덤하우스, 2007, 28~29쪽.

16) 신상옥, 『난, 영화였다』, 52쪽.

17) 안진수, 「〈돈〉, '로컬리즘'과 1950년대의 농촌경제」, 『매혹과 혼돈의 시대—50년대의 한국영화』, 96쪽.

18) 김호영, 「1950년대 한국 리얼리즘 영화에 나타난 근대의 이미지들 : 공간과 오브제를 중심으로」, 184~185쪽.

타일의 내러티브를 따르고 있다. 두 작품 공히 인물들의 감정과 행동을 중심으로 유기적인 내러티브를 시간의 단절 없이 전개해나가는 공통점을 보여주고 있다.

영화텍스트에 관한 연구라는 측면에 보면, 〈지옥화〉는 〈돈〉에 비해 상대적으로 많이 연구된 작품이다. 〈지옥화〉에 대한 연구는 주로 근대성의 기표가 어떻게 드러나고 있는가,[19] 또는 여성이 어떻게 재현되고 있는가[20]라는 질문을 통해 이루어졌다. 이호걸은 〈지옥화〉가 "신파적인 눈물을 흘릴 만한 상황에서 눈물을 흘리지 않는 탈신파적 남성 주체를 통해 가족의 붕괴를 수반하는 개인들의 생존투쟁의 양상들에 대한 냉철한 관찰을 보여주고, 이것이 가족을 개인으로 대체하고, 개인적인 '욕망의 자유'를 전경화" 한 작품이라고 해석한다.[21] 그러나 '기지촌'에 대한 적극적인 해석은 취약했다.

〈돈〉에 대한 연구로는 안진수의 연구가 있다. 그는 이 작품이 왜 평론가들 사이에 진정한 리얼리즘의 반열에 오르지 못했는가를 반문하면서, 이 작품이 당대의 현실을 특정성과 진정성을 가지고 재현하고 있다고 본다. 그는 이 작품이 전쟁과 농지개혁으로 재편된 일시적이고 평등하고 평화로웠던 농촌의 질서가 미군의 원조 경제와 고리대 등에 의해 파괴되는 과정을 통해, 물질주의가 승리해가는 현실을 영화 고유의 방식으로 포착하고 재현하고 있다고 보았다.[22]

---

[19] 김호영, 「1950년대 한국 리얼리즘 영화에 나타난 근대의 이미지들 : 공간과 오브제를 중심으로」; 김재희, 「1950년대말~60년대 한국영화에 나타난 도시성과 근대성 연구」, 『대중서사연구』 11, 대중서사학회, 2004.

[20] 황혜진, 「1950년대 한국영화의 여성 재현과 그 의미 ― 〈자유부인〉과 〈지옥화〉를 중심으로」, 『대중서사연구』 18, 대중서사학회, 2007.

[21] 이호걸, 「1950년대 대중서사와 남성성의 정치적 징후」, 『한국어문학연구』 52, 2009, 227쪽.

[22] 안진수, 「〈돈〉, '로컬리즘'과 1950년대의 농촌경제」, 『매혹과 혼돈의 시대 ― 50년대의 한국영화』, 2003.

지금까지의 연구들은 이 두 영화를 개별적으로 다루어왔다. 이 때문에 1950년대 후반의 사회상이 파편적으로 독해된 측면이 있다. 그러나 이들의 배경이 되는 농촌과 기지촌은 당시 한국사회의 동태적 변화를 보여주는 서로 다른 두 장소이다. 따라서 전후사회에 대한 종합적 이해를 위해서는 이들을 상호보완적 텍스트로 간주하여 대칭적으로 읽을 필요가 있다고 생각한다. 이들을 상호보완적 텍스트로 볼 경우, 농촌의 상황과 도시적 상황을 이어주는 이농전후의 맥락, 고향 상실과 현실인식을 보다 역동적으로 파악할 수 있다. 이는 1950년대 후반의 근대성의 문제가 단지 도시 공간에 국한되는 것으로 다루었던 한계를 보완하려는 시도이기도 하다. 이를 통해 1950년대 후반의 이농 양상과 세대간 간극, 산업화 없는 도시화가 가진 사회적 효과를 파악할 수 있다.

3. 전후 농촌공동체의 무력화와 절망

1) 빈궁화 또는 공동체의 형해화

〈돈〉은 영화의 도입장면을 멀리서 기차가 달려와 작품의 중심무대인 농촌마을에 도착하고 제대군인이 고향으로 돌아오는 장면으로 설정하였다. 이 장면은 매우 길고 느리게 진행된다. 영화의 초반은, 중농인 주인공 봉수와 그의 친구 동출, 양가의 허락하에 결혼을 약속한 그의 자녀들, 김순경과의 술자리를 통해 농촌 공동체의 평화와 국가 권력의 농촌생활에 대한 개입의 양상을 보여준다. 자작농으로서의 봉수와 동출은 각자의 논을 경작하다가 봉수의 딸이 가져온 술과 간식거리를 통해 둘러 모여 앉게 되며, 이들은 당시 농촌의 공동체적인 삶의 전형을 보여주고 있다.

농촌을 공동체로 재현하는 것은 낭만주의적 에토스가 살아있기 때문이기도 하지만, 전쟁 후에 찾아 온 평화, 그리고 안진수가 지적한 농지개혁, 미국으로부터의 원조를 통한 사회재건이라는 '전후' 사회의 반영이기도 하다.[23] 한국전쟁 전후로 실시된 농지개혁의 효과에 대해서는 여전히 다양한 입장들이 있지만, 농지개혁을 계기로 농촌의 경제구조와 계급구조가 획기적으로 변화했다는 사실에 대해서는 큰 이견이 없다.[24] 1945년 63.4%에 달했던 소작지비율은 1949년에는 40.1%, 1957년에는 4.5%로 감소했고, 자작농의 비율로 살펴봐도 1945년 13.8%, 1949년 36.2%, 1957년 88.1%로 증가하였다.

그러나 이렇게 자작농이 확대되고, 1950년대 전쟁의 상처를 회복하면서 농촌사회가 상대적으로 안정되었지만, 1950년대 후반기의 농민의 경제생활은 극히 곤란하였다. 보릿고개 때 절량농가가 1957년 3월 내무부 조사에 의하면 전체 농가의 15.4%에 달했다.[25] 1958년 무렵에는 농지개혁의 성과가 위기에 봉착하면서 소작제가 다시 재생하는 경향이 나타나고 사회문제로 부각되기 시작한다. 재생소작지는 농민들이 분배받은 농지를 전매하는 과정에서 생겨났는데, 이는 1950년대 후반 농민들의 경영 상태가 매해 적자를 면치 못한 것과 연관을 맺고 있다. 1960년에는 소작지 비율이 다시 11.9%로 증가하고, 자작농 비율도 73.6%로 다시 감소하는 양상을 보인다.[26]

당시 농촌의 빈곤은 영화 속에서 인물간의 대사를 통해 적나라하게

---

23) 안진수, 「〈돈〉, '로컬리즘'과 1950년대의 농촌경제」, 78~81쪽.
24) 김동노, 「1950년대 국가의 농업정책과 농촌 계급구조의 재구성」, 『1950년대 한국사의 재조명』, 선인, 2004, 425~428쪽.
25) 한도현, 「1950년대 후반 농촌사회와 농촌의 피폐화」, 『한국현대사의 재인식 4: 1950년대 후반기의 한국사회와 이승만정부의 붕괴』, 도서출판 오름, 1998, 72~78쪽.
26) 한도현, 「1950년대 후반 농촌사회와 농촌의 피폐화」, 75쪽.

드러난다.[27] 그것은 "딸의 결혼이 다가오고 있고 비료값, 세금 거기다가 봄·여름에 밀린 이자돈이 새끼를 치고" 있다는 대사에서 요약적으로 표현된다. 거기다가 "봄, 여름, 가을 황소같이 일을 하구도 생산물을 팔 적에는 개값으로 내다버려야"하는 우울한 상황이 반복되었다. 이러한 빈약한 경제적 상황은 젊은 세대의 눈으로 볼 때 계획 없는 "주먹구구식 농사", 그리고 과다한 혼수 비용 지출 부담 등으로 인해 더욱 악화되고 있었다. 이 시기의 농촌의 빈궁화는 봉수의 집에서 자란 옥경이 자신의 호구지책을 위해 동네 주점의 하녀로 들어간 것을 통해 표현되고 있다.

1950년대 농촌에서 농가의 수지구조는 만성적인 적자상태에 있었고, 농외수입을 얻을 수 있는 길도 없었으므로 농민들은 비록 그들이 자작농이 되었다고 할지라도 고리대 이율의 사채에 의존할 수밖에 없는 상황이었다.[28] 농가의 호당 부채 규모는 1948년 109환, 1952년 2,509환, 1956년 39,970환으로 증가하였다. 이 부채들은 근대적 금융기관으로부터의 대출이 아니라 전래의 고리채(사채)였다. 1953년 5월 당시 농가 부채의 차입처별 구성을 보면, 금융조합 19.2%, 계 7.9%, 개인 대부업자 및 기타 차입처가 72.9%였다. 당시의 이자율은 보통 5~10부에 이를 정도의 고율이었다. 국가는 농업은행을 설립하여 금융조합의 기능을 대신하려 했으나, 1956년 9월의 농가부채 차입처 구성을 봐도, 농업은행 융자금과 타금융기관 융자금이 18.1%, 계 6.2%, 개인 및 대부업자 75.7%일 정도로 여전히 농민들은 사채에 의지해야 했다. 1958년 3월 특수법이 제정되어 농업은행이 창설되었는데, 1959년 말의 차입처별 구성을 보면 농업은행과 타 금융기관 40%, 계 6%, 개인 및 대부업자

---

[27] 〈돈〉에서 농지에서 일하는 초반의 신과 기차가 들어오는 신을 제외하면 대부분의 장면은 스튜디오에서 촬영된 것으로 보인다.

[28] 김동노, 「1950년대 국가의 농업정책과 농촌 계급구조의 재구성」, 447~448쪽.

54%로 나타나고 있다. 대부업자에 대한 의존 비율이 줄기는 하였으나 영세농의 경우 개인 및 대부업자 의존비율이 72.4%나 되었다. 농가부채의 월별 이율은 1958년에 들어서면 대체로 월 5% 수준이지만, 농민들의 입장에서는 여전히 부담하기 힘든 고리대였다.[29] 1956년 농업은행 조사에 의거하여 은행융자 월리 1.5%, 사채 월리 10%로 계산한다면, 전국 부채보유농가가 부담하고 있는 이자는 매년 약 76억 8,000만 환이었다. 그러나 실제 사채이자 중에는 월리 10%를 넘는 현물부채가 있으므로 결국 실제 이자부담액은 그 이상일 것이다.[30]

농촌 경제의 피폐함은 도시와의 비교에서도 더욱 절실히 드러난다. 농가의 평균생활수준은 도시의 평균생활수준의 절반 정도에 불과하다. 1957년 한 해를 제외하면 1950년대 후반기에 도농 간의 생활수준 격차는 점차 커지고, 농민들의 생활수준은 도시 근로자의 생활과 비교해서도 계속 나빠지고 있었다. 당시 도시에서도 이렇다 할 산업이 없고, 심지어 안정적으로 월급을 받는 공무원조차 생활이 어려운 상황이었다는 점을 생각해본다면, 농민의 생활수준은 매우 열악했다는 것을 확인할 수 있다.[31]

〈돈〉은 자작농들의 환금수단이 오로지 쌀을 파는 것에 있고, 돈을 갖게 되면 쉽게 술을 마셔 돈을 낭비하는 모습을 보여준다. 또한 농촌에서 현금을 가진 사람은 고리대업자뿐임을 보여주고 있다. 자작농인 봉수와 그의 친구들이 생활에 쪼들리면, 고리대금업자인 억조에게 고리대를 빌려 쓰고, 또 이들이 노름을 통해 가산을 탕진하는 모습을 보여주고 있다. 이것은 경제적 상황이 개선될 희망이 보이지 않던 농민들이 쉽게 돈의 유혹에 빠지는 모습을 단적으로 보여주고 있다. 그러

---

29) 한도현, 「1950년대 후반 농촌사회와 농촌의 피폐화」, 78~79쪽.
30) 장상환, 「한국전쟁과 인구사회학적 변화」, 정성호·박명림·장상환·김인철, 『한국전쟁과 사회구조의 변화』, 백산서당, 1999, 183쪽.
31) 한도현, 「1950년대 후반 농촌사회와 농촌의 피폐화」, 80쪽.

나 봉수가 친구들로부터 도박을 통해 돈을 딴 상황은 아들과 아내에 의해 지탄의 대상이 되며, 아들 영호와 갈등을 불러일으키게 된다. 아들 영호는 억조를 해충에 비교히며 농촌의 현실이 도박에 쉽게 빠지는 '아버지 같은 농민'들 때문에 나아지지 않는 것이라며 돈을 돌려줄 것을 종용한다. 결국 아들의 성화에 못 이긴 봉수는 이 돈을 돌려주려 하지만, 이 과정에서 억조와 다시 노름을 하게 되고 억조의 속임수에 빠져 쌀을 판 돈까지 모두 잃고 만다.

흥미로운 점은 봉수가 억조의 꼬임에 빠져 돈을 다 잃고도, 억조와의 관계를 끊지 못한다는 점이다. 봉수는 빚을 갚기 위해 다시 억조를 찾아가고, 억조는 구호물자 장사를 하는 박서방을 통해 봉수에게 구호물자 장사를 통해 돈을 벌 수 있다는 기대를 갖도록 만든다. 그는 장사 자금을 마련하기 위해 농업의 생산수단을 상징하던 송아지까지 판다. 그는 그 돈을 가지고 서울에 가지만, 서울에서 사기를 당해 가지고 있던 돈을 모두 잃었지만, 자신이 사기를 당했다는 것을 한참 후에야 알게 된다. 이 영화에서 서울의 시장은 구호물자 유통의 중심지였고, 사기꾼들이 들끓는 '사악한' 장소였다.

이승만 정부의 1950년대의 정책들은 영세농들의 몰락을 부채질했다. 1951년 정부는 군량미를 확보하고 인플레이션을 진정시키기 위해 토지세를 통합시켜 현물로 납부하게 하는 토지소득세를 도입했고, 이 정책을 1960년까지 지속했다. 농업 국가였던 당시 상황에서 토지소득세는 국가의 안보와 존립을 위해 필수적인 세금이었고 일선 경찰과 면서기를 동원하여 세금을 징수하는 데 상당한 노력을 기울였다. 이 세금은 누진세의 성격을 가지고 있었지만 영세한 농촌 가계 경제에 부담을 줄 만큼 높은 수준이었다. 농민들은 생산량의 15%에서 많게는 45~50%를 시장가의 40% 정도의 가격으로 정부에 팔아야 했다.[32]

---

32) 김동노, 「1950년대 국가의 농업정책과 농촌 계급구조의 재구성」, 430~437쪽

　이런 조세정책과 함께 1950년대 후반 농촌 경제의 빈궁화를 부채질한 것은 미국 잉여농산물의 도입과 저곡가 정책이었다. 1954년 흔히 PL 480으로 알려진 새로운 원조지원법인 「농산물무역촉진원조법」(Agricultural Trade Development and Assistance Act of 1954)의 제정과 ICA 원조에 의해 잉여농산물과 공업용 원료가 도입되기 시작된다. 이러한 원조물자는 1950년대 중반에 한국사회의 재건에 기여했으나, 농촌경제에 큰 타격을 주었다. 이 원조 농산물은 국내 유통 양곡의 10%, 국내 생산량의 15% 이상을 상회할 정도로 비중이 컸는데, 1950년대 후반에 이르면 다른 물품의 물가들은 상승하는 가운데 곡물 가격만 하락하는 상황을 초래하였다. 특히 당시 농촌의 환금작물이었던 원면과 소맥의 수입은 자작농들의 상품작물 재배에 심대한 타격을 입힘으로써 농촌 경제의 기반을 흔들었다.[33) 1956~1960년 기간에 원조 소맥의 가격은 국산 소맥 정부매입가격의 50~60% 수준에 불과했다. 당시 곡물의 정부수매가격은 생산비의 80% 내외, 시장 가격의 2분의 1내지 3분의 2에 불과했다. 소맥수입량은 1955년 6만여 톤에서 1960년 40만여 톤으로 증가했고, 1965년 50만여 톤, 1970년 125만여 톤으로 늘어났다. 식량의 절대적 부족으로 소맥 경작면적은 1950년 98,265ha에서 1970년 157,814ha로 늘어났지만,[34) 국내 생산비중은 1955년 63.2%에서 1970년 22.2%로 하락했다.[35) 이렇게 실제 부족량보다 과다했던 잉여농산물 도입은 곡가하락으로 농가경제를 피폐시켰다. 미가 또한 상대적 저가였다. 1956년을 100으로 할 때, 쌀값은 1958년 93.4, 1959년에는 82.5로 폭락했고, 보리쌀값은 1959년에 73.7로 하락했다.[36) 이런 사회

---

33) 김동노, 「1950년대 국가의 농업정책과 농촌 계급구조의 재구성」, 437~446쪽.
34) 1974년에는 66,911ha로 감소했다.
35) 장상환, 「한국전쟁과 인구사회학적 변화」, 180쪽.
36) 장상환, 「한국전쟁과 인구사회학적 변화」, 181쪽.

적 상황은 영화에서 "아무리 열심히 일을 해도 빚만 늘어"난다는 대사로 표현되었다.

한도현은 지주계급이 몰락하여 국기에 대응할 세력이 없던 상황에서 1950년대 후반기 한국정부는 사회로부터 특히 농촌사회로부터 '초월한' 전능한 존재였다고 평가한다.[37] 정부는 원조물자의 배정 능력을 독점하고 정치적으로 농촌단체를 해체화하거나 무력화시켰다. 이와 대조적으로 국가는 도시엘리트와 기업부문과 밀착하여 농촌부문의 잉여를 추출해내는 기제를 형성하였다. 도농 불균등발전의 싹이 돋아나고, 도시의 농촌지배가 뚜렷해지기 시작하였다.

〈돈〉에서 흥미로운 것은 주민들의 변화된 공간감각이었다. 이들은 영화에서 무의식적으로 "옛날 같으면 집을 팔고 서간도라도 간다지만 이러지도 저러지도 못하는" 상황을 탄식하고 있다. 이런 대사는 1930년대 식민지 지배하에서 상대적으로 열린 공간이었던 만주이주에 대한 기억을 상기시킨다. 그러나 이 영화에서 이농은 현실화되지 않고 있다. 농민들은 이 상황을 타개할 다른 해결책을 모색하지 못하고 "설마 산 사람 입에 거미줄 치겠느냐?"라는 생각으로 그것을 지연시키고 있다.

당시 농민들이 상상할 수 있는 상황타개책은 소규모 장사였다. 그러나 부채 문제를 해결하기 위한 상업화 노력은 실패로 돌아간다. 소농적 세계관을 가진 봉수에게 서울은 적응할 수 없는 공간이었다. 서울의 풍경은 혼잡한 교통과 소음으로 가득 찬 공간이며, 혼잡함을 피하기 위해 하늘을 올려 봐야 했지만, 거기에도 애드벌룬이 떠있는, 빠져나갈 구멍이 없는 막힌 공간이었다. 서울은 "여백과 여유를 단 한치도 허용하지 않는 공간"으로 묘사되고 있는 것이다.[38] 영화 속에서 서

---

37) 한도현, 「1950년대 후반 농촌사회와 농촌의 피폐화」, 100쪽.
38) 김재희, 「1950년대말~60년대 한국영화에 나타난 도시성과 근대성 연구」, 59쪽.

울의 시장은 전후의 상황이 배어 있는 곳으로, 거래물품은 주로 구호물자였고, 상인의 상당수는 북한출신이었다. 아직 순박한 농민인 봉수는 자신이 찾아가야 하는 상점을 찾지 못하고 결국 사기꾼에게 걸려 가진 돈을 모두 잃게 된다. 사기꾼은 변신에 능란했고, 사기꾼 여성은 맥주와 수표라는 근대의 상징물로 봉수에게 접근하였다. 장사라고는 해 본 적 없는 봉수는 사기꾼의 말을 그대로 믿거나 호의로 해석하여 파멸에 이르게 된다. 봉수의 파멸은 돈을 벌어야 한다는 강박과 농민적 순진함이 결합된 결과였다. 봉수는 사기꾼들이 사라지며 놓고 간 가짜 돈을 확인해보지도 않은 채 그것을 들고 들뜬 마음으로 귀향하지만, 집에 와서야 이 돈이 가짜 돈이라는 것을 확인하고는 절망에 빠진다.

봉수는 결국 집에 돌아온 후 고리대업자 억조와 싸우게 된다. 그는 억조가 옥경을 강간하려는 상황에서 돈을 떨어뜨린 장면에 봉착하고 이 돈의 주인됨을 두고, 싸움 끝에 그의 의도와 무관하게 억조를 죽이게 된다. 이 과정에서 그는 "돈은 주인이 없다"든가 고리대업자가 "농사꾼의 돈을 다 빨아 먹는다"와 같은 대사를 말한다. 그러나 그는 우연한 싸움과 살인으로 인해 자신의 아들을 감옥으로 가게 만든다.

2) 세대간 거리

〈돈〉에서 나타나는 주요한 인물이 서로 사랑하는 관계인 영호와 옥경이다.[39] 영화의 시작과 함께 영호는 기차를 타고 고향 농촌으로 돌아온다. 그의 이동은 군대로부터 고향으로, 그리고 가족으로의 귀환

---

[39] 주변적인 인물로 영호의 여동생이 등장하기는 하지만, 극 전체에서의 엑스트라 정도의 비중을 차지할 뿐이며, 자신의 욕망을 드러내거나 다른 방식의 생존 전략을 추구하는 모습은 없다.

이다. 그는 제대군인으로 농촌에서의 삶에 다시 재적응해야 하는 인물이다. 그는 돌아와 "이제는 아버지를 돕겠다"고 선언하지만, 영화 속에서 그가 농사일과 같은 생산적인 노동을 하거나 집안일을 돕는 장면은 존재하지 않는다. 영호는 극중 내내 경제적으로 무기력하다. 다만 부모와 동거 상태를 유지하고 있을 뿐이다.

그가 군대에 입대할 때는 장교로 입대하지만, 제대 후 생활은 무력하고 그의 가치나 규범은 여전히 전통적이다. 그는 노름을 통해 친구들의 돈을 따온 아버지를 윽박질러 돈을 돌려주라고 말하고, 옥경과의 대화에서는 돈에 대한 광적인 물신에 휩싸여 있는 당시의 사회상을 비난한다. 그러나 이러한 영호의 비판의식은 사회적으로 무력하기만 하다. 영호의 선택은 단지, 영화의 후반부에서 억조에게 성폭력을 당한 또는 그 위기를 간신히 피한 옥경이 서울로 올라가 공장으로 취직해야겠다는 말에 즉흥적으로 그녀를 따라나서겠다고 한 결심뿐이다. 그는 자신의 가족에게도 알리지 않는 도피적 이농을 결심하고 있다. 그러나 그가 도시로 가는 것은 농사 밑천을 마련하는 것이며, 종국에는 농촌으로의 귀환을 염두에 둔 것이다. 그가 실제로 도시에서 무엇을 하여 밑천을 마련할지, 그 밑천을 통해 농촌으로 돌아와 무엇을 할 것인지 알 수 없다.

영호라는 인물은 부모세대와의 차이를 드러내고, 전통적인 관계의 파탄과 물신화된 세계의 승리를 그리기 위한 극적 설정의 산물이지만, 당시 존재했던 다수의 제대군인들의 실정을 반영하고 있다. 당시 한국사회는 다수의 제대군인들이 일자리를 찾지 못하고 잠재 실업자로 존재하였다. 1954년에는 12만 3천 8백여 명, 1955년에는 19만 6천여 명이 제대하였다. 이들은 자신들을 흡수할 수 있는 노동시장도, 국가적 지원도 부재한 상황에서 일단 자신의 고향으로 돌아갔으나 곧바로 실업자로 내몰렸다. 1954년에 제대하는 사람들을 위한 대책이 마련되긴 하지만, 그 대책은 별다른 효과가 없었다. 〈돈〉에서는 분명하게 드러나지는 않지만, 이들은 농촌과 도시 모두에서 사회적 불안 요인을 제공했고, 종종 무분별한 폭력을 휘둘러 마을의 골칫거리가 되기도 했다.[40] 정부는 제대군인들의 정치세력화를 경계하여 한국 전쟁 이후 설립된 재향군인회의 동원 능력을 끊임없이 제한하고 있었다.

반면, 옥경이라는 인물은 어렸을 때 부모를 잃고 봉수의 집에 10년간 얹혀살다가, 봉수네의 생활이 어려워지자 술을 파는 과부의 집에 일을 도우러 자발적으로 집을 떠난 인물이다. 정확한 맥락은 드러나지 않지만, 당시의 시대적 배경을 생각해 볼 때, 그녀는 전쟁고아 또는 해방직후의 사회적 갈등에 의해 부모를 잃은 아동으로 해석될 만한 개연성이 있지만, 정확하게 그녀가 어떤 경로로 가족들을 상실했는지는 설명하지 않고 있다. 옥경은 영호와 사랑하는 사이였으나 영호와 마찬가지로 극중 내내 무기력하게 현실을 받아들이고 있다.

영호와 옥경의 대화에서 돈은 서로 다른 의미로 설정되고 있다. 옥경은 은혜를 갚으려면 돈이 있어야한다는 생각을 하고 있고 그것은 소중한 생명과도 같은 것이었다. 반면 영호는 그것을 사회적 관계를 파괴하는 '악마'와 같은 존재로 해석하였다. 그러나 이들이 돈을 벌 수 있는 방법은 없었다. 가족이 없는 무력한 농촌처녀들에게 힘 있는 기성세대의 유혹과 성폭력의 위험이 상존했다. 그녀는 실제로 고리대업자인 억조에게 성폭력의 위협을 받고 도망쳤다가 돌아온 뒤, 집 마당에 흩어진 돈을 발견하고 이를 챙겨 서울로 가겠다는 생각을 하는 아가씨로 그려지고 있다. 그녀에게 제시된 미래의 가능성은 영호와 함께 농촌을 떠나는 것이었다. 그러나 산업화가 본격적으로 이루어지지 않은 상황에서 농촌 처녀들의 소박한 꿈은 실현되지 못했을 가능성이 크다. 농촌을 떠나겠다는 그녀의 결단은 도시로부터의 유인보다는 농

---

40) 후지이 다케시, 「돌아온 '국민'―제대군인들의 전후」, 『역사연구』 14, 2004, 270~275쪽.

촌에서의 축출요인이 크게 작용하고 있다. 가족적 보호망이 없는 상태에서 폭력 경험과 생존 위협, 그리고 도시에 대한 오인이 이들을 농촌으로부터 밀어내는 요인이었다. 농촌은 여기에서 거주하는 청년세대들로부터 점차 살 만한 곳이 아닌, 따라서 탈출해야 할 디스토피아가 되고, 도시는 막연한 대안으로 떠오르고 있다.

그러나 농촌 청년들의 현실로부터의 탈주 시도는 억조 살인사건의 용의자로 경찰에 연행되면서 실패하고 만다. 이 영화에서 경찰은 생활공간 깊숙이 들어와 있지만 주민들에게는 여전히 낯설고 무서운 존재이다. 영화속의 마을은 조양경찰서 신도지서 관할구역이었다. 이들의 임무는 '애림녹화', '사심을 버리고 공심으로 봉사'하는 것이며, 주로 치안유지와 도박단속을 하고 있다. 그러나 성폭행을 당한, 또는 성폭행의 위험에서 벗어난 옥경과 영호가 돈을 챙겨 마을을 떠나려고 하던 날, 경찰에 연행되고 돈의 출처에 대해 취조를 받게 되는데, 이에 대해 제대로 대답하지 못하고 우물쭈물함으로써 구속되는 길로 떠나게 된다. 빈곤이나 폭력의 현장인 농촌마을로부터의 탈출에서 경찰은 이를 가로 막은 문지기로 작용하고 있다. 1950년대 후반의 농촌에서 국가의 존재감은 컸고, 마을공동체는 개별화되면서 빈궁화의 음울한 공간이 되어가고 있었다.

영화의 끝 장면은 영호와 옥경이 끝내 성폭력 사건의 자세한 내막을 밝히지 않은 채 살인사건의 용의자로 도시의 경찰서로 이첩되어 기차를 타고 떠나고, 역시 살인사건에 책임이 있는 봉수는 사건의 진상을 밝히지 않은 상태에서 떠나는 기차를 쫓아가지만, 결국 선로에서 좌절하는 장면이다. 부모와 청년세대의 농촌현실을 보는 시각은 다르나 농촌은 사람이 살 만한 공간이 아닌 디스토피아이며, 부조리한 상황이 재생산되는 곳이다. 변화가 요구되나 변화의 구체적 계기는 주어지지 않은 상황이었다.

4. 이농과 도시화의 초기 양상

1) 기지촌의 형성과 고향상실

〈돈〉에서 농촌 청년들이 도시를 염두에 두고 있으나 결국 농촌에 갇혀있다면, 〈지옥화〉는 농촌을 떠나 도시로 몰려든 청년들의 삶을 보여준다. 이들이 간 곳은 꿈을 실현하는 도시가 아니라 당장 일거리가 있는 기지촌이다. 기지촌에서 생활하는 인물들은 대부분 고향을 떠나왔으며, 어떤 방식으로든 가족과의 관계가 단절되어 있고, 또한 익명화되어 있다. 이 세계를 구성하는 인간적 존재들은 전쟁 중에 부모를 잃고 고아가 되어 기지촌에 '흘러들어' 오게 된 여주인공 소냐와 쥬디, 그리고 특별한 주거 없이 기지촌 주변에 흩어져 있다가 이 지역을 지배하는 폭력단의 지시나 호출 아래 움직이는 존재들이다. 이들은 기지촌의 가건물에서 거주하고 있고, 가족성원이 아니라 개인적 존재로 나타나고 있다. 뿐만 아니라 그 곳에 정착의지가 없이 언젠가 어디론가 떠날 수 있는, 그것을 항상 꿈꾸는 뿌리뽑힌 존재들이다. 이들의 하위문화에는 '부랑'자로서의 정체성과 '한탕주의'가 곳곳에 배어 있다. 이들의 삶은 생존을 위해 돈을 벌어야 하는 생존경제와 전통적 가족규범으로부터의 일탈에 의해 규정된다.

〈지옥화〉의 영식과 〈돈〉에서의 영호는 이 시대를 살았던 젊은이들의 모습일 뿐 아니라 이농 이후의 도시에서의 삶과 농촌에 잔류하고 있는 삶을 대비시켜준다. 영식은 "서울에 물건을 사러 간다"라는 핑계로 홀어머니를 두고 농촌을 떠나와 기지촌에 머물면서 '양공주'들의 관리와 미군 물자의 불법반출과 밀매로 생계를 꾸려가고 있다. 그는 길거리에서 양주를 사먹는 등의 미국적 문화에 익숙한 모습을 보여주고, 강가에 수영을 나가거나 나들이를 가는 등, 도시화된 생활양식을 보여준다. 그러나 그는 농촌에 남겨둔 어머니를 모시지 못하고 있다는 장자로서의 죄책감에 시달리고 있다. 또한 소냐와는 공식적이지는 않지만 일종의 사실혼 관계[41]를 맺고 있으며, 항상 소냐에게 큰 밑천을 마련하여 시골로 내려가 같이 살자고 종용하고 있다.

이런 모습은 농촌 공동체의 해체와 함께 나타난 1950년대 후반의 산업화 없는 도시화 및 기지촌의 현실을 반영하고 있다. 1945년 해방 이후 1960년에 이르는 기간 동안 남한의 도시 인구는 폭발적인 증가세를 보여주었다. 1945년 남한의 도시 인구 비율은 13%였는데, 1960년에 이르면 28%로 늘어났다. 이러한 인구이동은 해방과 전쟁으로 인해 북한과 해외에 살던 인구들이 유입되면서 나타난 현상으로 특히 1949년에서 1955년 사이에 인구의 자연적인 증가 없이 도시 인구만 급증했다. 1955년에서 1960년 사이에는 별다른 해외 인구의 유입 없이 도시 인구는 꾸준한 증가세를 보여주며, 농촌에서 서울로의 인구유입 현상이 두드러진다. 여기에는 전쟁으로 인한 난민과 북한 출신 피난 인구들이 도시로 이동한 것이 반영된 것으로 1960년대 이후 산업화가 초래한 도시화와는 다른 양상을 보여준다.[42]

전쟁기간 중 북한에서 피난 온 인구는 60%가 농촌에 그것도 북한에 가까운 지역에 정착했지만, 나머지는 경제적 기회를 찾아서 도시지역으로 몰렸다. 또한 남한에서 거주하던 농촌주민들도 상당수가 도시로 이주했고, 특히 제대군인들도 도시에 정착했다. 그 결과 한국사회의 도시화율은 1949년 17.3%였던 것이 1950년에는 18.4%, 1955년에는 24.5%, 1960년에는 28.0%로 계속 증가했다.[43] 일례로 서울시의 경우, 인구증

---

41) 이는 소냐가 영식에게 칼을 찔려 죽기 직전의 마지막 장면에서 자신을 "당신의 부인"이라고 지칭하는 부분에서도 드러난다.

42) 권태환·윤일성·장세훈,『한국의 도시화와 도시문제』, 다해, 2006, 170~174쪽.

43) 정성호,「한국전쟁과 인구사회학적 변화」, 정성호·박명림·장상환·김인철,『한국전쟁과 사회구조의 변화』, 백산서당, 1999, 26~27쪽.

가 중 1949~55년간 도시인구 증가의 81.2%가 사회적 증가 즉 농촌으로부터 도시지역으로 집중한 인구라고 할 수 있다. 서울은 1945년 해방 이후 1960년 산업화가 본격화되기 이전 15년간 무려 155%의 증가율을 보이고 있다.[44]

그러나 도시로의 인구집중 및 도시의 외연적 확대에도 불구하고 도시의 삶의 질은 그다지 좋지 않았다. 특히 주택보급 상황은 매우 좋지 않았다. 1958년 서울의 주택은 최저 절대수요의 44.2%가 부족이며, 이 세대수를 평균 5인 가족으로 보면 106만 5천 명이 집 없는 저소득층이란 결론이 나온다. 서울이 갖는 실질적이고 현실적인 고용기회, 주택, 문화, 교육 등을 제공할 수 있는 능력을 초과하여 농촌지역으로부터의 인구를 흡수했다. 이렇게 도시와 농촌 모두에서 주민들은 '과잉인구'가 되었다.

1950년대의 주요 사회문제가 만성적 실업이었다. 한국산업은행 조사부에 의하면, 실업자 수는 1952년 126만 명, 1954년에는 132만 명에 달했다. 이 시기의 다른 자료에 의하면 1955년 2월 10일 현재 완전 실업자 수는 200여 만 명에 달하고, 그 밖에 반실업자, 유랑농민, 파산한 도시소시민이 많았다. 1957년 12월에는 서울의 빈민실업자들이 시청 앞으로 몰려가 데모를 하는 사건까지 발생했다. 1961년 2월에 발표된 경제백서에 의하면, 한국의 실업자는 250만의 완전실업자와 약 200만 명으로 추정되는 농어촌 잠재실업자를 합해 총 450만 명에 달하며, 이는 1,000만 명의 총 노동인구 중 45%라는 높은 비율이었다. 이들 실업자에 대해 공공사업에 의한 흡수, 적산농지 내지 미간지개발에 의한 흡수, 실업보험제도의 확립 등 실업대책이 구상되었지만 별다른 성과를 거두지 못했다.[45]

---

44) 오유석, 「서울의 과잉도시화과정 : 성격과 특징」, 『1950년대 남북한의 선택과 굴절』, 역사비평사, 1998, 273~274쪽.

이런 상황에서 도시화가 진전되었고, 그나마 일자리가 있는 기지촌이 경제적 기회를 찾아 도시로 흘러들어간 대중들의 유력한 선택지가 될 수밖에 없었다. 한국 전쟁 이후 휴전선 집경지역이 대규모 군사주둔지로 변화하는 과정에서 경기도 북부에 미군 기지들이 들어서고 이 기지들을 중심으로 기지촌이 형성되었다. 〈지옥화〉의 무대가 되고 있는 경기도 양주군 동두천의 경우, 한국전쟁 당시 허허벌판이거나 공동묘지 지역이었으나 1952년 2월 미 제7보병사단이 주둔하면서 거대한 군사도시가 형성되었다. 기지촌에 새로운 인력들이 급속하게 유입되었고, 이들은 미군을 직접 상대하는 클럽이나 토산품가게 등에서 일을 하였다. 동두천의 경우 1970년대 말 전체 인구 6만여 명 중 90%가 외부에서 미군을 따라 들어온 소위 뜨내기들이었다.[46)]

영화가 촬영되기 1년 전인 1957년부터 미군의 외출과 외박이 허용되면서 이 일대 촌락은 본격적인 기지촌의 모습을 갖추기 시작했다. 동두천의 기지촌 여성은 1956년 1,300여 명에서 1962년에는 7,000명까지 늘어나면서 동두천은 '기지촌 1번지'로 불렸다. 이들 기지촌 여성 중 상당수는 〈지옥화〉의 쥬디와 같이 전쟁 등으로 부모나 남편을 잃었거나 시골의 가난한 집안 출신이었다. 대다수가 초등학교조차 마치지 못했으며, 스스로를 '타락한 여성', '비정상'으로 규정했다. 이런 여성들에게 있어 기지촌은 생계를 위한 최후의 보루일 뿐만 아니라 자신을 추방하는 장소로 여겨졌다.[47)]

미군 기지 주변에서 기지촌이 형성된 것은 한국사회의 경제적 궁핍을 바탕으로 하여 국가권력과 미군이 개입한 결과였다. 원래 기지촌의 형성과 '양색시'의 출현은 해방과 미군 주둔이 낳은 쌍생아였다. 한

---

45) 장상환, 「한국전쟁과 인구사회학적 변화」, 176~177쪽.
46) 홍성철, 『유곽의 역사』, 페이퍼로드, 2007, 163~205쪽.
47) 홍성철, 『유곽의 역사』, 163~205쪽.

국사회는 미군기지 주변의 PX경제에 관해서는 그런 대로 관대했으나 '양색시'들에 대해서는 비난과 동정이 동시에 작동하였다. 해방 직후에 이들을 바라보는 시선을 가장 잘 표현한 텍스트의 하나가 화가 이응노가 1946년에 그린 그림이다. '거리풍경―양색시'라고 이름된 그림에서 이응노는 세 명의 '양색시'와 이들을 바라보는 대중들의 모습을 그리고, 그림의 한쪽에 "그대들의 자태를 바라볼 때에 눈물이 앞을 가린다. 하루빨리 반성하여……제2의 현모가 되어주기를 원한다"고 써 놓았다.[48]

이런 시선은 일제하에서 형성된 국민주의와 해방 후 만들어진 새로운 민족주의의 산물임에 틀림없다. 이들을 바라보는 시선은 겉으로 드러난 모습에 대한 외부 관찰자의 시선이고, 사회는 이들에게 놀라움과 함께 반성과 개과천선을 요구했다. 그로부터 10여 년이 지난 시점에서 제작된 〈지옥화〉에서 양색시들을 바라보는 시선은 한편으로는 이의 연장선상에 있으면서 다른 한편으로는 이들의 생활 깊숙이 들어가서 이들을 바라보는 것이다. 아울러 이들에게 반성과 개과천선을 직접 요구하지 않게 된다.

이나영에 의하면,[49] 한국전쟁이 끝난 이후 정부는 '양공주의 집단화를 통한 분리와 경계 짓기'에 집중한다. 1954~55년 당시의 언론들은 양공주를 민족 정체성을 위협하는 민족의 수치로 표상화했고, 정부는 이러한 여론에 힘입어 1955년과 1956년 두 차례 '양공주 소탕령'을 내림과 동시에 그들에 대한 강제적인 성병 검사를 실시한다. 성병예방을 위해 성병대책위원회가 양국 간에 조직되었고, 1957년 제4차 회의에서 성매매 여성을 일정지역, 즉 유엔군, 국군 주둔지 및 서울, 부산,

---

48) 이 그림은 2011년 삼성미술관 리움에서 기획한 〈코리안 랩소디〉라는 명칭의 특별전시회에서 전시되었다.

49) 이나영, 「기지촌의 공고화 과정에 관한 연구(1950~1960) : 국가, 성별화된 민족주의, 여성의 저항」, 『한국여성학』 제23권 4호, 2007, 16~23쪽.

공동체를 회복하려는 시도들은 번번이 좌절되고 있다. 영화의 결말은 죽음과 파탄이다. 이것은 1950년대의 상황에서 도덕주의적 결론으로부터 벗어나기가 그만큼 어려웠음을 나타내는 것이다.

5. 혁명의 징후?

최종적으로 우리는 이 두 영화를 어떻게 읽어야 하는가, 감독이 직접적으로 언표하고 있는 인물들의 대사와 행동을 중심으로 읽을 것인가, 아니면, 두 작품의 배경이 되고 있는 1950년대 후반의 한국사회의 구조나 사회적 분위기를 중심으로 읽을 것인가.

〈돈〉에서 농촌의 청년들은 경제적 생존수단을 찾을 수 없는 막막한 현실 앞에서 절망하며 경제적 기회를 찾아 도시로 떠나려고 한다. 군대에서 돌아온 청년들에게 고향은 자신이 그리던 그런 고향이 아니었다. 전후에 일시적으로 평온을 되찾은 것으로 보였던 농촌은 1950년대 후반 빈궁화가 심화되면서 젊은 층이 희망을 펼칠 수 있는 생활공간이 아니었다. 농촌이라는 공간은 기성세대의 협잡이나 무기력함, 그리고 적절한 정부정책의 부재로 인해, 탈주로 없는 숨 막히는 공간이 되고 있었다. 이곳의 청년들이 더 이상 체류할 수 없는 상황에 이르렀을 때, 그들은 자신의 '결단'하에 이농을 시도하지만, 이들의 선택은 신중한 계산에서 나온 것이 아니라 우발적인 것이며, 희망을 실현하기 위한 것이라기보다 상황에 의해 강제된 것이다. 그러나 이들의 목표인 도시로의 이주는 우발적 사건에 의해 불가능해진다. 순진한 기성세대와 이를 비판하고 있는 젊은 세대 모두의 절망과 파탄이 이 작품에 나타난 농촌의 상황이었다.

만약 〈돈〉의 청년들이 성공적으로 농촌을 떠나 도시로 진입했다면,

이들의 모습은 무엇이었을까. 이를 구체적으로 상상할 수 있는 실마리는 영화에서 주어지지 않고 있지만, 여러 가지 시나리오 중의 하나가 〈지옥화〉에 나타나고 있는 젊은 세대들이다. 농촌을 떠난 청년들은 도시 노동시장에 편입되지 못하고, 생계유지를 위해 그나마 약간의 기회가 존재하는 곳, 기지촌으로 '흘러' 들어갔다. 그들은 사기와 범죄, 폭력과 성매매가 횡행하는 기지촌의 주인공들이 되었다. 그러나 농촌을 떠나 도시로 온 청년들에게 자신이 머물게 된 도시는 또 다른 디스토피아였고, 그들이 버리고 떠나 온 농촌은 돌아가야 할 고향으로 재구성된다. 영화의 주인공은 "언제까지 이렇게 살 수는 없다"며 돈을 크게 모은 뒤 자신의 여자 친구에게 고향에 내려가 같이 살자고 종용한다. 그러나 귀향은 불확실하다. 자신의 동생과의 갈등 이후에 남자 주인공은 자신이 돌아가야 할 방향을 상실하고 "아무 곳이나"라며 그 진로를 바꾸고 있다. 그러나 자신이 머물고 있는 삶의 터전을 디스토피아화하는 태도는 변화가 없다.

기지촌의 여성들도 역시 자신들의 처지를 비관하고 있다는 점에서 크게 다르지 않다. 아이러니이지만, 기지촌의 젊은 여성들은 자신의 처지를 비관하면서도 좋은 남자를 만나 결혼하는 것을 꿈꾸고 있다. 이들에게 기지촌이라는 공간은 자신의 부도덕함과 비루함을 감내해야 하는 지옥으로 나타나고 있다. 기지촌에서의 삶을 비도덕적인 것으로 받아들이지 않고 이를 가장 잘 적응하고 있는 것으로 보였던 경우조차 영화의 말미에서 이곳을 떠나 "홍콩"이든 어디든 떠나자고 말하고 있으며, 이러한 탈주를 위해 자신의 남편과 동료들을 배신하고 그들의 범죄 행위를 신고하는 모습을 보이고 있다.

청년 군상들이 농촌에서 벗어나려는 시도가 실패하는 〈돈〉의 비극적 결말과 청년 군상들이 기지촌을 벗어나 농촌으로 돌아가려하지만 그 또한 비극으로 끝나는 〈지옥화〉의 결말은 묘한 대비를 이루고 있다. 즉 〈돈〉에서 청년 세대가 경험하는 농촌과 〈지옥화〉에서 청년 세대가 낭만적으로 상상하는 농촌 사이에는 큰 괴리가 있다. 이러한 인식의 간극과 체계적인 오인은 1950년대 도시와 농촌 모두에서 발생한 사회현실이었고, 이를 어떻게 극복할 것인가에 대한 사회적 응답이 예비되고 있었다.

두 영화 모두에서 현실은 디스토피아가 된다. 그들은 유토피아를 꿈꾸며 그리로 향하려는 강렬한 욕망을 드러낸다. 그러나 그들이 각각 인지하고 있는 대안적 공간이나 유토피아는 두 영화를 교차해보면 도시나 농촌 어디에도 존재하지 않는다. 대중들은 디스토피아로서의 현실을 부정하고,52) 대안을 찾으려고 움직이기 시작했으나 유토피아로서의 도시와 농촌은 다른 영화에 의해 차례로 부정되고 있다. 두 영화는 전후 한국 사회에서 공동체로부터 뿌리 뽑힌 대중들이 양산되고 이들이 현실을 디스토피아화하면서 현실의 외부에서 유토피아를 상상하거나 상실된 고향으로 돌아가려고 하지만 실제로는 그것이 실현되지 않고 있다.

그렇다면, 이런 사회에서 젊은이들의 최종 행선지는 어디인가? 사회적 저변에서의 빈궁화와 대중적 고뇌, 방향상실은 이들의 세계에 개입할 수 있는 혁명의 공간을 배태해가고 있었던 것은 아닐까? 노지승은 4·19혁명이 이승만 시기의 사치와 허영으로 표상되던 자유주의를 일소하고, '근면'과 '검소'를 통해 교란되었던 사회질서를 가부장적으로 복원하려는 시도였다는 점을 밝히고 있다. 그녀에 따르면 일종의 문화혁명으로서의 4·19라는 징후는 1959년에 라디오 드라마로 유행하고, 1960년에 영화로도 개봉하여 큰 성공을 거둔 〈로맨스 빠빠〉에서 찾고 있다. 그녀는 이 영화에서 '바른이'를 통해 4·19혁명의 주

---

52) 소녀의 경우도 미군과의 결혼을 통한 해외이주를 시도하는 것이 아닌, 동식과의 이주가 해피엔딩으로 끝날 개연성은 거의 없었다고 볼 수 없다.

축이 된 새로운 지식인 청년 주체들의 등장과 '민주'를 가족을 중심에
둔 공동체주의로 이해하고 이를 통해 가부장제를 강화하고자 하는 중
간계층의 욕망을 읽어내고 있다.[53] 그러나 혁명의 징후가 그렇게 쉽
게 포착될 수 있을까? 아니면 그 징후가 1959년에 나타났다고 한정할
수 있을까. 5·16쿠데타 이후 제작된 〈상록수〉나 〈쌀〉 같은 작품에서
등장하는 농촌을 재건하려는 국가적 프로젝트에 대한 긍정과 이러한
동원 프로젝트의 주체이자 계몽의 주체로 자리 잡고 있는 남성 주체
들의 강력한 귀환이 이미 그 이전에 예비되고 있었던 것은 아닌지. 이
와 아울러 우리는 1958년의 영화들을 통해 포착되는 새로운 양상들을
근대의 심화라고 부를 수 있는가에 직면한다. 이에 관한 답은 여전히
모호하지만 적어도 1950년대의 근대화는 전통을 전복하고 새로운 가
치관을 세우려는 사회집단에 의해 추동된 것이라기보다는 전쟁과 궁
핍 속에 겪었던 생존의 논리가 강요한 것은 아닐까?

　또 한 가지 언급할 것은 당시 이들 영화를 바라보는 관객이나 국가
의 시선의 문제이다. 〈지옥화〉는 흥행에 성공하지 못했다. 〈돈〉은 당
시 마닐라에서 열린 제5회 아시아 영화제 출품을 둘러싸고 한바탕 소
란이 있었다. 이 영화제 출품작을 결정하기 위하여 한국영화제작가협
회는 6편의 영화를 심사하여 그 중에서 〈돈〉과 〈그대와 영원히〉를 선
정했는데,[54] 그 후 〈돈〉이 너무 "어둡고 우울한 인식"을 준다고 하여,
정부의 심사위원회에서 이를 〈청춘쌍곡선〉으로 교체하여 출품하였
다. 이 재심사에는 문교부, 공보실, 외무부, 치안국, 언론사 등에서 참
여하였다(『서울신문』 1958.3.7). 작품 자체에 대한 검열은 아니지만,

---

53) 노지승, 「영화, 혁명의 징후, 도시중간계층의 욕망과 가족주의」, 『4·19에서 5·16
　　으로, 그 전환의 역사를 재해석한다』(2010년 역사문제연구소 심포지엄 자료집),
　　2010.

54) 공영민, 「아시아영화제를 통해 본 한국영화 : 1950~60년대 해외진출을 중심으로」,
　　중앙대학교 석사학위논문, 2008, 33쪽.

제2장 냉전의 논리와 식민지 기억의 재구성*

이순진

1. 문제제기

조향랑이란 어여쁜 아가씨가 이XX감독에게 보내준 X마스 카드! 왜놈의 富士山(후지산)이 그려진 카드에다 왜말로 몇 마디 자잘 자잘! 이것을 본 이감독 허허 세상에 이토록 머리가? …… XX여서야 되겠소. 소위 여배우가! 無識亂筆이 心他不言이라, 북송반대 데모 듣지도 못했던가? …… 술대접에 뺨 격이군!

크리스마스를 맞아 알고 지내던 감독에게 안부나 전하려 했던, 한 신인 여배우의 선의(善意)는 영화잡지의 가십난을 통해 세상에 드러나는 순간 조롱거리가 되었다. 여배우의 사생활이란 매체의 관음증적 시선에 의해 언제든 노출될 수 있는 것임을 자각하지 못했던 것이 탈이었다.[1] 하필이면 그때 재일교포 북송 반대 여론이 들끓었던 것도

---

* 이 글은 『기억과 전망』 제23호(민주화운동기념사업회, 2010)에 실린 논문을 일부 수정하여 수록한 것임을 밝혀둔다.

[1] 여기서 나는 영화산업이 폭발적으로 성장하고 신문 잡지 등 여타 매체가 융성하기 시작했던 1950년대 후반이, 영화배우들의 일상이 대중의 흥밋거리로 제공되었던 한국영화사 최초의 국면이었다는 점을 염두에 두고 있다. 이른바 '공인'으로서의 영화배우가 어떻게 만들어졌는가는 매우 흥미롭고도 중요한 문제지만, 이에 대해서 본격적으로 논하는 것은 본고의 범위를 벗어나는 것이다.

운이 나빴다. 사소한 일상의 단면조차 대중의 시선 앞에 드러날 수밖에 없는 "소위 여배우"가 세상 돌아가는 이치도 모르고 자신의 일상을 지배하던 식민 잔재를 거리낌 없이 드러낸 것은, 과연 철없는 행동이라고 할 만 했다. 하지만 그녀에게 쏟아진 비난은 확실히 지나친 감이 있었다. 같은 잡지는 다른 지면을 통해서도 "이토록 무식한 여자가 어떻게 해서 배우가 되었는지" 모르겠다고 하면서 그 "정신 상태와 지적 수준을 의심"할 만하다는 인신공격을 퍼부었던 것이다.[2]

여배우의 카드에서 드러난 일상생활 속의 일본색에 대한 비난은 너무 지나친 나머지 오히려 주목을 끈다. 일간지의 영화 담당 기자가 공개지면을 통해, 일일이 구체적인 퍼센티지까지 적시해가면서 다수의 한국영화가 일본작품을 표절했다고 지적할 만큼 일본영화의 표절 관행이 광범위하게 퍼져 있었고,[3] 한국에서 유통되는 외화 제목의 대부분이 일본어의 중역(重譯)이던 시절이었음을 감안하면 더욱 그렇다. 결국 문제는 특정한 개인의 "정신 상태와 지적 수준"이 아니라 식민 지배 아래 놓여 있었던 과거의 흔적이 1950년대 말 당시의 영화인들, 더 나아가 한국인들 모두의 일상을 여전히 지배하고 있다는 사실에 있었다. 일본어를 일상적으로 사용하던 사람이 어찌 그 여배우뿐이었겠는가! '사바사바' 같은 말이 유행어가 되고, '오야지(おやじ)'나 '입

---

[2] 「[성층권] 한글 모르는 女優?」, 『영화세계』, 1960.3, 116쪽.

[3] L.Y., 「몰염치한 각본가군」, 『한국일보』, 1959년 3월 8일자(일요판 4면). 한국일보사 기자이자 영화평론가였던 임영(L.Y.)은 이 글에서 〈조춘〉이 전체의 90%, 〈잃어버린 청춘〉이 40%, 〈오해마세요〉가 40%, 〈종말 없는 비극〉이 50%, 〈서울의 휴일〉이 20%, 〈연모〉는 50%, 〈내 사랑 영원히〉는 50%, 〈나비부인〉은 90%, 〈인생차압〉이 20%, 〈오! 내 고향〉이 20%, 〈다시 찾은 양지〉가 40%를 일본작품에서 표절, 또는 번역했다고 지적했다. 이에 대해서 특히 〈인생차압〉의 원작자인 오영진이 한국일보를 상대로 위자료 청구소송을 제기하는 등 크게 반발하였고, 한국일보사는 지면을 통해 오영진에게 사과했다. 「오씨 시나리오 분규해결에 관한 해명」, 『한국일보』 1959년 10월 16일자(4면). 한국일보사가 한발 물러서면서 논란은 일단락되었지만 당시 일본작품의 표절 관행이 만연하고 있음은 영화계의 공공연한 비밀이었다. 임영의 문제제기는 그와 같은 비밀을 공론화했던 최초의 사건이었다.

봉', '봉절', '방화' 같은 일본식 용어가 별다른 자의식 없이 영화계에서 널리 통용되던 시기였다.

식민 잔재는 해방 이후 남한 정권이 식민의 유제(遺制) 대부분을 끌어안으면서 성립했기 때문에 일차적으로는 남한사회의 구조적인 문제였다고 할 수 있지만, 만약 제도적 차원에서 식민지 청산이 철저하게 이루어졌더라도 탈식민의 과제는 여전히 중요한 사회적 의제일 수밖에 없었을 것이다. 식민 과거는 근대 한국의 정체성과 근본적으로 연관되며, 따라서 일본색의 문제란 제도뿐 아니라 사회구성원 전체의 생활방식, 언어, 문화적 취향과 연루된 것일 수밖에 없기 때문이다. 그러므로 문제는 모두가 연루되어 있고, 알면서도 묵인하고 있던 일상생활 속 식민의 흔적이 돌출하여 공식화되는 바로 그 순간에 발생한다. 예컨대, 여배우의 사적인 서신이 공적인 담론 장으로 떠오르며 비난의 대상이 되었던 것처럼 '사바사바' 같은 일상의 유행어가 영화에 등장하면서 공식화되는 바로 그 순간에, 검열과 같은 국가기구의 통제 수단이 작동하기 시작하는 것이다.[4]

따라서 한국전쟁 후 영화에서 일본의 문제를 논하기 위해서는, 식민의 유산 그 자체뿐 아니라 그것이 돌출되고 공식화되는 경로와 방식이 무엇이었는가를 질문할 필요가 있다. 당연하게도, 분단과 한국전쟁을 비롯한 해방 이후의 역사적 경험들은 당대 대중문화에서 일본의 문제를 취급하는 방식을 결정짓는 가장 핵심적인 요인이었다. "왜

---

[4] 이봉범은 "일본적인 것의 과도한 통제"가 1950년대 영화검열의 특징이라고 지적한다. 영화제작에 있어서 검열당국은 "일본작품을 모작 또는 표절함은 물론 민족정기를 앙양하기 위해 만부득이한 경우를 제외하고서는 왜색의 영화화를 금지하는 동시에" "한 구절 이상의 일본어 사용과 일본 의상과 풍속의 영화화를 삼가도록" 했다는 것이다. 하지만 그와 같은 통제의 범위가 "비공식적인 차원(일상의 미시적 영역)에까지는 미칠 수 없었다." 이봉범, 「폐쇄된 개방, 허용된 일탈」, 『아프레걸 사상계를 읽다: 1950년대 문화의 자유와 통제』, 동국대학교출판부, 2009, 37·39·45쪽.

놈의 富士山(후지산)"이 그려진 카드를 선택하는 문화적 취향을 가진, 그리고 "왜말"로 인사를 전하는 것이 훨씬 더 편했던 한 개인의 행동이 공적인 문제로 비화된 것은, 한편으로는 그 개인이 "소위 여배우"였기 때문이기도 했지만, 더 결정적으로는 일본의 재일교포 북송 사건이라는 현재적 문제와 만나면서였던 것이다.

한국전쟁 이후의 시점에서, 과거 식민 경험 가운데 무엇이 선택되어 공식화되었는가? 공식적 기억은 어떤 경로를 통해 어떤 방식으로 구성되었는가? 그것에 관여했던 당대의 힘들은 무엇이었는가? 한국전쟁 후라는 특정한 시기에 식민 경험의 일부가 선택, 배제되면서 구성된 공식적 기억의 역사적 의미는 무엇인가? 근대의 복제매체이자 당대 유일한 시청각매체였던 영화는 그와 같은 공식적 기억을 구성하는 데 어떠한 역할을 했는가?

이 글에서는 이러한 질문들에 답하기 위해, 한국전쟁 이후 4·19 직전까지의 시기 동안 영화를 비롯한 대중매체들을 통해 생산된 식민지시대의 재현과, 그와 같은 재현이 이루어지도록 한 구조적 요인들이 무엇이었는지를 검토하고자 한다. 특히 두 가지 맥락에 유의할 것이다. 첫째는 해방 후 식민의 유제를 온존시키면서 출범했던 남한의 정부가 3년에 걸친 북한과의 전면전을 거치면서 총체적인 위기 국면에 직면했다는 사실이며, 둘째는 2차대전 후의 냉전체제 속에서 남한에게 할당된 국제적 위상이 일본과의 관계를 설정하는 데 심대한 영향을 미쳤다는 점이다. 이 두 가지는 대중매체의 식민지시대 재현뿐 아니라 전후 한국사회를 특징짓는 핵심적인 조건이었지만, 일제 말 이래로 정치권력의 가장 강력한 선전도구로 자리매김되었던 영화매체의 위상을 고려해볼 때 그러한 조건이 전후 한국영화의 향방에 각별한 영향을 미쳤음은 숙고할 필요가 있다. 본고에서는 이 같은 조건 하에서 식민지 재현이 구체적으로 어떠한 양상을 보였는가, 그러한 재현들은 어떤 과정을 거쳐서 사회적 영향력을 극대화하는 구조를 획득하게 되었는가를 해명할 것이다. 특히 전후 복구 과정에서 이승만 정권의 정치적 리더십을 회복하는 데 이 같은 재현들이 어떻게 작용했는지에 초점을 맞추고자 한다.

2. 역사, 산업, 정책

한국전쟁으로 인해 총체적인 위기 국면에 직면한 바 있었던 이승만 정권은, 전후 남한사회를 이끌어갈 정치적 리더십을 확보하기 위해서 역사적 정통성을 재확인하고 그럼으로써 북한과의 체제경쟁에서 우위를 확보할 필요가 있었다. 영화는 복제매체라는 그 본래적 특장(特長) 때문에 전국을 포괄할 수 있는 가장 훌륭한 선전전의 도구였으며 이는 해방 후 남한뿐 아니라 식민지 시대 일본의 관료들, 그리고 20세기 전반기의 여러 정치가들이 영화의 중요성을 각별히 강조[5]했던 이유이기도 했다. 이러한 맥락에서 대한민국의 전사(前史)로서 독립운동사를 특정한 방식으로 구성하고 영화를 통해 이를 널리 유포, 확산시키는 일이 다시금 중요하게 부각되었다.

1950년대 후반은 한국영화사에 있어서 식민지시대의 재현이 붐을 이룬 두 번째 시기에 해당한다. 첫 번째 시기는 해방직후에서 한국전쟁이 발발한 1950년까지로 〈자유만세〉(1946), 〈독립전야〉(1948), 〈죄

---

[5] 1940년대 초 일본의 松岡 외무대신은 "어떠한 고아한 문장이라든가 또는 귀로 듣는 것보다도 영화가 제일 빠르게 인간의 머리에 들어"가기 때문에 영화가 "국운을 좌우한다"고 하였다. 레닌은 "우리들에게 있어서 가장 중요한 예술은 영화"라고 하였으며, 히틀러는 "사상의 승리는 선전이 모든 인간 사이에 대규모로 이루어지면 그만치 빨라진다"고 하면서 "선전 중에는 영화가 제일 빠르다"고 하였다. 「세계 巨頭의 영화관」, 『삼천리』 제13권 6호(1941.6), 195쪽.

없는 죄인〉(1949)으로 이어지는 최인규의 광복 3부작이 만들어졌고 윤봉춘과 이구영이 이끌었던 계몽영화협회의 3·1운동의 영화화 작업(〈유관순〉, 〈3·1독립운동〉)이 있었다. 최인규는 해방 후 최초의 극영화로서 독립운동의 역사를 처음으로 시각화한 〈자유만세〉를 비롯한, 이른바 '광복영화'들을 만들며 자신의 두드러진 친일전력에 대한 죄의식과 나쁜 평판을 상쇄하고자 했다. 한편, 3·1운동에 연루되어 옥고를 치른 바 있었던 윤봉춘은 〈유관순〉의 영화화를 통해 영화계에서 우익 민족주의자들의 입지를 확보했다.[6] 해방직후의 영화에서 식민지 시대의 재현이, 영화인들 자신의 식민지 경험—그것이 친일이든, 항일이든 간에—을 정산하는 데 초점을 두고 있었다면, 1950년대 식민지 시대의 재현은 공보처를 중심으로 한 국가기관에 의해 주도되면서 국가의 지배 이념을 재생산하는 데 활용되었다. 이 시기 영화에서 식민지 시대 재현을 주도한 것은 공보처가 제작, 배급한 문화영화[7]와

---

[6] 이에 대한 자세한 논의는 이순진, 「식민지 경험과 해방직후의 영화 만들기: 최인규와 윤봉춘의 경우를 중심으로」, 『대중서사연구』 14, 대중서사학회, 2005.12 참조.

[7] '문화영화'는 식민지시대 이래, 관에 의해 제작되거나 그의 승인을 얻은, 선전영화를 지칭하는 관습적인 용어로 통용되었다. 1934년 「활동사진 영화 취체규칙」은 "사회교화의 목적으로 제작된 영화 또는 시사, 풍경, 학술, 산업 등에 관한 영화로 조선총독부의 인정을 받은 것"을 상업적인 영화와 구분하여 별도로 규정하고 이에 대해서 검열 수수료를 면제해주는 등 혜택을 부여했다(「활동사진 영화 취체규칙」, 한국영상자료원 편, 『식민지시대의 영화검열 1910~1934』, 한국영상자료원 2009, 136쪽). 조선총독부의 이 같은 규정은 제작 주체에 따른 구별(즉 관의 직접 제작인가, 민간 제작인가 여부)과 영화의 형식에 따른 구별(보도 중심의 뉴스릴, 극화된 형식의 선전영화, 특정한 주제를 심층적으로 다루는 다큐멘터리)이 없이 "사회교화를 위해 제작된" 영화 모두 포괄하는 것이었지만, 영화계와 언론의 영화담론에서는 뉴스릴과 구분되는 다큐멘터리나 극화된 형식의 선전영화를 지칭하는 말로서 문화영화의 개념이 널리 사용되고 있었다. 해방 이후 대한민국 정부에 의해 법적인 개념으로 등장한 '문화영화'는 논증이나 주장의 방식을 통해 특정한 주제를 심층적으로 다루거나, 때로는 극화된 형식을 취한다는 점에서, 사실 전달을 위주로 하는 〈대한뉴스〉와 같은 뉴스릴과 다르고, 영리를 목적으로 하지 않는다는 점에서 상업적인 극영화(feature film)와도 다르다. 5·16쿠데타 이후 정권은 문화영화를 적극적으로 장려하는 정책을 폈는데, 그 장려책 중 하나는 극영화 상영 시에 문화영화와 대한뉴스를 의무 상영하게 하는 것이었다. 이

〈대한뉴스〉였으며, 이는 대개 이승만의 독립운동 이력을 중심으로 구성되곤 했다.

해방을 맞아 열악한 환경 속에서도 영화산업을 복구하고자 했던 영화인들은 민간 영역의 영화제작 역량이 채 회복되기도 전에 한국전쟁을 맞았다. 영화제작을 준비하던 중 전쟁 소식을 듣고 자발적으로 국방부 정훈국 소속이 되어 전시 기록물을 찍기 시작했던 한형모의 예[8]에서 알 수 있다시피, 전쟁 발발과 함께 대부분의 영화인들은 국방부 정훈국, 대구의 공군부대와 진해의 해군부대, 그리고 상남의 미공보원(USIS) 등에 소속되었다.[9] 전시에 상당한 제작비와 기반 시설을 요

러한 정책은 문화영화의 수요를 폭증시켰고, 이에 따라 문화영화 생산은 민간의 영역으로까지 확대되었다. 1950년대까지 모든 문화영화는 미공보원(USIS)이나 공보부 산하 대한영화사가 주로 생산하고 있었지만 박정희 정권이 등장한 이후부터 민간의 문화영화 전문 제작사가 등장하기 시작하였고, 5·16 이후 문화영화들은 국가기관에 의한 직접 제작 외에 민간 영화사에 대한 하청 제작의 형태를 통해서도 다량 생산되었다. 특히 1960년대 말이 되면 해외영화제 출품을 위해 만들어진 실험영화까지도 문화영화의 범주하에 제작되었다. 문화영화의 사회적 위상과 형식이 역사적으로 변화해왔음을 고려하면서, 이 글에서는 1950년대 문화영화의 개념을 공보처가 제작하고 공적인 채널을 통해 배급, 상영된 영화를 지칭하는 것으로 한정해서 사용하고자 한다. 예컨대, 〈독립협회와 청년 리승만〉과 〈만송 이기붕〉은 같은 정치적 목적으로 만들어진 것이지만, 공보처 산하 대한영화사가 제작한 〈만송 이기붕〉과는 달리 민간에 의해 상업영화의 형식으로 제작, 배급, 상영된 〈독립협회와 청년 리승만〉은 문화영화의 범주에 포함시키지 않는다.

[8] 한형모, 「영화판권과 기자재를 바꾼 시절」, 『군영화 40년사』, 국군홍보관리소, 1992.

[9] 부산에 소재했던 국방부 정훈국의 대표적 인물은 한형모 외에 양주남, 김창수, 김학성, 홍일명, 심재흥, 양보환, 김보철, 김덕진, 이성춘, 변인집, 염화춘, 노희삼 등이다. 대구 공군부대에 활동한 영화인으로는 홍성기, 전택이, 노경희, 정인엽 등이 있다. 상남의 미공보원에서는 이형표, 이필우, 이경순, 유장산, 임병호, 임진환, 배성학, 김봉수, 김현근, 서은석, 이태환, 최칠복, 양후보, 김홍만, 김영희, 김기영 등이 활동했는데, 이형표를 제외한 영화인들 대부분은 미공보원을 나와서 해군부대의 후원을 받은 협동영화제작소를 설립했다. 이들 가운데 일부는 1955년경에 다시 해군 교육용 영화를 만드는 교재창으로 옮겨 일했다. 이영일, 『한국영화전사(개정증보판)』, 도서출판 소도, 2004(초판 1969), 227쪽 ; 심혜경 채록연구, 「김영희」, 『[한국영화사 구술총서 4]한국영화를 말한다』, 한국영상자료원, 2007, 43~44쪽 ; 이순진 채록연구, 『[2005년도 한국근현대예술사 구술채록연

구하는 영화제작을 감당할 만한 역량이 민간에 없었기 때문에 이는 당연한 현상일 수 있지만, 문제는 이 같은 경험이 전시라는 비상시국의 예외적인 현상으로 머무르지 않고, 이후까지도 한국영화의 산업구조에 깊은 영향을 남겼다는 데 있다. 예컨대, 영화진흥공사가 영화진흥위원회로 개편된 1999년에 이르기까지 영화계와 국가기관의 긴밀한 유착관계가 지속되었는데, 이것은 정권과 영화계의 이해관계가 맞아떨어진 결과였다. 열악한 제작환경을 개선하기 위해 설비투자를 할 만한 자체 역량이 절대적으로 부족하고, 외화, 특히 미국영화가 시장을 지배하는 상황이 지속되었기 때문에 영화인들은 한국영화가 살아남기 위해서 국가의 지원과 보호가 절대적으로 필요하다고 주장했으며, 독재와 군사 쿠데타로 점철된 역대 정권의 입장에서는 통치수단으로서 영화가 가진 강력한 선전능력이 필요했던 것이다.

특히 전후에는 사실상 민간의 영화제작 역량이 전무한 상황이었고 영화를 배급, 상영할 체계도 미흡했기 때문에 영화의 생산과 유통에 있어서 국가기관에의 의존도는 절대적으로 높았다. 1950년대 공보처 영화과장으로 재직하면서 이승만 정권의 영화정책을 실행했던 이성철은 당시 영화협회 회장이던 영화감독 이병일이 영화계의 모든 일을 정부로 가져왔었다고 술회한다.[10] 이병일의 예는 1955년 필리핀에서 열렸던 제2회 아세아영화제에 참가한 경과를 설명하면서 거론된 것이지만, 이는 국제영화제 참가라는 예외적 상황에 국한된 일만은 아니었다. 전쟁이 끝난 후에도 영화제작은 대한민국 공보처 영화과 산하 대한영화사[11]와 미공보원 영화과 주도로 이루어졌으며 연간 생산량

구 시리즈 이형표』, 문화예술위원회, 2005 참조.

[10] "그러니까 이병일이란 사람이 우리 영화협회 회장인가 했는데, (중략) 그 사람은 모든 거 일이 있으믄 정부루 와서 이거 어트케 해야, 해야 될 거 아니냐? 이러구 허는데". 공영민 채록연구, 『[2009년 한국영화사 구술채록연구 시리즈 생애사] 이성철』, 한국영상자료원, 2009, 124쪽.

이 10여 편에 불과했던 민간 상업영화 또한 제작을 위한 설비를 대부분 국방부[12]와 공보처[13]에 의존했다. 영화 후반작업 설비는 1958년 녹음기사 이경순이 정릉 스튜디오 내에 녹음실을 설치할 때까지 사실상 대한영화사와 국방부 정훈국 영화과 등 관과 군이 독점하고 있었다. 하지만 이 해방 후 최초의 민간 녹음실의 설비조차도 정부의 주선으로 아세아재단의 도움을 받아 마련한 것이었다.[14]

---

[11] 공보처 산하 대한영화사는 1949년 국무총리령으로 설치되었다. 이때부터 공보처 공보국 영화과는 기획과 촬영을, 대한영화사는 그 외 제작과정 전반을 책임지는 역할분담이 시작되었다. 대한영화사의 전신(前身)은 미군정청 공보부 내의 제작소라 할 수 있는데, 1948년 정부수립과 함께 공보처 내에 공보국 영화과가 신설되었고 문화영화, 기록영화의 수요가 증가하면서 이듬해 대한영화사라는 별도의 회사를 만들게 되었던 것이다. 대한영화사는 한국전쟁 발발과 함께 경남도청 내 임시청사로 자리를 옮겨 〈대한시보〉라는 뉴스영화를 제작했다. 서울환도 후 영화과가 선전국으로 이관되면서 〈대한시보〉는 〈대한전진보〉로, 다시 〈대한늬우스〉로 개칭되었다. 환도 후에 본격적으로 뉴스영화를 제작하면서 기자재 도입도 본격화되었는데, 1961년 5·16쿠데타가 발발하고 공보처가 공보부로 승격되면서 대한영화사는 공보부 산하 국립영화제작소로 확대, 개편되었다. 『한국연예대감』, 성영문화사, 1962, 421~422쪽 참조.

[12] 1955년 국방부 정훈국 영화과에서 문화영화를 만들면서 영화이력을 시작한 영화감독 김수용은 1950년대 말까지도 〈왕자 호동과 낙랑공주〉(1956), 〈배뱅이굿〉(1957), 〈종각〉(1958), 그리고 자신이 감독한 〈공처가〉(1958), 〈삼인의 신부〉(1959), 〈구혼결사대〉(1959) 등 많은 영화들이 남산에 있던 국방부 정훈국의 세트장과 현상소, 녹음실, 편집실 등의 후반작업 시설을 이용해서 만들어졌다고 증언했다. 이순진 채록연구, 「김수용」, 『2003 영화의 고향을 찾아서 인터뷰 자료집』, 한국영상자료원, 2003, 80~82쪽.

[13] 1953년부터 1959년까지 공보처 영화과에서 촉탁과 대한영화사 사무장으로 근무했던 영화감독 이형표에 따르면 당시 공보처의 영화제작 설비는 공보처 본관 옆에 있던 별도의 단층 건물에 마련되어 있었다. 단층 건물의 반쪽은 현상실을 비롯한 영화과 설비가 설치되어 있었고, 다른 반쪽은 보도과(사진과)가 사용했다는 것이다(이순진 채록연구, 『[2005년도 한국근현대예술사 구술채록연구 시리즈] 이형표』, 문화예술위원회, 2005, 126쪽). 이성철은 다음과 같이 증언한다. "그때, 모든 게. 게 연기자고, 이 스투디외[대한영화사 스튜디오 − 인용자]엔 반다시 와야 허니까. 에 뭐, 저, 이 스탭이구 뭐, 뭐 항상 우리와 같이 이 저걸 했었죠. 거기서 인제 제작허는 건 제작허고 검열헐 건 또 검열허고 모든 게 인저 총본산이지, 그야말로 거기가."(공영민 채록연구, 『[2009년 한국영화사 구술채록연구 시리즈 생애사] 이성철』, 119쪽)

[14] 이경순, 『소리의 창조: 나의 영화녹음 50년』, 한진출판사, 1996, 127~132쪽 참조.

1954년 14편, 1955년에는 15편에 불과했던 영화제작편수가 1956년 42편, 1957년 84편을 기록[15]하며 민간의 영화제작 산업이 급성장했지만 영화를 제작할 자원의 배분은 여전히 국가의 몫이었다. 예컨대 수도영화사의 홍찬은 상공부의 주선으로 상업은행에서 융자를 받아[16] 안양에 3개의 스튜디오와 각종 후반작업 시설 및 샤워시설과 식당까지 갖춘 대규모의 촬영소를 설립했는데, 1956년 10월 17일에 있었던 수도영화사 안양촬영소의 정초식에는 대통령 이승만과 당시 민의원 의장이던 이기붕 등 정부 요직의 인물들이 대거 참석하였고 정초식의 주요 장면은 〈대한뉴스〉를 통해 전국에 상영되었다. 수도영화사 안양 촬영소는 정경유착의 결과물이었으며, 대부분의 정경유착이 그러하듯이 정부의 파격적인 지원에는 대가가 따랐다. 안양촬영소의 설계 전반을 책임졌던 이필우의 증언에 따르면 "은행에서 1억원 나올 경우 한 6천만 원 쓰면 잘 쓰는 것"이며, 나머지는 이기붕을 통해 자유당의 정치자금으로 흘러가곤 했다는 것이다.[17][18]

수도영화사와 더불어 1950년대 후반 양대 메이저를 구축했던 한국 연예주식회사의 임화수는 잘 알려진 대로 자유당을 위한 정치 깡패로

---

[15] 『영화연예연감 1970』, 국제영화사, 1969, 97쪽.

[16] 이필우는 안양촬영소의 설립을 추진하면서 홍찬이 "이게 제 돈입니까? 정부 돈인데 살어 있을 때 맹길어 놓으면 되지 않습니까?"라고 말하면서 안양촬영소 설립 작업에 합류할 것을 권유했다고 했다. 한국예술연구소 편, 『이영일의 한국영화사를 위한 증언록 : 유장산, 이경순, 이필우, 이창근 편』, 도서출판 소도, 2003, 313쪽.

[17] 한국예술연구소 편, 『이영일의 한국영화사를 위한 증언록 : 유장산, 이경순, 이필우, 이창근 편』, 317쪽.

[18] 안양촬영소의 역사는 영화기업과 정권의 유착관계의 역사이기도 하다. 연이은 흥행 실패로 경영이 부실해진 안양촬영소는 결국 1959년 4월 부도처리되었고 상업은행의 관리로 넘어갔는데, 1966년에 박정희 정권과 긴밀한 유착관계를 맺고 있었던 신필름이 역시 정부의 주선으로 은행융자를 받아 안양촬영소를 인수했던 것이다. 신필름이 안양촬영소를 인수할 때 자체 자금은 거의 갖고 있지 않았지만, 이후 부동산 가격의 급등으로 촬영소 부지를 일부 매각하여 융자금 대부분을 갚을 수 있었던 것으로 알려져 있다.

서 활동했을 뿐 아니라 자신의 영향력 아래 있던 연극영화인들을 동원하여 한국반공예술인단을 창립, 관제 행사에 연예인들을 동원하면서 연예계의 실세로 군림했다. 일종의 사회단체로서 한국반공예술인단은 개인의 영리를 추구하는 민간기업이 가진 한계를 벗어나 그간 은밀하게 지속되었던 자유당 정권과의 유착관계를 공식화, 합법화하는 역할을 수행하면서 대중문화의 분야에서 '반공세력'의 영향력을 확장했다. 영화계에서 그의 권력기반이 얼마나 탄탄했는지는 김희갑 구타사건으로 사회에 큰 물의를 일으킨 직후에 있었던 한국영화제작가협회 선거에서조차 그가 회장으로 재선되었다는 사실로서 알 수 있다.[19] 임화수는 정부의 지원을 얻어 참석한 아세아영화제에서 국제적인 인맥을 넓혔고, 이를 기반으로 한홍 합작 영화인 〈이국정원〉(1957)을 만드는 등 한국을 대표하는 영화인으로서 국제적인 활동을 하기도 했다.

임화수의 친정부 활동의 정점은 1960년의 3·15정부통령선거를 앞두고 자유당의 선거자금을 끌어들여 이승만의 전기영화인 〈독립협회와 청년 리승만〉(1959)을 제작한 일이다. 그는 자유당 부통령 후보 이기붕의 전기 영화인 〈만송 이기붕〉(1958)의 제작 또한 주도한 바 있었는데[20] 이 영화는 선거를 앞둔 1960년 초에 〈독립협회와 청년 리승만〉과 함께 전국 각지에서 무료로 상영되었다.[21] 〈독립협회와 청년

---

[19] 당시 영화잡지는 최일, 박운삼, 이병일, 박구, 김보철 등이 막후 단합을 통해 임화수를 한국영화제작가협회 회장으로 당선되도록 했다고 보도했다. 「회장 당선의 배후는?」, 『영화세계』 1960년 3월호, 116쪽.

[20] 〈만송 이기붕〉은 40분 정도 분량의 이기붕 전기영화로, 제작은 공보처 산하 대한영화사이다. 하지만 이성철은 이 영화의 제작은 임화수가 주도했으며 대한영화사는 "기술용역"을 받은 것뿐이라고 증언한다. 공영민 채록연구, 『[2009년 한국영화사 구술채록연구 시리즈 생애사] 이성철』, 185~186쪽.

[21] 공영민 채록연구, 『[2009년 한국영화사 구술채록연구 시리즈 생애사] 이성철』, 185쪽.

리승만)은 제작총지휘 임화수에 함태영·이갑성·유광열·김영상의
제작지휘 및 고증, 원작 최태응과 각본 이정선·임희재, 감수에 유치
진, 그리고 신상옥 감독 이하 국내 유력한 스태프가 총동원되었고 한
국 영화배우의 총 출연이라는 전례 없는 규모를 자랑했다.[22] 이 영화
의 제작을 위해 당시 한국영화 평균 제작비를 상회하는 4천만 환이
공보실을 통해 자유당 선거자금에서 지출되었을 뿐 아니라[23] "예비군
훈련소에서 예비군 소장이 아예 차에다가 800명, 600명 엑스트라를 싣
고 나오"고 "경무대 무기고에 있는 일본 총들 전부 끄집어"내서 소품
으로 사용했으며[24] 이승만이 해외로 떠나는 장면을 찍으러 부산으로
로케이션 촬영을 갈 때는 경무대의 힘으로 기차 두 칸을 빌려 마차와
말까지 싣고 가는 등 정부의 물량지원 또한 대단했다.[25]

〈독립협회와 청년 리승만〉은 1959년 12월 15일에 서울의 국제극장
과 국도극장을 비롯한 전국 25개 극장에서 일제히 개봉되었다.[26] 당
시 대부분의 한국영화가 전국적으로 3개 내지 6개의 극장에서 동시
개봉되었던 것과 비교하면 이 영화가 확보한 개봉관 수는 매우 파격
적인 것이었다. 그러나 이 영화의 16mm 프린트가 수백 벌 복제되어
군부대와 지방 문화원 등 각종 조직들을 통해 상영되었음[27]을 감안하
면 25개 극장에서의 개봉은 그야말로 조족지혈에 불과했다. 개봉관에

---

22) 편집부, 「영화 〈독립협회와 청년 리승만〉의 의도」, 『영화세계』, 1960.1, 98쪽.

23) 「공보실서 4천만환을 지출, 〈독립협회와 청년 이승만〉 제작비」『경향신문』 1960년
　　5월 7일자(석간 3면) ; 「제작비는 선거자금, 영화 〈청년 이승만〉」『경향신문』
　　1960년 5월 18일자(석간 3면).

24) 이순진 채록연구, 「박행철」, 『2003 영화의 고향을 찾아서 인터뷰 자료집』, 한국영
　　상자료원, 2003, 121쪽.

25) 이순진 채록연구, 「박행철」, 114~115쪽.

26) 「〈독립협회와 청년 이승만〉 현재 녹음 중」, 『조선일보』 1959년 11월 25일자(석간 4면).

27) 공영민 채록연구, 『[2009년 한국영화사 구술채록연구 시리즈 생애사] 이성철』,
　　179쪽. 이성철은 "참모총장이 100벌 구워달라고 해서 저 밑에까지 돌렸다"고 증
　　언한다.

서 상영이 끝난 후에도 무료 영화상영 행사가, 선거가 있었던 1960년 3월까지 계속되었음은 1960년 3월 7일 목포역 광장에서 있었던 〈독립협회와 청년 리승만〉을 상영하는 "시민위안의 밤" 행사에서 "중학생들로 보이는 무리들이 줄을 끊어 스크린을 넘어뜨리고 군중들에게 돌을 던져" 상영이 중단되었다는 당시 기사를 통해 짐작할 수 있다.[28]

이성철이 증언하고 있는 것처럼 전후에 공보처에서는 "정치적인 목적으로" 16mm 영사기와 산하 대한영화사의 제작물을 군 단위까지 공급하면서 상설관이 없는 지역의 영화상영을 지원했다. 1950년대는 서울의 과잉도시화와 농촌지역의 낙후성으로 특징지어지며, 매체 접촉에 있어서도 서울과 농촌 간의 격차가 매우 컸던 시기였고[29] 대부분의 군 단위 지역에는 상설관이 없었다. 이와 같은 도농 간의 격차는 1950년대 한국사회와 영화문화를 이해하는 데 핵심적인 것인데, 특히 영화와 관련해서 이 문제는 외화에 편중된 도시 관객층의 영화 수용과, 지역 나름의 문화적 자산을 활용한 지방의 순회흥행으로 양분되는 현상으로 드러난다. 변사를 동반한 16mm 영화순업, 악극단이나 창극단에 의한 연쇄극(kinodrama) 공연, 이동영사와 이른바 "로뗀바리"(露天張り, 노천극장) 같은 영화의 흥행은 1950년대 지역민이 영화에 접하는 가장 중요한 경로였다.

위경혜는 개별 흥행업자에 의한 16mm 순업활동 이외에 1954년 창

---

[28] 「〈독립협회와 청년 이승만〉 상영 중 스크린 넘어뜨려, 목포에서 소년들이 시민위안의 밤서」, 『한국일보』 1960년 3월 8일자(석간 3면).

[29] 김영희에 따르면 1공화국 시기는 매체보급과 접촉에서 서울과 농촌지역 간에 격차가 매우 컸던 시기인데, 가령 1960년 라디오의 전국 보급률이 9.64%에 불과한 반면 1956년 서울 지역에서는 45.1%의 가구가 라디오를 보유하고 있어서 서울시민 일일 평균 청취시간(1957년 통계)이 3~5시간 29%, 5시간 이상 21%에 이를 정도였다는 것이다. 따라서 1950년대 급속히 과잉 도시화가 진행된 서울을 제외하면 "1공화국 시기 한국사회의 커뮤니케이션 체계는 대인 커뮤니케이션이 지배하는 전통적인 커뮤니케이션의 사회"라고 규정지을 수 있다. 김영희, 「제1공화국 시기 수용자의 매체 접촉 경향」, 『한국언론학보』 제43권 6호, 2003.12 참조.

설된 애국참전동지연맹 소속 대한상이군인회의 지부들이나 퇴역한 경찰들이 "군경기관의 공식적 또는 암묵적인 지지"를 받아 행했던 16mm 순업이 지역 영화상영의 상당 부분을 차지하고 있다고 지적한다. 16mm 순업을 통해 '반공계몽활동'을 펼쳤던 이들은 또한 임화수, 유지광 등 영화업에 관여하고 있던 정치 깡패들과도 연결되어 있었다.[30] 이성철은 군 단위에 공급된 16mm 영사기와 영화들이 지역 문화원이나 "반관반민 단체 비슷한 사람들"에 의해 많이 활용되었다고 말하고 있는데,[31] 이성철이 말한 "반관반민 단체"란 바로 이들을 지칭하는 것처럼 보인다. 이처럼 1950년대에는 영화의 제작뿐 아니라 배급과 상영에 있어서도 정부기관의 역할이 지대했던 시기였다. 정부는 공보처 영화과를 통해 공식적으로, 그리고 자유당 정치세력과 결탁하면서 기업적 성장을 이룬 한국영화의 유력 영화사들과의 협력을 통해 은밀하게, 정권 홍보영화들을 제작하였으며 지방행정조직과 각 지역에서 조직된 반관반민 단체들을 이용해 제작된 영화들을 전국 방방곡곡에 배급, 상영했다. 당시 영화매체의 영향력은 가시적으로 드러난 것 이상으로 강력했으며, 누구보다도 이를 잘 알고 적극적으로 활용했던 것은 대통령 이승만과 그의 정부에서 일하는 관료들이었다.[32]

---

30) 위경혜, 「1950년대 중반~1960년대 지방의 영화상영과 '극장가기' 경험」, 중앙대 첨단영상대학원 박사학위논문, 2010, 72~76쪽.

31) 공영민 채록연구, 『[2009년 한국영화사 구술채록연구 시리즈 생애사] 이성철』, 178~179쪽.

32) 정병준은 대한제국 말기 청년 이승만이 정치적으로 급성장한 데는 『협성회회보』, 『매일신문』, 『제국신문』 등을 통한 그의 언론활동이 중요하게 작용하였으며 "이승만은 이때의 경험을 통해 여론을 형성하고 주도하는 언론의 중요성을 깨달았고 이는 일제시대와 해방 후 그가 언론을 중시하고 장악하려 했던 강한 집념의 배경이 되었다"고 지적한다. 정병준, 『우남 이승만 연구: 한국 근대국가의 형성과 우파의 길』, 역사비평사, 2006, 72쪽.

3. 공식화의 두 경로: 거리 스펙터클과 문화영화

1957년 봄, 대통령 이승만의 82회 생일을 맞아 서울 전역에서는 대대적인 경축행사가 열렸다. 경무대에서는 재한 외국 사절들, 국무위원과 국회의원들, 대법원장을 비롯한 사법계 요인들, 삼군 수뇌부와 UN군 고위 장성들이 참석한 가운데 축하행사가 벌어졌고, 거리에는 태극기를 달고 꽃으로 장식한 버스와 전차가 달렸다. 세종로에서는 수많은 시민들이 지켜보는 가운데 육해공군이 총동원된 경축 분열식이 있었다. 하늘에는 "제트기 편대"가 날고, 땅에서는 보병부대의 질서정연한 행진에 이어 "기계화 부대"의 각종 화기들이 위세를 과시했다. 그밖에도 경축 무술대회, 경기도 주최 경축 마라톤 대회, 농악대와 NBC 악단의 축하 공연이 있었으며 창경원과 덕수궁은 무료로 개방되었다. 한편 3월 25일부터 4월 10일까지 소공동 공보관에서는 이승만의 "줄기찬 독립정신과 그 업적"을 기리기 위한 〈우남 전시회〉가 열렸고 시립극장에서는 이승만의 독립운동을 그린 연극 〈풍운〉(극단 신협)이 공연되었다. 특히 대통령의 생일이었던 3월 26일 당일에는 공보실 주최로 외국 인사들을 위한 〈한국의 밤〉이 개최되었으며, 같은 날 밤에는 불꽃놀이가 서울의 밤을 수놓았다. 서울에서 열렸던 이 모든 경축행사는 공보실이 제작, 배급한 문화영화 〈경축 리대통령 각하 제82회 탄신〉(1957)에 담겨 전국 곳곳에서 상영되면서 축제 분위기를 전국으로 확산시켰다.

거리 스펙터클과 문화영화는 생일이라는 지극히 개인적인 일을 국가적 차원의 공식적인 행사로 만들었다. 그것은 이승만 정권이 군사, 외교, 독립운동의 역사, 이 세 가지를 대중의 역사 인식과 정치의식을 구성하는 중심축으로 삼고 있었으며, 그와 같은 대중 선전은 모두 전후 이승만의 정치적 리더십을 확고히 하는 것으로 수렴되었음을 보여

영도자"임을 다시 한 번 확인할 수 있었다.[37]

〈우남 전시회〉와 연극 〈풍운〉의 공연을 통해 이승만의 독립운동 이력을 다시 한 번 가시화하는 일은 결국 '반공'으로 수렴되는 이 모든 현재적 과제를 성공적으로 수행하기 위해서 긴요한 일이었다. 현재 눈앞에 있는 적은 북한을 포함한 '공산세계'였지만, 그 적과의 대결에서 승리하기 위해서는 이승만을 정점으로 한 독립운동의 역사를 재구성함으로써 남한의 정치권력이 한반도 내에서 유일하게 '정당하고도 합법적인' 것임을 증명하고 그로써 국내의 통치기반을 확고히 할 필요가 있었기 때문이다. 다시 말해서, 당시 이승만 정권에게 있어서 성공적인 '반공'은 '반일'을 경유하여 정권의 역사적 정통성을 확보함으로써만 성취될 수 있었으며, 따라서 식민지 기억의 재구성은 궁극적으로 '반공'을 강화하는 방향으로 향하고 있었다. 요컨대, 이 시기 식민지 시대의 재현은 한국전쟁의 경험 및 그것을 설명하는 틀로서 강력히 부상했던 냉전적 사고[38]의 자장 안에서 이루어졌으며, 따라서 그것이 가진 특정한 성격은 한국전쟁의 경험을 기반으로 전후에 강력하게 구축되고 대중적으로 전파된 냉전 논리와의 연관성 속에서 규명될 수 있다는 것이다.

---

[37] 〈터키 국회의장 방한〉(1958), 〈월남 대통령 방한〉(1957), 〈리대통령 각하 미국 방문〉(1958). 직접 인용은 〈리대통령 각하 미국 방문〉의 보이스 오버 내레이션에서.

[38] 1950년대 후반 대중재현물에서 냉전의식은 한국전쟁을 설명하는 논리적인 틀인 동시에, 한국전쟁이라는 동족상잔과 총체적 파괴의 경험에 대한 대중의 감정적 반응을 틀짓는 것이기도 했다. 예컨대, 한국전쟁의 경과를 연대기적으로 구성한 최초의 시각적 재현물인 〈정의의 진격〉은 한국전쟁의 책임을 "동서진영의 대립이라는 세계정세, 특히 적색 제국주의자들의 야욕 탓"으로 돌리고, "'민족'으로부터 공산주의자(김일성)를 분리"함으로써 "동족끼리 총질했다는 죄의식"을 상쇄하는 정서적 효과를 생산한다. 즉 "〈정의의 진격〉이 견지하고 있는 냉전적 시각은 정권의 필요에 의한 것이기도 했지만 한국전쟁으로 인해 당대 대중이 안게 된 상처"를 치유하는 데도 효과적인 것이었다고 할 수 있다. 이순진, 「1950년대 공산주의자의 재현과 냉전의식」, 김소연 외 지음, 『매혹과 혼돈의 시대: 50년대의 한국영화』, 도서출판 소도, 2003, 145쪽.

이처럼 '반공'과 '반일'이 긴밀한 논리적 연관을 확보하도록 하고 이를 대중에게 설득시키는 것은 이 시기 많은 문화영화들에게 주어진 핵심적인 과제였으며 식민지 시대의 독립운동의 역사로부터 1950년대 말에 이르기까지를 연대기적으로 구성하고 있는 문화영화들은 자신들에게 주어진 과제에 충실했다. 그런데 문제는 반공과 반일이 현재와 과거, 국가가 당면한 정치사회적 현실과 기억이라는 서로 다른 층위의 것이었으며, 따라서 이 두 가지를 절합하는 것은 논리적으로 상당한 비약을 감행해야 하는 문제였다는 사실이다. 그런 점에서 이 시기 거리 스펙터클을 충실히 담아낸 문화영화들에서 반공과 반일이 격정적인 감정 상태로서 표출되었음에 주목할 필요가 있다. 과도하게 흘러넘치는 시각 이미지와 격정적인 선동의 내레이션은 이 시기 거리 스펙터클과 문화영화가 공유하고 있는 요소로서 논리적 비약을 감정의 과잉을 통해 보상하는 장치였다.[39]

예컨대 〈자손만대에 고하노라〉(1957)는 3·1운동에서 상해 임시정부로 이어지는 독립운동의 역사를 구성한다. 3·1운동을 일제가 "저항하지 않는 우리 국민들을 학살"한 사건으로 자리매김하고, 바로 "3·1 정신의 씨앗"이 해방 후 건국으로 이어졌다고 주장하고 있다. 여기서 3·1운동의 "씨앗"이란 구체적으로 말하면 이승만이 초대 대통령을 맡았던 상해임시정부를 지칭하는 것이었다. 상해임시정부의 법통을 잇는 것으로 되어 있는 대한민국의 초대 대통령 또한 이승만이었고, 따라서 이승만을 "국부(國父)"로서 위치짓는 일이 정당화되었다.[40] 이승

---

[39] 수많은 역사적인 선례들을 통해 알 수 있다시피 선전영화의 수사는, 논리적 비약을 격정적인 감정을 끌어내는 시각적 스타일을 통해 해소한다는 점에서 시각적 과잉을 통해 모순을 드러내고 봉합하는 멜로드라마의 스타일과 유사한 점이 있다. 무엇보다도 영화는 이미지라는, 언어로 논리화될 수 없는 과잉을 포함하고 있으며, 이 과잉이야말로 모순과 감정이 집결하고 폭발하는 지점이 되기 때문이다. 이 점은 복제매체라는 본래적 특장과 더불어 영화매체가 선전선동을 위한 수단으로 가장 중요하게 다루어졌던 이유라고 할 수 있다.

만의 연설과 독립문의 이미지를 연결함으로써 당시 독립운동의 상징물로 통용되었던 독립문을 이승만의 것으로 전유한다. 마지막 장면에서는 3·1절 기념식 이후에 "북진통일"이라는 구호를 써 붙인 독립문의 모형41)을 들고 행진하는 학생들의 모습 위로 "일제를 대신하여 신성한 우리 국토와 민족을 짓밟고 있는 적색 제국주의자, 기어코 기어코 몰아내서 우리의 숙망인 국토 통일을 이룩해야 할 테니 3·1 정신 계승하여 이북동포 구출하자"는 격앙된 선동의 내레이션이 흐른다. 일본 제국주의자들은 "적색 제국주의자"들과 동일시되었으며 북한지역은 제국주의자들에 의해 점유되어 있다는 점에서 여전히 식민지 상태에 있는 것으로 간주되었다. 요컨대 북한을 해방시키는 일은 독립운동의 연장선상에 있는 것으로 묘사되면서 반일과 반공이 논리적 연관을 획득하게 되었던 것이다.

그런데 여기서 주목할 점은 일본 제국주의자들에 대한 저항이 비폭력과 무저항, 희생을 중심으로 구축되어 있는 반면에 "적색 제국주의자"들에 의해 지배된 북한을 해방시키는 일은 "북진"이라는 무력투쟁을 통해 이루어져야 할 일로 구성되었다는 사실이다. 일제에 대한 무저항, 비폭력 투쟁의 강조와 "적색 제국주의자"에 대한 호전적 태도는 서로 대비되면서 짝을 이룬다. 이는 식민지 시대 독립운동의 역사에서 무장투쟁의 기억을 소거한 결과로 보이는데, 그와 같은 특정한 기억의 배제는 식민지의 독립운동의 역사를 이승만을 중심으로 구성해

---

40) 1958년 이승만이 미국에 갔을 때 방문한 워싱턴 기념관 장면에서 내레이션은 미국의 초대 대통령 워싱턴을 미국의 "국부"라고 소개한다. 나라(國)의 아버지(父)라는 봉건적이고 가부장적인 정치 지도자의 개념이 초대 대통령이라는 의미로 전유되고 있는 것이다.

41) 독립문은 독립만세와 함께 1950년대 식민지 시대를 재현하는 데 있어서 가장 중요한 상징물로서, 그 이미지는 〈광복절의 노래〉나 〈감격의 그날까지〉, 〈제39회 3·1절 특보〉 등의 문화영화에서 계속 반복된다. 〈독립협회와 청년 리승만〉에서도 독립문 앞에서 연설하는 이승만의 모습이 독립운동의 가장 중요한 장면으로 그려져 있다.

야 했기 때문에 야기된 일이었다.

1915년 이래 이승만은 "무법한 개인행동으로 원수 한두 사람을 살해하려다 무수한 재산상의 손해를 당하게 하는 것"에 불과하다며 의열 투쟁에 대한 반대를 분명히 했고, 이와 같은 그의 무력투쟁불가론은 해방정국의 정치적 라이벌이었던 김구와 그를 뚜렷이 구별하게 하는 정치노선이었다.[42] 더구나 당시는 항일무장투쟁의 전력을 정통성의 근거로 삼고 있는 북한과 대결해야 했던 국면에 놓여 있었다. 비록 북한의 김일성이 그 김일성이 아니라는 '가짜 김일성 설'이 광범위하게 퍼져 있었지만, 항일무장투쟁을 내세우는 북한의 존재는, 남한이 애써 지우고자 했던 식민지 시대 무장독립투쟁의 역사를 상기시키는 효과를 낳았을 것이다.

'식민지 북한'을 무력을 통해 '해방'시켜야 한다는 북진통일론과 이 시기 문화영화들에서 반복해서 보여지는 이승만의 호전적 태도는 남한 정권이 독립운동의 역사를 '희생과 학살'로만 구성해온 것을 보상하는, 일종의 과잉된 제스처로 해석할 수 있다. 실제로 남한이 미국의 의사에 반하여 북진을 실행할 수는 없었지만, 대중정치의 차원에서 이와 같은 제스처는 매우 필요한 일이었다. 식민지배에서 벗어나 민족국가를 이루는 건국의 과정이 무장투쟁을 부인한 채, 희생과 헌신으로만 이루어질 수는 없을 것이기 때문이다. 유엔군과의 유대를 강조하는 한국전쟁 영화들은 바로 이 지점에서 식민지의 기억과 연관된다. 이 시기 전쟁영화들은 일제를 항복시켰던 연합군과 유엔군을 동일시하며, 한국전쟁을 여전히 식민지배 아래 놓인 북한 지역을 해방시키는 전쟁으로 자리매김하고 있다. 요컨대 무장투쟁을 강조하는 반공의 논리를 통해, 이승만 정권의 반일이 가진 근본적인 결함, 즉 무

---

42) 정병준, 『우남 이승만 연구: 한국 근대국가의 형성과 우파의 길』, 역사비평사, 2006, 120~121쪽.

장투쟁이 배제된 독립운동의 역사를 보상하고 있는 것이다.

대중잡지 『아리랑』에 연재되었고, 이후에 단행본으로 출간된 박계주의 전쟁실화들[43]은 반일을 경유하며 논리를 확보한 한국전쟁에 대한 관점을 더욱 분명하게 보여주고 있다. 예컨대, 그 제목에서부터 인민군 치하의 북한을 "붉은 식민지"로 규정하고 있는 「붉은 식민지의 레지스탄스들: 북한 의혈청년들의 봉기사건」[44]에서 박계주는 광복회 단원의 입을 빌어 이렇게 말한다.

> 과거의 역사가 증명하듯이 어떠한 전쟁에서든지 연합국이 패한 일은 없는 것이요. 또 남조선을 미국의 식민지라고 선전하지만 그들은 남조선의 것을 가져가기는커녕 도리어 자기들의 것을 자꾸 가져다가 원조해주고 나중에는 자기들 자제들까지 수륙 몇 만 리의 전선에까지 보내어 자유를 수호하기 위해서 피 흘리며 쓰러지고 있오. 그러나 쏘련을 보시오. 인민을 위하고 약소국가를 위한다 하지만 우리나라의 것을 털어만 갔지 가져다 준 것이 무엇 있으며 이번 전쟁을 일으켜놓고는 우리 동족들만 피 흘리게 하고 자기들의 병정은 한 명도 참전시키지 않고 있잖소.[45]

남한은 미국의, 북한은 소련의 영향권 아래 놓여 있었던 상황에서 북한은 식민지로, 남한은 독립국가로 위치짓기 위해 동원된 논리는 한국을 일본의 식민지로부터 벗어나게 했던 "연합국"의 승리라는 "과거의 역사"와 미국의 원조 및 참전이었다. 미국은 과거와 현재 모두 연합국의 일원이었으며, 따라서 미국의 참전은 "자유를 수호"하기 위해, 과거로부터 지속해온 국제적인 노력의 일환으로 자리매김된다. 연합국의 일원으로서 미국의 역사적 연속성이 일본 제국주의와의 전

---

43) 박계주, 『자유공화국 최후의 날』, 정음사, 1955.
44) 박계주, 「붉은 식민지의 레지스탄스들: 북한 의혈청년들의 봉기사건」, 『아리랑』, 1955.6, 98~111쪽.
45) 박계주, 「붉은 식민지의 레지스탄스들: 북한 의혈청년들의 봉기사건」, 101쪽.

쟁과 한국전쟁의 연속성을 보장하는 논리로 동원되었다. 과거 연합국이 일본 제국주의를 물리치고 남한에 해방을 가져왔던 것처럼, 연합국이 다시 싸우고 있는 한국전쟁은 "적색 제국주의자"들에 의해 "붉은 식민지"로 남아 있는 북한에도 해방을 가져올 것이었다.

물론 여기서 보다 현실적으로 와 닿는 것은 아마도 미국이 물질적 지원을 아끼지 않는다는 주장이었을 것이다. 식민 말기, 총력전 체제에서의 수탈의 기억이 생생했던 대중들에게 있어서 '대가 없이' 물자를 원조해주는 미국이 제국주의일 리는 없었던 것이다. 반면, 북한에 진주한 소련군들이 북한 사람들의 시계를 빼앗아 팔목에 줄줄이 차고 다녔다는 류의 목격담들이 남한의 매체를 통해 널리 회자되면서 침략자 소련의 면모는 강조되었다.

1959년에 제작된 〈감격의 그날까지〉는 기본적으로 〈자손만대에 고하노라〉와 박계주의 역사인식을 되풀이하고 있지만 3·1운동 이후 독립운동의 역사를 워싱턴, 하와이, 상하이를 중심으로 한 이승만의 외교활동을 중심으로 상세히 구성함으로써, 식민지 시대 독립운동의 역사와 정부 수립 이후 "자유 우방"과의 결속을 연결짓는 논리를 좀더 정교화한다. 즉, 식민지 시대 이승만의 외교 활동은 대한민국 외교의 전사(前史)로서 자리매김되고 있으며, '외교력'이야말로 냉전체제하에 놓여 있는 현재 남한에서 가장 필요한 능력으로 부각되었다. 일찍부터 미국에서 외교활동을 펼쳐왔던 이승만은 "신생 자주독립국가의 위신"을 세우고 "자유 우방의 우정과 집단적인 안전보장에 의한 원조"를 이끌어낼 적임자인 것이다.[46] 이처럼 반일을 경유하면서 더욱 확고해진 반공의 논리는 재일교포 북송 사건에 대해 언급하는 마지막 장면

---

[46] 이와 관련해서 〈리대통령 각하 미국 방문〉의 내용구성은 의미심장하다. 이승만은 미국 방문시 과거 자신이 체류했던 지역이나 과거의 지인들을 찾아다니며 자신의 재미시절을 회고하고 있으며, 이는 〈리대통령 각하 미국 방문〉에서 비중 있게 다뤄지고 있다.

에 이르면 다시 격앙된 반일감정의 표출로 회귀한다.

1959년 서울운동장에서 열린 재일한인 북송반대 전국대회와 거리 행진을 화면에 담으면서, 〈감격의 그날까지〉는 "일본의 친공정책"에 다시 한 번 분노할 것을 촉구하고 있다. 재일교포 북송을 결정한 일본의 처사는, 그때까지 이승만 정권이 공들여 구성해왔던 서사, 즉 북한은 여전히 식민지이며 한반도 내의 유일한 합법정부인 대한민국이 북한을 "적색 제국주의자들"로부터 해방시켜야 하고 그것이 곧 현재의 독립운동이라는 서사의 토대를 훼손하는 것이었다. "공산진영"과 "자유진영"의 적대 가운데서 협력해야 할 "자유진영"의 일부였던 일본이 '식민지 상태'의 북한으로 재일동포를 보내려 하는 것은 대중정치의 차원에서 납득할 수 없는 일이었을 것이기 때문이다. 따라서 일본은 "교포 북송의 흉계를 꾸미고 또다시 침략의 마수를 뻗치려 하"는 "침략자"로 규정되며 이로써 반일과 반공이 서로를 뒷받침하며 순환하는, 하나의 논리체계를 획득하게 되었던 것이다.

하지만 2차대전 후 구축된 동서냉전의 국제정세 속에서 '반공'과 '반일'은 근본적으로 모순적인 면을 내포하고 있었다. 아무리 "친공정책"을 펼친다 하더라도 일본은 엄연한 "자유진영"의 일부였을 뿐 아니라, 더 나아가서 "자유진영"의 맹주인 미국이 1947년 이래로 "일본의 경제적 영향력을 한국에 다시 끌어들이"는 것을 일관된 외교정책으로 삼았기 때문이다.[47] 일본의 경제적 영향력은 과거가 아닌, 현재의 문제였으며, 그것은 자유진영의 맹주인 미국의 냉전 아시아 전략 전반과 관련된 것이었기 때문에 점점 심화되어가는 일본 경제에의 예속이 가시화되는 것은 시간문제였다. 따라서 일본에 대한 이승만 정권의 태도는 이중적인 것일 수밖에 없었다. 브루스 커밍스는 이승만이 "일본

---

[47] 브루스 커밍스 지음, 김동노 외 옮김, 『브루스 커밍스의 한국현대사』, 창비, 2001, 448쪽.

을 열렬하게 싫어했지만, 그럼에도 불구하고 그 때문에 매카서의 감독 아래에 있는 일본과 경제적인 유대를 발전시키지 않은 것은 아니었다"고 지적한다.[48]

영화산업과 관련해서 살펴보자면, 1950년대 한국의 영화시장은 일본을 경유해서 들어오는 미국영화가 지배하고 있었으며, 이는 미국영화수출협회의 아시아 시장 진출 전략에 따른 것이었다. 이성철에 따르면 1950년대 한국의 영화시장에서 유통되던 외국영화의 80%는 일본을 거쳐서 들어온 것이었는데, 이 시기 외화수입을 주도했던 것은 재일교포 이현수가 설립한 불이무역주식회사라는 일본회사였다. 미국영화수출협회와 계약을 맺은 일본의 메이저 영화사에 선을 대고 있었던 이현수는 한국에 지사를 설립하고 김인득을 지사장으로 앉혀 외화를 독점적으로 공급함으로써 한국 영화시장을 장악할 수 있었다. 불이무역은, 한국 영화시장에서 자신의 독점적인 영향력을 지속하기 위해 미국과 직접 선을 대어 영화를 수입하려 했던 세기상사에 압력을 행사한 일도 있었다. 그런 상황에 놓여 있었던 한국의 수입업자들은 "모두 거기 쫓아대니느라고들 정신이 없"을 수밖에 없었는데 "일본 교포들 통해서" 외화를 수입하려고 하는 이 같은 과정에서는 다툼도 많이 발생했다. 이성철은 이렇게 된 데에는 "미국 놈들이 한국은 무시허구 동남아세아를 다 관장허는 센타"를 일본에 두었던 데 원인이 있었다고 본다.[49] 미국이 동남아시아 영화시장을 일본으로 하여금 관장하게 했다는 사실은 당시, 정책의 하부 실행자에 불과했던 한 관료의 눈으로 보기에는 이해할 수 없는 일이었겠지만—아마도 그렇기 때문에 미국인에게 "놈"자를 붙였을 터인데—2차대전 후 미국의 아시아 전

---

[48] 브루스 커밍스, 『브루스 커밍스의 한국현대사』, 448쪽.

[49] 공영민 채록연구, 『[2009년 한국영화사 구술채록연구 시리즈 생애사] 이성철』, 110~111쪽.

략의 차원에서 볼 때 이는 당연한 일이었다. 불이무역은 정기적으로 일본의 영화잡지 『키네마 순보(キネマ旬報)』를 한국의 업자와 영화 담당 관료들에게 보내주었을 뿐 아니라 일본의 광고 전단지, 포스터 등을 그대로 가져옴으로써 세계영화계의 영화담론과 정보를 한국에 제공하는 통로로서도 중요한 역할을 했다.[50] 물론 일본을 통로로 해서 수입된 당시의 영화 정보들은 대부분 일본의 시각에 따라 가공된 것이었으며, 그런 점에서 일본을 거쳐 미국영화를 수입하고 일본의 영화비평 담론의 영향력 아래 한국의 영화비평 담론이 형성되었던 식민지 시대의 상황은 여전히 반복되고 있었다고 말할 수 있다.

영화감독 이병일의 제안을 받아들여 이성철이 직접 참여를 주선한 아세아영화제의 경우는, 요란한 반일의 구호 이면에서 당시의 영화계 사정이 어떻게 돌아갔는지를 더욱 정확하게 드러내준다. 아세아영화 제는 일본의 메이저 제작사들과 홍콩의 쇼브라더스가 중심이 되어 결성한 아세아영화제작가연맹의 주최로 1954년에 처음 개최되었으며, 이는 아시아 영화시장을 하나의 지역 블록으로 묶어 영화의 합작과 상호 간의 수출을 원활히 하고자 하는 의도로 시작된 것이었다.[51] 통합된 영화시장으로서의 아시아 권역이란, 일제 말 이른바 "대동아영화권"을 내세운 일본 제국의 아시아 영화시장 통합 논리의 재림이라고 불릴 만한 것이었다.[52] 제2회 아세아영화제에 옵저버로 참여하기 시작한 한국은 1956년에 일본에서 열린 제3회 아세아영화제에서 〈시

---

[50] 공영민 채록연구, 『[2009년 한국영화사 구술채록연구 시리즈 생애사] 이성철』, 227~228 · 240쪽.

[51] 공영민, 「아시아영화제를 통해 본 한국영화－1950~60년대 해외진출을 중심으로」, 중앙대 석사학위논문, 2008 참조.

[52] 물론 구조적으로 이는 일제 말의 상황과 차이가 있지만 적어도 아세아영화제에 참석한 영화인들의 경험 속에서는 그렇다고 말할 수 있다. 단적인 예로 일본의 식민지 경험을 갖고 있던 아세아영화제 주요 참가국들의 영화인들은 공통의 언어인 일본어로 원활하게 소통할 수 있었다.

집가는 날〉이 수상하고 난 후에 보다 적극적으로 아세아영화제에 관여하였고, 1962년에는 한국에서 아세아영화제를 개최하기도 했다. 당시 한국의 영화계는 마치 일제 말에 일본의 통치 지역 전반을 자신의 시장으로 삼음으로써 기업적 발전을 꾀할 수 있다고 믿었던 조선의 영화기업가들[53])처럼, 아세아영화제를 발판으로 아시아 국가들과의 합작과 영화수출을 통해 기업적 발전을 이루고자 하는 의욕에 차 있었다. 이에 가장 앞장 선 사람은, 앞서 언급한 것처럼 임화수였으며, 4·19 이후 영화계에서 그가 축출된 후 그 자리를 차지한 것은 박정희 정권의 영화계 파트너 신상옥이었다.

결국 문제는 소련을 정점으로 한 '공산세계'와 미국을 정점으로 한 '자유세계'로 이분화하는 냉전적 사고의 틀 안에서 반일의 태도 또는 감정이 어디에 놓일 수 있을 것인가였다고 말할 수 있다. 공산세계와 자유세계, 적 아니면 우방의 이분법적 사고의 틀 안에서 반공과 반일은 공존할 수 있는 태도일 것인가? 반공과 반일이 서로를 뒷받침하며 순환하는 논리체계의 근본적인 맹점은 바로 이와 같은 질문에 결코 답할 수 없다는 데 있었다.

더구나 남한은 일상생활과 문화의 많은 부분에서 식민지 시대의 구조를 온존, 유지시키고 있었기 때문에, 식민 잔재로서의 과거 일본이나 "자유진영"의 일원으로서 현재의 일본에 대해서 모두 일관되고 확고한 반대의 태도를 견지하기 어려웠다. 영화와 관련해서 말한다면,

---

53) 대표적인 인물은 고려영화협회를 이끌었던 제작자 이창용이다. 당시 언론에서는 비행기를 타고 신경과 동경과 경성을 오가는 국제적인 영화기업가로 이창용을 묘사하고 있는데, 그도 그럴 것이 그는 고려영화협회 창립작품인 〈복지만리〉를 만영과의 합작으로 제작하고 만주, 조선, 일본에서 함께 개봉했을 뿐 아니라, 〈수업료〉, 〈집 없는 천사〉 등의 다른 작품들도 일본의 도와상사와의 제휴를 통해 일본과 만주에서 개봉했기 때문이다. 그의 이 같은 행보는 일본, 대륙, 조선을 하나로 묶는 일본의 통치전략에 기반하여 영화의 판매시장을 충분히 개척할 수 있다는 계산에 따라 이루어진 것이었다. 이순진, 「기업화와 영화신체제」, 한국영상자료원 편, 『고려영화협회와 영화신체제』, 한국영상자료원, 2008, 226쪽.

특정 일본 작품의 표절이나 한국영화 속 일본의 재현만이 아니라 그
것을 만들고 유통시키는 방식과 체계, 기술적 숙련과 영화예술에 대
한 관념, 그것을 규제, 관리하는 행정의 관행, 그리고 그것을 소비하
는 대중의 문화적 취향 모두 식민지 시대에 연원을 두고 있었다는 사
실이 문제였던 것이다. 단적인 예로, 1962년 「영화법」이 제정될 때까
지 남한에서 영화에 대한 제도적 관리는 식민지시대 일본이 구축한
행정적 관행에 의거해서 이루어지고 있었다. 정부는 필요한 경우에
한해 간간이 '고시'를 통해 단기적인 시책을 발표했을 뿐, 일제가 「조
선영화령」을 통해 구축해놓은 영화에 대한 전면적인 관리체계를 근본
적으로 재고하지 않았다.

　주목할 점은 바로 그렇기 때문에 대중정치의 차원에서 '반일'은 더
욱 격정적인 감정으로서, 과도하게 표명될 필요가 있었다는 사실이
다. 여배우의 크리스마스카드에 대한 히스테리컬한 반응은 바로 그러
한 맥락에서 이해할 수 있다. 뜻하지 않게 돌출된 식민지의 흔적에 대
한 과도한 반대의 표명은, 영화계에서 아직도 강력하게 작동하는 식
민 유제의 존재와, 영화산업 및 기술의 차원에서 여전히 일본의 영향
권 내에 놓여 있었던 상황을 은폐하는 효과를 낳고자 한 것이었다. 마
찬가지로 이승만 정권의 반일주의는 현실 규정력을 가진 일관되고 합
리적인 정치노선으로 작용하기보다는 "그의 정부에 봉직하는 수많은
일제 협력자들에 대한 관심을 딴 곳으로 돌리는 데 유용"하게 활용되
었다.[54]

　물론 감정 상태로서의 '반일'이 어느 한 개인의 문제가 아니라 사회
구성원 전체와 관련된 것인 한, 이는 나름의 논리를 통해 조직화되고
그럼으로써 공식적인 것으로 자리매김될 필요가 있었다. 1950년대 말
에 빈번했던 각종 궐기대회와 가두행진 같은 거리 스펙터클은 바로

---

54) 브루스 커밍스, 『브루스 커밍스의 한국현대사』, 449쪽.

그 지점, 즉 공산주의와 일본에 동시에 반대하는 특정한 감정 상태가 논리적 연관을 획득하고 조직화됨으로써 공식적인 것으로 전환되는 바로 그 지점에 놓여 있다. 1950년대식 거리의 정치가 조직했던 반공과 반일의 이념은 근대의 복제매체이자 당시의 유일하고도 강력한 시청각매체였던 영화를 통해 전국으로 확산될 수 있었다. 그런 점에서 당대의 거리 스펙터클과 영화는 상호 보완적인 관계를 맺으며 정치의 최전선에 서 있었다고 말할 수 있다.

4. 이승만 독립운동 서사의 효과와 한계

지금까지 리대통령의 지난날에 대해서는 적지 않게 소개되어왔다. 그러나 그것이 옛날 이야기요, 더구나 해외에 있어서의 일이었기 때문에 때때로 어긋나는 이야기도 많았다. 그런 까닭에 본지는 지금으로부터 70년 전 대통령과 함께 수년간 공부해오던 이병주 옹의 회고담과, 그리고 이대통령은 양녕대군의 16대 자손인 바 (이병주 옹은 18대 자손) 이제 그 17대 자손인 전 보건부차관이며 현 서울여자의과대학 학장인 의학박사 이갑수 씨의 이대통령에 대한 전기를 소개하기로 한다.[55]

1950년대의 가장 인기 있었던 대중 월간지 『아리랑』은 1955년 두 달에 걸쳐 이승만의 전기를 연재했다. 전기의 앞부분에 붙어 있는 편집자 주에서 흥미로운 대목은 대통령 측근들의 사적인 기억을 통해 널리 알려진 이야기들의 잘못된 부분을 바로 잡겠다는 의사를 피력하고 있는 부분이다. 전통적으로 역사서술에서 구술사료들은 역사를 구성하는 핵심적인 사료로서의 위상을 확보하지는 못했다. 어느 특정한 개인의 기억이 가질 수 있는 자의성과, 그 개인의 대표성이 문제시될

---

[55] 이갑수, 「[특별기사 위인전기] 이승만 박사」, 『아리랑』, 1955.9, 43쪽.

수 있기 때문이다. 따라서 구술사료들은 문헌으로 정착된 다른 사료
들과의 교차 점검을 통해서만 그 가치를 인정받을 수 있는 부차적인
자료에 불과했다. 비교적 최근에 구술사의 중요성이 부각된 이후에
도, 구술사료들은 국가나 민족의 역사, 특히 정치사나 경제사 같은 거
시적인 영역이 아니라, 기록을 남길 수 있는 수단—예컨대 문자 또는/
그리고 권력—을 획득하지 못한 사람들의 일상사적 차원이나 거시적
인 역사서술이 지나쳐온 미시사의 영역들에서 주로 진지하게 받아들
여지곤 한다.[56] 하지만 학계가 아닌 대중적 독물(讀物)의 세계에서 친
인척이나 동문수학하던 어린 시절 친구 같은 이들이 증언하는 특정인
의 과거사는 중요하게 취급될 수도 있으며, 그것은 그것대로 공적인
역사서술과는 다른 차원의 권위를 확보할 수도 있다. 그것은 말하자
면 누군가에 대한, 혹은 어떤 사건에 대한 사적인 기억으로서 독자적
인 채널을 통해 생산, 유통, 소비될 수 있기 때문이다.

문제는, 대통령 이승만은 결코 일개 개인이 아니며, 1950년대의 맥
락에서 그의 전기는, 그것이 어떤 경로를 통한 것이든, 가벼운 독물로
서가 아니라 역사로서 소비될 수밖에 없었다는 사실에 있다. 그는 역
사를 원하는 방향으로 구성할 수 있는 권력자였고, 1950년대는 그것
이 가능했던 가장 확실한 시대였다. 더구나 영화 〈독립협회와 청년
리승만〉이 기본적으로 대통령 이승만 자신의 구술증언을 토대로 구
성되었다는 사실을 감안하면,[57] 이 시기 대중에게 영향력을 행사할

---

[56] 구술사가인 폴 톰슨은 "역사의 원자료인 문서 역시 특권을 가진 사람들에 의해
보존되고 파괴"되었으며 따라서 "현세기까지 역사는 권력 투쟁의 기록"에 불과하
다고 주장한다. "구술사는 자신의 말을 통해서 역사를 만들고 경험했던 사람들에
게 중심적인 자리를 돌려줄 수 있"으며 따라서 "구술사의 장점은 대부분의 사료
보다 복수적인 관점을 더 많이 재생시킨다는 것"이라고 지적한다. 윤택림 편역,
『구술사, 기억으로 쓰는 역사』, 아르케, 2010, 37~40쪽.

[57] 이성철에 따르면 〈독립협회와 청년 리승만〉의 제작기획은 이승만이 자신의 독립
협회 시절을 이야기하며 "요즘 청년들은 기개가 없"다고 말했던 데서 출발했다.
경호실장 곽영주가 그 이야기를 듣고 신상옥을 불러 영화화할 것을 지시했다고

수 있는 매체들에서 이승만의 개인사, 더 나아가 식민지 시대 독립운
동의 역사를 구성하는 주된 방식 가운데 하나가 바로 구술증언이었다
고까지 말할 수 있을 것이다.[58] 자의성이 작용할 여지가 훨씬 많은 구
술증언이, 공적인 역사를 구성할 수 있는 현실 권력을 확보한 자들에
의해 이루어질 때, 그것의 효과는 우려할 만한 것일 수밖에 없다. 사
적인 기억과 견해가 공적인 역사와 뒤섞이고, 검증되지 않은 주장이
역사적인 사실로서 확정될 수 있는 것이다.[59] 특히 필자인 이갑수 자

한다. 영화의 시나리오는 기본적으로 이승만 자신의 구술에 토대를 두고 있었으
며, 세부적인 부분들은 신상옥이 곽영주를 통해 이승만에게 직접 확인하면서 작
업을 했다는 것이다(공영민 채록연구, 『[2009년 한국영화사 구술채록연구 시리즈
생애사] 이성철』, 182쪽). 물론 자유당 선거전략의 일부로 자리매김된 이 영화의
제작이 단지 곽영주 개인의 결정만으로 이루어졌다고 볼 수는 없겠지만, 기본적
인 이야기가 이승만 자신으로부터 나왔다는 사실은 신뢰할 만하다고 본다. 예컨
대 미국으로 떠나는 이승만에게 고종이 밀서를 전달했다는, 〈독립협회와 청년
리승만〉에서 묘사된 내용은 1950년대 당시 이승만이 주장하던 내용과 일치한다.
정병준은 이승만의 대통령 재임 기간 내내 유포되었던 이승만이 한국정부의 밀
사였다는 설이 잘못된 것이라고 본다. 이승만은 민영환, 한규설, 김종한이 주미
공사관에 보내는 사신(私信)을 지닌 개인 밀사였을 뿐이라는 것이다(정병준, 『우
남 이승만 연구: 한국 근대국가의 형성과 우파의 길』, 83쪽).

[58] 이는 단지 대통령 이승만에 국한된 일이 아니며, 3·1운동 당시 33인 가운데 한
명이었고 1950년대 말까지 살아 있던 유일한 인물이었던 이갑성의 전기 또한 일
종의 '구술생애사'의 형식을 취하고 있었다. 역시 『아리랑』에 게재된 이갑성의 전
기는, 이갑성의 집으로 왕진을 가게 된 서울시 의사회장 김형익이 이갑성과 대화
를 나누면서 그의 생애를 재구성하는 형식을 취하고 있다. 김형익 글, 한봉덕 그
림, 「상해의 명의 이갑성」, 『아리랑』, 1956.9, 110~115쪽.

[59] 물론 『아리랑』같은 대중잡지보다 훨씬 더 진지하게 받아들여졌던 영화에서의 역
사 재현은 보다 더 공식적이고 권위 있는 것으로 인정받을 수 있는 장치를 확보
하고 있었다. 〈독립협회와 청년 리승만〉은 제작 단계에서부터 학계의 자문과 고
증을 받은 것으로 홍보되었으며, 이 영화의 검열과정에는 당대 역사학계의 중요
인물들이 대거 참여했다. 역사학계의 고증자문을 받는 것은 당시 역사영화의 제
작 및 검열과정에서 관행으로 정착되어 있었다. 특히 〈독립협회와 청년 리승만〉
이 얼마만큼 역사에 근거를 두고 있는 것으로 받아들여졌는가와 관련해서 임영
의 다음과 같은 전언은 참고할 만하다. "12월 중순에 있었던 리대통령 기자회견
석상에서 한 기자가 그 영화의 오오쎈티씨 여부와 감상을 질문하자 영화 소재의
주인공인 대통령은 잠간 회상에 잠기는 듯한 빛을 보이면서 '더 심했지'하고는
'뭉쳐서 독립을 해야지' 하는 모노로그도 코멘트도 아닌 말을 했다고 한다. 당

신의 어린 시절 기억, 예컨대, "승만 아저씨 언제 오시나요?" 물으면 "멀지 않다. 승만 아저씨가 나라를 도루 찾아가지고 온다"라고 마을 어른들이 이야기했다는 것이나, 이승만과 동문수학했던 이병주를 통해 전해진 일화들, 가령, 나이 5, 6세에 천자를 석달만에 마치고 사서 삼경을 공부하여 마을 사람들이 "앞으로 큰 사람이 될 것"이라 칭송했다는 이야기 같은 것들은 사적인 기억에서 끌어올려져 역사적 인물, 이승만의 '위인됨'을 증명하는 것이 된다. 당시의 대중들이 이러한 진술 하나하나를 '진지한' 역사로서 받아들였는지는 분명하지 않지만, 역사가 위대한 인물들에 의해 만들어진다는 이른바 위인 이론(great men theory)을 내면화하고, 이를 통해 역사를 바라보는 방식을 지배적인 것으로 만드는 효과를 발휘했을 것임에는 틀림이 없다. 위인 이론이야말로 역사를 개인화하는 방식이며, 1950년대 남한에서 독립운동의 서사는 바로 이러한 방식을 통해서, 즉 '위인'으로서의 독립투사들 개개인의 전기라는 방식을 통해서 생산, 소비되었던 것이다.

〈독립협회와 청년 리승만〉이 나온 1959년은 "사극의 형태를 가진 독립운동 영화의 부움"[60]을 이룬 시기로 특징지어진다. 1959년 봄에 개봉한 〈고종황제와 의사 안중근〉과 〈유관순〉이 각각 그해 흥행 성적 5위(관객 105,142명 동원)와 8위(관객 78,219명 동원)를 기록하며 흥행에 크게 성공함으로써 독립운동 영화의 붐을 이끌었던 것이다.[61] 이 두 영화의 성공이 보여주는 것은 독립운동의 투사들을 통해 식민지시대를 이해하는 방식이 대중적으로 매우 설득력 있는 것으로 자리 잡

시의 사실(史實)에 정통한 사람이면 이 더 심했지 하는 대통령의 말의 의미를 해득할 수 있을 것이다." 『국제영화』, 1960.2, 56~57쪽.

60) 임영, 「제작본수 만의 영화 황금기: 1959년도 한국영화 총결산」, 『국제영화』, 1960.2, 56쪽.

61) 「59년의 영화계: 사상 최초의 황금시대, 군소 기업 씨스팀은 정리 단계」, 『동아일보』 1959년 12월 23일자(3면).

았다는 사실이다. 〈독립협회와 청년 리승만〉이나 문화영화 〈만송 이기붕〉은 바로 이처럼 널리 확산되어 있던, 역사를 위인들이 만들어가는 것으로 보는 태도를 공유하고 있다.

식민지 시대의 역사 전체가 위인으로서의 독립투사들의 개인사로 인식되는 방식은 제도적인 차원과 일상적인 차원에서 모두 강력하게 남아 있던 식민 잔재와, 냉전 체제 하에서 '반일'의 태도가 가질 수밖에 없는 모호성의 문제를 효과적으로 삭제할 수 있다는 점에서 문제적이다. 대중은 의지력이 강하고 민족의식에 투철한 몇몇 개인들이 행했던 항일투쟁의 역사 이외의 기억을 망각하도록 요구받았다. 하지만 이러한 요구가 일방적인 것이었고 볼 수는 없을 것이다. 대중들 또한 소소한 일상적 차원에서 친일협력을 했던 과거를 공유하고 있고, 식민 잔재가 여전한 지배적이었던 문화적 상황에 놓여 있었기 때문이다. 요컨대, 이 시기 식민지 시대를 예외적으로 위대한 인물들의 항일의 역사로 기억하는 일은 식민 잔재의 부담으로부터 자유로워질 수 있는 유력한 방법이었다는 것이다.

〈독립협회와 청년 리승만〉이 구성한 이승만 독립운동 서사의 효과는 바로 여기에 있었다. 비록 4·19의 발발로 "우남 이박사의 생생한 기록인 일대기"로 "찬양"받았던[62] 영화, 〈독립협회와 청년 리승만〉이 "당시의 이대통령에게 아첨하기 위해 만들어졌던 것"[63]으로 전락하기는 했지만, 식민지시대의 역사를 이승만 개인의 독립운동 서사로 대체했던 한국전쟁 이후 식민지시대의 재현이 생산한 효과는 이후에도 넓고도 깊은 영향을 미쳤다. 영화를 비롯한 대중문화의 영역에서 식민지시대의 기억은, 그 후로도 오랫동안, 구조와 일상을 지우고 그 자리에 위인들의 독립운동을 세우는 것만으로 구성되었던 것이다.

---

[62] 편집부, 「영화 〈독립협회와 청년 이승만〉의 의도」, 『영화세계』 1960.1, 98쪽.
[63] 「〈청년 이승만〉 제작, 공보실서 4천만환」, 『조선일보』 1960년 5월 18일자(4면).

5. 결론

결과론적인 이야기가 되겠지만, 만약, 한국전쟁 이후에 이승만 정권이 공들여 실행했던 이 모든 선전전이 과연 소기의 효과를 거두었는가를 질문한다면, 그렇지 않았다고 대답해야 할 것이다. 1950년대 후반 동안 공보처가 꾸준히 만들고 널리 배급하기에 애썼던 그 많은 문화영화들과 〈독립협회와 청년 리승만〉이 이승만의 '위인됨'을 그토록 강력하게 설파하였는데도, 이승만 정권은 대대적인 부정선거를 저지르지 않고는 국민에게 선택될 수 없었던 상황에 처해 있었기 때문이다. 늙은 독재자 이승만을 축출한 4·19는 그런 점에서 확실히, 한국전쟁 후 정권의 공보전략이 실패했음을 증명한 사건이었다고 평가할 수 있다. 그것이 어느 지점에서 실패했는가, 왜 실패했는가를 다시 묻는다면, 그에 대한 대답은 아마도 이승만 이후에 등장한 또 다른 '위인' 박정희의 이미지와 그의 시대에 재구성된 식민지 역사, 또 한국전쟁의 재현 등을 면밀히 검토하는 데서 찾을 수 있을 것이다.

같은 〈대한뉴스〉를 통해서 박정희는 전혀 다른 모습을 선보였다. 군복 바지 밑단을 걷어 올린 채 논에 들어가 모내기를 하고 논두렁에 앉아 농민들과 막걸리를 나누는 젊은 지도자, 그것이 바로 한국전쟁 이후 이승만 정권이 공들여 그 기반을 닦아놓은 〈대한뉴스〉를 통해 대중들에게 선보인 박정희의 모습이었다.

〈5인의 해병〉(1961)으로 시작되고 〈돌아오지 않는 해병〉(1963)과 〈빨간 마후라〉(1964)로 정점에 오른 박정희 시대의 한국전쟁 영화에서는 유엔군의 존재가 사라졌고 남한 군인들만 남아 전쟁영웅으로서 맹활약을 펼치고 있었다. 1963년부터는 만세를 부르다가 투옥되고 고문당하다가 죽는, 숭고하지만 패기가 없는 독립운동가가 아니라 만주 벌판을 호령하며 일본군과 싸우는 독립군으로서의 독립운동가들이 만주활극을 통해 등장하기 시작했다. 이 모든 변화의 의미를 꼼꼼히 읽어내는 것은 본고의 범위를 벗어나는 것이지만, 몇 가지는 말할 수 있을 것이다. 북한은 소련의 식민지고 남한은 미국과 "형제국"이라고 아무리 주장하더라도, 또 식민지 북한을 해방하기 위해 "또다시 싸워야 한다"고 아무리 역설하더라도, 남한 또한 미국의 의지를 거슬러 북진을 할 수는 없을 만큼 미국에 종속적이었다는 사실, 그러므로 이승만의 북진통일론은 사실상 제스처에 불과했다는 사실, 그리고 식민지시대의 역사는 결코 만세운동과, 서구 열강에 독립을 호소하는 것만으로는 종식되지 않았다는 사실을 대중은 이미 감지하고 있었다는 것 말이다.

4월혁명은 모든 면에서 탁월한 위인이자 '국부'라는 봉건적이고 가부장적인 위상을 지닌 늙은 정치가의 시대가 끝났음을 보여주었다. 그리고 이어진 5·16쿠데타는, 스스럼없이 능숙한 솜씨로 모내기를 하고 막걸리를 마시는 농민의 아들이자, 한국의 독립과 안전을 외국에 호소하는 것이 아니라 그 스스로 총을 들고 싸울 수 있는 군인의 시대가 도래했음을 알렸다. 그런데 흥미로운 점 하나는 만주활극의 만주항일투쟁의 이미지가 실은 1950년대 이후 구축된 한국전쟁의 이미지들로부터 차용된 것이라는 점이다. 〈불붙는 대륙〉(1964)은 서사구조에서 캐릭터, 전쟁의 시각적 이미지까지 모두 〈돌아오지 않는 해병〉(1963)으로부터 가져왔으며, 그 밖의 만주활극들에서도 대규모의 전투 씬들은 거개가 한국전쟁 영화의 이미지들로부터 빌려온 것이었다. 식민지시대 무장투쟁의 역사를 정권의 정통성의 기반으로 삼고 있는 북한의 존재로 인해 박정희 시대에도 여전히 무장투쟁은 재현하기 부담스러운 것일 수밖에 없었으며, 따라서 당시 한국영화에서 만주에서의 무장투쟁의 이미지는, 이른바 만주 웨스턴이라고 불리는 1960년대 후반 이후의 만주활극들에서처럼 아예 탈역사화되거나, 그렇지 않으면 1960년대 전반기의 만주 전쟁물에서처럼 한국전쟁으로 부터 전유해올 수밖에 없었던 것이다. 그런 점에서 한국전쟁의 서사를 식민지 과거의 연장선상에서 구성하고자 했던, 1950년대 영화의 기획은 절반의 성공은 거둔 셈이었다.

부록 : 1950~1955년 한국전쟁 관련 영화 목록(한국영상자료원 데이터베이스 참조)

제목	연도	감독	제작	분류	내용
아름다웠던 서울	1950	윤봉춘	서울시	다큐	전쟁 전과 후의 서울의 모습
서부전선	1951	윤봉춘	계몽영화협회	다큐	연합군의 북진상황
정의의 진격 1부, 2부	1951, 1953	한형모	국방부 정훈국	다큐	전쟁발발에서 휴전회담까지를 기록
오랑캐의 발자취	1951	윤봉춘	계몽영화협회	다큐	1·4후퇴 당시 서울의 모습
내가 넘은 삼팔선	1951	손전	영남영화사	극영화	월남민의 참전과 전사(戰死)
삼천만의 꽃다발	1951	신경균	청구영화사	극영화	전쟁 중 실명한 장교와 간호장교의 사랑
태양의 거리	1952	민경식	대구자유극장	극영화	월남민 마을의 불량청소년 선도
성불사	1952	윤봉춘	한일영화사	극영화	병역기피자의 회개담
진격만리	1953	임운학	1사단 15연대 정훈부	다큐	낙동강 전선에서 평북 운산까지 국군의 진격상황을 수록
영광의 길	1953	윤봉춘	계몽영화협회	세미다큐	병역기피자와 자원입대자의 이야기
총검은 살아 있다	1953	조인복	극동영화사	세미다큐	중공군의 서부전선 공격을 다룸
애정산맥	1953	이만흥	아일영화사	극영화	빨치산 토벌담
창수만세	1954	어약선	계몽영화협회	극영화	부부간첩을 신고한 아이들
혈로	1954	신경균	청구영화사	극영화	간호장교들의 헌신과 공비 소탕
운명의 손	1954	한형모	한형모프로덕션	극영화	여간첩과 남한 특무대원의 사랑
아리랑	1954	이강천	백호프로덕션	극영화	미군병사와 한국 민간인의 우정
탁류	1954	이만흥	한국영화사	극영화	간첩단 소탕
출격명령	1954	홍성기	공군	극영화	공군 장교의 사랑과 전투
빛나는 건설	1954	유장산	공보처	다큐	전후 서울의 복구 모습
북위 41도	1954	김성민	고려영화사	극영화	북위 41도에 주둔한 해병대의 상륙작전
불사조의 언덕	1955	전창근	공보처	극영화	미군병사와 한국 민간인의 우정
주검의 상자	1955	김기영	리버티프로덕션(미공보원)	극영화	공산주의자의 집에 폭탄을 설치한 청년
자유전선	1955	김홍	한국영화제작공사	극영화	미군병사와 한국인 간의 우정
피아골	1955	이강천	백호프로덕션	극영화	빨치산 토벌

▣ 참고문헌

1. 기본자료

『한국일보』, 『조선일보』, 『동아일보』, 『한국일보』, 『경향신문』.

『삼천리』, 『아리랑』, 『영화세계』, 『국제영화』.

『한국연예대감』, 1962 성영문화사.

『영화연예연감 1970』, 1969, 국제영화사.

한국영상자료원 편, 2009 『식민지시대의 영화검열 1910~1934』, 한국영상자료원.

한국예술연구소 편, 2003 『이영일의 한국영화사를 위한 증언록 : 유장산, 이경순, 이필우, 이창근 편』, 도서출판 소도.

2. 단행본

공영민 채록연구, 2009 『[2009년 한국영화사 구술채록연구 시리즈 생애사] 이성철』, 한국영상자료원.

박계주, 1955 『자유공화국 최후의 날』, 정음사.

윤택림 편역, 2010 『구술사, 기억으로 쓰는 역사』, 아르케.

이경순, 1996 『소리의 창조: 나의 영화녹음 50년』, 한진출판사.

이순진 채록연구, 2005 『[2005년도 한국근현대예술사 구술채록연구 시리즈] 이형표』, 문화예술위원회.

이영일, 2004 『한국영화전사(개정증보판)』, 도서출판 소도.

정병준, 2006 『우남 이승만 연구: 한국 근대국가의 형성과 우파의 길』, 역사비평사.

브루스 커밍스 지음(김동노 외 옮김), 2001 『브루스 커밍스의 한국현대사』, 창비.

3. 논문

공영민, 2008 「아시아영화제를 통해 본 한국영화─1950~60년대 해외진출을 중심으로」, 중앙대 첨단영상대학원 석사학위논문.

김영희, 2003 「제1공화국 시기 수용자의 매체 접촉 경향」, 『한국언론학보』 제43권 6호.

심혜경 채록연구, 2007 「김영희」, 『[한국영화사 구술총서 4] 한국영화를 말한다』(한국영상자료원 영화사연구소 편), 한국영상자료원.

위경혜, 2010 「1950년대 중반~1960년대 지방의 영화상영과 '극장가기' 경험」, 중앙대 첨단영상대학원 박사학위논문.

이봉범, 2009 「폐쇄된 개방, 허용된 일탈」, 『아프레걸 사상계를 읽다: 1950년대 문화의 자유와 통제』(권보드래 편), 동국대학교출판부.

이순진, 「기업화와 영화신체제」, 『고려영화협회와 영화신체제』(한국영상자료원 편), 한국영상자료원, 2008.

────, 「식민지 경험과 해방직후의 영화 만들기: 최인규와 윤봉춘의 경우를 중심으로」, 『대중서사연구』 14, 대중서사학회, 2005.12.

────, 「1950년대 공산주의자의 재현과 냉전의식」, 『매혹과 혼돈의 시대: 50년대의 한국영화』(김소연 외 지음), 도서출판 소도, 2003.

이순진 채록연구, 「박행철」, 『2003 영화의 고향을 찾아서 인터뷰 자료집』, 한국영상자료원, 2003.

────, 「김수용」, 『2003 영화의 고향을 찾아서 인터뷰 자료집』, 한국영상자료원, 2003.

한형모, 「영화판권과 기자재를 바꾼 시절」, 『군영화 40년사』, 국군홍보관리소, 1992.

홍석률, 「이승만 정권의 북진통일론과 냉전 외교 정책」, 『한국사연구』 제85호, 1994.

기획으로 간주된다. 동시에 이 1년간은 혼돈과 무질서 그리고 부패와 무능력의 시기로도 회고되곤 한다. 5·16이 새로운 형태의 권위주의를 복원하고 이후 박정희 정권의 독재가 총체적으로 한국사회를 지배하게 된 현실을 감안할 때 선행 영화연구자들이 4월혁명을 완성되지 못한 이상으로 개념화했던 것은 이해할 만하다.

하지만 4월혁명을 생명력이 짧은 미완의 정치적 사건으로 간주하는 시각은 4월혁명과 한국영화의 관계를 연구하는 데 있어서 독특한 방법론적 문제를 야기한다. 5·16을 4월혁명의 공식적인 종말로 간주하는 역사주의적 틀을 받아들이는 순간, 영화학자가 다룰 수 있는 영화의 범위, 즉 4월혁명과 한국영화의 관계에 대한 연구의 범위가 축소되기 때문이다. 동시에 이런 틀은 한국영화에 대한 급진적인 해석의 가능성을 차단하는 결과로 이어질 수 있다. 내가 보기에 기존의 연구들은 혁명의 영향과 자장을 역사적 사건의 변화 일정과 일치시킴으로써 혁명 시기 이후에 배출된 문화물들이 보여준 급진적 혜안과 함의를 배제하는 결과를 낳고 말았다. 이런 방법론적 문제는 4월혁명에 대한 한국영화 연구에서 반복적으로 드러난다. 4월혁명에 대한 대부분의 영화비평은 4·19에서 5·16 전까지라는 협소한 시간의 프레임을 바탕으로 한 징후적 독해에 매몰되어 있다. 나는 여기서 징후적 독해 자체를 문제로 삼고자 하는 것이 아니라 견고한 역사주의적 틀이 구축해놓은 일정에 따라 징후적인 독해를 하게 되면 이미 해석의 범위와 내용이 결정될 수밖에 없다는 점을 지적하고자 하는 것이다. 다시 말해서 혁명을 1년 1개월간의 사건으로만 간주하게 되면 영화와 혁명의 관계를 고찰하려는 노력은 결국 '시간 부족'의 문제를 피할 수 없게 된다는 것이다.

영화학자 이영일은 이미 이 문제를 인식하고 있었는데 그에게 혁명의 시기는 "한국영화의 방향을 근본적으로 바꾸기에 충분한 시간이 아니었으며 …… 다만 짧은 시간의 실험기 이상의 것은 못 되었다"[7]고 지적했다. 이영일은 또한 혁명의 흔적들은 한국영화의 표면에 드러나기보다는 제도의 변화와 기관의 설립을 통해 드러난다고 주장하였다. 자유로운 사회 분위기가 가져온 변화로 검열이 완화되었고 이것은 다시 사회적으로 민감한 쟁점과 주제를 다루는 영화의 제작으로 이어졌다는 것이다. 이 틀에서 이른바 사회적 리얼리즘 계열로 구분되는 영화들, 예컨대 〈오발탄〉, 〈박서방〉, 〈돼지꿈〉, 〈표류도〉가 각광을 받게 된다. 이 영화들은 혁명의 급진적 이상까지는 아니더라도 사회적 변화를 담고 있는 수작으로 간주되었다. 이영일은 혁명이 가져온 성취를 비교적 제한적인 것으로 평가하였고 후대의 학자들은 대체로 그의 접근방법을 따르는 경향을 보인다.

사회적 리얼리즘 영화를 높게 평가하고는 있지만, 이와 같은 비평적 태도에는 4월혁명이 한국영화에 끼친 영향이 제한적이라는 시각이 내포되어 있다.[8] 그 결과 혁명의 급진적 정신, 특히 4월혁명의 핵심적 가치로 간주되는 정의의 흔적은 한국영화에서 구조적으로 부재한 것

---

7) 이영일, 『한국영화전사』, 소도, 2004, 284쪽.

8) 김선아는 혁명 시기 한국영화의 한계를 인정하며 이것을 "반(半)경험"의 개념으로 절합한다. 혁명에 대한 영화적 반영이 많지 않다는 사실은 혁명이 과연 대중들에게 의미 있는 총체적 경험의 사건이었는지를 의심케 만든다. 혁명의 가빠른 진행과 몰락은 재현의 부족에서 나타나듯 대중이 혁명을 피상적이고 표피적인 것으로 경험하였음을 보여준다. 김선아의 "반경험"으로서의 혁명은 이영일의 "실험기"의 개념과 유사한 듯 보이지만 분명한 차이가 있는데, 이영일이 "실험기"의 개념을 이후 한국영화의 발전을 설명하기 위한 일선적인 목적론의 역사서술의 용어로 사용하는 반면, 김선아는 "반경험"의 개념을 한국영화의 공백과 한계의 문제를 드러내기 위해서 사용하였다. 짧은 혁명시기의 영화들로부터 혁명의 정신을 도출하려는 징후적 독해를 시도하는 대신 김선아는 이 시기의 한국영화가 혁명의 정신을 담는 데 실패하였다고 결론 내린다. 필자는 김선아의 주장에 동의하면서도 동시에 혁명의 정신은 혁명시기의 영화가 아니라 다른 시기, 즉 사후의 영화에서 발견할 수 있다고 보충하고자 한다. 김선아, 「영화와 혁명: 반 경험으로서의 영화」, 정근식·이호룡 편, 『4월혁명과 한국 민주주의』, 선인, 2011, 619~637쪽.

이 되어버렸다.[9] 한국영화에 스며든 혁명의 정신을 추적하기 위해서는 혁명의 시기로부터 좀더 후대로 분석의 초점을 이동시킬 필요가 있다. 혁명이 촉발시킨 열정은 종종 파편화되고 분산되며 지체된 형태로 문화재현물에 나타나기 때문이다. 혁명의 의의는 넓은 의미로 이해되어야 하고 이것은 시간에 대한 양방향적 태도를 포함하는 것이다. 이 말은 혁명이 필연적으로 전과 후의 시간을 아우르는 사건이라는 뜻으로 혁명이 추구하는 급진적인 정의는 현재 정치상황에서 억눌린 형태로 잠복하는 '과거의' 문제들과 연결되어 있다는 것이다. 커밍스가 언급한 사건에서 볼 수 있듯이 4월혁명의 경우 잠재된 식민주의의 유산이 중요한 과거의 문제로 존재하였다. 동시에 혁명으로 인해 촉발된 열정과 고양된 의식은 오랜 시간 동안 지속되고 번지면서 사후의 행동과 사고를 유발한다. 나는 혁명이 촉발시킨 정의를 향한 열정이 가장 두드러진 형태로 발현된 주제가 식민주의 유산의 극복이라고 본다. 그리고 식민주의의 폭력을 극복하려는 혁명의 정신이 뚜렷하게 부상하고 응고된 시기가 1960년대 중반이었다고 생각한다. 1960년대 중반은 한국사회가 사회정치적인 영역에서 부상한 식민 유산의 불편한 문제와 대면하지 않을 수 없었던 시기였으며 동시에 많은 대중영화들이 이 문제를 주제화한 시기이기도 했다.

정창화 감독의 1966년작 〈예라이샹〉은 지속되는 혁명의 열정을 다루는 영화이다. 이 작품은 혁명의 문화적 영향, 즉 정의를 요구하는 급진적 행동에 영감을 제공하는 혁명의 열정과 논리를 표현함으로써 4월혁명을 실질적으로, 하지만 미묘하게 상기시킨다. 영화는 또한 혁명의 문화적 영향력이 서사의 골격과 주제적 보충을 통해 어떻게 확

---

[9] 김미란에 따르면 정의는 순수, 평화와 함께 혁명의 정치적 투쟁에서 반—패권적 담론 구성에서 핵심적인 개념이었다. 김미란, 「순수한 청년들의 평화시위와 오염된 정치공간의 정화」, 『상허학보』 31, 상허학회, 2011.11, 197쪽.

장, 강화되어 발현되는지를 보여주는 모범적인 사례다. 〈예라이샹〉은 한국 멜로드라마의 계보에서 좀처럼 주목을 받지 못한 이른바 '잊혀진' 영화다. 이 작품은 정창화 감독의 작가적 세계로 간주되는 권법, 무술 혹은 액션 영화의 남성적 우주와 어울리지 않고, 몰락한 여성이 법의 심판에 처하는 멜로드라마 영화의 연구에서도 자세히 다루어지지 못하였다. 이 영화에 대한 비평적 무관심은 극작법의 과잉과 떼어서 생각할 수 없다. 성공한 라디오 연속극[10]을 극화한 탓에 서사가 압축적이며 서사 전환의 속도가 매우 빠르고 극의 중간에 영화의 방향과 주제를 완전히 바꾸는 대전환이 배치되어 있는데, 극작법적으로 문제의 소지가 있는 이런 서사적 특질이 영화의 평가에 부정적으로 작용했을 것이다. 하지만 나는 그 파행적이고 과잉적인 전개 때문에 오히려 이 영화를 분석하고 평가할 필요가 있다고 본다. 영화는 서두부터 4월혁명을 드라마의 배경으로 제시한다. 하지만 이 영화가 끈질기게 천착하는 주제는 경험적인 역사적 사건으로서의 혁명이라기보다는 오히려 앞에서 언급한 혁명의 열정인 것처럼 보인다. 특히 식민주의의 폭력을 처벌하고 정의를 구현하고자 하는 강렬한 욕망을 제시한다는 점에서 대단히 독창적이다.

영화의 내용을 구체적으로 분석하기에 앞서, 복잡한 줄거리를 요약할 필요가 있다. 4·19 시위에 참여한 법대생 세영은 심각한 부상을 입고 난희의 집에 숨어든다. 나이트클럽의 종업원인 난희는 세영을 안전한 방으로 숨기고 그의 회복에 정성을 쏟는다. 이 과정에서 둘은 사랑에 빠지는데 난희는 세영의 도움으로 알콜 중독을 극복한다. 하지만 이들의 관계는 세영의 경제적 후원자인 박사장의 악의적 계략으

---

10) 영화 〈예라이샹〉의 서사는 김석야 원작의 동명 일일 라디오 연속극에 뿌리를 두고 있다. 이 연속극은 1965년 TBC 라디오의 골든 시간대에 방송되었다. 제목 '예라이샹'은 야래향(夜來香)의 중국어 발음이며 밤에 강력한 향기를 발산하는 화초의 이름이다. 영화에선 여주인공 난희의 예명이다.

로 위기에 처한다. 회복한 세영은 박사장 집에서 가정교사로 일하게 되는데, 박사장은 세영을 큰 딸 정숙의 남편감으로 점찍고 정숙 역시 세영을 좋아하게 된다. 박사장의 집에 머무르며 가정교사를 하던 세영은 밤마다 난희를 찾아간다. 세영의 행동에 의심을 품은 박사장은 사람을 시켜 그를 미행하게 하는데 그 과정에서 난희와 세영의 관계를 알게 된다. 박사장은 세영에게 여자친구를 소개해달라고 하고 이 만남은 난희에게 씻을 수 없는 상처를 남긴다. 박사장과 그의 부하는 세영 앞에서 난희의 과거를 폭로하고 그녀를 모욕한다. 난희는 모멸감과 원한을 느끼며 자리를 뜨고 세영은 박사장에게 화를 낸다. 절망에 빠진 난희는 다시 알콜 중독에 빠져 점차 몰락해간다. 보다 못한 세영은 난희를 억지로 병원에 입원시키려고 하는데 처음에는 이를 거부하던 난희도 곧 그의 진심을 이해하고 치료를 받기로 한다.

초반부에 혁명을 배경으로 삼은 것을 제외하면 여기까지 영화의 내용은 일반적인 멜로드라마의 골격에서 벗어나 있지 않다. 사랑의 시작과 역경 그리고 화해로 이어지는 서사적 동선이 윤리적 온당성의 강조와 함께 교과서적으로 배치되어 있다. 하지만 이후 영화의 서사는 예기치 못한 정보가 개입함으로써 완전히 다른 방향으로 치닫는다. 갑작스럽게 상해에서 온 노인이 출현하여 난희를 찾는데, 후에 그는 난희에게 그녀가 알지 못했던 비극적인 가족사를 알려준다. 난희의 아버지는 중국에서 친일파의 손에 의해 살해되었는데 그 친일파가 바로 박사장이었다는 것이다. 더욱이 박사장은 난희의 아버지를 살해한 후, 난희의 어머니를 강간하여 임신시켰고 그녀는 아이를 낳다가 죽었는데 이 살아남은 아이가 박사장의 큰딸 정숙이었다! 이야기를 들은 난희는 박사장에 대한 복수를 다짐한다. 한편 박사장은 자신의 친일행적이 공개되는 것을 막기 위해 노인을 살해하고 노인의 죽음을 조사하는 세영마저 죽이려 하지만 실패로 끝난다. 결국 난희는 나이트클럽에서 박사장을 살해하는 데 성공하지만 곧바로 체포되어 법의 심판대에 서게 된다.

나는 영화의 서사가 얼마나 복잡하고 압축적인지를 보여주기 위해 이를 의도적으로 자세히 기술하였다. 이 서사에서 놀라운 점은 영화의 중간에 상하이에서 온 노인의 존재를 통해 갑작스레 삽입되는 식민주의의 문제다. 강조되어야 할 점은 이 예측하지 못한 정보가 이후 전체 서사에 총체적인 효과를 낳는다는 사실이다. 이 개입은 이후 인물 관계와 사건의 전개를 사실상 중층-결정한다는 점에서 구조적인 성격을 지닌다. 난희에게 가족사의 비밀은 지울 수 없는 정신적 외상으로 등록되어 그녀를 완전히 사로잡는다. 복수에 집착하고 그것을 실행에 옮기면서 난희는 자율적이고 고집스런 전사로 탈바꿈한다. 그녀는 이제 더 이상 남자와의 관계를 통해 정체성이 결정되는 수동적 여성이 아니다. 여기서 우리는 커밍스가 말했던 그 사건의 충격과 공포에 상응할 만한, 해소되지 못한 식민주의의 딜레마가 '억압된 것들의 귀환'으로 부상하는 가장 분명한 사례를 발견한다. 갑자기 등장한 노인의 뜻하지 않은 이야기가 난희를 의식화시키고 바꿔놓는다. 난희의 엄청난 가족사가 밝혀지고 그녀가 철저하게 변화함에 따라 해석적 초점은 멜로드라마의 영역, 즉 개인의 심적 동요와 내면의 갈등 그리고 구원으로서의 사랑의 문제로부터 알레고리의 영역, 그러니까 식민 역사와 기억, 폭력과 법, 그리고 정의의 문제가 한 개인의 이야기를 통해 어떻게 발현되는가로 옮겨지게 된다.

영화는 식민주의의 딜레마를 대면하고 극복함에 있어서 예외적인 논리와 방식을 보여준다. 일단 폭로되고 나면 식민주의 폭력의 범죄적 유산은 더 이상 관리 가능한 사회적 문제로 재현되지 않는다. 영화는 사회적으로 용인되는 틀 안에서 식민주의 폭력의 문제가 다루어질 수 있는지에 대해서 심각한 회의를 품고 있다. 법의 지배를 위협할 수 있는 사적 복수만이 여주인공이 선택할 수 있는 유일한 해결책으로 제시된다. 사적 복수를 실행한 여주인공은 결국 법에 의해 처벌받지만, 그렇다 하더라도 영화는 식민 시기부터 지속되어온 사회적 악을 응징하기 위해 무자비한 폭력을 사용하는 것이 윤리적으로 정당하다는 사실을 명백히 하고 있다. 따라서 폭력의 과잉은 모순적이게도 기존의 법 체계가 미처 다루지 못한 문제를 해결하고 조정하는 결과를 도출한다. 그 과정에서 역사적 정의를 추구하는 열정과 법 질서의 집행 사이에 근본적인 간극이 존재한다는 것이 폭로된다.

한편 영화의 과잉에는 앞에서 언급한 것 이상의 내용이 존재한다. 형식적인 측면에서 보았을 때 억압된 것들의 귀환은 식민주의의 끔찍한 유산이 초래하는 결과를 가시화하는 데 기여한다. 여기서 주목할 것은 한국영화가 식민 과거를 재현해온 독특한 양상이 이 영화에서 발견된다는 점이다. 여주인공의 끔찍한 가족사는 과거를 표현하는 플래시백이나 교차편집과 같은 전형적인 형식적 장치들을 통해 재현되지 않는다. 일반적으로 플래시백과 교차편집은 그 순간까지 밝혀지지 않았던 과거의 사건을 총체적으로 이해하도록 돕는 서사적 장치이다. 그러한 장치들은 역사적 정보로 초점을 이동시켜 과거 사건에 빠져들게 함으로써 일선적인 시간의 흐름을 지체시킨다. 더 나아가서 플래시백은 회고하는 자의 설명과 함께 과거 역사가 시각적으로 재현되도록 하는데, 동시대의 정보―접수인인 관객은 과거사가 재현되는 동안 그 위치에 있도록 자리매겨짐으로써 과거에 일어났던 일을 좀더 생생하게 받아들일 수 있다. 하지만 아이러니컬하게도 역사적 문제에 집착하는 〈예라이샹〉에서는 이와 같은 형식적 장치들이 사용되지 않았다. 그 대신 이 영화는 고통으로 점철된 과거에 대한 정보를 구술의 형태로 직접 여주인공에게 주입한다.

이 같은 형식적 전략의 부재는 한국의 문화물이 어떤 방식으로 식민 역사의 재현적 윤곽을 설정하는지를 보여준다. 플래시백과 같은 시간적 장치를 제거함으로써 이 영화는 과거사의 청자이자 주인공인 난희가 끔찍했던 자신의 가족사를 알게 되면서 느끼는 생생한 충격을 강조하고 확장시킨다. 과잉적이고 히스테리컬한 그녀의 반응은 매개되지 않은 방식으로 불의의 과거가 주입된 결과로 이해할 수 있다. 난희는 역사를 성찰할 수 있는 거리를 유지할 수 없기 때문에 복수를 실행할 수밖에 없는 외상적 주체로 그려진다.

따라서 식민주의의 딜레마가 제시되는 방식에는 어떤 재현의 한계와 위기가 존재하고 있음을 알 수 있다. 한국영화에서 식민주의라는 주제는 거의 대부분 영화적 재현의 위기를 포함하고 있는데, 이와 같은 위기는 드라마의 명백한 과잉을 통해 은폐되거나 봉합되곤 한다. 일반적으로 역사의 재현은 과거를 형상화하는 고유한 방식을 통해 역사에 대한 자기-반영적인 태도를 드러내는 경향이 있지만, 영화 〈예라이샹〉에서는 역사화 방식에 대한 자기성찰이 거의 보이지 않는다. 그 대신 이 영화는 과잉의 방식, 즉 더 이상 억압할 수 없는 것의 귀환이라는 측면과 그것이 촉발하는 과도하게 열정적인 행동의 측면에 의존하여 이 문제를 가로지른다. 혁명이라는 예외적 사건은 이러한 맥락에서 대단히 중요한데 혁명이 내포하는 일련의 성격들, 예컨대 광적인 열정과 법의 유예, 정의의 무자비한 집행, 그리고 사회정치적 체제의 전복은 앞에서 언급한 과잉의 방식을 효과적으로 보충하기 때문이다. 혁명은 외상적 충격을 절합할 수 있는 개념적 배경을 제공할 뿐만 아니라 비매개적이고 직접적인 폭력을 통해 정의를 추구할 수 있는 상상의 장을 제공한다.

혁명의 정신은 영화의 다른 재현 전략을 통해서도 효과적으로 발현되고 연장된다. 이 영화가 4월혁명을 보여주는 방식은 피상적인 편인데 도입부에 시위에 참가한 세영이 부상당한 채 은신처를 찾아 끝복

겨준 물질적 혜택과 반민족적 행위 사이에 밀접한 관계가 있음을 비춰주는데 역사적으로 한국영화의 재현에서 친일협력자는 거의 예외 없이 비인간적인 배금주의자로 그려졌다. 친일협력자들은 더 많은 재화를 손에 넣기 위해서 민족과 국가를 자발적으로 배신하는 인물이다. 박사장은 민족주의적 상상계가 구축한 이러한 악인 친일파의 이미지를 그대로 구현하는 인물이다.

하지만 친일파 박사장을 해방된 한국사회에서 여전히 부와 권력을 누리는 성공적 사업가로 그린다는 점에서 이 영화는 여느 반일, 반식민주의 영화의 재현과는 다른 점을 보여준다. 친일협력의 전력을 가진 자들이 해방 후 한국사회에서 기득권층으로 군림했다는 것은 한국의 사회사에서 뚜렷하게 밝혀진 사실이지만, 한국영화에서는 이것이 거의 다루어지지 않았다. 친일파 박사장의 또 다른 특이한 점은 그가 혁명시기에도 여전히 사업을 성공적으로 꾸려나간다는 사실이다.[12] 그런 점에서 박사장은 식민시기부터 해방 후 한국사회로 이어지는 권력의 연속성을 체화한 존재다. 〈예라이샹〉이 한국영화의 성운에서 돋보이는 이유는 주류의 역사서술이나 영화적 재현에서 의도적으로 누락시킨 친일협력의 현재적 의미를 노골적으로 드러내고 있기 때문이다. 파괴적 성욕과 함께 부성애가 기이하리 만큼 강조된다는 점에서도 박사장은 한국영화 속의 여느 친일협력자들과 변별되는 독특한 존재이다. 그는 난희의 아버지를 살해하였고 그녀의 어머니를 겁탈한 원흉이며 그런 점에서 그의 성욕은 오직 파괴적인 본능일 뿐이다. 그

---

[12] 박사장이 유지하는 부와 권력이 상당한 노력, 특히 인적교류와 뇌물상납, 그리고 홍보의 결과라는 사실은 주목할 필요가 있다. 이승만 정권의 몰락 이후 박사장은 곧바로 정세의 변화를 감지하곤 곧바로 그의 하수인을 시켜 타락한 정치인에게 보내야 할 돈을 사회 기부금으로 전환시킨다. 그리고 그의 자선사업이 언론의 관심을 받도록 각별히 조치한다. 박사장의 행동들은 친일전력의 사업가의 성공적인 사업운영의 수단이 기회주의와 뇌물상납 그리고 홍보임을 보여준다.

에게는 반려하는 아내가 없으며 태어난 아이들 역시 모두 어머니가 다르다. 안정적인 결혼생활을 이끌어가지 못한다는 점에서는 박사장 또한 정형화된 친일협력자와 그리 다르지 않아 보인다.[13] 하지만 그는 가장의 역할을 비교적 모범적으로 수행하고 특히 큰 딸의 미래에 관심을 보이는 자상한 가부장의 모습 또한 갖고 있다. 다음 세대에게 관심과 애정을 표현하는 박사장은 기묘하게도 미래지향적인 욕망을 갖고 있으며 이를 실현하기 위해 노력하는 인물이다.

박사장이 혼종적 시간성을 갖고 있는 인물이라고 했을 때, 이와 견주어서 세영은 어떤 시간성과 연계되어 있는지를 비판적으로 분석할 필요가 있다. 세영은 표면적으로 올바른 남자 대학생의 전형으로 그려진다. 그는 젊음의 상징이자, 법을 전공한다는 점에서 가까운 미래에 높은 사회적 지위를 성취할 가능성이 큰, 장래가 촉망되는 인물이다. 박사장이 세영의 사생활에 개입하며 훼방을 놓는 이유도 그를 미래의 재목이라 판단하고 그가 자신의 큰 딸과 맺어지길 바랐기 때문이다. 여느 인물들과 달리 세영은 과거의 부담에서 완전히 자유롭다. 그는 부모는 물론 형제나 일가친척도 하나 없는 천애고아이다. 세영은 현재와 미래에 집착하는 태도를 보이는데 이것은 난희에게 자신의 사랑을 설명하는 순간에 노골적으로 언술된다. 세영과 박사장은 비록 적대적 관계에 있지만, 과거의 가치와 사건에 큰 의미를 두지 않는다는 점에서 그 둘은 공통점을 갖고 있다.

미래의 성공 혹은 출세와 연관되어 있는 세영과는 대조적으로 난희는 과거의 유산과 부담으로부터 벗어날 수 없는 인물이다. 과거는 귀신처럼 출몰하여 끊임없이 그녀를 괴롭히는데, 예컨대 그것은 과거의

---

13) 예를 들면 〈불붙는 대륙〉의 친일파 김중배는 호화로운 집에서 고급 생활을 영유하지만 그의 가정 파트너는 아내가 아니라 기생이고 그의 집 역시 일반적인 가정이 표출하는 따뜻함과 편안함의 아우라를 갖고 있지 못하다.

전력 때문에 수시로 모욕을 당하고 알콜 중독에서 헤어나오지 못해서 고통받는 것으로 형상화된다. 그녀가 이런 문제들을 모두 극복하였을 때, 가족사의 끔찍한 비극이 다시 그녀를 압박한다. 세영의 삶은 미래에 대한 희망과 낙관주의로 특징지어지는 반면, 난희의 삶은 지속적으로 과거의 힘에 의해 규정된다. 이러한 간극, 즉 시간성의 화해 불가능성은 이 커플의 사랑이 완성될 수 있는지에 회의를 품게 만든다. 여기서 나는 난희가 박사장을 살해한 일로 수감되었다는 점만을 지적하려는 것은 아니다. 그보다는 영화가 환기시키는 몰락한 여성의 멜로드라마적 분위기와 논리가 이들의 재결합 가능성을 상상하기 어렵게 만든다는 점을 지적하는 것이다. 물론 이 영화의 결말 장면에서도 여느 법정드라마처럼 몰락한 여주인공이 체현하는 윤리적 숭고함과 법적 비관주의가 뚜렷이 드러난다. 하지만 법적 비관주의에도 불구하고 희망과 윤리적 정당성을 함께 드러내는 여느 법정 드라마와 달리 이 영화는 그와 같은 정서와 이해를 갖도록 이끌지 않는다. 두 연인이 재결합할 수 있는 가능성은 비록 완전히 봉쇄되지는 않았더라도 최소한 모호하게 제시되고 있다.

이런 비관적 전망을 뒷받침하는 요소에는 난희가 새롭게 알게 된 자매의 존재가 자리잡고 있다. 난희가 복수에 성공했다 하더라도 그녀 앞에는 이제 더 감당하기 어려운 가족적 외상이 기다리고 있다. 박사장이 난희의 어머니를 성폭행하여 생긴 정숙과 이부자매의 관계를 정립해야 하는 것이다. 이 딜레마가 담고 있는 의미는 자명하다. 비록 과거 식민주의 폭력의 대행인이 처벌, 제거된다 할지라도 그의 유산은 화해해야 할 것으로 제시되며, 이 경우에는 그것이 가족의 형태로 표현된다는 사실이다. 결국 현재를 살고 있는 자는 어떤 형태로든 이 괴로운 유산을 정산해야 할 것을 요구받는다. 이것이 얼마나 힘든 일인지는 면회실에서 서로를 대면한 자매의 고통스런 모습에서 확인된다. 난희나 정숙 모두 참을 수 없는 눈물을 흘리며 괴로워한다. 가족의 원흉을 처단하고 난 후에 난희는 어머니의 피해와 죽음으로 생긴 정숙을 이부동생으로 받아들여야 하고 정숙은 아버지의 살해범을 언니로 받아들여야 하는 상황에 처한 것이다.

이들의 화해를 더욱 고통스럽게 하는 것은 이 둘이 모두 세영을 향해 연정을 품고 있다는 사실이다. 난희는 자신이 몰락했음을 깊이 인식하고 있기에 정숙에게 세영과의 사랑을 회복하라고 부탁하지만 정숙은 이를 눈물로 사양한다. 이런 제안과 거부가 정상적인 소통의 통로를 거쳐 발생하였다면 이것은 당연히 예상할 수 있는 거부였을 것이다. 하지만 자신이 처한 상황 때문에 난희는 정숙이 제안을 거부했다 하더라도 다시 세영과의 관계를 회복할 수는 없다. 여기에 난희의 진정한 비극이 담겨 있는데 그녀는 되돌려진 제안을 거두어들일 여지를 갖고 있지 못하다. 이 독특한 모순적 상황의 깊이와 장르적 상상력의 한계로 미루어보았을 때 그녀가 세영과 재결합할 수 있는 가능성은 거의 없는 것처럼 보인다.

이 결말은 결국 우리를 갈등과 폭력 그리고 화해를 최종적으로 어떻게 정산해야 하는가 하는 문제로 인도한다. 고통 받는 피해자는 식민폭력의 대행인을 무자비하게 처단하는 데 성공하였다. 하지만 이와 같은 형태의 정의구현, 특히 사회의 주변인이 실행에 옮긴 이 정당한 폭력은 법적, 역사적인 함의를 품은 질문들을 남긴다. 난희가 오직 자신의 수단을 통해서만 복수를 완성하였다는 사실은 그녀의 폭력이 철저하게 사적인 것임을 보여준다. 하지만 이 사적 복수는 귀속 주체에 배타적인 주권을 행사하는 민족국가가 지닌 법적 한계와 결점을 동시에 노출시킨다. 필자가 강조하려는 것은 민족국가의 법적 권위가 그녀의 복수를 통해 도전받거나 손상되었는가의 문제가 아니다. 물론 난희의 복수는 이런 손상을 유발했다. 오히려 영화가 던지는 더 심각한 쟁점은 해방 후 건립된 한국의 민족국가가 건국 이전인 식민시기에 발생한 끔찍한 불의의 문제를 과연 법률적으로 다룰 수 있느냐의 문제다. 바꾸어 말하면 식민시기의 폭력은 한국의 사법권과 법적 논리의 영역에서 다루어질 수 있는 문제인가를 〈예라이샹〉은 묻고 있는 것이다.

내가 보기에 한국사회의 역사는 이 문제에 부정적인 답을 내리는 것 같다. 영화의 비관적인 결말은 우리로 하여금 이와 같은 답에 냉정하게 대면할 것을 요구하는 동시에 이것의 함의를 생각하게끔 유도한다. 미래의 법조인인 세영은 난희를 면회하는 장면에서 법의 공정함과 형벌이 감면될 가능성을 언급하지만 그의 발언은 아무런 법률적 논리도 갖추지 못한 공허한 바람에 불과하다. 영화는 난희의 복수가 지닌 윤리적 근거를 강조하면서도 그녀가 저지른 범법행위로 인해 치러야 할 대가가 혹독한 것임을 분명히 하고 있다. 장래가 촉망되는 미래의 법률가로 규정된 남자주인공은 희생자-범법자인 여주인공의 구명에 아무런 도움도 주지 못한다. 〈예라이샹〉은 분명 몰락한 여성의 이야기를 담고 있지만 거기에서는 식민주의에서 벗어난 민족국가 한국의 골치아픈 법적 경계와 한계가 노출되고 있다. 영화는 민족국가가 담지하는 주권과 법적 권위의 영속성이 사실은 식민주의의 역사적 문제를 구조적이고 의도적으로 누락시키는 방식으로 지탱되고 있음을 고발하고 있다.

국가와 법, 그리고 정의의 영역에 대한 영화의 비판은 우리로 하여금 혁명의 열정과 정신이 어떻게 지체된 문화형식에서 발현되는가의 문제를 성찰하도록 이끈다. 혁명의 경험과 서사는 대체로 국가의 역사로 통합되지만 〈예라이샹〉은 그와 같은 통합의 동선에서 벗어난 사례를 보여준다. 영화는 혁명의 급진적인 성격을 보존하면서 국가의 거대 담론에 투항하는 모습을 보이지 않고 있다. 그런 측면에서 〈예라이샹〉은 한국영화의 고유한 파열음이다. 영화는 식민주의의 문제가 궁극적으로 해방 후 한국사회의 현실에서 해결되지 않은, 그리고 탈구된 화두임을 명징하게 드러낸다. 영화는 두 가지 초점을 유지하는데 식민주의 폭력에 대한 확고한 비판이 한 축이고 식민주의 유산의 제거를 위한 무자비한 폭력의 사용이 정당하다는 것이 다른 한 축이다.

커밍스가 언급한 사건처럼 영화 〈예라이샹〉은 식민주의의 폭력과 불의가 더 이상 억압된 상태로 묻혀 있을 수 없음을 제시하고 있다. 4월혁명은 이 두 종류의 복수서사에 대단히 중요하게 작동하는데 혁명을 통해 우리는 초법적인 예외적 순간의 역동을 감지할 수 있기 때문이다. 이것은 해방과 자각이 촉발되는 순간이자 민족국가의 역사적 연속성과 영속성의 시나리오가 그려내는 궤적을 이탈하는 순간이다. 동시에 윤리적 열정과 행동의 기적을 일궈내는 시간이다. 혁명이라는 사건은 역사적 동력으로서 이 두 서사를 뒷받침하고 있다. 이 동력을 통해 억압되어 있던 정의를 향한 열정이 분출되고 그것은 사회적 행동의 원동력이 된다. 오직 지체되고 감춰진 형태로, 그리고 식민주의의 폭력에 앙갚음을 하는 방식을 통해 혁명의 정신은 감지될 수 있다. 그런 점에서 〈예라이샹〉은 4월혁명의 지속적인 위력과 열정을 보여주는 영화다. 근대화의 구호를 내건 반동의 압박 속에서도 면면히 지속되는 열정의 보고(寶庫)로서의 혁명을.

(번역 : 이순진)

▣ 참고문헌

1. 단행본

Bruce Cumings, 1997 *Korea's Place in the Sun: A Modern History*, W. W. Norton & Company.

Slavoj Zizek, 2008 *In Defense of Lost Causes*, Verso.

슬라보예 지젝 지음(이현우 외 옮김), 2011 『폭력이란 무엇인가』, 난장이.

이영일, 2004 『한국영화전사』, 소도.

함충범 외, 2009 『한국영화와 4·19』, 한국영상자료원.

2. 논문

김미란, 2011.11 「순수한 청년들의 평화시위와 오염된 정치공간의 정화」, 『상허학보』 31, 상허학회.

김선아, 2011 「영화와 혁명: 반 경험으로서의 영화」, 『4월혁명과 한국 민주주의』(정근식, 이호룡 편), 선인.

안진수, 2008.12 「만주 액션영화의 모호한 민족주의」, 『만주연구』 8, 만주학회.

제4장 멜로드라마, 스타일, 그리고 개발의 장면*

신상옥의 〈상록수〉와 〈쌀〉

스티븐 정

　1960년대 남한에서 영화는 경이로운 변화와 복잡성 가운데 대두된 주제들을 다룸으로써 가장 중요한 근대 대중문화를 형성하였다.[1] 1945년에 공식적인 식민 규율의 해체 작업이 시작되었지만 이는 신자유주의적 자본주의와 독재적 공산주의의 전지구적 대립에 대부분 포박되어, 특히 남한에서는 질적인 제도 변화나 사회 변화를 거의 이루어내지 못했다.[2] 전쟁 시기 동안 대중 엔터테인먼트 미디어, 특히 라디오와 영화가 미국 문화 생산품의 수입이 급증하는 것과 맞물려 번

---

　* 번역된 원고를 읽고 다듬어주신 백문임 선생님에게 감사드린다.

[1] 식민 시기부터 현재에 이르기까지 한국의 대중문화 개괄을 위해서는 김창남,『대중문화의 이해』, 서울: 한울 아카데미, 1999 ; 강현두,『한국의 대중문화』, 서울: 나남출판사, 1991 참조.

[2] 식민지시대 한국의 대중문화에 대한 총괄적인 역사는 아직까지 정리되어 있지 않다. 그러나 한국에서의 연구로는 최정호,『언론문화와 대중문화』(서울: 민음사, 1982) ; 최현철,『한국 라디오 프로그램에 대한 역사적 연구』(서울: 한울 아카데미, 2004) 등의 연구가 있으며, 영어로 출간된 연구로는 Michael Robinson, "Brodcasting, Cultural Hegemony, and Colonial Modernity in Korea, 1924－1945" in *Colonial Modernity in Korea*, eds. Gi-Wook Shin & Michael Robinson(Cambridge: Harvard University Press, 1999) pp.52~69가 있다. 이 연구들은 한국 매스 미디어라는 치열한 사회정치적 공간을 그려 보이고 있다. 식민지시대 한국의 도시에서의 인쇄 문화에 대한 흥미있는 리뷰로는 김진송,『서울에 딴스홀을 허하라』(서울: 현실문화연구, 1999)가 있다.

성했던 반면, 전쟁이 초래한 물질적 피폐와 이데올로기적 양극화는 극히 제한적이고 논란의 소지가 많은 문화적 지평만을 허용했다.[3] 남한이 본격적으로 전지구적 자본주의 경제 질서에 참여하여 비록 불균등하나마 풍요가 싹트기 시작하면서, 1950년대 후반에 비로소 대중문화는 전면에 부각되었다. 변변한 시민 영역이 부재하고 라디오와 텔레비전 테크놀로지가 정착되지 않은 상태에서, 영화관과 댄스 홀, 카페는 식민지 및 전쟁 후(postcolonial/postwar) 모더니티의 생산과 소비에 있어서 역동적인 공적 공간이 되었다. 영화는 남한의 광범위한 사람들이 접근할 수 있는 매체였고 생산과 소비에 있어서 산업화된 양식을 갖추고 있었기 때문에 영화제작은 근대의 대중 예술 형식으로 부상했다. 새로운 사회적 공간, 실천, 주체들을 투사함으로써, 영화는 국가의 재건과 개발의 국면에서 이데올로기적 격변의 와중에 출현한 사회계급들에게 말을 건네는 매체가 되었다.

신상옥은 영화가 상업적으로 가능성 있고, 사회적으로 중요한 예술 형식으로 부상하는 과정에서 빠르게 중심적인 위치를 차지했다. 도쿄에서 수학한 신상옥은 1940년대를 이끌었던 영화감독 최인규의 연출부를 거쳤고, 미군이 부산의 방어선 후방으로 몰렸던 1950년에 자신의 신생 제작사 신필름의 이름 아래에서 영화를 제작했다. 이승만 정권 치하의 혼란과, 억압적이고 일관성 없는 문화 정책 속에서 신상옥은 다수의 도전적이고 상징적인 영화들을 제작했다. 그는 근대의 도회적 교양을 체현한 스크린 밖의 페르소나를 구축했을 뿐만 아니라 스크린 내부의 미학을 개척했다. 그러나 신상옥이 독보적인 문화적 지위를 획득하게 된 것은 4·19혁명으로 구체화된 민주화 요구와 박

---

[3] Bruce Cumings, *Origins of the Korean War: Liberation and Emergence of Separate Regimes, 1945–1947*(Princeton: Princeton University Press, 1981)은 이 시기 역사에 대한 가장 주목할 만한 연구이다.

정희 정권의 집권에 의해 조건 지어진 1960년대에 와서였다. 제조업 중심 국가다운 기계적인 문화 정책의 지원을 받아 신상옥은 소속 스타와 흥행제조 장치에 있어서 독보적일 뿐 아니라, 그 기술적 진보와 생산 능력에 있어서도 유일무이한 스튜디오를 건설했다.[4] 사회경제적 성장의 생생한 리얼리티를 영화화하고 자본주의적 근대화에 내재한 물질적 욕망, 문화적 노스탤지어와 사회적 판타지를 선명하게 그려낸 세련되고 다양한 그의 영화들은 전후 시기의 새롭게 도시화된 젊은 사람들을 관객으로 맞이했다.[5] 권위주의 체제가 완전히 구현된 1970년대에 신상옥의 영향력은 쇠퇴했지만, 8년간의 북한 체류가 시작된 1978년에 그는 한국의 이데올로기 무대 중심부로 스펙터클하게 귀환했다. 공식석상에서 신상옥은 북한 체류 당시의 일을 설명하면서 자신의 현재 입장에 유리하도록 모호한 태도를 취하곤 했지만, 북한에 체류했었다는 사실로 인해 그는 남북한 영화 모두의 설계자이자 분단된 한반도의 관찰자로서 특권적인 위치를 확보할 수 있었다. 하지만 이처럼 주목할 만한 지정학적 유동성 때문에 독재 권력과 그의 유착 관계는 더욱 부각되곤 했다. "순수"와 "참여"를 오가며 전후 국가 및 그 생산, 소비 형식들과 유동적이거나 서로 갈등하는 관계를 맺었던 문학과 연극 등의 전통 예술과는 달리, 대중문화인 영화는 필연적으로 생산, 소비 형식들의 중심부에 놓여 있었다. 신상옥은 서로 대립

---

[4] 이 시대 「영화법」에 대한 훌륭한 연구로는 박지연, 「박정희 근대화 체제의 영화 정책: 영화법 개정과 기업화 정책을 중심으로」, 주유신 외, 『한국영화와 근대성』, (서울: 소도, 2001)을 보라. 이 책은 전반적으로 이 시기 영화들에 대한 도전적인 비평을 시도한다.

[5] 최정무는 「경이로운 식민주의와 매혹된 관객들」(『문화읽기: 삐라에서 사이버문화까지』, 서울: 현실문화연구, 2001)과 "Nationalism and Construction of Gender in Korea"(*Dangerous Women: Gender and Korean Nationalism*, New York: Routledge, 1998 ; 한국어판: 「한국의 민족주의와 성별 구조」, 일레인 H. 김, 최정무 편저, 『위험한 여성: 젠더와 한국의 민족주의』, 박은미 옮김, 삼인, 2001) 두 편의 논문에서 식민지와 전쟁 이후 시기 한국에서의 욕망의 메커니즘을 생생히 환기시킨다.

하는 남북한의 이데올로기 장과 성공적으로 협상함으로써, 영화작가의 정치학에 대한 근본적인 질문을 제기했을 뿐 아니라 논란이 될 만한 작품의 경우는 물론이고 가장 현실 도피적인 작품에서조차도 이데올로기적 유동성을 재고해야 한다는 사실을 보여주었다. 그것은 또한 개발 독재의 지정학적 경계를 가로질러 의미 작용할 수 있는 영화의 상징적, 형식적, 재현적 실천에 대한 탐구를 요구한다.

1. 공모의 이미지

짧지만 흥미로운 글에서 김소영은 신상옥의 영화가 스타일이나 주제의 통일성이 아니라 "상호모순성 또는 불연속성이 만들어내는 역동성"을 특징으로 한다고 주장한다.[6] 그녀는 "모든 단단한 것이 공기 중으로 산화한다"는 마르크스의 문구를 빌려와, 신상옥의 다양한 작품들에 생기를 불어넣는 역동성과 불균질적인 정체성, 종교적 혼란과 사회적 불안정이 1960년대의 격변을 반영한다고 주장한다. 김소영에게 있어서 신상옥의 영화 세계는 탈정치적이고 대중추수적이거나, 정치학이 표면에 드러났을 경우에는 기본적으로 보수적이다. 가족과 사회 구조를 깨뜨리고 젠더 관계를 교란시키는 극심한 위기상황들은 코미디나 멜로드라마의 수사학을 통해 해소되거나 상쇄되어버린다. 게다가 신상옥의 영화에는 "미래의 비전"이 없으며, "과거에 덜미 잡힌 현재 혹은 현재 시점에서 보는 과거"만이 존재한다고 김소영은 주장한다. 그리고 이 모든 이미지에서는 억압적이고 폭력적이지만 본질적으로 안전한, 상실되어버린 유교적 사회 질서를 대체할 수 있는 공동

---

6) 김소영, 「전통성과 모더니티의 유혹: 신상옥의 작품세계」, 『시네마 테크노문화의 푸른 꽃』, 서울: 열화당, 1997, 129~135쪽.

체에 대한 어떠한 전망도 제시되지 않는다. 그러나 이런 보수주의적 노스탤지어와 김소영이 말한 이른바 신상옥의 "푸코주의적" 이질성은 그의 개인적 비전을 표지하는 것이기보다는 오히려 당대 예술가들과 문화 엘리트들이 공유하고 있던 관심사의 징후이다. 김소영이 주장했듯이 결과적으로 신상옥의 영화를 당대의 다른 영화들과 구별 짓는 것은 내러티브를 넘어서는 시각성에 대한 강조와 세심한 미장센의 구축이다. 김소영은 신상옥이 플롯을 우선에 두는 견해에 반대하는 취지로 자신의 영화를 거꾸로 상영하고 싶다고 빈정거렸던 사실을 언급하면서, 신상옥의 영화에서 두드러지는 시각적 쾌락을 망각해버리는 것은 유감스러운 일이라는 점에 동의한다.

영화작가로서 신상옥이 영화 제작 능력, 영화의 대중성, 스튜디오의 성공에 있어서 정치적 개입이나 사회 비판을 뛰어넘는 능력의 소유자였다는 데 대해서는 대부분의 비평이 의견의 일치를 보인다. 한국 영화산업을 근대화하는 입법 과정에서 강력한 영향력을 미치고 대형 할리우드 스타일의 영화 스튜디오를 짓고자 했던 일 때문에 그는 동료들로부터 따돌림을 당했으며 정치권력과 야합하는 기회주의자라는 오명을 얻었다.[7] 일찍이 1978년에 영화사가 이영일은 신상옥의 맹목적인 열정 뿐 아니라 박정희 정권의 개발주의 정책이 가한 압력을 연구할 때는 "능글맞은 정도의 이해력과 관용을 필요로 한다"고 주장했다.[8] 이영일이 보기에, 보수적이든 그렇지 않든, 신상옥의 작가성

---

[7] 한국 영화사가 김학수는 대중적인 저서 『스크린 밖의 한국영화사』(서울: 인물과 사상사, 2002)에서 첫 번째 영화법 초안과 개정안이 마련될 때 신상옥의 영향력이 작용했다는 것은 당시 영화계의 공공연한 비밀이었으며, 김수용 감독과 같은 그의 동료들 대부분은 이에 대해서 분개했다고 적고 있다. 1950년대부터 1970년대 동안 영화 정책의 변화와 이 시기 신상옥 제작사의 운명에 대한 훌륭한 개관은 박아나, 「1952년에서 1975년까지의 신상옥의 영화 제작과 장르(멜로드라마, 사극) 연구」, 중앙대 석사학위논문, 2003을 보라.

[8] 김소희, 「신상옥 감독의 영화인생 50년」, 『씨네 21』, 2001.11.16.

과 정치성이라는 문제는 "영화를 만들기 위해서라면 무슨 일이든 할 사람"인 그가 영화산업의 정치에서 어떻게 위상을 확보했는가라는 주제의 일부분으로만 다루어져왔다. 이영일은 영화작가로서 신상옥을, 유현목이나 김기영보다는 낮게 평가했지만, 한국영화의 형식적 실천을 향상시킨 "영화적 존재"라고 칭송했다. 김소영과 마찬가지로 이영일에게 신상옥의 영화가 가치 있고 흥미로운 이유는, 두 가지 구별되지만 서로 연관되어 있는 영역과 관련되어 있다. 그의 이력이 1960년대의 정치와 문화 현상과 통념을 반영하는 방식, 그리고 영화가 그 자체로 제공하는 형식적인, 특히 시각적인 쾌락이 그것이다.

다양한 관점을 보여주는 최근의 연구들은 신상옥의 영화에 대한 매우 실증적이고 역사적인 이해를 가능하게 했다.[9] 영화 제작자이자 감독으로서 신상옥의 작업 가운데 가장 흥미로운 측면은 그가 어떻게 박정희 정권과 공모하여 스튜디오를 설립하였으며 1950년대와 1960년대에 "매혹과 혼돈"의 상징이 된 영화들을 제작하였는가 하는 점이다.[10] 신상옥의 "정치학"에 어떤 방식으로 접근하든 간에, 그의 영화

---

9) 박아나의 「1952년에서 1975년까지의 신상옥의 영화 제작과 장르(멜로드라마, 사극) 연구」는 세심하게 연구를 진행하였고, 텍스트 내용을 사회적 맥락과 비교 평가하려 했다는 점에서 가치를 지닌다. 하지만 이 논문은 신상옥의 영화 스튜디오의 역사(박아나는 신상옥의 스튜디오가 박정희 시대 산업화 압력의 충실한 산물이라고 주장한다)와 신상옥이 가장 선호했던 장르 형식(박아나는 가족 멜로드라마와 사극에서 박정희 정권의 이데올로기적 선취가 충실히 재생산되었다는 점을 발견한다)에 대한 독해를 확실하게 분리하고 있다. 주창규의 논문 「탈−식민 국가의 민족과 젠더 (다시) 박정희: 신상옥의 〈쌀〉을 중심으로」는 전후 민족 건설(식민 과거를 묻고 "새로운 남성"을 창조해야 할 필요성에 대한 압박을 포함하여)의 딜레마와 모순이 영화에 직접적으로 반영된다고 주장하기 위해서 넓은 범주의 탈식민 이론을 끌어들인다. 〈쌀〉의 서사를 정직하게 독해함으로써(그는 이를 "사례 연구"라고 불렀다), 주창규는 이 영화가 신상옥과 이 영화의 성공에 기여한 관객들에게 내면화된 "엘리트, 부르주아 민족주의적 규범"을 분명하게 폭로하고 있다고 결론짓는다. 박아나의 「1952년에서 1975년까지의 신상옥의 영화 제작과 장르(멜로드라마, 사극) 연구」(중앙대 석사학위논문, 2003)와 주창규의 「탈−식민 국가의 민족과 젠더 (다시) 만들기: 신상옥의 〈쌀〉을 중심으로」(『영화 연구』 15, 2001)를 보라.

제작을 다루는 연구라면 독재 권력과의 이처럼 전례가 없는 놀라운 접합을 무시할 수는 없을 것이다. 하지만 신상옥의 이미지를 공모적이고 본질적으로 보수적인 영화감독으로 표상하고자 할 때, 이러한 연구들은 다소간 미묘하지만 심각한 어려움에 직면한다. 왜냐하면 그의 영화들은 당대의 이데올로기적, 담론적 구조들을 징후적으로 드러내는 것으로 읽힐 수 있기 때문이다.

이 논문에서는 지금까지의 논의들을 재고함으로써 신상옥의 정치학이라는 문제에 새롭게 접근하고자 한다. 이 연구는 신상옥의 덜 유명하지만 여러 가지 면에서 매우 중요한 두 편의 작품, 즉 〈상록수〉(1961)와 〈쌀〉(1963)을 둘러싸고 유포된 담론과 더불어, 그 영화들 안에서 다루고 있는 담론들을 살펴보는 것을 중심으로 한다. 〈상록수〉와 〈쌀〉은 "계몽" 또는 "정책 영화" 장르의 원형으로 여겨져 왔다.[11] 이 영화들을 선정한 이유는 두 가지이다. 첫째, 이 두 편의 영화는 신상옥의 영화 전반에 걸쳐 가장 공공연히 "정치적"(북한 영화 〈소금〉과 〈탈출기〉라는 두 편을 제외하고)일 뿐만 아니라, 신상옥의 최전성기이자 그가 박정희 정권과 가장 가까운 공모 관계에 있었던 시기에 제작되었다. 둘째, 두 편의 영화에서 두드러지는 형식적 특징들은 이 시기의 중요한 기술적 진보를 보여줄 뿐만 아니라, 형식적 깊이와 풍요로움에 내포된 복잡한 해석상의 도전을 보여주고 있다. 이 글의 목적은 단순히 위에서 인용했던 학자들의 주장을 반박하고자 하는 것이 아니다. 신상옥이 1960년대 한국을 지배했던 독재 정치의 그물

---

[10] 이 시기 영화 문화에 대한 중요한 연구로는 김소연 외 지음, 『매혹과 혼돈의 시대: 50년대의 한국영화』(서울: 소도, 2003)를 보라. Nancy Abelmann과 Kathleen McHugh가 편집한 *South Korean Golden Age Melodrama*(Detroit: Wayne State, 2005)는 영어로 된 좋은 참고문헌이다.

[11] 한국 영화에서 계몽 담론의 역사적, 문화적 연속성에 대한 일관된 논의를 보려면 스티븐 정 "Modalities of Enlightenment in 20th Century Korean Cinema", *positions: east asia cultures critique*(근간)을 보라.

는 인정하지만 실질적으로 지원할 방법을 찾지 못한 채 갈팡질팡하는 비효율적인 지역 관료와 정부 관료들이다. 실제로 영화의 서사적 핵심이 되는 마을의 운명은 정확히 정부의 능력에 달려 있다. 용이 최악의 상황에 처했을 때, 즉 이 사업을 위해 할 수 있는 일은 다했지만 결국 사업은 폐기되고 마을 사람들이 송의 광산으로 일하러 갔던 바로 그 때, 5·16군사 "혁명"이 이승만－장면 정권의 관료적 형식주의를 쓸어버리고, 효과적이고 자비로운 물리력을 행사해서 마을 사람들이 산을 폭파하도록 돕는다. 영화는 터널을 통해 넘쳐흐르는, 종국에는 쌀을 보장해줄 급류를 지켜보며 환호하는 마을 사람들의 모습으로 끝난다.

〈상록수〉나 〈쌀〉은 이 시기 다른 영화들이 보여주었던 흥행 성공과는 꽤 거리가 있지만, 두 작품 모두 다른 방식으로 중요한 비평적, 상업적 성공을 거두었다.[12] 잘 짜인 사랑의 서사로 이 시기 가장 유명한 두 명의 스타 최은희와 신영균을 캐스팅한 〈상록수〉는 홍성기의 〈춘향전〉(1961)과 같은 상당수 대작들이 상영되었던 해에 박스오피스 8위를 기록하는 등 좋은 관객 반응을 얻었으며, 실제로 수상을 했는지가 불확실하기는 하지만, 제1회 대종상 시상식에서 여러 개의 상을 수상하기도 했다.[13] 이 영화는 또한 평론가들과 신상옥 그 자신이 종종 언급했듯이 박정희가 영화를 보고 눈물을 흘렸다는 악명 높은 찬사를 들었다. 영화 역사가들에게 거의 잊혀졌거나, 비평가들이 순수 프로파간다 영화로 일축했던 〈쌀〉이 박정희 군부 통치로부터 박정희의 "민간" 행정부로 권력 이양이 이루어지기 전날 밤 개봉했을 때, 이 영화는 흥행에서 〈상록수〉보다 더 큰 성공을 거두었다. 유현목의 〈김약국의 딸들〉과 같은 인기 영화가 박스오피스에서 흥행하는 동안 〈쌀〉

---

[12] 1930년대 후반으로까지 거슬러 올라가 박스 오피스 집계 목록을 보기 위해서는 정종화, 『자료로 본 한국영화사』(서울: 열화당, 1997)를 보라.

[13] 대종상은 1961년 첫 번째 영화법의 후원으로 제정되었으며, 순응주의적 영화제작에 대한 보상이라는 형태로 국가에 의해 관리되는 제도로서 널리 인지되었다.

은 대중상과 아시아 영화제에서 많은 상을 휩쓸었다. 이 영화들의 성공을 견인했던 것은 무엇이었을까? 〈상록수〉가 그러했던 것처럼, 〈쌀〉의 스타 캐스팅(최은희와 신영균뿐만 아니라 허장강, 김희갑, 도금봉을 포함해 그 시대의 유명 배우들의 전방위적 캐스팅)과 고예산 제작(한국영화로서는 매우 일찍 줌 렌즈가 사용된 것을 포함하여)은 영화의 대중적 호소력을 높이는 데 기여했다. 영화산업에 무관심한 사람이라도 알 수 있듯이(그리고 신상옥 자신이 1957년에 대규모로 투자한 사극영화 〈무영탑〉의 실패로 입증했듯이), 거대 예산이 상업적 성공을 보증하지는 않는다. 신상옥은 이 영화들을 "사회물"이라고 언급했지만, 두 편 모두 "정책영화"라는 장르로 분류되었다. 이때 정책영화는 영화 관객, 특히 농촌풍의 배경과 설교적이고 정형화된 주제를 싫어하는 도시 관객들에게 환영받지 못한다는 딱지가 붙은 장르였다. 하지만 민족을 빈곤에서 벗어나게 하려는 다양한 투쟁을 다루는 이런 영화들이 기본적인 층위에서는 빈곤이라는 냉혹한 현실과 민족 분단, 그리고 어떻게 하면 민족이 번영과 안보를 성취할 수 있을 것인지에 대한 긴급한 논쟁에 사로잡힌 관객들에게 정서적, 지적으로 반향을 불러일으켰다는 사실은 분명하다. 그렇다면 동시대 관객들이 이러한 영화를 이해하고 이에 주의를 기울이게 된 조건은 무엇이었을까?

위에 언급한 영화들의 서사 구조에 대한 피상적인 비평일지라도 이 영화들이 1960년대 초 남한의 갈등적이고 모순적이지만, 부정할 수 없이 혁명적이었던 정신과 공명했다는 점은 언급해야 할 것이다. 이 작품들의 중심 주제(문화적이고 지적인 계몽, 농촌 지역의 경기 부양, 민족 재건, 공동체의 결속, 그리고 자급자족)는 한국 사회 전체가 (물론 열띤 논쟁을 낳았지만) 공유한 주요 사안이었다. 이 영화들이 제작되었던 4~5년의 기간은 심지어 압축적 근대화의 기준에서 보더라도 한국 역사상 가상 격동적인 시기였을 것이다. 한국전쟁이 끝난 이후

육받은 젊은이들은 자신들의 과업에 착수하기 위해서 지역 정부와 긴밀히 협력했다. 몇 년 못 가서 이 운동은 결국 관료주의적 농촌개발소를 만드는 것으로 굳혀지고 말았지만, 초기 목표와 방식은 4·19의 급진주의와 브나로드 운동의 "국토개발" 캠페인을 분명히 융합한 것이었다.

3. 개발의 멜로드라마

〈상록수〉와 〈쌀〉이 기반하고 있던 대중적 상상력은 이와 같은 격변에 대한 경험과 관련되어 있다. 〈상록수〉는 식민지 시대 중반, 〈쌀〉은 5·16쿠데타에 이르기까지 3~4년간이라는 서로 다른 역사적 프레임에 위치하고 있지만, 두 영화 모두 1960년대 초반 대중의 정치문화와 지식인들의 정치문화에 스며 있었던 농촌 활성화, 민족 재건, 그리고 투철한 자립정신에 대해 이야기한다. 그렇지만 영화가 이 시기의 사상과 경험을 어떻게 끌어들이는지를 더 자세히 살펴보기 전에, 이 영화들이, 다른 주류 서사영화와 마찬가지로, 사람들을 매혹시키고 강렬한 인상을 주기 위해서 어떻게 영화적 쾌락에 의존하는지를 분명히 보여줄 필요가 있다. 정서적으로 호소하고 관객의 욕망에 소구하는 상업 영화의 능력은 영화의 사회적, 문화적, 이데올로기적 설득력만큼이나 상업적 성공(그리고 영화가 지향하는 정치적 효과가 무엇이건 간에 그 효과)에 있어서 필수적이다. 그리고 가장 설교적인 이 영화들에서조차 멜로드라마적 요소를 성찰하는 것은 신상옥의 영화를 이해하는 데 있어서 중요하다. 많은 인터뷰와 회고담에서 신상옥은 가족 멜로드라마나 여성 멜로드라마들로부터 거리를 두려고 부단히 노력해왔지만, 그것이 신상옥의 영화를 대표한다는 인식을 바꾸지는 못했다. 그런 면에서 〈상록수〉와 〈쌀〉은 그가 감독으로서의 비전(예를 들어 상업적 압력에 가장 비타협적인)을 가장 진실하게 표현한 작품들이라고 일관되게 주장해온 영화라는 점 때문에 중요하다. 그러나 정도의 차이는 있다 할지라도, 그 영화들이 대중 문화적 효과를 발휘하는 데 있어서, 즉 영화 서사가 정서적인 반향을 일으키고 정치적으로 작동하는 데 있어서 멜로드라마적 특징이 핵심적으로 작용하고 있다는 것은 분명하다. 멜로드라마는 신상옥이 원했던 사회적 리얼리즘을 억제하거나, 강화, 또는 초과한다기보다는 오히려 그의 영화가 제공하는 경험의 핵심을 구성하는 것처럼 보인다.

이러한 주장의 진위는 비극적인 러브 플롯이 정서적 핵심으로 자리잡고 있는 〈상록수〉에서 더욱 쉽게 확인될 수 있다. 처음에는 단지 브나로드 서사의 하위 텍스트에 불과했던 주인공 박동혁과 채영신의 관계는 감정적 억제(와 순수)에서 (플라토닉하지만) 황홀한 정점으로, 그리고 (너무 늦어버려서) 이제는 돌이킬 수 없는 비극성을 향해서 전형적으로 나아가면서 점차 확고한 위치를 차지한다. 원작과 이 작품에 대한 당대의 평가나 역사적인 평가에서 개인적인 것과 정치적인 특징들 사이의 긴장이 중심적으로 다루어졌다는 점을 언급할 필요가 있다. 이 연재소설은 대문호 이광수가 농촌 계몽 운동의 현실을 포착하는 문학이 필요하다고 한 것에 대한 응답으로 심훈이 집필한 작품으로서, 민족정신을 구현했다는 이유에서 대체로 높은 평가를 받았다. 하지만 카프(KAPF)의 좌파 성향 작가들은 이 작품의 센티멘탈리티와 로맨티시즘을 비판했다. 〈상록수〉는 전후 민족 교육기관의 출현과 함께 대표적 문학작품으로 정전화되었고, 종종 (그리고 실은 지속적으로) 고전적인 반식민(anti-colonial) 서사로 교과서에 소개되어왔다. 하지만 이 작품이 지속적으로 인기를 누렸던 것은 식민지 시대 사회운동을 훌륭하게 재현한 때문이기도 하지만 〈소나기〉나 〈벙어리 삼룡이〉와 같은 근대 한국의 대표적인 보맨스를 연상시키는 비극적

〈쌀〉의 가장 중요한 정서적 경험이 되는 것이다. 그러나 위에서 지적한 것처럼 〈쌀〉이 감정적으로 최고점에 이르는 순간에 초점은 용이나 정희가 아니라, 오히려 주변 인물들과, 잘 보이지는 않지만 뚜렷이 감지할 수 있는 정치 질서의 변화에 맞춰져 있다. 기이하지만 전근대 한국인의 생활의 사회적으로 중요한 잔재인 무당은 넉넉한 흰 쌀밥을 받은 대가로 부유한 지주이자 정부 관료인 송과 공모한다. 처음에 그녀는 용이 진행하려고 하는 공사를 막기 위해, 산신령이 노해서 마을에 기아와 죽음이 닥칠 것이라고 마을 사람들에게 경고한다. 나중에 송이 용과 그의 동료들이 공산주의자라는 소문을 퍼트리자, 그녀는 아낙네들을 설득해 남자들이 터널을 파는 대신 송의 광산에서 일하도록 만든다. 이 이데올로기적─종교적 공모에서 첫 번째 균열은 용의 작업을 방해하는 데 거의 성공한 송이 쌀을 더 달라는 무당의 요청을 거절하는 순간에 발생한다. 그러나 더욱 결정적인 균열은 동네 바보인 무당의 딸 갑순이가 쌀을 먹을 수 있다는 말을 액면 그대로 받아들이고 터널 공사 현장 밖에서 일을 돕다가 떨어져 죽는 순간에 발생한다. 무당은 딸의 시체로 달려가지도, 터널을 뚫는 사업에 저주를 내리지도 않고, 대신에 터널로 달려가 곡괭이를 쥐고 회한으로 통곡하며 바위를 부순다. 이것은 스펙터클하고 열광적인 전환의 순간이다. [사진 1]

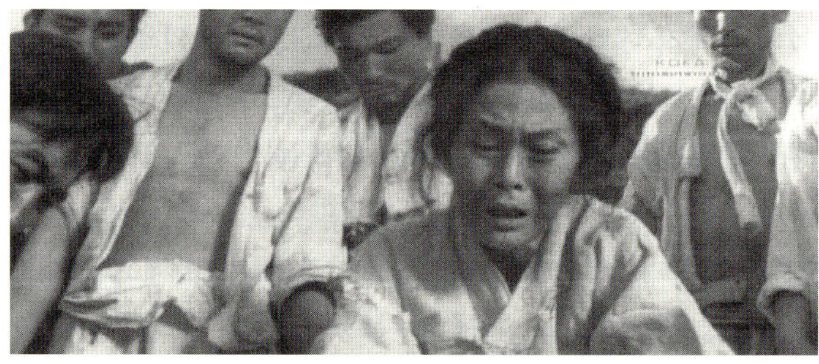

〈사진 1〉 〈쌀〉의 한 장면, 무당의 전향

개인이 각성(정신적 계몽과 급진적 정치화의 혼합)하는 이 장면에서 강력한 드라마는 생생한 카메라워크(무당의 히스테리적인 얼굴을 포착한 꽉 찬 쇼트), 극적인 음악, 눈앞의 광경에 충격을 받은 마을 사람들의 얼굴을 훑어가는 역쇼트에 의해 강조된다. 전체 서사에서 그다지 중요하지 않은 이 장면을 이처럼 형식적이고 정서적으로 강조하고 있음은 주목할 만하다.

물론 또 다른 중요한 장면은 영화의 결말 부분에 나온다. 오랜 기다림 끝에 물이 터널로 쏟아져 나오고 모든 마을 사람들이 환호하는 장면이다. 이것은 용과 새롭게 계몽된 무주 주민들의 노력의 결과이기도 하지만, 권력을 잡고 관료적 형식주의와 부패를 쓸어버린 군사정권이 개입함으로써 이루어진 것이기도 하다. 흥미롭게도 박정희를 직접 언급하지는 않지만, 용의 오랜 군대 동료이자 상이군인으로 새 정부의 요직에 오른 철은 1961년의 쿠데타를 상징한다. 철의 도움으로 폭약이 마을로 실려 와서 쉽고 빠르게 바위를 무너뜨림으로써 터널 공사는 완성되고, 마을 사람들은 오랜 염원이었던 쌀을 재배할 수 있게 되었다. 무당이 개심하는 장면이 그랬던 것처럼, 빼어난 형식적 장치들(흥을 돋우는 음악, 승리감에 젖은 마을 사람들을 훑어가는 팬, 그리고 특히 처음에는 작은 흐름이었다가 다음에는 장면 전체를 뒤덮을 것처럼 위협적으로 분출하는 급류를 보여주는 물의 쇼트들)로 표현된 이 장면에서, 와서 배를 채우라며 죽은 갑순이의 넋을 부르는 무당의 비통한 절규가 페이소스를 증폭시킨다. 이 종결 시퀀스는 사실상 영화의 두 가지 주제적인 문제—어떻게 마을사람들을 터널을 뚫는 작업에 동참시킬 것인가와 어떻게 이 작업을 위해 정부의 도움을 요청할 것인가—를 함께 제기하고, 하나의 프레임 안에 극적으로 모든 사람(계몽된 무당, 구원받고 구원하는 군인 철, 그리고 심지어 고집 센 지주 송까지)을 담아내고 생명이 달려 있는 물을 전경화함으로써 그 답을 제시한다. 〈상록수〉와 마찬가지로 〈쌀〉은 억압적인 사회 조건에 놓여 있는 여성의 경험이나 전쟁의 중압감에 사로잡힌 남성의 경험은 물론이고 식민지와 전쟁 이후 개발도상국의 경험을 끌어내고 개발 그 자체를 극화함으로써 사적인 것과 정치적인 것을 봉합하는 개발의 멜로드라마이다. 영화의 인기, 즉 상업적 성공은 그 자체로 시대정신이나 신상옥 영화의 정치 성향을 판단하는 기준은 아니다. 오히려 그것은 1960년대 초반 남한의 대중문화가 "국토 개발"과 "국민 재건" 운동이 정점에 이르렀던 당시의 분위기에 의해 규정된 것이거나 서구 미디어와 문화에 중독된 결과이기보다는 그 두 가지가 복합적으로 혼합된 결과였으며, 그 안에서 민족은 멜로드라마적 양식을 통해 발화/매개되었다는 점을 보여준다.

4. 개발주의 스타일

1960년대 초반의 한국영화, 특히 신필름에서 대량생산된 영화들은 직접적인 검열이나 정치권력보다는 재정적 투자자와 돈을 지불하는 관객에 의해 지배되고 있었다. 새로 시행된 「영화법」이 영화에 대한 도덕적, 정치적 가이드라인을 제시했지만(이 법이 제작 설비와 운영 방식에 훨씬 더 집중하고 있기는 했지만), 충무로는 아직까지는 프로파간다 영화를 제작하는 데 뛰어들지 않았다.[18] 신상옥의 영화제작

---

[18] 한형모의 〈운명의 손〉(1954)과 다소 절충적인 〈피아골〉(1955)과 같은 반공영화를 비롯해서 1950년대에서 1960년대 초까지 생산된 다수의 공모적인 영화들이 분명히 존재한다. 그렇지만 지시받거나 직접적인 주문에 의해 제작된 반공영화가 등장한 것은 1960년대 중반 이후였다. 1960년대 중반 이후에는 박정희 정권의 통치가 점점 더 억압적으로 되어가는 가운데 「영화법」이 더욱 강압적으로 개정되어 갔으며 이는 물론 유신체제 하에서 정점을 이루었다. 여기서 내가 주장하고자 하는 것은 1960년대 초에는 정권을 가장 빠르게 받아들이고 때로는 아부하기도 했

정치학이 정권의 이해관계를 직접적으로 반영하는 것은 아니었지만, 만약 독재정부가 아니었다면 "기능적으로 매력적"이었을 개발주의를 구성하는 일련의 문화정치학과 연관되어 있었던 것은 분명하다. 〈상록수〉와 〈쌀〉이 상업적으로 인기를 끌었다는 사실은 박정희 정권 초기에 개발과 근대화 담론이 이미 널리 인식되고 당대 관객들과 쉽게 공명할 수 있는 것이었다는 점을 보여준다. 아래에서 논의하겠지만, 이 영화들에는 첨예한 정치적 양가성이 존재하고 있어서 그것이 정박하고 있는 이데올로기적 입장이 무엇인가를 평가하려는 시도는 난관에 부딪힌다. 이와 같은 이데올로기의 분열은 국가 개발주의가 이 영화 서사를 박정희 정권의 정책과 연결하는 중심 기표라는 개념과 모순되지 않는다. 김동춘이 주장한 것처럼, 1960년대에 자본주의화로서의 근대화는 반박할 수 없는 계율이 되었고, 신상옥의 영화는 그것을 충실히 복제했다.[19] 앞서 논의한 것처럼, 오히려 긴장은 멜로드라마적 양식에 표현된, 민족주의적−개발주의적 취지와, 서로 대립하는 것처럼 보이는 이데올로기적 가정들을 불러일으키는 형식적인 표면 사이에서 발생한다.

대부분의 비평에서 지적한 것처럼, 〈상록수〉와 〈쌀〉은 박정희 정권의 "남성중심적" 권위주의를 구성하는 지배적인 약호들을 영화화했다. 이 영화들은 정부 출판물과 연설에서 회자된 민족주의적 수사학을 정확하게 재생산한다. 두 영화 모두 직접적으로 마을 공동체를 중심으로 구조화되었고 민족에 대한 직접적인 언급은 거의 없었지만, 영화에서 깊고 강력하게 느껴지는 민족주의는 분명히 서사의 하위 텍스트 또는 상위 텍스트이다. 박동혁이 농촌 운동을 부르짖으며 열정적으로

───

던 신필름조차도 노골적인 프로파간다라고 말할 만한 영화를 생산하지는 않았다는 것이다. 내가 느끼기에 "정책영화"라는 용어도 정책에 의해 생산된 영화라기보다는 군부 정권에 의한 일상적인 현실의 변화와 연관된 영화를 지칭하는 것 같다.
19) 김동춘, 『분단과 한국사회』, 서울: 역사비평사, 1997.

연설하는 앞부분에서 그러했던 것처럼, 〈상록수〉 전반에 걸쳐 반복해서 메시지는 민중을 향하고 있다. 심훈의 서사는 1920년대 후반과 1930년대 초반에 두드러졌던 "문화 민족주의"의 문맹퇴치 운동과, 1930년대 중반의 농촌으로의 "복귀"(귀향), 즉 "민중 속으로"(브나로드) 운동의 결과물이었다. 브나로드 운동의 문학적 형식은 도시화된/급진적인 지식인들이 서울이나 일본의 대도시로부터 귀향하는 것으로 특징지어지며, 농민들은 민족정신의 진정한 장소로서 형상화된다. 박동혁과 채영신은 대중을 계몽하고 결집시키기 위해 자신들이 받은 교육의 자산을 활용하려는 민족주의적 목적에 복무할 뿐 아니라, 식민주의와 연루된 교육의 수혜자로서 누린 특권으로부터 벗어나려는 반식민주의적 목적을 위해서도 일한다. 영화에서 보다 극적인 시퀀스들은—어린 옥분이 문맹인 어르신을 위해 편지를 읽었던 장면이나 채영신이 마을 어른들에게 배움의 중요성("아는 것이 힘이요"라고 그녀는 말한다)을 역설하는 장면에서처럼[20]—계몽이야말로 민족 강화와 독립의 유일한 길이라는 함축적 메시지를 전달함으로써 교육과 정치적 역량 강화가 연관되어 있음을 시사한다.

〈쌀〉은 5·16쿠데타를 직접 언급할 뿐만 아니라 농촌지역을 훑는 이미지와 마을 사람들의 빠른 몽타주를 통해 좀더 공공연하게 민족주의 정신을 환기시킨다. 영화는 서사의 민족적 암시를 분명하게 담은 자막으로 시작한다.

---

[20] 이 두 장면은 서로 다른, 그리고 확실한 특징을 갖고 있다. 옥분이 읽어주는 편지는 마을 여성이 도시로 간 자신의 딸과 소통할 수 있는 유일한 수단이다. 글을 읽고 쓸 수 있는 능력은 식민지 시대의 근대적인 민족주의적 장치이다. 두 번째 장면은 야간 수업(그 자체가 정치적으로 급진적인 함의를 담고 있다.)을 담고 있는데 많은 여성들이 여기에 참여하고 있음은 계몽이 젠더화된 효과를 발휘하고 있음을 보여준다.

이 영화는 충남 금산군 부리면방 우리의 정착농원이 태어나기까지의 실화에서 취재한 것이다. 그리고 거기에다가 전국각지에 있는 '살아있는 상록수들'의 이야기를 가미 윤색한 것이다. 그러므로 결코 어느 특정한 개인이나 마을의 이야기가 아니라 전국의 어느 마을에서나 있을 수 있고 또 있어야 할 이야기이다. 우리는 우리나라의 모든 국민들이 이처럼 줄기차게 살아주기를 간절히 바라는 마음에서 이 영화를 만든 것이다.

용은 전후 주체의 전형이며 마을은 민족 재건의 상징이고 관개 사업은 민족 개발의 모델이다. 영화는 용이 서울로 올라가 관개 사업을 지원받기 위해 고군분투했지만 관료주의적 혼란에 막혀 좌절하는 것을 보여줌으로써 군대식 해법을 민족의 문제를 해결하는 대안으로 제시한다. 구로사와 아키라의 〈이키루〉(1952)에서 여성들이 행정 조직을 왔다 갔다 했듯이, 용은 이 사무실에서 저 사무실로 절뚝거리며 찾아다니는데 관료들은 그에게 다른 사무실로 가보라고 말하면서 필기만 하고 있을 뿐이다. 이 장면은 새로운 군사 정권의 권력자가 신속한 결단력으로 관개 사업을 힘껏 뒷받침해주고, 정희 아버지 송으로 대표되는 지역의 부패세력을 무너뜨린 것과 뚜렷하게 대조된다. 따라서 〈쌀〉은 강력한 군대식 해법에 대한 공식적 수사학을 재생산하면서 5·16쿠데타의 사회적 가치를 명백히 승인하고 있는 셈이다. 공식적으로는 아니지만 개인적으로 박정희가 두 영화의 가치를 인정했던 것은 우연이 아니다.

그러나 이 영화들이 박정희 정권의 정책에 참여한 방식은 이와 같은 공적 담론의 직접적 재생산을 넘어선다. "황금기" 한국영화의 주류 영화들 가운데 〈쌀〉과 〈상록수〉는 전후 한국의 이데올로기 구조를 정박시킨 사회 문화적 약호들을 무비판적으로 구체화했다. 변재란은 「노동'을 통한 근대적 여성주체의 구성: 〈쌀〉과 〈또순이〉를 중심으로」에서 전후시기에 여성을 개발의 대상이자 도구로 놓는 가부장적 민족주의가 지배함으로써 억압적 젠더 규범이 생산되었다고 주장한다.[21] 그녀는 신상옥의 영화가 유교적 가부장제 아래 놓인 여성의 고통에 특히 민감하긴 하지만, 전후 젠더 규범을 충실히 복제하고 있다고 주장한다. 여기에서 검토하고 있는 두 편의 영화에서도 이런 측면은 분명해 보인다. 여성은 항상 영웅, 마을 사람들, 그리고 민족을 위해서 희생된다. 〈상록수〉에서 채영신은 문자 그대로 계몽이라는 목적을 위해 죽고, 박동혁은 살아남아 그녀가 남긴 과업을 완수한다. 그녀가 예민하고 히스테리적인 페미니스트에서 마을과 애인의 충실한 종으로 변화해가는 서사적 궤적은, 만약 죽지 않았더라면, 좋은 아내이자 현명한 (공동체의) 어머니라는 여성성의 이상을 구현함으로써 완수되었을 것이다.[22] 〈쌀〉은 젠더 구분에 있어서 더 단순하고 거리낌이 없다. 용의 주변에는 관개 사업을 위해 자신을 희생하는 여성들이 있다. 그의 어머니는 친정 오빠의 반대를 무릅쓰고 가족의 마지막 전답을 팔아 용의 계획을 위해서 종자돈을 마련한다. 영화의 오프닝에서 소박한 농촌 소녀로 인식되었던 여동생은 용의 사업이 최악의 상황에 처했을 때, 술집에서 몸을 팔기 위해 도시로 간다. 전후 한국에서 이러한 성적 노동의 압도적 현실은 짧게 스쳐지나가는 지저분한 술집 장면에서 두드러지게 시각화된다. 여기에서 여동생은 갑자기 신사복을 입은 남

---

[21] 변재란, 「'노동'을 통한 근대적 여성주체의 구성: 〈쌀〉과 〈또순이〉를 중심으로」, 주유신 외, 『한국영화와 근대성』, 서울: 소도, 2001.

[22] 〈상록수〉에서 젠더 역할은 꽤 복합적이다. 채영신은 결국 박동혁에게 종속되지만(그는 농촌 계몽운동의 지도자로서 사랑과 존경을 한 몸에 받는 인물이다.), 그녀는 흔치 않게 강하고, 자기 동기를 지녔으며 수완이 좋은 인물이다. 반면 박동혁은 채영신이 마을을 방문하자 집 안을 꾸미고 학교 개교일에는 치어리더의 역할을 하는 등 때때로 역전된 젠더 역할을 보여준다. 더 나아가서 신상옥의 많은 영화들에서 그런 것처럼, 스스로 글을 깨우친 아이 옥분과 채영신의 야간 수업을 듣는 여성들처럼 능동적인 여성상이 많이 등장한다. 결국 여성의 교육과 전문화는 영화의 분명한 핵심을 이루는데, 이는 또한 근대화와 문명화에 대한 약속과 연결되어 있다. 그렇지만 디제시스의 멜로드라마적 약호 안에서 채영신은 '고통받는 여성'의 전형으로 투사된다.

〈사진 5〉 〈쌀〉의 터널을 뚫는 몽타주 시퀀스: 원초적 노동

아마도 이 형식에서 가장 기억할 만한 것은 노동하는 육체의 원시성을 강조하는 점일 것이다. 예컨대 얼굴에서는 땀이 떨어지고 소매는 접어올려 근육이 드러나는 팔로 돌을 부수는 정희를 포착한 생동감 넘치는 쇼트를 들 수 있다. 영화의 끝 부분에서 용과 그의 믿음직한 친구 근배가 서로 반대편에서 곡괭이를 휘두를 때, 그들을 번갈아가며 포착하는 빠른 쇼트들 또한 노동하는 육체의 원시성이 강조된 장면이다.

이 두 가지 시각적 주제, 즉 군중 패닝 쇼트와 노동의 몽타주는 "엘리트 부르주아"의 개발주의적 국가가 요구하는 이데올로기에 부합한다. 군중은 민족을, 활기찬 노동은 민족 재건 사업을 표현하고 있기 때문이다. 하지만 나는 이 장면들이 또한 소비에트 사회주의 리얼리즘 영화에서 공식화되었고 마오 시대의 중국영화와 이탈리아 네오리얼리즘 영화(여기서는 분명히 크게 변형되긴 했지만)에서 채택된 스타일, 그리고 심지어는 1950년대 말에서 1960년대에 북한에서 출현한 영화 스타일까지도 연상시킨다고 주장하고자 한다.[24] 물론 군중을 시

____

[24] 북한 영화의 자세한 역사는 서정남, 『북한영화탐사』, 서울: 생각의 나무, 2002 참조. 주제적 동향에 대한 보다 간략한 분석은 Kyung Hyun Kim, "The Fractured Cinema of North Korea: The Discourse of the Nation in Sea of Blood", Xiaobing Tang

각화하는 것이 특정한 영화 진영의 전유물은 아니다. 예컨대 흥분한 집단의 이미지는 유럽의 파시즘적인 영화들에서도 전유되었고 냉전기 미국영화의 교조적 이미지 구성에서도 활용된 바 있다. 그러나 새롭게 계몽된 농민들을 배경으로 개발의 기제들(물, 학교)을 프레임에 담는 신상옥의 군중 패닝 쇼트의 독특한 구성요소들은 혁명기 소비에트 영화의 상징이 된 많은 영화들과 똑같은 외양을 만들어낸다. 도브첸코(Dovzkenko)의 〈이반(Ivan)〉(1929)과 〈대지(Land)〉(1933), 또는 유트케비치(Yutkevich)의 〈황금산맥(Golden Mountains)〉(1932)의 초반부에서, 오랫동안 고통받아온 농부들은 트랙터를 공동 구입함으로써, 또는 인심 좋은 당 간부들이 마을로 돌아옴으로써 구원된다.25) 초기 마오 시대의 중국 영화는 지나치게 설교적이기는 했지만, 노동과 진보의 몽타주를 아주 길게, 즉 서사를 잠시 "정지"시킬 만큼 길게 사용한다.26) 원시적인 도구와 순수한 노동의 힘을 부각시키는 시퀀스들은 20세기 공산주의 국가들이 산업화 이전에 혁명의 순간을 맞았음을 환기시킨다.

이 논문에서 나는 신상옥이 사회주의적 리얼리즘 영화를 만들고자 하는 의도로 이런 스타일 요소들을 차용했다고 주장하려는 것도, 이러한 형식적 약호들이 특정한 이데올로기에만 속한다고 주장하려는 것도 아니다. 오히려 나는 그와는 정반대의 주장을 하려는 것이다. 이데올로기가 영화 서사와 전체 내용에 영향을 미칠 수 있다는 주장이 가능하다면, 영화의 시각적 표면 역시 단지 스크린 밖 세계에서의 이

& Stephen Snyder eds. *In Pursuit of Contemporary East Asian Culture*(Colorado, Boulder: Westview Press, 1996), pp. 85~106을 참조하라.

25) 소비에트 사회주의 리얼리즘적 약호와 영화에 대한 간결한 요약을 보려면 David Bordwell&Kristin Thomson, *Film History: An Introduction*(Boston: McGraw Hill, 2003)을 보라.

26) Chris Berry, *Postsocialist Cinema in Post-Mao China: The Cultural Revolution After the Cultural Revolution*, New York: Routledge, 2004.

데올로기적 투쟁과 물리적인 갈등을 반영하는 것만이 아니라, 관객이 영화의 심층에 자리잡고 있는 이데올로기적 의미와 협상하고 그것과 동일화하는 방식을 매개할 수도 있다. 〈쌀〉과 〈상록수〉에서 식민지시대 엘리트의 계몽과 문명화의 수사학은 민중문화운동 및 급진적이고 심지어는 사회주의적인 농촌운동과 경합하는 동시에, 공동체의 사업으로 만들어진 농촌의 교실과 삶이 갖는 의미를 점유하고자 했던 박정희 정권의 중앙집중적이고 관제적인 농촌 재건운동과도 경합한다. 서구의 영화 제도와 약호들은 식민지와 전쟁 이후 한국의 특정한 압력 안에서 변형되고 전유되었으며, 앞서 내가 멜로드라마와 개발의 미학이라고 말했던 것을 만들어냈다. 가장 "정치적"인 신상옥의 이 영화들에서 형식과 내용은 결합하여 전후 남한의 이데올로기적 윤곽을 구성하면서, 또한 동요시켰다.

(번역 : 홍소인)

▣ 참고문헌

1. 단행본

강만길 · 이영희, 1987 『한국의 민족주의 운동과 민중』, 서울: 두레.

강현두, 1991 『한국의 대중문화』, 서울: 나남출판사.

박태순, 1991 『1960년대의 사회운동』, 서울: 까치.

김동춘, 1997 『분단과 한국사회』, 서울: 역사비평사.

김소연 외, 2003 『매혹과 혼돈의 시대: 50년대의 한국영화』, 서울: 소도.

김진송, 1999 『서울에 딴스홀을 허하라』, 서울: 현실문화연구.

김창남, 1999 『대중문화의 이해』, 서울: 한울 아카데미.

김학수, 2002 『스크린 밖의 한국영화사』, 서울: 인물과 사상사.

서정남, 2002 『북한영화탐사』, 서울: 생각의 나무.

최정무, 2001 「경이로운 식민주의와 매혹된 관객들」, 『문화읽기: 뼈라에서 사이버 문화까지』, 서울: 현실문화연구.

최정무, 1998 "Nationalism and Construction of Gender in Korea", *Dangerous Women: Gender and Korean Nationalism*, New York: Routledge(한국어판: 「한국의 민족주의와 성별 구조」, 일레인 H. 김, 최정무 편저(박은미 옮김), 2001 『위험한 여성: 젠더와 한국의 민족주의』, 삼인).

최정호, 1982 『언론문화와 대중문화』, 서울: 민음사.

최현철, 2004 『한국 라디오 프로그램에 대한 역사적 연구』, 서울: 한울 아카데미.

Bruce Cumings, 1981 *Origins of the Korean War: Liberation and Emergence of Separate Regimes, 1945−1947*, Princeton: Princeton University Press.

Chris Berry, 2004 *Postsocialist Cinema in Post-Mao China: The Cultural Revolution After the Cultural Revolution*, New York: Routledge.

David Bordwell & Kristin Thomson, 2003 *Film History: An Introduction*, Boston: McGraw Hill.

Kim Hyung-A, 2004 *Korea's Development Under Park Chung Hee: Rapid Industrialization, 1961−1979*, New York: RoutledgeCurzon.

Nancy Abelmann and Kathleen McHugh's edited volume, 2005 *South Korean Golden Age Melodrama*, Detroit: Wayne State.

Nancy Abelmann, 2003 *The Melodrama of Mobility: Women, Talk, and Class in Contemporary Korea*, Honolulu: University of Hawaii Press.

2. 논문

김소영, 1997 「전통성과 모더니티의 유혹: 신상옥의 작품세계」, 『시네마 테크노문화의 푸른 꽃』, 서울: 열화당.

김소희, 2001.11.16 「신상옥 감독의 영화인생 50년」, 『씨네 21』.

박아나, 2003 「1952년에서 1975년까지의 신상옥의 영화 제작과 장르(멜로드라마, 사극) 연구」, 중앙대 석사학위논문.

박지연, 2001 「박정희 근대화 체제의 영화 정책: 영화법 개정과 기업화 정책을 중심으로」, 『한국영화와 근대성』(주유신 외), 서울: 소도.

변재란, 2001 「'노동'을 통한 근대적 여성주체의 구성: 〈쌀〉과 〈또순이〉를 중심으로」, 『한국영화와 근대성』(주유신 외), 서울: 소도.

주창규, 2001 「탈−식민 국가의 민족과 젠더 (다시) 만들기: 신상옥의 〈쌀〉을 중심으로」, 『영화 연구』15.

Kyung Hyun Kim, 1996 "The Fractured Cinema of North Korea: The Discourse of the Nation in Sea of Blood", Xiaobing Tang & Stephen Snyder eds. *In Pursuit of Contemporary East Asian Culture*, Colorado, Boulder: Westview Press.

Michael Robinson, 1999 "Brodcasting, Cultural Hegemony, and Colonial Modernity in Korea, 1924−1945" in *Colonial Modernity in Korea*, eds. Gi-Wook Shin & Michael Robinson, Cambridge: Harvard University Press.

Steven Chung, "Modalities of Enlightenment in 20th Century Korean Cinema", *positions: east asia cultures critique*(근간).

제3부

냉전체제의 문화제도와 재현의 위기

제1장 지배하는 국가와 교활한 시장

박정희 정권기 영화정책과 산업

조준형

1. 들어가며

영화가 지닌 집단적 창작성, 대자본이 투여되는 산업적 특성, 카메라에서 영사에 이르는 기술적 특성, 손쉬운 복제성과,[1] 이로 인한 광범한 대중적 오락성은 영화를 예술로서뿐 아니라 상품과 대중매체로 인식하도록 만든다. 그리고 이와 같은 특성은 국가가 영화에 대해 개입할 수 있는 강력한 유인을 제공해왔다. 검열로 대표되는 텍스트에 대한 질적 통제, 산업적 차원에서의 진흥과 규제정책, 영화를 활용한 다양한 국가적 선전활동의 전개, 대중적 집합시설인 영화관에 대한 통제, 영화의 수출과 수입을 둘러싼 국가간의 협조와 갈등 등 영화는 그 이전 어떤 예술과도 비교할 수 없을 정도로 국가 정책과 깊고 다양

---

* 이 글은 「박정희 정권기 외화수입정책 연구」(『한국극예술연구』 31, 한국극예술학회, 2010.4) 및 「1960년대 초 정변기 한국영화 연구」(중앙대 첨단영상대학원 박사학위논문, 2011)의 제2장을 수정 보완하여 수록한 것임을 밝힌다.

[1] 벤야민은 문학과 영화를 비교하며, 문학은 대중보급을 위해 복제되는 반면, 영화는 그 기술적 특성으로 인해 기계적인 복제를 내재적으로 전제하고 있으며, 최초의 판본에 대자본이 투여되는 산업적 특성으로 인해 복제를 강요당한다고 지적한 바 있다. 발터 벤야민, 반성완 역, 「기술복제 시대의 예술작품」, 『발터 벤야민의 문예이론』, 민음사, 1994, 206쪽.

한 관련성을 맺는다. 따라서 영화는 제작에서부터 상영에 이르는 전 과정에 걸쳐 산업과 정책, 광의의 제도적 영향력으로부터 자유로울 수 없다. 물론 개별 영화텍스트의 생산과 수용에 있어서 산업적인 영향과 정책적인 영향이 어떤 구도로 작용하느냐는 시기별, 국가별, 혹은 개별 텍스트의 생산양식 측면에서 천차만별이다. 예컨대 현재의 미국과 일본의 경우 정책보다는 산업 그 자체의 영향이 훨씬 크다고 볼 수 있고, 전체주의 시기의 소련·독일·일본 등은 정책의 영향력이 더 크게 작용하리라는 것은 능히 짐작할 수 있다.

이 글은 박정희 정권기 한국영화 정책과 시장 간의 관계를 살펴보고자 한다. 박정희 권위주의 정권기 동안 영화에 있어서 국가정책의 영향력은 산업이나 개별 창작자들의 그것보다 상대적으로 우위에 있었다고 할 수 있다. 그러나 통념과는 달리 박정희 정권기의 영화정책이 검열과 같은 부정적이고 규제적인 방향으로만 이루어졌던 것은 아니며 영화산업의 틀과 규칙을 통째로 주조해내는 '생산적인' 방향성을 함께 가지고 있었다. 그 요체는 소위 '메이저 기업화' 정책이라 불리어져 왔는데, 그 목적은 정권에 의해 인정받은 일정한 자본과 설비, 장비를 보유한 몇몇의 영화사들이 독점적으로 영화를 제작·수입하게 함으로써 인위적인 영화 대기업을 육성하는 데 있었다. 그리고 이 대기업에 필요한 자본을 보완하기 위해 외화의 수익금을 한국영화 제작 자본으로 전환하고자 하는 정책적 아이디어가 구상되었다.

그러나 발전국가적 전략, 혹은 근대화 전략의 일환으로 수행되었던 '메이저 기업화' 정책이 부정적이며 규제적인 정책과 길항적이라 할 수는 없다. 생산적 영화정책의 폭넓은 국가 개입은 부정적 혹은 규제적 영화정책을 정초한 국가개입과 상동적 논리에 있다고도 볼 수 있기 때문이다. 그것은 단순히 논리적 귀결일 뿐 아니라 특히 1960년대 후반 이후 권위주의의 발흥과 함께 영화산업을 기나긴 침체와 위기로 몰아넣은 역사적 경험으로도 증명되는 바이기도 하다. 이 글은 초기 국가의 영화정책이 시간이 지나면서 정치적 목적으로 왜곡되고, 그 과정에서 정권의 특혜를 받은 산업주체들이 정책 당국과 공모하면서 결과적으로 한국의 영화산업의 위기와 쇠퇴를 초래했음을 보여주고자 한다. 그리고 그것은 단순히 정책의 운영이나 시장상황의 문제가 아니라 국가 중심의 발전국가적 전략이 애초부터 노정한 필연적인 결과라 할 수 있다.

2. 군사정권 이전 국가와 시장의 관계

1) 국가와 시장의 정립: 이승만 정권기 국가와 시장

주지하다시피 한국영화산업은 1950년대 중반 이후 빠른 속도로 성장했다. 흔히 지적되는 중요한 요인은 1954년 정부의 입장세 면세 조치와[2] 1955년 1월 이규환이 연출한 〈춘향전〉의 기록적인 흥행 성공이다.[3] 면세조치가 외국영화에 대한 한국영화의 가격 경쟁력을 상승시켰다면, 〈춘향전〉은 한국영화의 시장 잠재력을 확인했다는 의미가 있

---

[2] 입장세는 영화관, 연극장, 경기장, 경마장, 골프장 등 오락시설을 운영하는 업자들이 입장 매출에 대해 부담하는 세금을 의미한다. 영화관의 경우 1954년 3월까지 1인 입장료의 60%라는 상당히 고율의 세금을 부담해야 했다. 그러나 1954년 3월 31일자로 개정된 입장세법은 국산영화에 대해서는 면세를, 외화에 대해서는 90%의 세금을 부과하였고, 1956년 12월 입장세법 개정에 따라 1957년 1월 1일자로 외화 세율은 115%까지 올라갔다. 쉽게 설명하자면 입장료 각 100원을 상정할 시 한국영화는 160원에서 100원으로 인하효과가 발생한 반면, 외국영화는 190원에서 215원으로 인상효과가 발생한 것이다.

[3] 1955년 이규환 감독에 의해 만들어진 〈춘향전〉은 당대로서는 기록적인 18만 명의 관객을 동원하여 공전의 히트를 기록했다. 당시 보통 인기를 끄는 외화가 3, 4만 명 수준임을 감안하면 흥행 성공의 규모를 가늠할 수 있다. 「화제의 영화 춘향전, 한국영화 사상 초유의 히트, 관객 18만을 돌파? 총수입 물경 3천만환」, 『한국일보』 1955년 1월 26일자.

다. 전쟁 이후의 피폐하고 공허해진 한국 대중의 내면을 메우기에 영화는 값싸고 비교적 만족도가 높은 오락거리였다. [표 1]에서와 같이 한국영화의 제작편수는 1956년 이후 급격히 증가하여 1959년에는 100편이 넘어서게 된다.

[표 1] 한국영화 제작편수 1951~1960

연도	제작편수	연도	제작편수
1951	5	1956	30
1952	6	1957	37
1953	6	1958	74
1954	18	1959	111
1955	15	1960	92

출처: 영화진흥공사 간, 『한국영화자료편람: 초창기~1976』, 1977, 46쪽.

영화산업의 성장과 함께 산업 내 역학구도 역시 재편된다. 식민지기는 물론이고 전정 직후인 1950년대 중반까지 한국영화의 제작기반은 피폐한 상태였고, 오직 외화의 수입과 상영이 주가 되었다. 그러나 1950년대 후반 이후 한국영화의 제작이 급격하게 증가하고 한국영화에 대한 담론이 증가하면서 외화 중심의 시장 구도에 대한 문제제기가 지속되었다. 이에 따라 영화산업의 구도는 한국영화제작업계와 외화수입업계로 양분되었고, 두 영역 사이의 갈등은 1960년대 초까지 지속되었다.

이승만 정권기의 영화정책은 대체로 양분된 구조적 갈등에 대한 미세적인 개입을 선호했다고 할 수 있다. 이승만 정권기의 정책과 제도는 법적인 근거로 헌법과 군정기에 발표된 군정법령 제115호에 의지하고 있었다. 헌법은 "모든 국민은 법률에 의하지 아니하고는 언론, 출판, 집회, 결사의 자유를 제한받지 아니한다(13조)"라고 규정한 이후, 국민의 자유와 권리는 "질서유지와 공공복리를 위하여 필요한" 경우 제한받을 수 있도록(28조) 하였다. 당시까지는 영화법이 제정되어 있지 않은 상황이었으므로, 영화 행정, 특히 검열에 대한 국가 행정의 작용은 군정법령 제115호에 의해 이루어졌다.[4]

검열은 영화의 관할 부처인 공보부와 문교부에 의해 이루어졌다. 그러나 검열에 관여했던 것은 주무부처만이 아니었다. 예컨대 국방부는 광범위한 군 관련 영화에 대하여 (의견 개진이라는 이름으로) 실질적인 검열권을 가지고 있었고, 검찰 역시 사후 처벌이 아닌 사전부터 의견 개진의 형태로 관여하기도 했다. 검열의 세부 기준은 1955년 영화행정의 관할권이 공보부에서 문교부로 이관된 직후부터 만들어지기 시작했다. 이들은 상당히 세부적인 기준들로 이루어졌으며, 대개 한국영화보다는 서양영화들을 겨냥했다. 그것은 한국영화에 비해 외국영화들이 국민의 도의, 풍속, 사상 등에 더 큰 영향을 미치기 때문이었다. 그 중에서도 할리우드의 영화보다는 이태리를 비롯한 유럽의 영화들이 정권 당국의 우려의 주 대상이자 관리의 대상이었다.[5]

외화의 수입과 관련하여 검열과 행정규제적 절차 사이의 다소 애매한 위치에 있던 행정행위가 외화의 수입추천이었다. 이는 외화의 수급을 조절하는 동시에 내용적인 검열을 함께 수행하고자 하는 목표를 가지고 있었다. 비록 한국영화의 성장기였으나 외화의 시장은 여전히

---

[4] 「영화의 허가」라는 제목으로 1946년 10월 18일 제정된 군정법령 제115호는 영화 허가 절차와 수수료 규정 등 전문 7조로 구성된 소략한 법령이었다. 1962년 1월 「영화법」이 제정되면서 군정법령 115호는 폐지되었다.

[5] 심지어 정부 차원에서 할리우드 영화 중심의 수입 방침을 명시적으로 밝히기도 했다. 예컨대 문교부는 공보부로부터 영화검열 업무를 이관받은 직후인 1955년 4월 1일 외화작품 수입 및 영화검열의 요강을 발표했는데 주요내용은 다음과 같다. ① 영화상을 받은 특별한 작품을 제외하고 1954년 전의 작품수입 제한, ② 수입영화는 미국영화에 치중, ③ 수입영화는 반정부, 군부반란, 대량탈옥 등에 해당치 않는 건전하고 오락적인 작품일 것, ④ 외화심의위원회를 폐지하고 수입본수 제한. 「영화검열 요강, 문교부 국산품 장려방침」 『경향신문』 1955년 4월 1일자.

한국영화보다 컸고, 편당 수익률은 한국영화에 비해 높을 수밖에 없는 구조였으므로 외화 수입은 수익성이 높은 사업이었다. 이에 따라 외화를 어떤 방식으로 수입하느냐, 혹은 그 수입권을 어떤 방식으로 배분하느냐는 정책 당국뿐 아니라 시장 주체들에게도 중요한 문제였다. 외화의 수입 추천 정책이 1956년 이후 1959년까지 수차에 걸쳐 변경된 것은 정책당국과 시장주체의 이해관계가 민감하게 얽혀 있었기 때문이다.[6]

한편 1955년 영화행정이 문교부로 이관되면서 영화를 예술로 상정하고 지원하는 기능이 제한적이나마 가미되었다. 문교부는 1956년부터 우수영화포상을 실시한다.[7] 포상의 대가는 외화수입쿼터였다. 앞서 언급했듯 외화의 편당 경쟁력은 한국영화를 상회하기 마련이므로 외화수입쿼터는 그 자체로 상당한 이권이었다. 그런데 무역업 면허가 없던 한국영화 제작사들은 직접 외화를 수입할 수 없었고, 이에 따라

---

[6] 1956년 이전까지 외화의 수입은 서류 심사 방식에 의한 주무부 추천을 통해 이루어졌다. 1956년부터는 필름을 선수입하여 문교부가 필름을 직접 본 이후 추천하는 방식으로 바뀌었다. 이는 실질적인 검열과 유사한 것이었다. 그러나 이 제도는 곧바로 문제를 야기했는데, 외화수입사들이 영화를 대규모로 수입한 후 무더기로 추천신청을 함으로써 문교부를 곤란하게 만들었던 것이다. 이에 1957년 6월부터 문교부는 무분별한 외화수입과 과당 경쟁을 막고자 서류심사와 실사검열이라는 이단계 검열 조치로 수입 정책을 전환한다. 수입신청 기회는 회사 당 균등하게 부과되었다. 필름을 무분별하게 들여오는 것보다는 서류 심사를 통해 일차로 거르고, 이후 실사를 수입한 후 검열하는 방식이 도입된 것이다. 1959년, 다시 문교부는 외화수입 제도를 변경한다. 중점은 외화수입권을 회사의 규모(전년도 수입 실적)에 따라 차등을 두어 배분하는 것이었다. 이와 같은 과정을 통해 정부의 수입총량 결정→ 회사별 수입할당량 배분→ 회사의 수입추천 신청→ 정부의 수입추천→ 수입→ 검열→ 배급 및 상영으로 이어지는 1980년대 초중반까지의 외화수입의 일반 원칙이 확립되었다.

[7] 1956년 문교부 고시에 의해 입안되어 1957년부터 시작된 우수영화 시상제도는 초기 5편의 우수영화를 선정하여 외화수입쿼터를 배정하는 제도이다. 1957년 첫해 심사에서, 1956년 제작된 20여 편의 영화 중 〈포화속의 십자가〉, 〈백치 아다다〉, 〈자유부인〉, 〈단종애사〉, 〈배뱅이굿〉 등 다섯 편의 영화가 우수영화로 선정되어 외화수입권이 1편씩 부여되었다. 「최우수영화 5본을 선정 / 외화의 특혜조치」, 『동아일보』 1957년 10월 16일자.

우수영화에 대한 포상으로 배정받은 쿼터가 현금으로 매매되는 관행이 시작되었다. 이는 1958년 "국산영화 제작장려 및 영화오락 순화를 위한 보상특혜조치"를 통해 보다 체계화된다.[8]

2) 혁명의 요구와 무능한 국가: 4월혁명기 국가와 시장

국내영화제작계와 외화수입업계의 갈등은 1960년 초 문교부가 국내 보상 외화수입쿼터를 철폐하고 그 대신 현금을 지불할 방침을 밝힘으로써 본격적으로 촉발되었다.[9] 그 배경에는 1959년의 공급량 조절 실패로 인한 외화의 과다 공급과 외화수입쿼터 암매가 있었다. 1959년의 외화수입량은 무려 203편에 이르렀고 국산영화 역시 111편이 제작되어 극영화 기준으로 무려 314편이 좁은 한국영화 시장에 공급된 것이다. 게다가 이미 예견된 대로 외화수입쿼터 전매를 통한 이권화 역시 사회적인 문제가 되었다. 이에 따라 문교부는 전체 수입량을 110편 내외로 묶겠다는 전제에서 외화 특혜쿼터를 폐지하고 그 대신 현금을 보상하는 방안을 검토하였다. 그러나 공급량의 조절과 부조리를 해결하는 이 묘책은 외화수입업계와 국내제작업계 모두의 반대에 부딪히며 흐지부지된다. 외화수입업계는 수입량이 줄어들어 공급량이 수요에 못 미칠 것을 우려하였고, 국내제작업계는 현금 보상금이 낮아 반대하였던 것이다.[10]

---

8) "보상특혜조치"는 ① 우수 국산영화 제작자에 대한 보상(연간 5편), ② 국산영화 수출장려를 위한 보상특혜(수출지에서 열흘 이상 공연한 것과 수출지에서 2천5백 달러 이상의 외화를 획득한 사실이 있으면 외국영화 1편을 배급), ③ 국제영화제 참가자에 대한 보상특혜(국제적인 영화제에 정식 초청을 받고 출품한 자에게는 외화 1편을 배급), ④ 문화영화 및 뉴스영화 배급에 대한 보상특혜(4천 피트 이상의 문화영화 3편 이상을 수입하여 중앙 개봉극장에서 5일 이상 상영한 자에게는 극영화 1편을 배급), ⑤ 우수외국영화 배급자에 대한 특혜(우수한 외국영화를 배급한 자에 대하여 외국영화 1편을 배급) 등으로 구성되었다.

9) 「특혜코타를 폐지, 외화수입에 따른 잡음 없애려고」, 『동아일보』 1960년 2월 24일자.

[표 2] 외국영화 연도별 검열실황(1953~1960)

연도	극영화	문화영화	계	연도	극영화	문화영화	계
1953	119		119	1957	130	4	134
1954	114		114	1958	174	48	222
1955	120		120	1959	203	9	212
1956	119	24	143	1960	135	73	208

출처: 영화진흥공사, 『한국영화자료편람: 초창기~1976』, 80쪽.

　　4월혁명 이후에는 국산영화 제작계와 외화수입업계 사이의 갈등이 깊어졌다. 혁명 이후 민족주의적 요구가 강화되는 시점에서 한국영화제작가협회(이하 '제협')는 보다 많은 외화수입쿼터를 소위 우수영화에 배정해줄 것을 주장하였다. 이전보다 두 배 이상, 전체 수입편수 절반가량의 외화수입권을 국내 제작업계에 배정해달라는 '제협'의 주장은11) 외화수입업계의 반발을 샀다. 외화수입업계는 제협의 주장을 사리사욕에서 나온 것이라 치부하며, 전문성이 없는 제협에서 외화를 수입한다는 것 자체가 이미 말이 안 되는 것이라 주장하였다. 그리고 이와 같은 논란은 1963년 1차 영화법 개정까지 지속적으로 전개되

---

10) 당시 외화수입업계는 대한, 단성사, 중앙, 수도, 아카데미, 씨네마코리아, 을지 등 7개 외화전용관의 연간 수요가 150편에 달하고 있음을 이유로 반대했고, 제작업계는 120만환의 보상금으로는 입장세 과세 후 위기를 맞은 영화산업에 도움이 되지 않음을 이유로 반대했다. 「고민하는 국산영화 육성책, 특혜 코타제 폐지에 불만, 수입·제작업자 양측서」, 『서울신문』 1960년 3월 25일자.

11) 제협의 주장은 다음과 같았다.
무정견한 외화수입의 기득권을 일소하고 그 근본적인 할당대상을 국산영화제작 편수에 두나, 무조건 제작편수에 치중만 하는 게 아니라 한국영화의 발전향상을 꾀하는 데 두어, 총 편수의 반은 우수영화에 대한 특혜할당을, 나머지 반을 편수에 의한 할당으로 질과 양 병행보장을 하게 할 것. 특혜할당은 '베스트 텐'을 선출, 5위까지 2편씩, 그 이하 10위까지는 1편씩, 영화제 출품작 1편당 2편씩(10편 예상), 수출품 1편당 2편씩(8편 예상), 문화영화에는 2편씩(2편 예상), 기타 해외 출품 1편당 1편씩(5편 예상). 「관의 검열제 폐지 등, 「제협」의 건의서 골자」 『경향신문』 1960년 5월 28일자.

었다.

같은 시기 이들은 '영륜'(영화윤리위원회) 구성을 둘러싸고 논쟁을 벌였다. 4·19 이후 헌법 개정을 통해 검열이 금지되고[12] 민간 자율에 의한 심의제도가 도입될 필요성이 제기되자, 외국영화배급협회는 외국영화윤리위원회를 구성하는 등의 발 빠른 행보를 보인다. 제작가협회는 제작가협회대로 같은 시기 영화윤리위원회창설 준비위원회를 구성했다. 우여곡절 끝에 1960년 8월 5일로 통합된 영화윤리전국위원회(이하 '영륜')가 창립되었지만[13] 이후에도 제작업계와 외화수입업계 간의 내분은 지속되었다.

한편 영륜의 출범에도 불구하고 정부에 의한 사실상의 검열이 사라진 것은 아니었다. 문교부는 여전히 외화수입 추천권을 가지고 있었고, 수입 추천 여부가 결정될 당시 이미 텍스트와 제작진, 제작국가 등에 대한 사전 검토가 진행되었으므로 외화에 있어서는 여전히 일정 수준의 검열이 유지되는 형편이었다. 그러던 문교부는 1960년 10월 영륜이 심의 통과시킨 〈연인들〉이 사회적인 물의를 일으키자, 이를 빌미로 수입추천을 실사를 통해 시행하겠다고 주장한다.[14] 이는 당대 영화계로부터 사실상 검열의 부활이라는 비판을 받았다. 이후 1961년 〈젊은 육체들〉의 상영 파문은 〈연인들〉과 정반대의 상황으로 진행되었다. 문교부가 수입추천한 영화가 영륜에 의해 심의거부되었으나, 문교부가 상영허가 조치를 내림으로써 상영이 이루어진 것이다. 이렇게 상영된 〈젊은 육체들〉은 당시 상당한 사회적 물의를 일으켰다. 이

---

[12] 허정 과도정권기인 1960년 6월 15일 개정된 헌법 28조 2항은 "언론, 출판에 대한 허가나 검열과 집회, 결사에 대한 허가를 규정할 수 없다"라고 하여 검열을 명시적으로 금지하였다.

[13] 「둘로 갈린 영륜, 옥신각신할 아무런 이유도 발견할 수 없다」 『경향신문』 1960년 7월 9일자.

[14] 「외화 검열제도 부활, 실사심사를 엄격히」 『서울신문』 1960년 10월 18일자.

에 영륜은 자진 해체를 각오할 정도로 문교부의 권한 침해를 성토하는 상황에 이른다.[15] 이후 문교부와 영륜은 외화수입 추천 심의를 합동으로 하는 등의 합의안에 도달했고, 결국 문교부는 수입추천이라는 이름으로 부분적인 외화 검열권을 공식적으로 확보한 셈이 됐다.[16] 5·16 이후 영륜은 해체되었고 검열권은 훨씬 강화된 상태로 정부로 귀속되었다.

1960년 9월에는 외화수입쿼터 문제가 다시 한 번 논란의 대상이 되었다. 우수국산영화에 대한 특혜쿼터 배정 방침에 외국영화배급협회가 이의를 제기하고, 이에 문교부가 국산우수영화에 대한 특혜쿼터를 폐지하기로 함으로써 제작업계 – 외화수입업계 – 문교부의 갈등은 극에 달했다.[17] 영화제작계에서는 "국산영화 위기타개위원회"를 조직하여 이에 조직적으로 반발하는 동시에 60편 미만으로 외화수입편수 제한, 외화수입쿼터 절반의 국내 제작계 배정, 영화금고 및 국립영화촬영소 설치 등을 강하게 요구했다.[18]

또한 외국영화와 국산영화에 대한 입장세 차별화 정책을 둘러싸고 논쟁이 벌어졌다. 1960년 말 정부가 제출한 외화 입장세 과세율 30/100이 민의원에서 50/100으로 상승하여 의결되자, 외화수입업계가 반발하고 나선 것이다. 이에 외화상영관이 일치로 휴관하고, 향후 무기한 정관하겠다고 다짐하는 등 강력한 투쟁 방침을 밝혔다. 그러나 국산영화제작계가 중심이 된 '위기타개 투쟁위원회'는 이전의 115/100

---

15) 「영륜 자진해체도 불사 태세, 「비트걸」 상영 강행의 파문」, 『서울신문』 1961년 2월 20일자.

16) 「통관 선은 합동으로, 문교부와 영륜, 외화심의에 합의」, 『조선일보』 1961년 3월 15일자

17) 「외화업계 반대, 국산영화 시상 쿼타」, 『동아일보』 1960년 9월 12일자 ; 「특혜 쿼터 전폐 〈외국영화 수입〉, 오문교, 어제 최종 결정」 『한국일보』 1960년 9월 14일자.

18) 「국산영화 위기타개투위 발족, 9개 항목의 정책 개정을 건의」, 『동아일보』 1960년 9월 23일자.

시절에도 막대한 이윤을 올렸던 외화수입업계가 50/100의 세율에 저항하는 것은 납득할 수 없다는 성명으로 비판하였다.[19]

이와 같은 특혜쿼터·입장세·검열을 둘러싼 제작업자, 외화수입업자, 정부 당국 등 3자간의 갈등 구도는 1960년과 1961년 상반기까지 지속적으로 확대재생산되었다. 그리고 이 기간 영화정책의 논쟁은 거의 외화수입을 둘러싸고 벌어졌다. 이는 국가적 범위의 경제 단위 혹은 심성 단위의 보호와 자본주의 일반의 법칙을 관철시키는 힘 사이의 논쟁이었다. 4월혁명 이후 한국영화 제작진영의 제작 진흥에 대한 요구는 거세어졌으나 장면 정권은 여타 분야의 사회문제에 대한 대응과 마찬가지로 영화계의 요구에 소극적으로 임했으며 우유부단하고 지지부진한 입장으로 일관했다.

3. 시장의 요구와 국가의 계획
: 1차 개정영화법을 통해 본 초기 군사정권의 영화정책 구상

5·16쿠데타는 4월혁명 이후 정권을 획득한 민주당 정부의 실패 속에서 배태되었다. 국민들은 민주당의 무능과 분열로 이루어지지 못했던 4월혁명의 과제들이 '군사혁명'을 통해 혁명적인 방식으로 이루어지기를 원했고, 이는 영화인들도 예외가 아니었다. 그리고 초기 군사정권은 이러한 '속도'의 요구를 충족시켰다. 1961년 국립영화제작소 설치법이 통과되었고 같은 해 9월에 영화사의 통합이 이루어졌다. 영화사의 통합은 지속적으로 제기되었던 한국영화계의 영세성을 극복하고자 하는 영화계의 여론을 받아들여 전격적으로 시행된 것이었다.

---

[19] 「외화극장만 휴관, "오히려 입장세 내렸는데 웬말" 국산영화업자들 반대」, 『동아일보』 1960년 12월 27일자.

문교부에 있던 영화행정의 관할권은 공보부로 다시 되돌려졌다. 이는 군사정권이 영화를 예술의 일환이라기보다는 공보(public relations)의 일환, 즉 매스미디어 혹은 산업으로 보고 있으며, 이때 영화는 예술적 지원의 대상이 되기보다는 산업 진흥의 대상, 혹은 이데올로기 통제의 대상이 됨을 의미한다. 이와 같은 취지는 1962년 1월 제정된 「영화법」을 통해 체계화되었다. 「영화법」은 시행령이 정하는 시설 및 인력 기준이 정하는 바에 따라 등록한 회사가 아니면 영화업을 할 수 없도록 하였고,[20] 제작신고 · 상영허가취소 · 상영정지 등 다양하고 포괄적인 검열조항을 두었다. 이는 영화제작의 진입장벽을 구축함으로써 영화사들의 영세화를 방지하고 산업 기반을 구축하고자 한 동시에 국가의 텍스트 통제권을 강화하는 것이었다. 쿠데타 직후 영륜에 의한 자율 심의는 국가권력으로 이양되었고, 영륜은 흐지부지 폐지되었다.

실제 군사정권의 영화정책의 본격적인 면모는 「영화법」 제정 1년 후에 있었던 1963년의 '1차 개정영화법'을 통해 나타났다. 이 법은 제정 영화법에서 이루어지지 못했던 완결적인 체계성을 가지고 있었다. 제정 「영화법」의 가장 큰 문제는 일정한 규모 이상의 영화사만이 등록할 수 있도록 하면서도, 영세한 한국영화산업의 규모 내에서 이 '메이저' 기업들이 어떤 방식으로 생존할 수 있을 것인가라는 질문, 즉 수익성에 대한 대안이 없다는 것이었다. '1차 개정영화법'은 이에 대한 대안을 제시한다. 그것은 외화를 통해 벌어들이는 수익금을 국내 제작을 위한 자본으로 전환하는 것이었다. 이를 위해 외화의 수입을 공식적으로 한국영화 제작사로 등록된 회사만이 가능하도록 규정하였다. 이에 따라 외화업계와 제작업계로 양분된 구도는 사라졌다. 제

---

[20] 1962년 3월에 발표된 시행령 상 영화사 등록을 위한 요건은 다음과 같다. 영화촬영기 1대 이상, 조명기 총량 50킬로왓트 이상, 5년 이상의 영화제작경험이 있는 제작기술자 1인 및 기성배우 2인 이상과의 전속고용계약서, 은행에 5천만 환 이상의 자본금의 적립(제1조 등록신청절차).

작업계에 대한 특혜와 함께 정책적 요구 조건 역시 까다로워졌다. 시설·장비·전속 기준이 '제정영화법'에 비해 훨씬 엄격해졌고,[21] 무엇보다 영화사가 등록체제를 유지하기 위해서는 한 해에 15편 이상의 영화를 제작해야 했다. 이러한 조건은 당시 제작계로서는 수용하기 힘든 수준으로 인식되었고, 이에 따라 특혜에 대한 기대보다는 조건에 대한 우려가 더 부각되었다. 이 제정안이 발효된 이후 21개이던 영화사의 수는 6개로 다시 축소되었고, 외화수입사들은 탈법적으로 수입업을 수행해야 하는 처지로 전락하였다. 다만 외화수입을 업으로 삼던 회사들 중 세기상사와 한국예술, 동아영화흥업 등 3개사는 1964년에 영화업을 등록하였다.[22]

초기 군사정권의 연속적인 입법과 행정조치들은 그들의 의도가 단순히 시장에 대한 미시적인 조정에 있지 않음을 보여주었다. 1963년의 '1차 개정영화법'을 통해 본격적으로 가시화된 정책 방향은 1984년의 '5차 개정영화법'까지 그 골격이 유지되었다. 따라서 '1차 개정영화법'의 배경과 논리를 살피는 것은 박정희 정권기 영화정책 전반을 이해하는 데 대단히 중요하다. '1차 개정영화법'에서 영화정책의 주요 기조는 등록된 영화제작사만의 제작－수입독점, 제작과 수입의 일원화, 회사별 외화수입쿼터 배분 등의 핵심 사항을 포함한다. 중점은 국산영화의 메이저기업화였고, 이를 위해 외화수입권을 연계하여 국산

---

[21] 1963년 5월 31일 발표된 시행령 제1조에서 규정한 등록 조건은 다음과 같다. ① 35미리 이상의 촬영기 3대 이상, ② 조명기(총성능 200키로왓트 이상), ③ 내화구조로서 방음장치가 완비된 건평 200평 이상의 견고한 스튜디오, ④ 동시녹음기 1대 이상, ⑤ 5년 이상의 영화감독경험을 가진 전속 영화감독 3인 이상, ⑥ 5편 이상 극영화에 출연한 경험을 가진 남여전속배우 각 10인 이상, ⑦ 5년 이상 영화촬영경험을 가진 전속촬영기술자 3인 이상, ⑧ 5년 이상의 녹음경험을 가진 전속녹음기술자 1인 이상.

[22] 박지연, 「한국영화산업의 변화과정에서 영화정책의 역할에 관한 연구: 1950년대 중반에서 1960년대 초반의 근대화 과정을 중심으로」, 중앙대 영상예술학과 박사학위논문, 2008, 106쪽.

영화의 제작 자본을 확충하는 것이었다.

염두에 둘 것은 이와 같은 정책 방향이 군사정권의 담당자들이 어느 날 갑자기 만들어낸 것은 아니라는 사실이다. 한국영화의 기업화 혹은 산업화에 대한 희구, 조제남작(粗製濫作)식 영화산업에 대한 비판은 한국영화의 산업적(상업적) 가능성이 모색되던 1950년대부터 지속적으로 있어 왔다. 당시 주요한 영화계의 담론생산자였던 유두연, 이청기, 이철혁 등은 앞다투어 한국영화 기업화라는 과제를 제기한다. 예컨대 유두연은 영화가 예술성과 산업성 양자를 가진 매체임을 피력하며, 특히 산업적인 면의 후진성이야말로 한국영화계가 타개해야 하는 과제임을 강조하였다.[23]

1950년대 후반에 이르면서, 영화산업 발전 담론은 산업적인 시스템의 구축으로 나아간다. 이는 한국영화제작편수가 100편을 넘어서는 1959년과 1960년에 본격적으로 제기되었는데, 핵심은 영화기업들의 영세화를 극복하고 대기업화를 추진하는 것이었다. 이러한 기업화는 무엇보다 자본의 안정화에 그 첩경이 있었다. 영화 한 편 만들고 실패하면 문을 닫아버리는 영세성을 극복하기 위해 영세 제작사들이 연합하여 일종의 대기업화를 추구해야 한다는 이청기의 주장에 대해 유현목은 현실 가능성이 없다고 보았지만, 공교롭게도 군사정권이 등장하면서 이 논의는 신속하게 정책으로 이어진다.

이 : 네! 그런데 우리나라는 예술작품은커녕 기업적인 토대조차 제대로

---

[23] 유두연은 당대 한국영화의 과제를 다음과 같이 설명하고 있다. "한국영화의 숙명적 후진성은 실로 이 점에 있다. 즉 산업성을 상실한 불구의 몸으로 자라온 것이 한국의 영화의 역사고 그렇게 될 관객조건에 굴복할 수밖에 없는 것이 현재의 한국영화이기도 하다. 한국영화는 어디까지나 '한국예술'로 있을망정 '영화산업'으로는 있을 수 없다. 산업으로의 기업화를 보장하는 아무런 조건도 해당되지 않는다. 생산가치와 소비시장의 수입의 균형을 유지할 수가 없다." 유두연, 「영화의 예술·상업성─아세아 영화제에 참가하자」, 『경향신문』 1955년 2월 6일자.

잡히지 않았으니 답답하다는 말입니다. 제 생각으로는 든든한 기
업적인 토대, 이에서만 예술적으로 좋은 작품이 나오리라고 생각
되는데요.

유 : 그것은 저도 동감입니다. 대부분의 제작자들이 돈이 없거든요. 그
러니까 영화 하나 만드는데 1년 이상이 걸리고 또 그렇게 되면 영
화인들의 의욕도 감퇴되어 결과적으로 좋은 작품이 못나오게 됩
니다.

이 : 그런 점에 비추어 나는 군소제작자들이 7, 8개의 큰 덩어리로 뭉쳤
으면 해요. 그렇게 되면 제작도 합리화되어 제작비도 적게 들고
감독들도 마음 놓고 일할 수 있을 텐데요.

유 : 그것은 우리나라 실정을 생각할 때 이상론이라고 생각됩니다. 물
론 수년전부터 그런 시도가 전개되었지만 끝내 성공하지 못했거
든요. 우리들의 민족성이 그래서 그렇다면 아무도 비관적이 되고
말지만…… 어쨌든 현재로선 실현될 가망이 거의 없는 것 같습니
다. 다만 그러기 위한 모색이 있는 것만은 사실이지만…….[24]

이상을 통해 살펴볼 때, 한국영화의 기업화는 이미 1950년대부터
영화산업 주체들의 희망사항으로 지속적으로 담론의 대상이 되어왔
음을 알 수 있다. 따라서 1961년의 영화사 통합조치는 군사정권만의
독단적인 결정이었다고 할 수만은 없다. 그렇다면 제작과 수입을 연
계하여 외화를 통해 벌어들인 수익으로 제작 자본을 충당하고자 하는
아이디어는 어디에서 유래한 것일까?[25] 앞서 살펴본 바와 같이 그 연

---

[24] 「[대담/영화] 이청기(영륜위원장), 유현목(영화감독) 확립되어야 할 제작의 기업
화」, 『조선일보』 1960년 12월 28일자.

[25] 외화수입을 통해 벌어들이는 자금으로 국내영화 제작에 특혜를 준다는 사고는
지금 보기에는 특이해 보이지만, 당시 국제 관행에서는 비교적 일반화된 것이었
다. 2차 세계대전 후 자국 영화의 소비와 생산 기반이 허물어진 유럽 각국의 영
화산업 역시 외화(특히 할리우드 영화)의 수익금을 어떤 방식으로든 국산영화의
제작자본으로 돌리기 위한 정책을 사용했다. 대체로 유럽에서 할리우드 영화를
견제하기 위해 취한 정책은 할리우드 직배사의 매출액 반출 동결 및 자국 내에
서의 투자를 유도하는 것이었다. 이는 할리우드 영화사와 유럽 각국 영화사들

이상의 인용문을 통해 당시 정부는 제작과 수입의 일원화를 통해 제작사로 하여금 지방흥행사라는 투기적 상업자본에 흔들리는 것을 막고, 외화의 수익금을 제작에 온전히 투자하여 자본을 확충시킴으로써 기업화의 기초를 다지고자 했음을 알 수 있다. 그리고 이와 같은 정책 방향은 제작사가 단순히 제작만이 아니라 수입과 배급에 이르는 망(network) 사업까지 범위를 넓히게 함으로써 명실상부한 메이저로서의 사업범위를 구축하고자 유도하는 것이었다.

이 연장선상에서 당시에도 반대가 많았고, 이후 1966년의 「영화법」 개정을 통해 결국 시정된 15편이라도 의무제작 편수의 강행 배경을 이해할 수 있다. 강상욱은 1962년을 모델로 국산영화 120편, 외화 80편, 총 200편이라는 총 공급량을 기준으로 하되, 1963년 외화수입 가용 외화분이 50편대로 줄어드는 상황을 감안하여 한국영화 제작 목표를 150편으로 상향하였고, 이를 다시 등록사 10개를 상정하여 회사당 15편을 배분하였다고 증언한다. 그리고 강상욱은 15편은 되어야 배급 체인을 형성할 수 있고, 기업화에 모양을 낼 수 있을 것이라 부언했다.[29] 이와 같은 구상은 미국과 일본의 메이저의 수직계열화 시스템과 유사한 것이었다. 그러나 시장을 통한 자연 경쟁과 독과점 상태가 이루어지는 것이 아닌, 정책을 통한 인위적인 메이저 기업을 만들어내는 방식은 물론 자연스러운 것이 아니었고 많은 폐단을 만들어냈다.

이와 같은 정책적 방향은 군사정권 등장 이후 부각된 제삼세계 근대화 전략에서 비롯된 것이었다. 저개발국(혹은 신생국)에서 국가는 동원가능한 자원의 효율적 분배를 위해 개입하도록 요구되며, 이는 소수의 기업에 대한 불균등한 자원배분 전략을 추동하도록 한다. 물론 이는 영화산업뿐 아니라 당시 산업구조 전반에 걸친 전략이었다고

『국제영화』 1963.3, 59~60쪽.
[29] 강상욱, 박봉희, 앞의 대담, 60쪽.

할 수 있다. 따라서 당시 영화산업에 대한 진흥전략은 박정희식 발전국가 전략의[30] 적용 사례라 할 수 있을 것이다. 무엇보다 「영화법」이 제정된 1962년과 「영화법」이 개정된 1963년은 제1차 경제개발5개년계획이 시작된 시기였다. 국가에 의한 경제개발계획은 국가의 시간이 앞으로 전진한다는 것, 미래를 위한 기획이 중요하다는 사실을 보여주는 중요한 변화였다. 미래의 달성 목표치를 전제하고 이를 달성하기 위해 현재의 자원과 생산을 합리적으로 조정하는 경제계획의 전략은 영화산업에서 역시 유사하게 적용된다.

한편 이와 같은 영화정책 방향과 관련하여, 박정희 정권의 초기 성격을 보다 구체적으로 이해할 필요가 있다. 쿠데타 직후 군사정권은 초기 내포적 공업화 전략을 택했으며, 비교적 자주적인 민족주의적 방향을 설정하고 있었다.[31] 이와 같은 초기 군사정권의 방향성은 영화시장에 대해서 마찬가지로 적용되었던 것으로 보인다. 정권의 입장에서 외화를 수입하는 것은 불요불급한 일이었던 만큼 외화 수입을 억제하고 이를 국산영화로 대체하고자 하는 전략이 채택되었던 것이다. 그 결과가 제작업자만이 외화를 수입할 수 있는 제작−수입 일원화, 수입 영화 편수의 축소방향이었다고 할 수 있다. 나아가 1962년 후

---

[30] 김일영에 따르면 발전국가란 "사유재산과 시장경제를 기본원칙으로 하면서도 국가가 스스로 설정한 부국강병이란 목표를 위해 시장에 대한 전략적 개입을 거침없이 행하는 국가"를 의미한다. 김일영, 「1960년대의 정치지형 변화: 수출지향형 지배연합과 발전국가의 형성」, 한국정신문화연구원 편, 『1960년대의 정치사회변동』, 백산서당, 1999, 286쪽.

[31] 초기 군사정권은 경제개발 전략을 수립함에 있어 미국의 영향력을 축소하고자 했고 이로 인해 미국과 갈등을 빚기도 했다. 특히 1962년 내자(內資)를 동원하기 위해 전격적으로 실시된 화폐개혁은 미국과 심각한 갈등을 초래했으며, 미국의 압력으로 실패로 돌아간다. 화폐개혁의 실패 이후 군사정권은 경제개발을 위한 자본을 마련하기 위해 일본과의 관계정상화, 베트남 파병 등을 감행한다. 이로써 초기 내포적 공업화정책은 1963년 이후 수출중심으로 전환된다. 이에 대한 상세 내용은 이완범, 「제1차 경제개발5개년계획의 입안과 미국의 역할 1960~1965」, 한국정신문화연구원 편, 『1960년대의 정치사회변동』 참고.

반 당시 한국의 구체적인 상황 역시 고려될 필요가 있다. 1962년 기대했던 통화개혁 실패로 내자 동원의 여지가 사라지게 된 상태에서 1차 경제개발5개년계획이 시작되었고, 1962년에 발생한 심각한 규모의 무역 역조, 인플레이션의 발생 등으로 가용 외화(外貨)가 줄어든다.[32] 1963년의 외화수입 가능 물량이 전년에 비해 반밖에 되지 않을 것이라는 강상욱의 인터뷰 내용은 외화의 부족 현상이 영화법 개정의 배경이 되었음을 시사한다.[33] 따라서 줄어드는 외화공급량을 맞추기 위해서는 한국영화의 생산을 늘려야 하고, 이를 위한 양산체제가 도입되어야 한다는 것이 군사정권의 판단이었을 것이다. 요컨대 1차 제정 영화법은 초기 군사정권의 영화정책, 한국영화 및 산업 진흥을 위한 민족주의(이는 외화를 한국영화로 대체하고자 했다는 점에서 수입대체공업화, 혹은 내포적공업화의 전략과 맥을 같이한다), 메이저 기업화를 통한 산업 발전이라는 후발산업국가의 발전국가 전략, 1962년 화폐개혁의 실패 상황이라는 거시적 미시적 환경 변화가 결합된 결과물이었다.

---

[32] 조석곤, 「1960년대 중후반 '국민경제연구회' 보고서를 통해 본 정책담론 분화과정」, 공제욱·조석곤 공편, 『1950~1960년대 한국형 발전모델의 원형과 그 변용과정: 내부동원형 성장모델의 후퇴와 외부의존형 성장모델의 형성』, 한울, 2005, 119쪽.

[33] 그나마도 1963년 6~7월경 정부의 외환수급이 차질을 빚으며 외화 수입 자체가 중단되는 사태에 이른다(「외화수입 막힐 듯, 현 보유량으론 9월까지」, 『한국일보』 1963년 7월 26일자). 1963년 외화수입에 할당된 외환액은 1962년 81만 달러에 비해 현격하게 줄어든 45만 달러였고, 그나마 실제로는 34만 달러가 배정되었다. 박지연, 「한국영화산업의 변화과정에서 영화정책의 역할에 관한 연구: 1950년대 중반에서 1960년대 초반의 근대화 과정을 중심으로」, 133쪽.

4. 1960년대 중반 이후 대량생산체제의 위기와 몰락

1) 1960년대 중반 이후 「영화법」 개정 추이와 배경

'1차 개정영화법'을 통해 본격화된 기업화 정책은 말 그대로 시장의 자율이 아닌 정책적 강제를 통해 메이저 기업을 인위적으로 육성하고자 하는 정책이었고, 필연적으로 부작용을 동반했다. 등록사만이 영화를 제작할 수 있다는 조항은 영화를 제작하고자 하는 많은 영화인들을 좌절시켰고, 독점적인 지위를 가졌던 등록사들은 외화쿼터 암매, 대명제작 등의 편법을 통해 음성적인 수입을 거두었다. 무엇보다 연간 15편이라는 의무제작편수로 인해 한국영화의 질은 오히려 떨어지고, 양적으로만 비대해지는 결과를 가져왔다. 나아가 한국영화 제작은 외화수입 쿼터를 획득하기 위한 수단이 되는 시장의 왜곡이 발생한다.

이에 따라 영화인들은 법이 시행된 지 1년이 채 되지 않은 1964년부터 「영화법」 폐기운동을 벌이기 시작했다. 이들이 당시 「영화법」에 대해 제기한 문제점은 첫째 제작자금도 부족한 현실에서 시설확장에 불필요한 자본을 들인다는 것, 둘째 부정 등록자들의 부패, 셋째 15편의 의무제작 요구가 질보다는 양에 집중되어 있다는 것, 넷째 전속제를 통해 새로운 인력의 영화계 진입을 막는다는 것 등이었다.[34] 이들의 주장은 아직 '1차 개정영화법'의 폐해가 온전히 드러나지 않은 상태에서 제기된 것들이었으나, 이후의 문제들을 선제적으로 지적하고 있었다.

---

[34] 「영화제작진흥법 만들라, 촉진위서 현행법 즉시 폐기 주장」, 『서울신문』 1964년 4월 8일자 ; 「모순투성이 현행 영화법은 폐기되어야, 일부 업자들의 외고집을 나무란다」 『경향신문』 1964년 4월 11일자 등.

그럼에도 불구하고 1966년 9월 3일의 '2차 개정영화법'은 영화인들의 문제제기에 대한 모호한 타협책이었다. '1차 개정영화법'의 기조는 유지되는 가운데, 강고한 등록 및 등록취소 기준만이 부분적으로 완화되었다. 시설 기준은 소략해졌고 현실적으로 구비가 어려웠던 녹음 시설 및 전속 규정이 삭제되었다(「영화법 시행령」, 제2조, 1966.12.27). 가장 중요한 차이는 의무제작편수에 있었는데, 15편이던 등록취소 기준이 2편으로 줄어들었다(「영화법」 제7조). 이러한 변화, 특히 의무제작편수의 대폭적인 완화는 외견상 메이저 기업화 정책의 후퇴처럼 보이지만 반드시 그렇다고는 볼 수 없다. [표 3]에서 볼 수 있는 바와 같이 1963년에서 1965년 사이 영화의 제작편수가 증가하였는데, 특히 1965년은 급증하였다. 이에 당황한 정책당국은 영화의 제작권을 행정적으로 배정하는 제작쿼터제를 실시하였다. 따라서 의무제작편수의 감소는 정책당국이 의도했던 대량생산이 일정한(심지어 지나친) 성과를 거두었기 때문이라 볼 수도 있다.

[표 3] 한국영화제작 및 외화수입 편수 1961~1970

연도	제작편수	수입편수	연도	제작편수	수입편수
1961	86	84	1966	136	82
1962	113	79	1967	172	53
1963	144	66	1968	212	50
1964	147	51	1969	229	65
1965	189	59	1970	209	53

*외화는 극영화, 검열 기준.
*출처: 영화진흥공사, 『한국영화자료편람: 초창기~1976』, 46쪽 및 80쪽.

특히 1966년 정부가 한국영화의 공급량 조절을 위해 제작쿼터제를 도입하고(제대로 지켜지지는 않았지만 연간 120~150편으로 유지되었다), 이것이 외화수입쿼터와 마찬가지로 이권화되자 한국제작자협회와 한국영화인협회 간에 격렬한 갈등이 발생하였다. 이는 기득권을 가진 등록사들과, 독점적인 지위를 지닌 등록사의 권한과 부패를 타파하고 좀더 자유로운 생산환경을 구축하기 위한 현장 영화인들 간의 갈등이었다. 급기야 1968년 하반기에 영화인들은 제작 보이콧을 선언하였고, 이는 1960년대 내내 지속되어온 박정희 정권의 영화정책의 전환점이 된다.[35]

이러한 배경에서 진행된 1970년의 '3차 개정영화법'에서는 1962년 이후 지속되어온 영화정책의 기조들 중 상당수가 폐기 혹은 수정된다. 가장 중요한 것은 제작－수입 일원화 정책이 폐기되고 제작과 수입 영역이 분리되었다는 사실이다. 게다가 등록사가 아니면 영화를 제작할 수 없다는 원칙을 유보하여 하청 제작자들이 PD라는 이름으로 활동할 수 있는 길을 열어주었다. 이는 1963년 「영화법」 이래 유지되었던 기본 원칙이 일시적이나마 수정된 것으로 기존의 영화정책의 폐단을 정부가 부분적으로 인정한 결과였다. 그러나 유신 이후 1973년에 발표된 '4차 개정영화법'은 다시 이전의 영화정책 기조로 돌아갔다. 제작－수입 일원화 정책은 다시 복구되었고, 영화업은 등록이 아닌 허가의 대상이 되었다. 이는 영화업의 운영 여부가 정부 당국에 의해 결정되는, 이전의 등록제보다 강화된 규제책이었다. 그리고 이와 같은 정책방향은 1984년까지 지속되었다.

2) 대량생산의 시대

초기 「영화법」의 정책의 의도를 선의로 해석한다면, 한국영화산업을 최단 기간 내 키울 수 있는 지름길로서 포디즘 체계를 수립하는

---

35) 「"방화제작 코터제 없애라" 드라머센터서 영화인대회」, 『경향일보』 1968년 8월 31일자.

것, 즉 일관작업화된 스튜디오에서 1년에 15편 이상의 영화를 빵처럼 찍어내는 한국식 꿈의 공장이었다. 이와 함께 집단체적 예술로서 영화의 생산방식은 박정희 시대에 완연히 조직화의 단계를 밟게 된다. 거기에 스튜디오와 장비, 시설 규정이 강화되었다. 스튜디오 시스템은 강력한 공간적 억지력과 일관성을 가진다. 기획과 시나리오 작업은 A장소에서, 프리 프로덕션은 B장소에서, 촬영은 C, D, E, F······ 장소에서, 편집은 Z장소에서 이루어지던 공간적 가변성은 획기적으로 줄어들게 된다.[36] 오픈세트나 현장 로케이션은 점점 줄어들고, 스튜디오 촬영이 강화되었다. 이는 밀집성과 효율성이라는 결과를 가져다주었다. 촬영의 장소는 세트(실내 세트이건 오픈 세트이건)로 한정된다. 이것이 실내극 형태의 멜로드라마와 사극 장르에서 상당한 효율성을 가져다주었음은 짐작할 수 있고, 이는 실제 해당 장르의 유행 현상으로 입증되기도 했다. 이와 함께 조직 구성이 위계화된다. 촬영팀, 조명팀, 녹음팀, 편집팀, 미술팀, 음악팀을 별도로 섭외하고 관리할 필요성이 줄어든다. 이와 같은 포디즘적 생산방식은 물론 제조업에서의 일관생산 공정만큼 강력하지는 않았지만, 당시의 스튜디오 시스템은 확실히 이전이나 이후와는 달랐다.

포디즘적인 스튜디오 시스템은 표준화된 상품의 대량생산을 만들어낸다. 영화의 경우 완전히 같은 상품이란 있을 수 없으므로 유사한 장르의 영화가 반복되게 된다. 따라서 이와 같은 시스템이 정책 당국도 감당하지 못할 정도의 다작으로 귀결된다는 것은 우연이 아니다. 1960년대 중후반을 지나면서 영화의 제작편수는 급증하게 되고, 정부는 1966년에 이르러 과다공급을 막기 위하여 1년에 150편을 한도로

---

36) 사실 이와 같은 경향은 1956년 이후 삼성 스튜디오, 안양촬영소, 정릉 촬영소 등이 만들어지면서 맹아적으로 나타났다. 이에 따라 1950년대 후반 상당수의 영화들이 스튜디오에서 촬영되기도 했다. 그러나 이와 같은 경향이 일반적인 것은 아니었고, 법적으로 규제받지도 않았다.

하는 제작쿼터제를 도입하였으나, 이러한 시도는 오히려 제작쿼터 그 자체를 이권화하는 폐단을 낳았고 실효를 거두지 못한다. 그리하여 1969년에는 한 해 229편이라는 엄청난 편수의 영화가 제작되기에 이르렀다. 문제는 이 영화들의 다수가 B급의 저예산영화들이었다는 것이다. 그 결과 한국영화의 흥행수지는 악화되고, 1970년대 초가 되면 산업적인 위기를 맞게 된다.

그렇다면 이와 같은 과다 공급이 일어난 원인은 무엇일까? 기본적으로는 대량 제작 중심의 관행과 시스템을 들 수 있겠다. 1963년 「영화법」 이후 개별 영화사들은 장비, 인력, 시설 등에 상당한 투자를 했고 이러한 시설이 갖추어진 이상 유휴 장비나 시설운영에 있어서의 비효율을 줄이기 위해 끊임없이 영화를 제작해야 했다. 안양촬영소를 인수한 신필름이 시설과 장비를 유지하기 위해 한 해 거의 30편을 제작해야 했던 사실이 한 예라 하겠다. 요컨대 대량생산 체제에 익숙해진 관행으로 인해 일종의 '생산의 무정부성' 현상이 일어났고, 이는 애초 이러한 대량생산을 요구했던 정부의 의도가 아이러니하게도 과도하게 성공했던 탓이다.

둘째, 제작쿼터제의 암매와 대명제작의 관행을 들 수 있다. 등록사만이 제작을 할 수 있게 되자 독립 제작자들이 등록사의 이름을 빌려 제작을 하는 소위 대명제작이 일반화되었다. 이는 독립제작자들에게는 편법으로나마 영화를 제작할 수 있는 기회가 주어지는 것이었고, 등록사의 입장에서는 의무제작편수를 채울 수 있다는 이점이 있었다. 이 관행은 제작 능력이 떨어지는 등록사들이 시장에서 도태되지 않고 유지될 수 있도록 만들었고, 중앙집권적인 양적 통제가 불가능한 상황을 만들어낸다.

셋째, 지방흥행사를 통한 입도선매 관행과 외화수입쿼터 암매를 통해 벌어들이는 자금의 여력으로 인해 제작사의 위험이 감소되었다.

이에 따라 영화의 편당 수지를 확보하는 방식의 합리적인 투자보다는 요행과 정부시책에 맞는 영화제작을 통해 외화수입쿼터를 노리는 제작관행이 생겨났고, 이는 제작사의 합리적 시장 판단을 어렵게 만들었다.

3) 국가와 산업 주체의 공모와 시장의 몰락

결국 전후 포디즘은 단순한 대량생산 체계라기보다는 총체적 생활방식으로 여겨져야 한다. 대량생산은 대량소비뿐만 아니라 제품의 표준화를 뜻했다. …… 국가개입의 형태들(관료적·기술적 합리성 원칙에 따라 운영됨)과 그 시스템에 결속력을 부여하는 정치세력들의 판도는 특수이익 집단들의 균형을 통해 서로 묶여진 대규모 경제 민주주의 개념에 바탕하고 있었다.[37]

앞서 언급한 것처럼 정부의 영화정책이 포디즘의 기조 위에서 수립되었던 것은 분명하다. 그러나 이 포디즘이 적어도 영화산업 내에서는 하비가 지적한 '대규모 경제 민주주의' 개념으로 조직된 것은 아니었다. 이 체제는 생산력의 자연스러운 발달에 따른 국가와 시장의 정립적인 생산관계의 결과로 채택된 서구식 포디즘이 아니라 국가에 의해 주도된 인위적 포디즘 체제였기 때문이다. 중앙집권적 정부의 파트너로서, 민간 조직들은 극히 일부만을 이양받았음에도 불구하고 이전과는 비교할 수 없을 정도의 권한을 가지게 된다. 한국영화업자협회(혹은 한국영화제작자협회)는 그 대표적인 사례다. 그들은 영화정책의 가장 중요한 파트너였을 뿐 아니라, 제작 신고를 수발하는 기관이었으며, 제작쿼터를 배분하고, 산업 내 갈등을 조율하는 강력한 기능을 가지고 있었다. 이와 같은 영화업자협회가 등장하면서 제작사

---

37) 데이비드 하비, 구동회·박영민 역, 『포스트모더니티의 조건』, 한울, 1994, 173쪽.

조직에 대한 대항력의 확보 차원에서 영화인협회 등의 조직 역시 강화된다. 「영화법」을 둘러싼 영화인협회−영화업자협회−정부의 대립과 균형, 거래의 과정은 경제민주주의라기보다는 상호 공모적이었다. 이와 같은 대규모 경제 단위의 공모에 대해 김동춘은 다음과 같이 지적한다.

> 그리고 한국전쟁 후 신흥 대기업들은 원료를 독점적으로 확보하기 위해 원료 카르텔을 형성하였다. 대한방직협회·대한모방협회·한국국제분공업협회·한국제당공업협회와 같은 원료 카르텔이 조직되었고, 이들 협회는 일방적으로 원조물자를 배정받아 회원 기업체에 보유 시설능력에 따라 불하하였다. 기업들은 원료를 독점함으로써 '비시장적 힘'으로 시장을 지배하고 가격을 통제하여 초과이윤을 확보할 수 있었다.[38]

한국영화산업 역시 비슷한 논리에 의해 작동되었다. 제조업이 원료의 독점을 통해 비시장적 힘을 확보하였다면, 영화산업 주체들은 「영화법」에 의한 제작권과 외화수입권의 독점을 통해 비시장적 힘을 확보하였다. 그러나 이는 산업발전이 아니라 독점과 도덕적 해이를 낳았다. 한국영화의 과다 공급, 특히 제작비나 장르에서 B급이라 할 수 있는 영화들의 과다 공급은 극장과 관객의 수요를 초과했고, 이는 필연적으로 편당 수지를 악화시켰으며 종국적으로 제작사들의 경영 이익을 악화시키게 된다. 경영의 압박에 직면한 제작사들은 현금과 등가인 외화수입쿼터와 제작쿼터를 획득하기 위해 대종상 등 쿼터를 부여하는 영화상 심사위원들에게 뇌물을 제공하고, 수출실적을 조작하며, 위장합작을 자행하고,[39] 공보부(혹은 문공부) 공무원들을 매수하

---

[38] 김동춘, 『근대의 그늘: 한국의 근대성과 민족주의』, 당대, 2000, 113~114쪽.

[39] 위장합작이란 사실상 외국에서 만들어진 영화에 일부 배우나 스태프를 가담시켜 극히 부분적으로 참여하거나 심지어 수입 이후 부분적인 재촬영과 재편집을 통해 한국과 외국의 공동제작 영화로 둔갑시키는 것을 의미한다. 위장합작은 외화

는 등 다양한 방식의 부정과 편법을 동원한다. 정부로부터 사실상 허가받은 권리 위에서 특혜를 누려왔던 등록 제작사들은 시장의 법칙에 따라 퇴출되기보다는 정책 당국과 유착했으며, 제도적으로 보장된 권리들(외화수입쿼터, 제작쿼터)을 비합법적으로 이용하여 부당이득을 획득함으로써 존속을 모색한 것이다.

이 지점에서 1970년 '3차 개정영화법'을 통해 포기되었던 메이저기업화의 방향이 수많은 문제와 폐단에도 불구하고 1973년 다시 부활한 이유를 질문해볼 수 있다. 논쟁의 여지가 없는 것은 아니나 1966년 '2차 개정영화법'은 '1차 개정영화법'의 기업화 정책의 의지가 약화된 것은 분명하다. 그리고 1970년의 '3차 개정영화법'을 통해 외화수입과 제작의 주체를 분리하고, 대명제작을 PD제도라는 이름으로 합법화함으로써 중요한 정책적 기조가 일시적으로 폐지된다. 즉 1966년과 1970년 법 개정의 방향은 기존 메이저기업화 정책의 철회처럼 보였다. 그럼에도 불구하고 정부는 이 흐름을 반전시켜 1973년 법 개정을 통해 수입-제작의 일원화와 제작사 허가제를 통해 다시 이전의 제도를 부활시킨다. 그러나 이미 이 시기는 1960년대의 대량생산을 지탱할 만한 물적 토대가 붕괴하고 영화산업이 완연한 하향 기조를 시작한 시점이었다. [표 4]에서 확인할 수 있는 바와 같이 1972년을 기점으로 제작편수, 한국영화의 수지는 급속도로 악화되었다.

수입이 엄격히 규제되는 상황에서 외화를 편법으로 수입하고자 하는 시도의 일환이었다. 이와 같은 위장합작은 1960년대 중후반부터 발원하여 1970년대 초에 이르게 되면 상당수의 한국 국적 영화들이 위장합작의 소산이었던 것으로 보인다. 다만 이에 대한 전모는 연구와 자료부족으로 아직 소상히 파악되지 못하고 있다.

[표 4] 1970년대 영화산업 주요 지표(관람객수는 서울 개봉관 기준)

연도	편당 평균 관람객수 (단위: 명)		제작사수	제작편수
	한국영화	외국영화		
1970	31,296	66,192	23	209
1971	28,629	65,039	23	202
1972	19,639	71,866	20	122
1973	17,915	84,134	12	125
1974	18,494	76,668	14	141
1975	18,813	89,390	15	94
1976	20,131	85,410	16	134
1977	44,672	154,686	14	101
1978	74,905	200,689	20	117
1979	59,019	133,226	20	96

출처: 박지연, 「1960, 70년대 한국영화 정책과 산업」, 한국영상자료원편, 『한국
영화사 공부 : 1960~1979』, 이채, 2004, 178~179쪽.

1970년을 지나면서 한국영화 산업 환경이 악화되자 발전국가의 인위적 포디즘 체제는 변화하는 시장 환경에 기업들이 적응하지 못하는 현상을 불러왔다. TV의 보급, 바캉스 등 여가 문화의 다변화로 영화산업의 규모 자체가 줄어드는 시점에서도 대량생산의 관행과 시스템이 그대로 유지되었던 것이다. 소위 'TV 쇼크'에 대한 해외 영화계의 대응전략은 TV가 제공할 수 없는 새로운 경향의 영화를 생산하는 것이었다. 이에 따라 1960년대 이후 섹스, 폭력, 사회에 대한 비판적 시각, 표현에서의 영화적 상상력이 결합된 새로운 경향이 세계 영화계의 새로운 조류로 나타난다. 이는 또한 '안방극장'인 TV의 등장으로 영화 소비층이 중년층 여성과 가족 단위를 벗어나 젊은 층으로 이동하면서 나타나는 현상이기도 했다. 이와 같은 경향을 주도하는 것은 기존의 스튜디오 밖의 소자본의 개성 넘치는 창작자 집단이었다.40) 그러나

---

40) 할리우드의 경우 이와 같은 포디즘체제는 1950년대까지 유지되었다. 변곡점은
1948년의 '파라마운트 판결'이었는데, 이 판결은 당시 할리우드 메이저 스튜디오

을 각색한 문예영화들이었다. 〈안개〉, 〈장군의 수염〉, 〈귀로〉 등의 작품이 상업적으로 거둔 성공은 이 영화들이 추구한 영상미학과 작품에 내포된 사회에 대한 비판의식을 관객들이 호응했다는 것을 보여준다.

1) 문예영화의 부상과 관객층의 변화

영상미를 추구하는 작품들이 상업적으로도 흥행할 수 있었기 때문에 이러한 경향의 영화가 활발히 제작된 것도 있지만, 이미 많은 연구에서 밝히고 있듯이 1960년대 후반기 문예영화의 붐은 우수영화 보상제도 변화에 의한 것이었다. 우수영화에 대한 시책은 1957년 이후부터 계속 존재했지만, 1966년 「영화법」 개정 이후 외화쿼터의 보상실적 중의 하나였던 제작 실적이 삭제되고 국제영화제 출품과 수상, 우수영화 보상으로 쿼터 배정이 돌려지면서, 이에 대한 제작자들의 관심이 집중되었다. 특히 우수영화 보상시책 분야에 문예, 계몽, 반공부문이 시행되면서 문예영화 수상을 겨냥해서 제작된 작품 편수가 급증했다. 시행 전해인 1966년에 10편 남짓했던 문예영화가 가장 정점에 달했던 1967년에는 30여 편 정도로 전체 영화제작편수의 30%를 점유했다.[1] 1967년 7월에 발간된 한 신문기사는 당시 문예작품의 영화화 풍조는 앞으로도 얼마간은 상당히 활기를 띨 것이라 내다보면서 제작자들의 의견을 근거로 들어 다음과 같은 분석을 하고 있다. 문예영화 제작 활황은 "① 원작의 우수성이 이미 선전되었고 따라서 선전할 자료가 풍부, 훌륭한 점, ② 문예작품의 거개가 향토색이 짙어 해외영화제에서 환영받을 비율이 높고 여기에는 외화 쿼터라는 거액의 보상을

---

[1] 「67년의 회랑 / 문화계 회고와 그 주역 / 영화 / 문예물로 차원 높여 / 『안개』 김수용 두드러져」, 『중앙일보』 1967년 12월 16일자(5면). 이 기사에서 문예영화로 분류한 기준은 명확히 나와 있지 않다. 〈유정〉이나 〈청춘극장〉 같은 작품도 포함되어 있을 경우가 짙다.

약속할 수 있다는 점, ③ 해외 로케 및 합작 또는 색채물에 비해 국내 세트 촬영, 흑백(효과상) 영화로 제작비가 훨씬 적게 든다는 점, ④ 외화관객을 유인함으로써 방화관객의 폭을 넓힌다는 등의 장점 때문"이라는 것이다.[2] 이처럼 문예영화는 법 개정으로 변화된 외화쿼터 배정에 유리한 지점을 확보할 수 있었는데, 우수영화 보상제도와 영화제 보상의 두 항목을 모두 노릴 수 있는 일거양득의 기회를 제공할 수 있는 것이다.[3]

문예영화의 붐은 이처럼 영화정책의 변화라는 제도적 측면과 당시 독립프로덕션 진영의 새로운 모색이라는 산업적 측면이 조우하면서 생성된 결과물이었다. 그러나 문예영화의 붐과 문예영화의 독특한 영상미의 발현이라는 특징을 가능케 한 또 다른 계기는, 관객층의 변화와 더불어 그것을 견인해온 유럽의 모더니즘 영화와 미국 뉴아메리칸 시네마의 지대한 영향이다. 문예영화의 흥행적 성공과 한국영화의 관객층 변화는 독립프로덕션의 기획의 성공에 대한 논의들과 더불어 한국영화의 고무적인 현상의 문제로 대두되었다. 영화저널에서 마련한 한 좌담회에서 현역 영화인들은, 그동안 증가한 외화관객들이 한국영화에 대해 관심을 가지게 되면서 한국영화 관객들의 관람수준도 향상되었다는 의견과 이러한 변화와 더불어 한국영화가 줄거리(가 중심이 되는) 단계에서 영상적 표현의 차원에 돌입하는 단계로 접어들었다는 견해를 피력한다. 이러한 관객기호의 변화는 여러 층위에서 논의되는 것을 볼 수 있는데, 대부분의 비평가나 논자들은 영상미에 주력한 문예영화들의 주 소비층이 외화관객층에서 이동한 관객들과 세대의식을 내포한 젊은 관객층의 성장이라고 평가한다.[4] 이들의 변화된 기호

---

[2] 「문예작품의 영화화 붐 / 입증된 양화의 안정성 / 제작비 절약 등 실리적 흥행성적, 영화제 출품……외화코터의 이점도」, 『신아일보』 1967년 7월 29일자(5면).

[3] 「활발한 문예영화 제작 / 국내외 영화제 수상을 목표 / 작품의 질 향상에 기대 / 보상 「쿼터」의 매력에 발분」, 『대한일보』 1966년 10월 1일자(5면).

는 특히 흥행성적에서도 볼 수 있는데, 다음은 1965년부터 1968년까지 개봉된 한국영화와 외국영화의 흥행기록이다.

[표 1] 1965년부터 1968년까지 한국영화 흥행성적표[5]

	1965년도	1966년도	1967년도	1968년도
1위	저 하늘에도 슬픔이	유정	팔도강산	미워도 다시 한번
2위	청일전쟁과 여걸민비	잘있거라 일본땅	청춘극장	속 팔도강산
3위	남과 북	하숙생	홍길동	춘향
4위	명동 44번지	요화 배정자	춘희	남자식모
5위	사자성	마지막 왕후 윤비	한	임꺽정
6위	밀회	학사와 기생	**안개**	일본인
7위	육체의 문	불타는 청춘	흙	아네모네 마담
8위	청춘소동	대폭군	강명화	**장군의 수염**
9위	불량소녀 장미	소문난 여자	방콕의 하리마오	5대 복덕방
10위	어떤 정사	흑도적	대괴수 용가리	전설따라 삼천리

[표 2] 1965년부터 1968년까지 외화 흥행성적표[6]

	1965년도	1966년도	1967년도	1968년도
1위	007 위기일발	황야의 무법자	클레오파트라	**25시**
2위	007 살인번호	마담X	고백	심야의 결투
3위	역도산	헤어졌을 때와 만났을 때	황야의 은화 1불	**남과 여**
4위	OSS117	롱쉽	방랑의 결투	3인의 협객
5위	정글북	0011 나폴레옹 대돌파	백주의 무법자	의리의 사나이 외팔이

---

4) 「영화계 1년 / 이룩된 새 풍토 / 우수작품 제작에의 가능성 / 활약 큰 신인여우 / 외화팬 몰려들고」『경향신문』 1966년 12월 17일자(5면).

5) 이 표는 다음의 신문기사를 재구성한 것이다. 「올 영화 톱·텐 / 입장자 수로 본 총결산」, 『한국일보』 1965년 12월 19일자(7면) ; 「양에 이기고 질에 진 / 66년의 영화가」, 『대한일보』 1966년 12월 17일자(5면) ; 「67년의 회랑 / 문화계 회고와 그 주역 / 영화 / 문예물로 차원 높여」, 『중앙일보』 1967년 12월 16일자(5면) ; 「관객 동원수로 본 68년도 영화 / 예년보다 저조」, 『대한일보』 1968년 12월 21일자(4면). 이 자료의 볼트체 표시는 강조를 위해 필자가 한 것이다.

6) 참조한 자료는 위의 각주 5와 동일하다.

6위	탈주특급	OSS 117최대위기작전	속 황야의 은화 1불	어두워질 때까지
7위	마음의 행로	마니	기적	밤의 열기 속에서
8위	제국의 멸망	속 황야의 무법자	로브록전선	타이탄
9위	사상 최대의 작전	SOS일촉즉발	석양의 무법자	석양의 결투
10위	**부베의 연인**	순간에서 순간으로	애정의 순간	종말

　　이 표에서 보이는 것처럼 한국에 수입된 외국영화는 거의 80% 이상이 헐리웃 영화로 채워져 있었지만, 많은 영화인들이나 대학생 관객들은 유럽의 예술영화에 많은 관심을 보였다.[7] 또한 많은 영화저널이 서구영화나 유럽 모더니즘 영화에 관심을 표명했는데, 1965년 창간된 『영화예술』의 지향점은 당시 영화비평가들이 사고하는 한국영화의 지향점을 뚜렷하게 보여준다. 미켈란젤로 안토니오니, 장 뤽 고다르, 알렝 레네, 잉그마르 베르히만 등의 서구 모더니즘 작가들에 대한 조망과 예술영화사조, 그리고 수입되지 않는 예술영화들의 시나리오들을 꾸준히 소개하는 이 저널은 당시 서구 모더니즘 영화의 성과를 소개하면서 한국영화가 스토리 위주의 상업영화에서 탈피하여 영화의 본질을 추구하는 영상언어를 대한 지속적 모색이 필요하다는 논의를 진행하고 있었다. [표 2]를 통해서 보았을 때, 수입되어 흥행에 성공한 외국영화의 대부분이 고예산 액션영화와 무협영화 등으로 채워져 있지만, 1965년 〈부베의 연인〉의 선전이나 1968년 〈25시〉의 고무적인 기록 그리고 〈남과 여〉의 선전은 주목할 만한 것이다. 또한 외화 관객들의 선호하는 경향에는 아카데미상을 받은 헐리웃 영화도 포함되어 있었다. 물론 안토니오니의 영화인 〈정사〉나 〈일식〉의 경우는 흥행에서 고전을 면치 못했지만, 앞의 세 영화의 성공이나 작품성을 인정받은 헐리웃 영화에 대한 선호는 스토리와 사건 위주의 액션영화가 아니어

---

7)　대학생 관객층에 대해서는 박유리, 「1960년대 서울대학생의 영화관람」, 중앙대 첨단영상대학원 석사논문, 2010 참조.

도 충분히 관객의 관심을 받을 수 있다는 것을 증명하였고, 작품성을 구비한 한국영화라면 이 관객층을 소구할 수 있는 가능성이 보였다.

이 시기 자주 비평가나 영화인들의 관심 대상이 되었던 영화는 안토니오니의 〈정사〉와 〈일식〉, 고다르의 〈네 멋대로 해라〉, 알렝 레네의 〈히로시마 내 사랑〉, 베르히만의 〈제7의 봉인〉과 〈침묵〉, 그리고 1966년 아시아영화제가 서울에서 개최되면서 국내에서 상영될 수 있었던 구로사와 아키라의 〈나생문〉 등이었고, 이 영화들은 이후 문예영화의 비평에서 자주 언급되는 참조점이 되었다. 반면에 대중들이 사랑했던 작품은 멜로드라마 자장 내에 있었던 〈부베의 연인〉과 〈남과 여〉였다. 앞서의 영화들이 비평가나 감독들의 집중적으로 관심을 받으면서 주요 영화들에 다층적 플롯을 표현하는 촉매제가 되었다면, 이 멜로드라마적인 영화들은 위반과 갈등의 서사적 특징으로 대중의 사랑을 받았다.

2) 영상미의 모색과 윤리성에 대한 문제

1965년부터 시작된 문예영화의 경향은 크게 두 가지로 나눌 수 있다. 하나는 〈갯마을〉, 〈봄봄〉, 〈역마〉 등과 같이 주로 1930년대 단편소설이나 그와 유사한 향토적 서정을 담아내는 소설을 각색한 작품들이고, 또 다른 하나는 동시기의 문제작을 각색한 작품으로 〈안개〉, 〈장군의 수염〉, 〈시발점〉 등의 영화를 들 수 있다. 이와 더불어 〈만추〉, 〈귀로〉의 경우 오리지널 시나리오임에도 불구하고 뛰어난 예술성으로 인해 문예영화로 분류되어 우수영화 수상작이 되기도 했다. 1965년 〈갯마을〉이 환기시킨 새로운 영화의 가능성은 1966년 〈비무장지대〉, 〈초우〉, 〈만추〉, 〈초연〉 등이 개봉되면서 본격화되었고, 비평가들과 관객들에게 한국영화의 영화문법이 변화하고 있음과 새로운 영상미의 추구를 통해서 변화하는 세대의식과 획일화되는 사회에 대한 비판의식과 연결되는 것임을 은연중에 인식시켰다.

우선 비평가들이 이들 영화에서 주목한 점은 기존과 확연하게 달라진 영상미학의 변화였다. 1966년 한국영화의 결산을 논의하는 좌담회에서 참석한 평론가들은 위의 영화들을 주목할 만한 작품으로 선정하면서 이 영화들이 보여준 새로운 경향을 "다큐멘터리적인 시도, 상황에 대한 관심, 내면 풍경에 대한 모색"으로 요약한다.8) 이러한 표현은 일차적으로 이 영화들에서 드러난 영상미를 묘사한 것으로 볼 수 있는데, 평론가들은 이 영화들에 나타난 "영화적인 표현, 소위 영상미라는 것"이 "영화적 표현의 가능성을 넓혔다"는 점에서 "스토리주의를 극복"하고 "영화의 본질에 가깝게 가는 영화, 그 형식미를 구축"하고 있다는 점을 높이 평가한다.9) 예를 들면 〈만추〉의 경우 비평가들이 주목한 것은 여죄수의 3일이라는 짧은 휴가 동안에 일어난 일을 묘사하면서 사건 중심이 아닌 감성과 분위기를 통해 극을 이끌어간다는 점이다. 한 신문비평을 인용해보자. "영화는 스토리와 사건 위주의 전개가 아닌 황량한 바닷가, 창경원의 동물원, 야간열차의 피로한 승객 사이로 배경을 옮겨가며 카메라는 시종 침착하게 순간순간 좌절당하는 남녀의 심리를 밀도 있게 포착하고 있다."10) 또 다른 실험적 시도에 주목한 다른 평론은 〈만추〉의 독특한 영화문법을 다음과 같이 설명한다. "첫 대목, 열차 차창의 개폐로 수인의 해방감과 쫓기는 자의 불안한 심리를 묘사한 신, 화면으로부터 사운드를 추방하고 출찰(出札)의 티켓 펑처 소리를 크게 깔면서 히로인의 초초한 의식과 감성의 단절을 그려본 서울역 구내서의 시퀀스 처리, 로오키(어둡고 침침한

---

8) 「특집좌담 : 66년도 한국영화 총결산」, 『영화TV예술』 1967.1, 61쪽.
9) 「특집좌담 : 66년도 한국영화 총결산」, 56쪽.
10) 「[스크린] 구질구질한 대사 없이 사뜻한 영상으로 묘출해본 애정심리 / 이만희 감독의 〈만추〉」, 『대한일보』 1966년 12월 10일자(5면).

화조)로 일관한 카메라의 톤, 극단적으로 배제된 다이얼로그, 단 두 주연의 억제된 연기로 1시간 35분을 끌고 간 감독의 솜씨 등 높이 평가될 만하다."[11] 그리고 이러한 영상적 실험을 통해서 "극한상황에 있는 두 연인의 애정을 구경하면서 관객들은 우리 사회의 답답한 현실처럼 질식하는 듯한 기분을 느낄 것"이라고 한 평론은 정확하게 관객과의 공감지점을 짚어내고 있다.[12]

이처럼 새로운 영화미학에 대해 주목하는 비평들은 이 작품들에서 보이는 절제된 영상미와 배경과 상황 자체에 대한 관심을 통한 심리 묘사에 일차적인 관심을 가진다. 기존의 한국영화가 가진 스토리와 사건 위주의 전개에서 벗어나서 인물들의 내면적 갈등과 심리묘사를 표현하기 위한 다양한 영상미적 시도는 관객들에게 직접적이고 일차원적인 이해를 벗어나서 다양한 의미망을 통한 감정적 공감대를 형성할 것을 요구한다. 스토리 중심의 영화들이 갈등의 제시와 해결, 그리고 그를 통해 전개되는 선과 악의 이분법 혹은 선의의 승리를 통해 상대적으로 명확하게 제시되는 이데올로기를 가지고 있는 반면 이미지 중심의 작품은 관객들에게 이와 다른 다층적 영화 읽기를 제시하고 있다.

실험적 영상이 돋보이는 이 시기 작품들은 영화적인 표현가능성을 확장시키는 동시에 사회 내부적 윤리에 대한 문제제기와 더불어 은유적으로 사회적으로 민감한 사안에 대한 비판의식을 보여주고 있다. 〈초연〉의 경우 여주인공은 두 남자를 동시에 사랑하는, 사회통념상 비윤리적이라고 매도당할 수 있는 상황에 놓여 있다. 그러나 영화는 섬세한 심리 묘사로 이 문제를 그려냄으로써 "극적인 논리성"을 "무시"하고 "상식적으로 받아들일 수 있는 윤리성을 대단히 결여"하는 반면

---

11) 「[연예] 올해의 일급 문예영화 〈만추〉」, 『조선일보』 1966년 12월 4일자(6면).

12) 「[새영화 줄거리가 무시된 문제의 영화 〈만추〉」, 『신아일보』 1966년 12월 8일자(5면).

"논리성을 초월해서 영상으로서 드라마를 성립시킬 수 있다는 미적 인식의 차원에서 보는 윤리성"을 드러낸다.13) 이미 언급한 것처럼 새로운 영상미학의 시도와 영화문법의 실험은 사건보다 '내면의 풍경'에 천착하게 하면서 영화가 제시하는 공간과 시간의 이중적 의미를 인식하게 만든다. 정진우 감독 역시 자신의 영화를 "기성 모럴을 적용시킨다면 비난받아야 할" 여주인공의 행위를 통해 "인간을 벌거벗겨 놓은 상태, 말하자면 …… 이전의 인간의 자태를 찾아보는 것"에 의도를 둔다고 설명한다.14)

미적 인식의 차원에서 새롭게 조망되는 '윤리성'은 대부분의 작품에서 기존의 사회적 도덕과 충돌한다. 〈시장〉(1966, 이만희)은 백치적인 여인인 문정숙과 우직한 남성인 신영균을 중심으로 어시장 주변에서 생활하는 사람들을 그린 작품이다. 주인공인 문정숙은 남편에게 신앙과도 같은 사랑을 바치지만 남편 남궁원은 아내를 학대하고 착취한다. 문정숙을 사랑하는 운전수 신영균은 남편을 살해하게 되고 아내는 정신착란을 일으킨다. 즉 이 작품 역시 살인이 법적 처벌이 필요한 행동이라는 것은 인정하지만 모든 생활수단을 빼앗고 여성을 착취하는 남성에 대한 증오로 살인자가 된 신영균을 비난할 수 없는 상황을 그려낸다. 이만희 감독 스스로도 "시장 변두리의 인간을 통해 현대인을 보는" 이 영화를 통해 "위선적인 사람이 되어야만 미치지 않고 살수 있다는 테마"를 그리고자 했다고 설명한다.15)

이처럼 당시의 감독들이 새로운 영상적 언어를 통해 추구하는 본능이나 새로운 모럴은 기존의 사회인식과 충돌한다. 넓게 보았을 때

---

13) 「특집좌담 : 66년도 한국영화 총결산」, 57~59쪽.

14) 정진우, 이영규, 「감독수첩: 〈초연〉. 남녀의 숨김없는 자태—사랑과 고독과 본능」, 『영화TV예술』 1966.12, 105쪽.

15) 이만희, 이영규, 「감독수첩: 〈시장〉—인간의 순수성을 추구」, 『영화TV예술』 1965.12, 106쪽.

〈물레방아〉(1966, 이만희)의 여주인공은 본능에 몸을 맡긴 채 남편이 있음에도 불구하고 자신을 유혹하는 남자들을 따라가는데, 그러한 천진함은 정절 혹은 불륜 같은 사회적 기준점을 넘어서는 행위처럼 묘사되고 사회의 잣대로 평가할 수 없어 보인다. 〈까치소리〉(1967, 김수용)의 남자주인공은 무시무시한 전화(戰禍)를 겪으면서 오직 애인 정순만을 생각하고 스스로 손을 절단해서 제대를 한다. 남의 아내가 된 정순에게 필사적으로 매달리는 주인공은 생사의 기로에 섰던 인간이 가지게 되는 맹목적 삶의 의지를 보여주며, 자신을 바라보고 의지하는 늙은 어머니와 여동생의 애원이나 친구의 아내라는 정순의 위치 등 사회적 통념에 의한 윤리와 도덕을 전혀 문제시하지 않는다.

사회적 규범과 대치되는 이러한 위반의 윤리성은 영상적으로 설명되는 미적 타당성을 근거로 관객들을 설득시킨다. 그리고 사회적 규범과 미학적 윤리가 갈등하는 상황 자체는 작가적인 시각을 통해 예리하게 재단된 당대 사회에 대한 일종의 발언이다. 위에 언급한 영화들은 주로 본능과 사회적 관습을 대립화하면서 인간의 기본적 욕망조차 억누르면서 성립할 수밖에 없는 체제의 문제를 은유하고 있다. 이 대립의 문제는 당시 동시기 소설을 각색한 문예영화에서 더 민감하게 다루어지고 있는데, 그 갈등의 폭과 긴박성의 강도는 더 전위적인 모더니즘 영화미학의 수용으로 이어진다. 이처럼 서구 영화미학의 실험적 수용은 한국 현대사의 질곡이 만들어낸 얽히고설킨 일그러진 궤적과 교차되어 있는데, 그 횡단점에서 만들어진 일련의 영화들은 주로 지식인 남성주인공을 내세웠으며, 현재의 트라우마를 전쟁의 기억과 연결시킨다는 점에서 당대를 읽어내는 문제에 큰 시사점을 준다.

2. 기억으로 전쟁과 현실의 교차

이 글이 주목하고 있는 네 편의 영화, 〈안개〉, 〈장군의 수염〉, 〈시발점〉, 〈귀로〉는 영화의 어떤 시점에서 과거의 기억 특히 한국전쟁에 관련된 기억을 소환한다. 각 영화에서 등장인물들은 각기 독특한 전쟁의 체험을 지니고 있고, 인생의 어느 순간에 그 기억은 현재의 삶에 개입하며 과거의 트라우마가 바로 현재의 삶의 질곡임을 드러낸다. 이 과정에서 영화에서 과거를 소환하는 방식은 관습적인 플래시백을 뛰어넘어 새로운 공간과 시간감각을 창출하면서 표면의 플롯과 다른 하위 플롯을 형성한다. 이접적인 공간으로 과거와 현재를 구분하는 것이 아니라, 과거의 기억이 현재를 강제하거나 현재에 직접적으로 개입하는 표현방식을 통해서 각 작품의 인물들에게 전쟁이라는 과거가 내포한 다층적 의미를 이끌어낸다. 이러한 플래시백의 실험적 방식이나 혹은 〈장군의 수염〉처럼 과거의 트라우마를 서사화하는 방식의 특이성 등은 이 시기의 모더니즘적 기법을 시도하였던 영상미학의 실험들이었고, 이러한 선취적 시도는 각 작품의 표면적 서사구조가 말하지 못하는 것 혹은 말하지 않는 것에 대한 의미를 해독하게 하는 하위구조를 형성한다. 이러한 의도는 해당 작품마다 독특하게 구성되어 있으며 각 작품이 가지고 있는 전쟁의 기억을 재현하는 의도와 방식에 따라 교묘하게 직조되어 있다.

1) 근대화의 명령과 순수성의 훼손

영화 〈안개〉는 원작소설이 가진 문학사적 위치와 모더니즘적 영화미학이 가진 영화사적 의미로 인해 한국영화 중에서 연구자들의 주목을 가장 많이 받았던 작품 중의 하나이다. 하나의 단일한 해석을 벗어나서 다층적인 이해와 관점을 제시하는 모더니즘 영화들의 특징을 이 영화 또한 가지고 있는데, 여기서는 주로 원작과 상이한 부분 혹은 원작소설과 다른 층위를 가지게 되는 영상실험들이 내포하는 의미를 중심으로 전쟁의 기억이 어떻게 소환되었는지를 살펴보고자 한다.

영화는 윤기준의 지친 서울 생활의 일상을 보여주며 시작한다. 부잣집 딸인 아내와의 결혼으로 성공적으로 서울에 입성한 그는 승진을 앞두고 장인과 아내의 권유로 고향 무진에 내려오게 된다. 무진에서 그는 이중적인 대면을 하는데, 하나는 윤기준의 분신들처럼 보이는 고향사람들과의 현실적인 만남이고 또 하나는 계속 과거의 자신과 마주치면서 소환하게 되는 내적 기억이다. 무진에서 그가 만나는 인물들은 세속적인 출세지향주의 친구 조, 순수한 후배 박, 그리고 무진을 떠나고 싶어 하는 '옛날의 그의 모습인' 모교 음악선생 하인숙이다. 윤기준은 서울에 가고 싶어 하는 하인숙과 짧은 연애 속에 드러나는 자신의 이중성을 계속해서 합리화하려하지만 과거의 자신은 그 위선을 통렬하게 공격한다. 결국 기준은 아내의 호출에 수치감을 느끼면서 허겁지겁 서울로 올라온다.

이처럼 영화는 짧은 기간 동안 고향 무진을 방문하였다가 돌아오는 윤기준의 여행서사라고 볼 수 있다. 모더니즘 영화에서 주인공의 여행이나 방랑은 자주 등장하는 서사구조이다. 당시 자주 참조로서 언급되었던 모더니즘 감독들의 작품에서도 유사한 서사를 발견할 수 있는데, 미켈란젤로 안토니오니의 영화 〈밤〉은 여성주인공의 하루 동안의 순례가 중심이고, 알렝 레네의 〈히로시마 내 사랑〉은 영화촬영을 위해서 일본에 온 주인공의 짧은 일정을 담아낸다. 이들의 여행이 궁극적으로는 자신의 내면이나 과거의 트라우마를 찾아가는 여정이라는 점에서, 과거 자신이 살았던 지역(〈밤〉)이나 히로시마라는 역사적 의미를 가진 도시는 사건이 전개되는 배경의 역할을 벗어나서 그 자체가 영화의 중심으로 나서게 된다. 〈안개〉에서의 여행 역시 이와 다르지 않는데, 이러한 의미에서 무진이라는 공간은 주인공의 내면의 공간과 겹치면서 고향/농촌이라는 기존의 이미지를 상실하고 무정형이며 안개와 같은 혼돈스러움을 그대로 구현하면서 영화의 중심적 역할을 한다.

영화는 무진으로 내려오는 기차에서부터 과거 기준의 모습을 보여준다. 소설에서 광주역에 내려서 미친 여자를 본 순간 충격적으로 소환되기 시작되는 것과 다르게, 윤기준은 고향으로 가는 기차에서부터 자연스럽게 창문에 비친 과거의 자신을 본다. 즉 영화는 이 여행이 과거의 자신을 향해 가는 과정이라는 지향성을 매우 명확하게 하고 있다. 또한 소설에서 어머니가 계신 집과 폐병을 앓던 바닷가의 집은 다소 시간적 차이를 가지고 있지만, 영화에서는 전체적인 분위기상 전쟁 시기와 그 직후라는 연결된 시간적 이미지를 가진다.

이 시기에 대해서 윤기준은, 전쟁을 기피하기 위해서 골방에 숨어 있다는 자괴감에 빠져서 흡연, 도박, 수음과 같은 자기-학대적 행위 외에는 아무런 할 일이 없었던 시기로 기억한다. 이처럼 강박적으로 고향집에서 징집을 피해 숨어있던 광기어린 자신과 폐병을 고치기 위해 바닷가 마을에 살던 자신의 과거를 소환하는 일은 단순히 과거에 대한 회상으로 국한되지 않는다. 어느 순간 과거는 그의 기억 속에서 벗어나서 현실의 그에 대한 날카로운 비판을 퍼붓는다. 바닷가 마을의 집을 방문하기 위해 하인숙과 걷고 있던 윤기준은 과거의 자신과 현재의 자신이 대화하는 모습을 본다. 과거는 어떠한 암시나 장치도 없이 현재로 실재화 되며 과거와 현재는 분리되지 않은 채 공존한다. 기준은 현재 자신의 상황에 대해서 위악적인 변명을 하고 과거의 기준은 그를 향해 침을 뱉는다.

이 장면에서 윤기준이 스스로에게 부과한 모멸감은 기준이 이룬 세속적인 출세에 대한 욕망 즉 근대화에로의 진입 욕망이 '근대화'라는 표제 아래 숨어있는 권력의 폭력성과 비인간화에 대한 굴욕적 투항을 의미하기 때문이다. 이러한 의미망은 영화적 장치를 통해 비교적 명확하게 영화에 드러난다. 항상 보이스오버로 들리는 아내와 장인의 목소리가 그것이다. 아내의 목소리는 영화 전체에 걸쳐 세 번 등장하는데 항상 보이스―오버처럼 들리도록 처리된다. 영화 초반 담배를 피려는 기준은 담배 겉면에 금연할 것을 당부하는 아내의 글을 본다. 이 장면은 글귀를 보여주는 동시에 소리를 들리게 함으로써 윤기준의 강박관념을 이중적으로 강조한다. 그러나 아직 이 목소리의 성격에 대해서 정확하게 알려주지 않는다. 이것은 기준의 환청(즉 항상 듣는 아내의 충고)이거나 기준의 압박감을 강조하기 위한 청각 효과처럼 보인다. 그리고 다시 무진에 내려가는 기준을 위해 아내는 짐을 싸고 넥타이를 매주며 무진에 내려가 있는 동안 일어날 일을 이야기한다. 그러나 이 장면에서 아내의 목소리는 그녀의 행동과 맞지 않으며, 또한 그녀의 입모양과도 일치하지 않는다. 목소리 자체도 보이스오버적인 효과처럼 들리기 때문에 소리의 특성으로 보면 아까와 마찬가지인 기준의 환청일 가능성이 농후하지만 이는 현재 보이는 이미지와 상반되어 혼란을 준다. 세 번째로 마지막 전보를 계기로 다시 들리는 아내의 목소리는 처음에는 전보 내용을 읽어주지만 이후에 다시 처음 넥타이를 매주던 장면이 반복되고 기준의 모든 출세가 자신 덕분이라고, 자신이 아니었으면 그가 서울로 입성하는 일은 불가능했을 것이라면서 그를 비웃는다. 또한 기준의 손에서 둥글게 말아진 아내의 전보는 확성기의 이미지로 전환된다. 아내(장인)에서 확성기로 이어지는 이미지는 다층적이며 모호한 다른 이미지들에 비해 상대적으로 명확하다. 확성기는 동시대 사람들에게는 동원된 집회나 명령을 위한 도구였고 다분히 공적인 것, 그리고 관제적인 영역을 암시하는 상징

을 표현한다. 원작에서는 외부에서 들리는 사이렌 소리였지만, 영화
는 아내의 전보와 확성기로 이미지를 일치시키면서 서울이라는 공간
에 입성한다는 것, 즉 1960년대 후반기 근대화로의 진입이 의미하는
바가 무엇인지를 명징하게 보여준다. 확성기의 요란한 소리는 점점
그의 존재를 왜소화시키며 그의 출세의 본질이 무엇인지를 적나라하
게 드러낸다.

　이러한 그의 확성기 이미지와 소리는 동시에 다시 과거의 기준을
소환시킨다. 그리고 앞서 바닷가에서 했던 질문에 대답하기 시작한
다. 과거의 기준이 그가 인숙에게 한 짓을 아느냐고 현재의 기준을 힐
난하자, 영화는 이전의 하인숙과 있었던 몇몇 장면들을 다시 보여준
다. 그러나 이 장면들은 지나간 장면과 미묘하게 달라진다. 조의 집에
서 있었던 술자리에서 윤기준은 하인숙에게 노골적으로 먼저 추파를
던지거나, 신세를 졌던 바닷가 집의 부부에게 하인숙을 아내라고 소
개하기도 한다. 어느 특정 순간 자신의 태도와 내면의 욕망은 이중으
로 분리되면서 분열적인 자아를 드러낸다. 주민재는 이전의 서사를
배반하는 이러한 이미지에 주목하면서 이 장면이 사실인지 기준의 욕
망인지 구분할 수 있는 단서를 영화가 제공하지 않는 의미에 대해 설
명한다. 이 영화에서 사실의 확증의 문제는 누설의 플롯을 따르는 작
품의 서사 구성의 초점이 아니기 때문에 굳이 이에 답을 하지 않는 대
신, 회상이라는 장치를 통해 서사를 끊임없이 재구성하고 과거를 소
환해서 현재의 시공간에 겹쳐놓음으로써 사건의 배치를 새롭게 만들
어 결과적으로 서사를 변형시킨다. 소환된 과거를 통해 끊임없이 재
구성되는 이 영화의 서사는 회상의 빈도가 높아질수록, 그것이 기존
서사 이미지를 배반하는 양상으로 나아갈수록, 서사 자체가 갖는 안
정성은 약해지고 개별적 사건의 유동성은 강해진다.[16]

---

[16] 주민재, 「새로운 양식과 미적 저항의 관계」, 『사이 』 3, 국제한국문학문화학회,

　기존의 장르 영화에서 플래시백을 통해 소환된 과거는 현재의 상황을 배태시킨 원인을 설명해주는 역할을 한다. 그렇기 때문에 과거의 사건들은 철저하게 현재와 단절되어 있고 시간적 이동을 암시하는 다양한 장치—인물의 클로즈업, 오버랩, 보이스오버의 사용 등—로 이 간극을 알린다. 그러나 〈안개〉의 플래시백은 초기에는 대부분 과거를 연상시키는 단서를 경유하는 시선처리를 통해 그 이동이 암시되지만, 어느 순간 그가 자신의 트라우마와 직면하면서 암시의 과정을 거치지 않고 현재를 바로 관통하면서 실재화된다. 소환된 과거가 현재와 직접적으로 대화를 나누며 현재의 시공간의 선형성을 파괴하고 있다는 점에 있어 이 장면들은 〈히로시마 내 사랑〉의 급진적 플래시백을 연상시킨다.

　이미 언급한 것처럼 기차에서부터 윤기준은 계속 자신이 소환하게 될 과거의 모습과 대면한다. 어떤 의미에서 윤기준은 과거의 자기와 대면하기 위해서 무진으로 내려가는 것처럼 보인다. 끊임없이 그에게 불려오는 과거의 기준은 현실을 "감상이나 연민"으로 보는 순수함의 상징이다.[17] 즉 후배 박과 같은 존재이다. 그러기에 속물적인 사람들과 어울려 다니는 인숙을 동정하는 마음을 가지고 대하거나 '서울'이라는 '햇볕' 속으로 데려가기 위해 '있는 힘을 다할 예정'이라는 편지를 쓰면서 윤기준은 스스로 마지막이 될지도 모르는 무진으로의 회귀를 통해 순수했(다고 생각하였)던 자신을 소환하고 일시적으로나마 그 순수함을 회복시키고자 한다. 그러나 기준의 욕망이 만들어낸 환상이든 혹은 현실이든, 하인숙에게 추파를 던지고 유혹하기 위해서 부부라고 거짓말을 하는 장면과 결국 편지를 찢고 허겁지겁 서울로 올라

2007, 321~322쪽.

[17] 바닷가를 걸어가면서 현재의 기준은 과거의 기준에게 "이봐! 대답 좀 해봐. 난 이젠 감상이나 연민으로 세상을 볼 나이는 지났단 말이야……"라고 이야기하고 과거의 기준은 침을 뱉는다.

가는 기준의 모습은 이 모든 것이 위악적인 자기변명에 지나지 않음을 보여준다. 이러한 모습은 마치 전쟁 중 자신의 기피와 자학을 모두 어머니 때문이라고 변명하는 장면을 연상시킨다. 결과적으로 이 모든 것은 초기부터 이상하게 뒤틀려 있다. 징집기피자로서 과거의 윤기준은 현재를 힐난할 만큼 절대적인 순수함을 가지고 있지 않다. 아마도 후배 박은 전쟁이 일어나기 전 자신의 과거의 모습을 투영한 것이라고 추측할 수 있는데, 이미 전쟁이라는 현실의 기피자로서 골방에 갇혀 자학을 하는 과정에서 그의 순수함은 절멸되었다. 그에게 전쟁의 기억은 바로 그 순수함이 상실되는 과정이었으며, 그러기에 소환한 과거의 자신 역시 뒤틀리고 문제적인 존재인 것이다. 그렇다면 표면적으로 자신의 위선적 모습을 자책하기 위해 불러온 것처럼 보이는 과거의 기준은, 사실 이면적으로 이 모든 뒤틀림과 굴욕적인 현재의 모습에 대한 기원적 존재로서 현재의 기준이 소환된 것으로 볼 수도 있을 것이다.

그렇다면 여기서 하나의 색다른 가정을 시도할 수 있다. 이 영화는 윤기준이 자신의 현재를 벗어나기 위해 과거의 순수함을 소환한 것이 아니라 현재의 일그러진 자신의 모습을 추적하는 과정으로서 고향 무진과 과거 전쟁 시기의 자신을 소환하는 여정일 수 있다. 현재의 윤기준을 둘러싼 서울의 획일적인 갑갑함, 짜증나는 소음을 내면서 위협적으로 달리는 차들이 점령한 거리, 보이스오버의 환청으로 들리는 목소리 등은 설명할 수 없지만 윤기준의 옥죄이는 넥타이 같은 그 무엇이다. 표면상으로는 그것으로부터의 도피를 위해 무진에 온 것처럼 보이며 무진과 서울은 과거와 현재 혹은 순수함과 위선 등으로 이분화되어 있는 것 같지만, 사실 그 존재는 이처럼 단순화되지 않는다. 현재의 설명할 수 없는 갑갑함과 표면화되지 않는 그 어떤 것, 안개와 같이 '손으로 잡을 수 없으면서노 뚜렷이 존재'하고 '사람늘의 힘으로 그것을 헤쳐 버릴 수도 없는' 그 무엇을 설명하기 위해 이 영화는 과거 전쟁의 기억을 소환한 것일지 모른다.

〈안개〉에서 전쟁의 기억은 전쟁 자체에 전혀 참여하지 못한 채 다락이나 골방에서 자학을 일삼으며 젊음을 소비한 도피자의 부끄러운 개인적 과거이다. 이 시기에 개인적인 순수성은 점차 파멸되었으며, 그는 수치를 무릅쓰고 어떠한 방식으로도 서울로의 성공적인 입성을 원하게 되고 결국 아내와의 결혼으로 그 욕망을 성취한다. 그러나 그 성취의 결과는 영화의 초기 장면처럼 시끄럽고 획일적이며 인간미가 상실된 서울에서의 갑갑한 삶이다. 그러나 그것을 피하려고 하였든 아니면 아내의 권유에 의해서 성공을 앞두고 휴식을 취하려고 했든 무진으로의 여행은 출세주의자인 친구 조, 하인숙, 박선생의 모습을 통해 현재 자신의 환멸적인 모습을 확인할 뿐이다. 속물적인 자신의 모습을 애써 부인하고 자신의 순수했던 과거를 소환하지만, 결국 확인하는 것은 자신의 분열적인 모습이다. 더구나 과거에 대한 직접적인 현재화라는 플래시백은 이 모든 뒤틀리고 일그러진 현재의 모습이 과거 전쟁의 기억으로부터 배태된 것임을 각인시킨다.

2) 트라우마를 이야기하기와 구성되는 진실

〈장군의 수염〉은 더욱 복합적이고 다층적인 시점에서 전쟁의 기억을 되살린다. 영화는 이미 언급한 것처럼 철훈의 죽음을 둘러싸고, 사인을 조사하는 형사와 그들에게 심문을 당하는 사람들의 진술로 구성되어 있다. 이 죽음이 염세주의자의 자살인지 아니면 전-애인의 타살인지에 대해 집중하는 것처럼 보이던 영화는 애니메이션으로 극화된 '장군의 수염'이라는 철훈이 구상하는 격자소설을 보여주면서 관객들의 관심을 죽음에 내포된 상황 자체로 돌려버린다. 이미 '장군의 수염'이라는 극중 소설은 죽음에 이르는 경로가 어떠하든 철훈의 사인은 수염을 강요하는 사회라고 암묵적으로 제시하고 있으며, 그러한 사회의 단면을 설명해주는 다양한 진술자에게 주목하라고 지시한다.

끊임없이 범인을 추리하고 나신혜를 추적하는 두 형사와 이 예측에 어긋나는 관련자들의 서술은, 형사들이 추구하는 사실의 문제와 각 관련자들이 생각하는 진실의 문제를 충돌하게 만들어 그 어긋남에 대해 관객들의 사고를 촉발시킨다. 사실과 진실의 문제로 외화된 이러한 갈등의 요소는, 파편적이고 인과성이 유지되지 않는 진술들의 합과 형사들의 만들어내는 일관된 추리와의 대비 속에서 명증하게 드러난다. 형사들의 추리 속에서 살인자 철훈의 냉철한 모습은 모노크롬 색채와 사선적 앵글과 심한 앙각과 부감을 통해 포착된다. 그러나 신혜가 설명하는 나목사의 말동무로서 철훈은 부드러운 등잔불빛을 바라보며 행복했던 과거를 회상하는 장면이 수평구도 속에 재현된다. 이러한 도드라진 대조는 사실과 진실의 긴장구조를 생성해낸다.

형사들의 추리와 나신혜의 진술의 엇갈림 외에도 영화가 각 진술의 의미와 그 위치를 재정립하려고 할 때 관객은 또 다른 퍼즐과 마주하게 된다. 그 퍼즐의 읽어내는 문제에 대한 나신혜의 흥미 있는 대사가 있다.

> 아무렇게나 생각하셔도 좋아요. **무엇이 요점인지 제가 알 수 있어야죠. 무엇을 찾는 건 선생님들이 하실 일이예요.** 전 이야기만 하겠어요. 생각나는 대로 말예요. (강조는 인용자)

이 대사는 이 작품의 문제의식을 관통하는 핵심적인 의미를 담고 있다. 형사들은 사건의 해결, 즉 범인이 누구인가를 찾는 것이 중요하다. 바로 그 '무엇'에 관심을 둔다. 그러나 영화는 딴청을 피우며 상황 자체에 대해 여러 가지 관점 혹은 설명을 제시한다. 즉 '생각하는 대로' 이야기한다. 일차적으로 신혜의 대사는 영화의 주요한 주제인 사실의 문제와 진실의 탐구라는 문제를 언급하고 있는 것이다. 여기서 '무엇'과 '생각나는 대로 하는 이야기' 사이의 관계를 다시 한 번 숙고해보면, 형사들이 현재 사건에 집중하는 반면, 형사에게 강요에 의한 관련자들의 진술의 대부분은 개인적 기억, 특히 전쟁 혹은 그 전후의 기억이라는 점이다. 형사들은 관련자들의 진술이 중요하지 않다고 생각하고 철훈의 어머니이든 누나이든 나신혜이든 철훈의 과거 자체를 설명하는 진술에 대해 퉁명스럽게 대답하거나 때로는 무시하기도 한다. 현재의 모습만이 유일한 관심사인 형사들에게, 과거 전쟁의 기억, 그것도 개인적인 영역에 머무르는 단편적인 언급들은 모두 쓸모없다고 여겨지기 때문이다.

그러나 이 진술들을 면밀히 살펴볼 때 관객은 개인의 삶과 한국현대사의 공적인 궤적이 교차하는 지점에서 철훈이나 여타 인물이 겪었던 경험이 단순히 개인적인 문제로 치부되는 것이 아니라 현 사회의 문제를 드러내는 징후들임을 알게 된다. 자신이 그를 죽였다고 통곡하는 철훈의 어머니와 누나는 대지주 집의 아들이었기 때문에 주변 사람과 고립되어야 했던 어린 시절의 그를 회상한다. 우연처럼 생겨난 이마의 흉터는 주변과 그를 구분하는 마치 카인의 표지 같은 역할을 한다. 또한 토지개혁으로 재산을 잃어버린 아버지의 광기와 좌익운동을 했던 형의 후회, 토지의 분배를 주장했던 아들에 대한 원망으로 체포당하는 아들을 보면서도 냉정한 아버지 등 전쟁 이전의 이데올로기가 빚어낸 비극은 철훈의 고독한 성장기의 원인이 되었고 성인이 되어서도 현실에 적응하지 못하는 무의식을 주조해낸다.

그 이후 전쟁 기간 동안의 철훈의 행적을 설명하는 것은 나신혜이다. 그들은 고해놀이를 통해서 각자의 과거를 토해낸다. 철훈은 유일하게 자신에게 유대감을 보였던 군대 동료가 자신의 호의 때문에 전사했고 그로 인해 자신은 주변인들을 불행하게 만든다는 자괴감을 빠진 사실을 고백한다. 나신혜는 서울에 목사인 아버지를 두고 피난한 기억과 더불어 전쟁터로 나가기 전에 순결을 요구하는 애인을 거부했지만 피난도중 군인들에게 강간을 당했던 상처를 이야기한다. 꾸겨진 치마를 펴고 유일한 증인인 노새와 눈을 맞추며 완전히 달라진 자신을 회고하는 나신혜나 친우를 죽음으로 몰아넣은 철훈은 그동안 혼자만의 비밀이었던 서로의 트라우마를 나눔으로써 유대감을 다진다. 또한 신혜의 아버지 나 목사는 전쟁 중의 고문으로 반신불수가 된 과거를 가지고 있다. 혼자 서울에 남은 나 목사는 도움을 요청하는 국군을 숨겨준다. 북한군은 부상병인 국군이 숨은 곳을 알기 위해서 나 목사를 고문하지만 그에게 육체적 고통은 쓸모없음을 알고 주변 아이들에게 매질을 하여 정신적 고통을 주며 그의 입을 열려고 한다. 자신을 믿고 나목사의 권유한 장소에 몸을 숨긴 국군과 죄 없는 아이들의 생명 중 양자택일해야 했던 종교인으로서의 극단적 고뇌와 더불어 자신을 믿지 못하고 이미 거처를 옮긴 국군이 춘 충격으로 새로운 깨달음을 얻는 과정이 나 목사에게는 전쟁의 기억으로 남아있다. 그들은 모두 급박한 상황에서 개인적 선택의 기로에 서 있던 기억에 있고, 그 과거는 철훈과 신혜에게는 유사-종교의식으로 고해가 필요할 만큼 정신적 상처로 남게 되는 반면, 나 목사에게는 도덕적이고 육체적인 극한의 한계상황에 직면했던 기억은 현재의 불편한 육신과 고립의 외로움을 초극하는 의지로 승화된다. 이 차이는 철훈과 신혜의 기억이 개인적인 측면에 머물며 사회적으로 용인 받지 못할 행위로서 무의식적인 트라우마가 되는 반면, 나목사의 기억은 공적인 역사에서 주목할 만한 행위이기 때문에 그 상처를 정신적으로 극복하는 것이 가능한 것이다.

그러나 이미 언급한 것처럼 이러한 신술과 기억늘이 영화 〈장군의 수염)에서 처음 제기한 문제인 철훈의 죽음과 그 사인을 명확하게 설명해주거나 밀접한 연관성을 가지며 관객들에게 설명되는 것은 아니다. 어린 시절 이데올로기가 배태시킨 가족의 비극, 호의로 인해 전사한 동료는 서로 무관한 사건이었을 수 있다. 사회부적응자로서 밀폐된 암실이나 좁은 하숙방으로 퇴거하는 것 또한 과거의 사건과 연관되어 있을 수도, 무관한 일일 수 있다. 나신혜나 다른 사람에게 전쟁의 기억과 상처는 바쁜 일상과 현대사회에 적응하려는 속도에 맞춰서 무의식 속으로 은폐된다. 반면 수염을 획일적으로 기를 수 없는 사람들은 타의에 의해 사회 주변부로 밀려나면서 절망적으로 스스로를 은폐시킨다. 점차 사회로부터 퇴거당하는 철훈이 느끼는 절망의 심연은 영화에서 제리코의 〈메두사호의 뗏목〉으로 상징되면서 초반에 이미 그의 사인을 예시하고 있다. 나신혜가 그림의 상부에서 살기 위해 목이 터져라 소리치는 사람이라면 철훈은 뗏목의 가장자리에서 절망에 빠진 채 신음하고 있는 사람이다. 신혜가 동물적인 감각을 욕망하며 표류하는 배(=셋방)에서 떠날 수 있었던 것은 이미 전쟁의 트라우마로 인해 "딱딱해지고" 내부에서 "문이 닫혔기" 때문이다. 철훈처럼 오열하고 자책하는 대신 신혜는 스커트를 터는 의식을 통해 전쟁 이전의 순수했던 자신 역시 털어버리면서 윤리나 죄의식에 앞서 본능이 시키는 대로의 현실과 사실로서의 삶을 선택한다.

반면 계속적으로 진실의 문제에 자신을 고립시키는 철훈은 주위와 불화하게 된다. 신문사 상사는 그에게 감정이 아닌 현장을 포착하라고 강요하고, 취재차 만난 한 학자는 미국에 단지 5년 동안 체류했음에도 불구하고 영어를 섞지 않으면 말을 못하고 자식들에게 메리와 존이라는 이름을 붙여주는 허영을 부린다. 상식적으로 이러한 태도는 매우 혐오스러운 모습임에도 불구하고 사회는 이것이 정상이라고 주입시키고 강요하며 부적응자들을 탈락시킨다. 비상식적인 것이 상식으로 돌변해서 모든 사람들에게 획일적으로 강요되는 근대화 이면의 도구적 합리성은 개인의 상처나 본질에 다가서려는 모색들을 강압적으로 배제시켜서 사적 영역마저도 공적 영역의 통제력하에 복속시킨다.

3) 진술불가능성 그리고 트라우마와의 대면

김수용 감독의 작품으로 1969년 상영된 〈시발점〉은 이청준 소설 「병신과 머저리」를 각색한 것이다. 검열에 걸려 원제를 사용하지 못한 이 영화는 역시 검열의 가위질을 의식한 장면이 있다. 형의 한국전쟁 참전의 기억을 일제시대 학도병의 기억으로 대치한 것이다. 이 각색은 국군을 동성애와 폭력의 화신으로 표현하는 것에 대한 우려의 결과로 보이는데, 몇 년 전에 이만희 감독과 유현목 감독에게 일어난 일련의 사태를 연상한다면 이미 시나리오 단계부터 민감하게 6·25 전쟁을 피해서 각색한 점이 이해가 갈 것이다. 그러나 이러한 대치에도 불구하고 형의 소설 속의 이 장면을 다시 6·25 참전의 기억으로 환원해도 무리는 없어 보인다. 이렇게 보았을 때 이 영화의 특이점은 소설 속의 과거로 현재의 "내"가 뛰어드는 현재의 과거화에 대한 장면이다. 〈안개〉의 과거의 '나'가 〈히로시마 내 사랑〉을 연상시킨다면, 과거로 간 '나'의 장면은 잉그마르 베르히만의 〈산딸기〉와 흡사하다. 그 영화에서 의학대학 교수 이삭은 여행 도중에 과거와 조우하고 당시 사람들을 만난다. 그는 플래시백을 통해 내면의 기억 속으로 진입하는데, 과거의 회상 속에서 그는 과거의 모습이 아닌 현재의 모습 그대로 등장한다. 이러한 장치는 그 시간 속의 사건들이 무심하게 지나간 과거가 아니라 그가 정면으로 대면하기를 두려워하고 회피했던 자신의 지난 삶의 단편들이다. 현재의 모습으로 그는 과거의 상처들과 대화하기 시작한다. 과거의 트라우마로부터 한 발짝도 나가지 못한 현재를 이미지화하는 이러한 플래시백은, 특히 현재에 드리워진 과거 역사적 상처를 전달하기 위한 방식으로 여러 영화들에서 사용되었다. 베르나르 베로톨루치의 〈거미의 계략〉에서 무솔리니 정권에 대항했던 반파시스트 운동 중 살해당한 아버지를 둔 주인공은, 고향에 와서 아버지의 친구들을 만나면서 당시의 상황을 알아보려고 한다. 아버지의 친구들을 통해 소환되는 플래시백에서 아버지는 현재 주인공의 모습 그대로이며, 아버지의 친구들 역시 현재의 모습 그대로 등장한다. 카를로스 사우라의 〈사촌 안젤리카〉 역시 과거의 회상 속에 등장하는 주인공은 현재의 나이 들고 머리가 벗겨진 모습 그대로이다. 열 살 남짓한 어린아이의 외양이 현재의 마흔 살이 넘은 주인공의 모습인 것이다.

그러나 위의 영화들에서 기억을 소환하는 등장인물들이 자신들의 과거로 가는 플래시백이라면, 〈시발점〉에서의 상황으로 주인공이 뛰어드는 방식은 매우 독특하다. 동생이 진입한 과거는 자신의 과거가 아닌 형의 소설이 창조해낸 과거이며 그것은 개인의 기억 자체가 아닌 기억화된 이야기이기 때문이다. 그렇기 때문에 그가 대면한 과거의 행위는 일시적인 위안은 될 수 있지만 결국 부정당할 수밖에 없다. 즉 그는 커다란 눈을 가진 인물화의 스케치에서 조금도 더 나갈 수 없었지만 형의 소설(과거)에 개입하고 이후 그림을 그릴 수 있게 된다. 그러나 그 그림도 소설의 마무리도 형에 의해 찢긴다.

이처럼 형이 쓰는 소설이라는 격자형식의 이야기는 몰래 읽는 동생을 통해 전달되고, 이 전달행위는 김영찬의 주장처럼 이 소설을 통해 동생이 자신의 문제에 대한 실마리를 얻으려고 하기 때문에 문제적이다.18) 그는 격자형식의 소설이 지식인·예술가의 곤경을 주제화한다

---

18) 김영찬, 「이청준 격자소설의 정치적 (무)의식」, 『한국근대문학연구』 12, 한국근대문학회, 2005.10, 332~334쪽.

고 설명하면서 그 중심에는 "진술불가능성"이 있음을 주목한다. 이들이 왜 진술하지 못하는가를 소설은 분명하게 설명하지 못하는데, 그럼에도 불구하고 이 문제는 계속 주인공을 괴롭힌다. 이 '진술불가능성'의 작가가 살고 있는 시대적 상황 속에서 소설을 쓴다는 것에 대한, 그것의 어려움에 대한 불편한 자의식이 투사되어 있다고 설명한다.

김영찬의 주장은 〈시발점〉을 이해하는 데 주요한 실마리를 제공한다. 시선이 강조되어 있는 큰 눈의 인물화를 조금도 진전시키지 못하는 동생은 과거 동료의 살해에 대한 방관으로 인해 정체되어 있는 형의 소설을 완성시킴으로써, 즉 역사의 시선 앞에서 행동을 보여줌으로써, 자기위안의 유사−치유를 한다. 그러나 그 치유는 진실이 아니다. 그것은 형의 상처이기 때문이다. 해인의 말처럼 그는 '환부다운 환부가 없는 환자'이기 때문에 치유의 가능성도 없다. 6·25 전상자인 형의 환부는 현실적 근거가 명확하며 공적 공간에 위치해 있기 때문에 당당히 아파하고 극복할 수 있다. 이러한 점에서 형의 상흔은 나 목사와도 비슷하고 〈귀로〉의 남편과도 유사한 외형을 띤다.

그러나 "형처럼 전쟁이라는 불가항력적인 총체적인 파괴의 역사에 노출된 적이 없다"[19]고 생각하는 동생의 태도를 지적하면서 전영준은 형의 6·25 체험이 공적 역사와 매개된 것인 만큼 강렬한 내용을 보여주는 반면, 형의 세대와 대립하는 동생의 세대는 4·19와 5·16으로 대표되는 세대로 체험의 파급력이 상대적으로 적다고 설명한다.[20] 그렇다고 해도 1960년과 그 다음해 일어난 정치적 격변에 대해 "환부다운 환부가 없다"고 축소하는 동생의 표현은 문제적이다. 계속적으로 자신의 환부에 대해 둔감해지려는 혹은 무시하려는 그의 행위는 그러

---

[19] 전영준, 「거울들의 경연 혹은 격자구조의 의미」, 『세계문학비교연구』 13, 2006, 204쪽.

[20] 전영준, 「거울들의 경연 혹은 격자구조의 의미」, 207쪽.

한 회피가 시대 상황이 발생시킨 체험 강도의 문제가 아님을 은연중에 드러낸다. 즉 동생이 "말할 수 없는" 아픔의 부재는 부재가 아닌 은폐이며 진술불가능하게 만드는 사회적 상황이다. 말할 것이 없는 것이 아니라 말할 수 "없는" 것이며 전영준의 지적처럼 동생의 세대는 아직 '사회적인 엄청난 힘'에 의해 억압되고 있으며 동생의 아픔은 부재하는 것이 아니라 의식의 영역 밖으로 은폐되어 있는 것이다.[21]

'말할 수 없음'과 행위의 문제를 이 작품은 원작에 없는 혜인의 윤간 장면을 통해 원작소설보다 더 강하게 주장하고 있다. 데이트 중이었던 상훈이 혜인을 집에 바래다주었을 때 둘은 혜인을 노리는 사나이들과 마주친다. 저항하는 상훈을 한 남자가 구석으로 끌고 가서 둘은 대화를 하지만 소리가 들리지는 않는다. 이야기가 끝나서 남자는 의기양양하게 혜인을 끌고 가 폭행을 하고 상훈은 고개를 돌린 채 상황을 외면한다. 이때 나눈 대화는 영화의 마지막 부분에서야 관객들에게 전달되는데, 그 남자는 상훈에게 혜인을 책임질 것인지 묻고 그렇다면 먼저 혜인과 관계를 맺어도 좋다고 한다. 책임을 질 수 없었던 상훈은 그 상황에서 속수무책으로 바라보다가 고개를 돌린다. 영화는 후반부에 그 남자가 혜인의 결혼 상대자임을 보여주고 급하게 결혼식장에 가는 상훈 앞에서 신혼부부가 탄 차를 잠시 멈추게 한다. 자신이 놓쳐버린 여성을 상훈은 도로 한복판에서 바라볼 수밖에 없게 된다. 이처럼 영화는 두 번이나 행위가 필요한 상황에 대해 무기력하게 방관하는 상훈을 보여준다. 영화는 이와 같은 장면을 통해 '무책임'과 '말할 수 없음' 그리고 '행위하지 않음'과 '상실'이라는 연결쌍을 보여주면서 무책임에서 상실로 의미를 연결시킨다.

형의 행위는 강압적인 폭력행위에서 고개를 돌리지 않았다는 점에서 그것이 사실이든 아니든 다나까를 죽일 수 있는 행위의 근원이 마

---

21) 전영준, 「거울들의 경연 혹은 격자구조의 의미」, 208쪽.

련되어 있는 것이다. 어릴 때 피 흘리는 노루의 흔적만 찾았을 뿐 그 폭력에 대해 한마디도 못한 채 열병을 앓았던 형은 성인이 되었을 때 위악적으로나 아니면 소설창작이라는 탈출구를 통해서 현실에 대적하는 방법을 습득한다. 그러나 동생은 행위 자체에 대한 공포를 가지며 어떤 것에도 책임지지 않으려는 태도를 견지한다. 이 무책임으로 일관하는 태도는 이 시기 다수의 문예영화에서 회피적인 지식인들의 모습이었다. 이러한 모습들은 〈막차로 온 손님〉이나 〈나도 인간이 되련다〉 같은 영화들에서 알코올중독자나 시한부인생처럼 자의적이거나 발병으로 세상에 대한 관계를 삭제해버린 인물들로 외화된다. 주로 현대인의 고뇌나 권태 등을 표현하는 것으로 설명되는 이러한 감성은 그 관념적인 해석으로 인해서 그 고뇌의 원인에 대해서 은폐되는 듯이 보인다. 그러나 이 영화는 현재와 유사−기억의 시공간의 겹침 방식이나, 소설이나 그림의 상징적 역할, 실험적인 사운드 등의 다층적인 방법론으로 지식인의 고뇌나 갈등 이면에 있는 사회에 대한 비판적 시선과 무기력한 자신들에 대한 자책을 제기하고 있다. 그리고 그러한 책임감의 문제는 선택의 기로에서 결정할 수 없음에 기인한 문제임을 보여준다. 다나까의 살인에 동조할 것인가 반대할 것인가라는 형의 선택의 문제는 관계에 대한 동생의 선택의 문제와 병렬적으로 위치되며 자신의 책임지지 않으려는 '선택하지 않음'의 태도를 전쟁의 상황과 연결시키려는 내포적 의미를 표현하게 된다.

4) 공적 기억의 중압감과 선택의 문제

〈귀로〉는 불구자 남편과 그와 함께 유배와 같은 생활을 하는 아내를 보여주면서 시작한다. 전쟁으로 인해 하반신이 마비된 남편은 신문연재 중인 소설가이다. 역시 격자소설의 형식을 띠는 이만희 감독의 이 영화는 위의 언급한 영화들과 다르게 여성이 주인공이라는 점에서 특이한 성격을 지닌다. 김수용의 파격적인 플래시백이나 스톱모션, 빈번한 사각앵글을 통해 표면서사를 배반하는 것처럼, 이만희 감독은 주로 미장센의 구축과 이중적으로 읽힐 수 있는 사운드의 활용을 통해 하위플롯을 구성한다.

이 영화에서 전쟁은 아직도 현재진행형이다. 전우의 편지를 받은 남편은 흥분해서 군복을 입고 과거를 상기하며 괴로워한다. 아직도 남편은 군가와 전쟁터의 엄청난 소음의 광기에서 벗어나지 못하는 것 같다. 이 상황을 마주할 수 없는 아내는 남편을 피해 구석으로 도피한다. 그러나 화면은 지금까지 남편의 환각이라고 생각했던 사운드가 실제 방 내부에 있는 레코드에서 나오는 소리임을 보여준다. 이제까지 외재음향(non-diegetic sound)이거나 심리적 환영이라고 생각했던 군가가 내재음향(diegetic sound)이자 실제의 사운드인 것으로 확인되면서 관습적 기대가 균열된다. 이렇게 서사 외부와 내부는 완전히 단절되지 않고 외재공간은 폭력적으로 내재 공간을 투과한다. 이러한 음향의 침입을 통해서 영화적 관습의 돌연적인 해체가 가지는 돌발성과 파열은 이 장면에서 남편의 갑작스런 광기와 공포를 느끼는 아내의 내면으로 의미를 확장한다. 계속 영화는 화면분할을 통해 남편과 주인공의 공간을 분리시키고 남편의 침입이 아내에게 물리적으로 정신적으로 공포를 주는 방식을 반복하기 때문이다. 미장센을 통해서만 이 침입이 이루어지는 것은 아니다. 남편의 소설에 대한 독자들의 비판은, 아내의 사적영역으로 침입해서 그녀의 부정을 부추기고 아내의 흔들림에 남편은 소설의 여인에게 부정을 저지르게 하면서 기르는 개를 총으로 쏘아 죽이는 물리적 폭력으로 반응한다.

이러한 극의 전개는 남편과 아내, 전쟁의 공적 기억(전쟁 참전의 상흔)과 사적인 기억(아내에게 전쟁의 기억은 두려운 남편의 광기이다),

독자가 개입하는 소설의 공적인 성격과 작가인 남편이 느끼는 소설의 사적 경계 등으로 이분화되어 진행된다. 긴장과 갈등이 발생하는 순간은 전자의 영역이 후자를 침입할 때이다. 외재음향의 내재음향으로의 침입이 광기와 폭음을 발산하는 것처럼(아내에게는 실질적으로 군가만이 들리는 상황이어야 하지만 그녀의 표정이나 움직임은 남편의 환청인 전쟁의 아비규환을 그대로 같이 듣고 있다) 남편 소설의 공공적인 성격 즉 여성의 부정을 허용하라는 독자들의 요청은 남편의 감성을 자극하여 폭력을 불러온다. 이러한 연결도상에서 가장 궁극적인 것은 전쟁의 공적 기억의 담지자로서 남편의 권위가 아내에게 폭력적으로 요구하는 인내와 희생이다. 전쟁이라는 공적 행위로 인한 자신의 희생을 담보로 남편은 아내에게 부채의식을 사실상 강요하는데, 이러한 헌신에의 요구는 자신의 선택이었다는 올가미에 의해 교묘하게 그녀에게 드리워져서 결코 남편 곁을 떠날 수 없게 만드는 근본적인 원인이 되는 것이다.

영화에서 그녀가 가진 유일한 활기는 남편의 소설을 잡지사에 전달하기 위해 서울을 갈 때이다. 약을 들고 조심스럽게 삐걱거리는 계단을 오르는 집과 달리 경쾌하게 계단으로 오르고 길을 건너는 그녀 모습을 통해, 서울과 인천이라는 공간은 근대화가 진행되는 활기찬 공간과 아직 과거(전쟁의 기억)가 그대로 잔존한 공간으로 확장된다. 이제까지 남성주인공들에게 1960년대 후반기 서울은 모멸의 공간이자 소음으로 가득 찬(〈안개〉) 곳이며, 소통이 불가능한 동일화에 대한 강제로 질식할 것 같은(〈장군의 수염〉) 공간이었다. 하지만 동시기 〈귀로〉의 주인공이 느끼는 서울의 활기는 무엇이었을까? 그것은 바로 서울이라는 익명의 공간이 남편의 권위에 눌려 차마 직시할 수 없었던 자신의 욕망을 인식할 수 있도록 해주었기 때문이었다. 여주인공은 신문사의 젊은 기자를 만나고 금지된 감정을 가지게 되는데, 그것은 과거에만 집착하는 불구의 남편과의 생활과 대조되어 그녀가 찾는 활기와 불안한 미래의 상징처럼 보인다. 현재의 욕망을 인정하는 것, 그것을 직시할 수 있는 자유는 한시적이고 위험한 것이며 실현불가능한 것—마찬가지로 말해지지 않는 것, 진술불가능한—이다. 한시적이고 위험한 것이며 현재 실현불가능한 것, 그러나 그것이 한시적이기 때문에 생겨나는 기묘한 활기는 영화가 보여주는 도시의 분위기와 곳곳에서 보이는 금지의 미장센을 통해 5 · 16으로 인해 닫혀버린 4 · 19의 기억을 연상하게 만든다.

그러나 도시의 익명성이 주는 활기는 임시적이다. 이 상황을 눈치 챈 시누이는 이혼을 할 것인지 선택하라고 강요하고, 남편 역시 폭력적인 위협으로 주인공이 가지는 욕망이 무서운 결과를 낳을 것임을 경고한다. 주인공은 선택의 기로에 서서 어떠한 선택도 하지 못한다. 과거의 선택(남편과의 안주)의 반복도 악몽이지만, 현재의 욕망(남편을 떠나는 것)의 선택은 불가능한 것이다. 결국 주인공은 어디로도 가지 못한다. 강기자의 전화를 끊지도 못하고 방을 떠나지 못한 채 죽음을 준비하면서 화장을 하는 그녀의 모습은 매우 상징적이다. 집 전체의 미장센이 보여주는 한계적인 공간의 단절감은 역사적 중압감에 의한 주인공의 선택(남편과의 결혼)이 결국 어떤 돌파구도 찾지 못하고 주인공을 죽음으로 몰고 가고 있음을 은유적으로 보여준다.

그럼에도 불구하고 동시기의 문예영화에 등장하는 남성지식인들에게 도시는 이미 획일화되고 폭력적인 동일화만이 강제되는 공간인 것과 반해, 이 영화의 주인공에게는 한시적 자유를 허용하는 공간이 된다는 점에서 매우 시사적이다. 1960년대 후반기 이만희의 작품들에는 특이하게 불안한 미래와 금지의 강요가 뒤섞인 한계상황이 주는 매혹의 변주들이 발견된다. 〈만추〉에서의 여죄수의 3일 휴가나 〈귀로〉에서의 도시공간이 특히 그렇다.

이러한 변주는 4·19가 유발시킨 금기의 도전이며 그 시기를 돌파해온 사람들에게 한시적이나마 빛났던 자유의 향유를 연상시킨다. 5·16 이후 반공주의와 근대화라는 정언명령을 통해 폭압적인 통제가 사회를 억압하고 있었지만 한시적으로 누렸던 이 자유의 감성은 잊힐 수 없는, 하지만 공개적으로 욕망할 수 없는 성질의 것이었다. 이러한 딜레마는 이 시기 서구적 영상미학을 선취해서 한국적으로 안착한 이 작품들에서 사실과 진실, 안주와 욕망, 공적기억과 사적기억 등의 변주를 만들어낸다. 그리고 이 영화들은 이러한 딜레마에 대한 연원으로 전쟁의 기억들을 소환한다.

3. 글을 마치며

당시 평론가들이 한국영화의 새로운 미학의 참조점으로서 가장 빈번하게 인용하는 미켈란젤로 안토니오니는 이탈리아 네오리얼리즘 시기부터 활동했던 감독이다. 그는 모니카 비티를 주인공으로 하는 〈정사〉, 〈밤〉, 〈붉은 사막〉의 3부작을 만들면서 자신의 작품에 내재한 미학들이 표현하는 시대적 감수성을 다음과 같이 설명한다.

전후 시대의 네오리얼리즘은, 리얼리티 자체가 흥분되고 직접적이었을 때, 인물과 인물을 둘러싼 리얼리티 사이에 존재하는 관계에 주의를 집중했다. …… (그러나 지금) …… 나에게는 과거 경험이 인물에게 남긴 것을 탐구하는 것이 더 흥미롭다. 이것이 내가 더 이상 자전거를 도둑맞은 사람에 대한 영화, 말하자면 그가 자전거를 도둑맞았다는 사실이 중요한 사람들에 대한 영화를 만들지 않는 이유이다. …… 지금은 …… 자전거를 도둑맞았던 사람들의 마음과 정신 속에 무엇이 남아있는가가 더 중요하다. 그는 어떻게 적응을 했는가, 그의 과거 경험이 전쟁이 그가 이 나라에서 겪어야 했던 보는 것이 그에게 어떻게 남아있는지……[22]

안토니오니를 비롯한 대부분의 모더니즘 감독들의 작품에서 현대인들은 이전의 선형적인 시공간으로 설명될 수 없는 굴절되고 일탈적인 감정을 보여준다. 사회와 개인의 관계는 더 모호해지고 직접적인 방식으로 설명될 수 없이 다층적이 되었다. 특히 1960년대 후반기 한국사회에서 전쟁이라는 과거의 경험은 굴절된 근대화와 폭력적인 정치체제로 인해서 그대로 직면하기 어려운 모호한 기억을 배태시켰다. 이영일의 말처럼 "(현재 한국의 상황에서 볼 때) 현대사 자체의 얽히고설킨 채 경화되어 있는 세계상이 놓여있다. 그러한 역사적 현실 속에 한국이 놓여있고 그러한 현실의 폐쇄 속에 한국의 영화작가들이 놓여" 있는데 그것은 이만희 감독이나 유현목 감독처럼 상식이 통하지 않는 비합리적 검열 때문에 곤경에 처하는 일이 허다하고 작가 스스로 검열의식을 스스로 주입하게 되는 상황에 처하게 된다. 문제는 "우리들은 공산주의와 싸웠고 또 앞으로도 싸우지 않으면 안 된다. 그런데 우리는 그 싸우는 이유를 민주주의를 위한다는 이념에 두고 있다. 그러나 그러기 위해서는 우리는 민주주의 자체를 스스로 깎아 먹으면서 강력한 내셔널리즘의 체제하에 서야 된다는 기묘한 이론적 모순을 안고 있다"[23]는 점이다.

이러한 딜레마를 미학적으로 표현하고 있는 이 범주의 영화들은 기본적으로 어려운 영화, 예술적인 영화로 인식되었다. 관객에게 어렵다고 인식된 원인은 일차적으로 그 영화들이 표방하는 새로운 미학의 시도 때문이었다. 〈장군의 수염〉의 모노크롬 화면, 〈안개〉의 과거와 현재의 동시적인 대화, 파격적인 플래시백, 〈시발점〉의 현재와 과거의 직접적 개입, 〈귀로〉의 압박적인 미장센과 음향의 교란 등. 특이한

---

22) Bondanella, Peter, *Italian Cinema: From Neorealism to the present*, NewYork, Frederick Praeger Publishing Co., 1983. p108.
23) 이영일, 「한국영화의 좌표」, 『영화예술』 1965.5, 87쪽.

것은 이 시도들이 모두 과거와 현재라는 시간적 간극을 설명하거나 초월하기 위해 사용되었다는 점이다. 도식적으로 말하면, 당시 모더니즘적이라고 설명되었던 이러한 미학적 수사는 과거, 특히 전쟁의 흔적을 발화하기 위해 동원된 것들이었다.

또한 이 영화들은 자신들의 정치적 수사를 표출하기 위해 과거를 직접적으로 현재와 연결하지 않는다. 〈안개〉나 〈장군의 수염〉의 주인공들의 전쟁 기억은 철저하게 사적인 기억으로 남아있다. 이러한 사적인 기억은 공적 기억과 다르게 현재를 직접적으로 규정하지 못하고 설명 불가능한 채 부유하다가 어느 순간 돌연 현재와 조우한다. 그 순간은 선택의 기로인데, 이러한 순간은 인숙을 선택하는 것의 불가능성으로 인한 자기모멸과 혐오(〈안개〉)나 혜인에 대한 선택의 불가능성과 자신의 선택의 불가능성에 대한 분노(〈시발점〉)로 귀결된다. 반면 〈귀로〉에서 선택의 가능성은 불가능성을 내포하고 있음에도 불구하고 '가능성' 자체가 내포하는 매혹 때문에 주인공은 그 순간을 죽음으로라도 지속시키고 싶어 한다.

위에서 언급한 선택의 불가능성, 하지만 명확하게 설명할 수 없는 그 무엇, 아마도 정치사회적 상황을 은유하는 모호함은 진술불가능한 것이고 따라서 영화에서 언어로 설명되지 않는다. 표면적인 서사로 외화되지 않는 그 감성은 일명 모더니즘적 수법이라고 지칭되던 일련의 미학을 통해 이중적으로 서사화되어 표면 서사를 배반하거나 과잉적 의미를 생산한다. 이러한 과잉 속에서 전쟁의 기억은 현재와 만나고 동시적으로 존재하는 것이 가능해진다. 그러나 이 과잉의 형식은 언어와 달리 두 관계를 명확히 서술하지 않는다. 이것은 관객이 채워 넣어야 할 몫이다. 당시 대부분의 평론에서 "현대인의 고뇌"라고 뭉뚱그려서 표현했던 이 영화들의 의미를, 새롭게 부상한 관객들은 정확하게 인시해냈고 암묵적으로 농의의 의사를 표명한 것이다. 그러나 이러한 수사적 표현도 오래가지 못했다. 마치 유신시대를 예언하는 듯한 이러한 영화들의 가지는 최소한의 자유조차도 더욱 엄혹해진 이후의 시기에는 찾아볼 수 없게 되었고 1970년대에는 문예영화 자체도 관제적 내용과 현실도피적인 작품으로 채워졌다.

◨ 참고문헌

1. 기본자료

『중앙일보』, 『신아일보』, 『대한일보』, 『경향신문』, 『조선일보』.
『영화TV예술』, 『영화예술』.

2. 논저

김영찬, 2005.10 「이청준 격자소설의 정치적 (무)의식」, 『한국근대문학연구』 12, 한국근대문학회.
박유리, 2010 「1960년대 서울대학생의 영화관람」, 중앙대 첨단영상대학원 석사논문.
이영일, 2004 『한국영화전사』(개정증보판), 도서출판 소도.
전영준, 2006 「거울들의 경연 혹은 격자구조의 의미」, 『세계문학비교연구』 13.
주민재, 2007 「새로운 양식과 미적 저항의 관계」, 『사이 』 3, 국제한국문학문화학회.
Bondanella, Peter, 1983 *Italian Cinema: From Neorealism to the present*, NewYork, Frederick Praeger Publishing Co.

제3장 예술과 독재*

유현목 영화의 정체성

박유희

1. 〈오발탄〉과 〈조국의 등불〉

유현목 감독은 '한국 최대의 영화작가이자 예술파 감독'으로 평가받아왔다. 그가 그렇게 높이 평가되는 데에는 '저항적 리얼리스트'로서의 면모가 핵심적으로 작용한다. 그리고 그 중심에는 〈오발탄〉이 있다. 〈오발탄〉은 전후 현실에 대한 비판을 담고 있는데, 4·19와 5·16의 부침을 겪게 되면서, '해방 이후 최고의 문제작'으로 꼽히게 되고, 그 과정에서 유현목은 '고뇌와 저항의 리얼리스트'로 인식되기 시작한다.[1] 이후 그가 이만희의 〈7인의 여포로〉 사건에서 정권의 무분별한 검열을 비판하고, 유현목 자신의 영화 〈춘몽〉이 보복성 검열 논란에 휘말리면서 그러한 인식은 더욱 강화된다. 이러한 인식 위에서 그는 〈김약국의 딸들〉, 〈잉여인간〉, 〈순교자〉 등의 문예영화를 만들면서 '지성적인 예술영화 작가'로서의 입지를 굳혀간다.

---

* 이 글은 「문예영화와 검열 : 유현목 영화의 정체성 구성과정에 대한 일고찰」(『영상예술연구』 17, 2010)을 토대로 수정한 것이다.

1) 〈오발탄〉의 정전화 과정에 대해서는 김소연, 「〈오발탄〉은 어떻게 '한국 최고의 리얼리즘 영화'가 되었나?」, 『환상의 지도 : 한국영화, 그 결을 거슬러 길을 묻다』, 울력, 2008, 63~100쪽 참조.

그런데 그는 1960년대 후반부터는 우수영화보상정책의 수혜를 자주 받게 된다. 그의 영화는 문예영화로서 영화상을 여러 번 수상할 뿐 아니라 반공영화 부문에서도 우수영화로 선정된다.[2] 이러한 사실은 그가 〈7인의 여포로〉 사건 때 '반공은 국시가 될 수 없다'며 저항했다는 것과 일견 모순으로 보인다.

게다가 1980년대 후반에 유현목 감독이 박정희 대통령 부처를 찬양하는 다큐멘터리 〈조국의 등불〉과 〈사랑의 등불〉의 제작에 편집감독으로 참여했다는 사실,[3] 그리고 그의 마지막 작품이 된 〈말미잘〉(1994)에서 드러나는 전두환 정권에 대한 비판적인 시선이 박정희 정권에 대한 시선과 대조되는 현상 등은 모순을 더욱 중층적으로 만든다.

한편 모순된 행보에도 불구하고 유현목 스스로는 일관되게 견지했던 영화작가로서의 자부심은 그가 생각했던, 혹은 그렇게 생각할 수밖에 없었던 '예술'과 '작가의식'의 정체에 대해 강한 의문을 불러일으킨다. 이 글은 이러한 의문을 풀고자 하는 욕망에서 출발한다.

이 글에서는 검열의 피해자이면서 한편으로는 보상의 수혜자였다는 점, 그러면서도 작가의식을 견지했다고 자부하며 자신의 영화에

---

[2] 유현목과 그의 영화는, 1965년 〈순교자〉로 제5회 대종상 감독상을, 1968년 〈카인의 후예〉로 제7회 대종상 우수반공영화상 및 청룡상 작품상과 감독상을, 1971년 〈분례기〉로 제10회 대종상 감독상 및 서울신문 문화대상 감독상을, 1975년 〈불꽃〉으로 제14회 대종상 최우수작품상 및 영화인협회 은곰상, 작품상, 감독상을, 1979년 〈장마〉로 제18회 대종상 작품상을, 1980년 〈사람의 아들〉로 제19회 대종상 작품상 및 영화평론가협회상 작품상을 수상한다. 이외에도 국내 및 해외에서 수상 내역은 더 많으며, 1981년부터는 대한민국 예술원 정회원을 역임하고 1982년에는 대한민국 예술원상을 수상한다. 유현목 감독 및 그의 영화의 수상 내역에 대해서는 유현목, 『예술가의 삶』, 혜화당, 1995 ; 영화진흥공사, 『한국영화자료편람』, 영화진흥공사, 1977, 186~194쪽을 참고하였다.

[3] 1990년에 완성된 〈조국의 등불〉과 〈사랑의 등불〉이 그것인데, 이 영화들은 그의 필모그래피에서도 빠져 있어서 유현목 감독 작품이라는 것이 알려지지 않아왔다. 2009년에 영상자료원에서 발간한 자료집에서는 〈조국의 등불〉만을 첨가한 바 있다.

난도질을 한 정권의 우두머리를 찬양하는 영화를 만들었다는 점이 만들어내는 의문의 삼각관계를 풀어보고자 한다. 이를 위해 유현목 영화의 서사 논리를 통시적으로 고찰하면서 당시 검열 상황을 살펴볼 수 있는 시나리오, 신문기사, 영화인 증언 등을 참고하여 작가의식과 영화제도가 관계 맺는 양상을 살펴보겠다. 이를 통해 저항과 예술의 표상으로 찬양받으면서도, 일부에서는 석연치 않은 시선을 받기도 했던,[4] 유현목 영화 정체성의 구성 역학을 밝히고자 한다. 이는 '저항=좌파, 수혜=우파' 식의 이분법으로는 포획할 수 없는 진실에 대한 비평적 도전이자, 예술과 독재의 관계를 재고해보기 위한 시도이기도 하다.

2. 유현목과 문예영화, 그리고 검열제도

유현목 감독(1925.7.2.~2009.6.28)은 황해도 봉산군 사리원의 지주 집안 출신으로 해방 이후에 공산주의 정권을 피해 월남한 실향민이자, 신학교에 진학하여 목사가 되기를 희망했던 개신교 신자였다. 그는 9남매(8남 1녀) 중 다섯째 아들이었으나 해방과 6·25를 겪는 과정에서 여섯 형제를 잃고 누이 하나와 막내 동생만이 살아남으면서 장남이 된다. 어려운 집안 형편에도 불구하고 장남으로서의 책무를 방기한 채 영화판을 쫓아다니는 아들을 어머니는 오히려 격려하며 "효도할 생각은 마라. 효도하는 데 세월과 마음이 뺏기면 자기 일을 열심히

---

4) 유현목 영화의 정체성에 대한 본격적인 연구로 이어지지는 않았지만, 유현목 감독의 행보에 대해 의심스러운 시선을 던지는 이들은 있어왔다. 예컨대 2001년 『씨네21』에서 기획한 유현목 감독 인터뷰에서 표제를 "사회에서 개인으로, 어쩌면 변절? ; 네오리얼리즘에서 관념적 영화세계로 전향하다"(http://cine21.com, 2001.2.23)로 뽑은 것이나, 이순진이 유현목을 '우파 민족주의자'로 비판한 것(이순진, 「식민지 시대 영화 검열의 쟁점들」, 『식민지 시대의 영화 검열』, 한국영상자료원, 2009, 24~25쪽) 등은 그것을 보여준다.

못하게 된다. 높이에는 높이가 또 있는 법, 한 눈 팔지 말고 자신의 일에만 골몰하면 그것이 곧 효도"라고 말했다고 한다. 그러면서 항상 당부했던 것은 "활동사진을 통해 복음을 전달하라."는 것이었는데, 유현목 감독은 그러한 어머니에 대해 깊은 존경과 애정을 표하며 "내게 성공이 있다면 그것은 오로지 어머니의 기도에서 오는 은총에 의해서"라고 여러 번 회고한다.[5]

그의 초년 역정으로 미루어보건대, 그의 내면에는 '실향민 의식'과 '반공의식', '어머니의 사랑을 기반으로 하는 기독교 신념체계', 그리고 '고난의 극복과 성공에의 의지'가 함께 형성되어 있었다고 할 수 있다. 그러한 그의 내면이 예술영화로 향하게 되는 데에는 우선 그의 재능과 학연이 매개 역할을 한다. 몸이 약한 데다 어릴 때 아궁이에 빠지며 큰 화상을 입어 콤플렉스가 있었던 그는 일찍이 문학과 연극에 빠져 지내는 한편 기계 조작을 매우 좋아했다고 한다. 그는 황해도에서 기독교계 덕성보통학교를 졸업한 뒤 1939년에 서울에 있는 휘문중학교(5년제)에 진학하는데, 거기에서 문학을 비롯해 연극, 무용, 건축을 두루 접할 기회를 가지게 되며 예술에의 적성은 더욱 강화된다. 중학교 졸업 이후 어머니의 권유로 신학교에 가고자 했으나 실패하자,[6]

---

[5] 유현목의 아버지 유희준은 원래 지주였으나 해방 이후에 농업으로 살기 힘들어지자 사리원에서 고무신(김종원은 도자기라고도 함) 상점과 전당포를 운영하게 되었다고 한다. 아버지는 주벽이 심했고, "자식들이 중학교 정도 마치고 상업에나 종사해서 먹고 살아줬으면 했던" 데 반해, 어머니 이희선은 독실한 개신교 신자로 아들이 목사가 되기를 소망했다고 한다. 유현목의 집안은 유현목을 서울에 있는 휘문중학교와 동국대학교로 유학시킬 정도의 여유는 있었으나, 월남하면서 가난을 겪게 되었고, 1·4후퇴 때 폭격으로 아버지가 사망하자 어머니가 장사를 하여 가계를 책임졌던 것으로 보인다. 유현목 감독의 개인사에 대해서는 유현목, 『예술가의 삶 : 영화인생』, 혜화당, 1995 ; 김종원, 『한국영화감독사전』, 국학자료원, 2004, 389쪽 ; 김수남, 『한국영화감독론2』, 지식산업사, 2003, 158~159쪽 ; 한국영상자료원, 「바이오그래피」, 『유현목 컬렉션 해설집』, 한국영상자료원, 2009 등을 참고하였다.

[6] 그는 연희전문학교 신학과에 입학하기 위해 어머니의 주선으로 아펜젤러의 추천

그는 1946년 동국대학교 국문과에 입학하여 김기림, 양주동, 이병기와 사제의 연을 맺는다. 중학 시절부터 도스토예프스키에 심취했던 그는 피에르 슈날(Pierre Chenal) 감독의 〈죄와 벌(Crime et Châtiment)〉(1936)을 본 뒤 영화에 매혹되어,[7] 최초의 대학 영화서클인 '영화예술연구회'를 만들고 〈해풍〉(16mm, 45분, 1948년)이라는 영화를 완성한다. 그것을 계기로 그는 영화계에 입문하여 이후 7년 동안 임운학, 정창화, 김홍, 이규환 등의 밑에서 조감독 생활을 하다가 1956년 〈교차로〉를 통해 감독 데뷔를 하게 된다.

요컨대 그는 태생과 성장 환경에서 비롯된 내면의 요소들, 즉 '실향민 의식'과 '반공의식', '어머니의 사랑을 기반으로 하는 기독교 신념체계', 그리고 '고난의 극복과 성공에의 의지'가 작가의식의 기반을 이루는 가운데 풍부한 문학적 교양과 교육 배경을 바탕으로 자신의 정체성을 '예술영화 감독' 혹은 '영화작가'로 구축한다. 그에게 영화를 만드는 일은 작가가 문학작품을 쓰는 것과 본질적으로 동일한 것이었고, '문예영화'는 작가의식으로 만들어낸 예술영화의 다른 이름이었다.

그런데 그가 주로 활동했던 1960년대 초반부터 1980년대 초반까지의 기간은 검열이 계속 강화되는 시기였다. 5·16군사정변 직후 계엄사령부는 5월 21일 하오 포고 제5호로 "영화, 연극 기타 일체의 문화예술행사는 사전에 검열을 받을 것"을 명령하면서, 저촉내용은 "(가)혁명정신과 목적수행에 위배되는 내용 (나)사회윤리와 미풍양속 및 도덕심을 해하는 내용"이라고 명시한다.[8] 이후 시간이 갈수록 검열은 점점 더 단순해지며 가혹해지는데, 1965년 이만희 감독의 〈7인의 여포로〉 사건[9]은 그러한 변화가 표면화된 것이다. 이 사건이 일어났을

서를 받아가지고 백낙준 교장을 찾아갔으나 아펜젤러의 서명이 든 명함을 잃어버려 신학과 진학을 포기했다고 한다.

7) 유현목, 『예술가의 삶 : 영화인생』, 혜화당, 1995, 61쪽.

8) 『한국일보』, 『경향신문』, 『조선일보』 1961년 5월 22일자.

이듬해인 1964년 초에 유현목 감독은 전후 문제작인 손창섭의 동명 소설을 원작으로 하여 〈잉여인간〉을 만든다. 이 영화는 개봉 당시 "〈오발탄〉의 발전 편"[22]으로 기대를 모았고, "새 진경을 보인 연출",[23] "새로운 의욕의 화면 구도",[24] "아름답게 승화시킨 비극"[25] 등의 호평을 받았다. 그런데 이 영화의 서사는, 참담한 사회 현실을 보여주는 데 중점이 있었던 〈오발탄〉과 달리, 서만기(김진규)를 향한 세 여성인물, 즉 처제(방성자), 간호원(태현실), 봉우 처(도금봉)의 애정을 중심으로 전개되며 멜로드라마가 강화된다. 그리고 '오발탄'과 같은 전후 인물들의 막연한 절망은 실직에 의한 것으로 구체화되면서 극복 가능한 것으로 의미화된다.

현재 프린트가 남아 있지 않아 확인할 수는 없으나, 당시 기사로 미루어보건대, 5·16 직후 〈오발탄〉 상영 금지 조치를 당한 바 있는 유현목 감독은 이 영화에서는 사회 비판적인 발언을 보다 자제하고, 영상 실험적인 면에 치중했던 것으로 추측된다. 그럼에도 불구하고 검열에서 "자기 신념대로 말 못하는 세상에", "이놈의 나라는 공부를 해도"와 같은 대사는 반사회적인 것으로, "한강에 배 지나간 자리 있어요?"라는 대사나 '발광하며 춤추는 장면'은 풍기 문란으로 삭제되거나 단축되었다.[26]

그리고 그해 말에 〈7인의 여포로〉가 반공법을 위반했다고 하여 이만희 감독에 대해 구속영장이 청구되고, 이듬해인 1965년에 영화계 전체가 이 논란에 휘말리게 된다. 이 사건은 영화인들로 하여금 강고해진 검열의 원칙을 깊이 각인시키는 계기가 된다. 이제 '반공이 국시'

---

22) 『서울신문』 1964년 4월 11일자.
23) 『조선일보』 1964년 4월 14일자.
24) 『동아일보』 1964년 4월 16일자.
25) 『경향신문』 1964년 4월 18일자.
26) 〈잉여인간〉 오리지널 대본, 심의 대본, 녹음 대본 참조.

라는 말이 얼마나 단순하고 포괄적이며 무자비한 권력이 될 수 있는 지가 대대적으로 공표되었으며 아울러 이 땅에서 영화를 만들기 위해 서는 그것을 피해갈 수 없다는 것도 자명해졌다.

게다가 유현목은 세계문화자유회의에서 발표한 「은막의 자유」라는 글 때문에 반공법 위반으로 기소되고, 형식 실험에 치중했던 영화 〈춘몽〉까지 음화 판결을 받게 된다. 이후 유현목 감독의 필모그래피 에서 〈오발탄〉이나 〈잉여인간〉과 같은 현실비판적인 영화가 사라지 는 것은 물론이고, 영상 실험적 경향도 점차 약화된다. 현실 비판은 양심과 윤리의 문제로 치환되고, 부조리는 인간의 원죄와 구원이라는 종교적인 고민으로 추상된다. 하지만 그것은 타협 내지 조율이었지 변절이라고 보기는 어렵다. 그는 자신이 가진 것 중의 중요한 한 면을 포기했지만, 〈오발탄〉이나 〈김약국의 딸들〉의 결말에서 보았듯이 근 본적으로 직선적인 발전관을 지닌 윤리주의자라는 점에서는 정권이 표방하는 이념과 부합하는 점이 많았기 때문이다.[27]

4. 반공과 기독교적 구원 : 〈순교자〉와 반공문예영화

유현목 감독은 "나는 반공영화를 네 편이나 만들었다. 〈악몽〉(1968) 을 필두로 하여 〈카인의 후예〉(1968)와 〈나도 인간이 되련다〉(1969), 〈불꽃〉(1975) 등이다"[28]라고 고백한다. 여기에서 자신이 만든 전체 작 품 중 10분의 1도 안 되는 편수를 가지고 '네 편이나'라고 표현한 것은

---

27) 이유란은 유현목의 예술영화 추구에 대해 "한국영화의 전근대성 극복은 박정희 정권이 내건 근대화 기치, 전근대의 극복이라는 이데올로기와 일맥상통하는 것" 이라고 말한 바 있는데, 설득력 있는 지적이다. 이유란, 「1960년대 유현목 작품에 나타난 현실인식 연구」, 중앙대 첨단영상대학원 석사학위논문, 2005, 37쪽.
28) 유현목, 『예술가의 삶 : 영화 인생』, 혜화당, 1995, 154쪽.

반공영화를 어쩔 수 없이 만들었다는 의미로 읽힌다.[29]

실제로 반공영화는 우수영화 보상에서 가장 강력한 부문이었기 때문에 반공영화를 만드는 것은 매우 실리적인 선택일 수 있었다. 그런데 문제는 유현목의 반공영화가 네 편만은 아니라는 점이다. 예컨대 〈순교자〉(1965)나 〈장마〉(1979)와 같은 영화에도 반공주의는 짙게 깔려 있다. 그중에서도 특히 〈순교자〉는 평양에서 목사들이 공산주의자들에 의해 학살당하는 사건을 다루고 있기 때문에 반공을 피해갈 수 없는 영화이다. 그럼에도 불구하고 유현목 감독은 이 영화를 본격적인 종교영화로만 분류하면서 자신의 대표작으로 꼽는다. 이 지점에 유현목 감독이 정책의 수혜를 입으면서 예술가로서의 자존심을 지킬 수 있었던 비결이 있다고 판단된다. 다시 말해 개신교도였던 그는 자신의 신념체계 안에서 소신껏 영화를 만드는데, 그것은 반공과 상통할 수밖에 없었던 것이다. 이는 이북 지주 출신의 월남민이라는 존재기반, 그리고 개신교도로서의 신념체계와 연관되는 것으로, 개신교와 공산주의의 역사적 관계로 보면 그것은 필연적인 것이라고까지 할 수 있다.[30]

특히 순교자 문제로 가면 한국 개신교는 반공주의를 주춧돌로 삼고 있는 종교임이 드러난다. 개신교 교회의 순교자 명부에서 올라있는

---

[29] 유현목 감독은 〈교차로〉(1956)로 데뷔한 이래 〈말미잘〉(1994)까지 45⅓편의 장편영화를 만들었다. 지금까지 다큐멘터리 〈조국의 등불〉과 〈사랑의 등불〉을 뺀 43⅓편으로 알려져 왔으나, 두 편을 포함시키는 게 타당하다고 판단되어 45⅓편이라고 했다. 여기에서 ⅓편이 나오는 것은 세 명의 감독(유현목, 김기영, 정진우)이 만든 옴니버스 영화 〈여〉(1968) 때문이다.

[30] 강인철에 의하면, 개신교가 반공주의로 정형화되는 것은 1945년부터 1972년까지이다. 해방 직후부터 개신교와 공산주의 사이의 대립이 전면화되면서 두 세력은 양립할 수 없는 것으로 극단화되어갔다. 이 과정에서 많은 순교자가 발생하고, 이북의 개신교도들이 대거 월남하여 체제와 손잡으면서 개신교에서 반공주의는 종교적 토대가 되고 보수주의가 주류화 된다. 강인철, 『한국의 개신교와 반공주의』, 중심, 2006, 404~569쪽 참고.

순교자의 80% 이상이 해방 이후부터 6·25전쟁 동안 공산주의자에 의해 죽임을 당한 사람들이다. 천주교의 경우에 순교자가 1801년부터 1873년 사이에 집중되어 있으며, 주된 가해자가 유교적 봉건왕조였던 것과는 대조되는 것이다.[31]

이러한 맥락에서 보면 영화 〈순교자〉는 애초부터 종교영화이자 반공영화일 수밖에 없었다. 〈순교자〉의 원작인 김은국의 동명소설은 1964년 4월 초판을 찍고 11월에 중판을 찍었을 정도로 장안의 화제[32]가 되었던 작품이다. 이 소설은 개신교의 심한 반발도 불러일으켰는데, 그 이유는 이 소설에 나오는 순교자들의 죽음이 거룩한 순교로 묘사되지 않았다는 것 때문이었다. 이로 인해 재미 작가 김은국은 "20세기의 가룟 유다"로까지 비난받았다. 유현목이 이 소설을 영화화한다고 했을 때 그것은 큰 관심을 받으면서 개신교도들에 의한 비난의 연장선상에도 놓이게 되었다. 여기에서 유현목은 대체로 원작을 충실히 따르면서도 몇몇 지점에서 절묘한 선택을 하는데, 그것은 영화 〈순교자〉의 정체성, 나아가 유현목의 사고구조를 보여준다.[33] 요컨대 이 영화는 '반공적 순교' 사건을 통해 결국 종교 문제를 다루고 있는 영화로 한국 개신교 논리의 예술적 승화라고 할 만하다.

영화의 서사는 1950년 겨울 평양에 진주한 육군 정보국이 12명의 목사가 공산당에게 학살당한 사건을 조사하는 것으로 이루어진다. 그

---

31) 천주교의 경우에도 해방 이후부터 6·25전쟁 시기에 많은 순교자가 발생한 것으로 교황청에 보고되었다. 그러나 신자 대중에게는 이 사실이 제대로 알려져 있지 않은 상태라고 한다. 강인철, 「순교의 피 흘려 뿌려진 교회 : 순교담론과 순교신심운동」, 『한국의 개신교와 반공주의』, 2006, 139~183쪽.

32) 변인식, 「俞賢穆 영화에 表出된 神과 人間의 커뮤니케이션」, 『영화연구』 7, 한국영화학회, 1990, 62쪽.

33) 유현목 영화들에는 전반적으로 기독교적인 색채가 흐르지만 종교 문제를 전면에 다루는 영화로는 〈순교자〉가 첫 작품이기도 했다. 또한 유현목이 이 영화를 감독한 것은 물론이고 직접 제작까지 했다는 사실은 그의 작가의식을 살펴보는 데 이 영화가 매우 중요한 또 하나의 근거가 된다.

과정에서 원래 잡혀간 목사는 14명이었으나 두 사람이 살아남았다는 사실, 그중 한 사람인 신 목사(김진규)는 당당했기 때문에 오히려 살아남은 반면 대부분의 목사들은 비굴하게 죽어갔다는 사실이 밝혀진다. 그러나 신목사는 자신이 동료들을 팔고 살아남았다고 하여 스스로 유다가 됨으로써 신도들에게 종교적 희망을 주고, 중공군이 몰려오는 평양에 남는다는 것이 주된 내용이다.

그런데 이 영화는 검열 이전에 몇 가지 면에서 개작을 했다.

1) 원작에서는 장대령이 인민군 포로 정소좌를 죽이는데, 영화에서는 '포로수용소'에 보내는 것으로 처리한다.

2) 공산군의 학살 현장을 보여주는 것으로 영화가 시작되고,[34] 인민군이 목사들을 고문하는 상황을 장면화하여 직접 제시한다.

3) 영화에서는 정소좌가 신목사와 한목사를 살려주겠다고 하는 상황에서 다른 목사들이 신목사를 축복하면서 죽는 장면을 삽입한다.

4) 신목사가 신도들을 위로하기 위해 신의 음성을 들었다고 거짓말하는 부분에서 하늘에서 "회개하고 나의 천국에 들라!"는 소리가 들리는 장면을 삽입함으로써 신의 존재가 증명되는 듯한 착각을 유발하여 신목사의 거짓말을 희석한다.

5) 12명의 목사들이 비굴했다는 증언은 정소좌의 히스테릭한 대사로 처리하여 신빙성을 떨어뜨리는 한편, 목사들이 신을 의심하기는 하지만 당당하게 죽어가는 것을 장면화 하여 보여준다.

---

[34] 영화는 원작에는 없는 다음과 같은 내레이션으로 시작된다. "6·25! 피에 굶주린 공산주의자들은 동족상쟁의 지랄 같은 침략전쟁을 일으켰다. 이에 대해 반격을 개시한 우리들은 38선을 넘어서 노도처럼 북한에 밀려들었다. 공산주의자들은 도망가기 전에 수많은 우익 정치인들과 종교인들을 동굴 속에 몰아넣고 학살했다. 그리고 다이너마이트를 터뜨려서 동굴 입구를 막아버렸다. 우리가 동굴을 파헤친 것은 사흘 후였다."

1), 2), 3)은 국군의 자비와 목사들의 품위를 부각시키는 한편 공산주의자들을 보다 잔인하게 그림으로써 이분법적 구도를 강화하는 방향으로 개작되었다. 4)에서는 신의 존재에 대한 회의를 희석하고, 5)에서는 순교의 반공적 의미를 강화하는 방향으로 개작되었다. 이러한 개작은 검열 기준과 기독교의 반발을 의식한 것이라고 할 수도 있다. 그런데 검열에서 민감한 부분인 1), 2), 3)은 그렇다 하더라도, 4), 5)에서의 개작은 그렇게 보기 힘들다. 왜냐하면 당시 개신교의 반발을 의식했다면, 5)에서 박목사가 신을 의심하는 부분은 달라져야 했을 것이다. 따라서 이것은 유현목 감독의 입장을 보여준다고 해석할 수 있다.

이러한 해석에 또 다른 논거가 될 수 있는 것으로 〈사람의 아들〉이 있다. 〈사람의 아들〉을 만들면서 유현목은 〈순교자〉에서 신에 대한 회의를 너무 드러냈던 것이 마음에 걸렸기 때문에, 영화 〈사람의 아들〉은 원작과는 다르게 요섭(하명중)이 신에게 귀의하는 것으로 결말을 처리했다고 회고한다. 그는 〈순교자〉에서 신의 존재를 장면화 한 것보다 그것을 신목사의 거짓말로 설정한 것에 더 불편함을 느꼈다는 것이다. 이는 신의 장면화가 당시 여론을 의식한 때문만은 아니었다는 것을 보여준다.

〈순교자〉의 마지막 시퀀스는 유현목의 입장에 대한 가장 결정적인 증거가 될 수 있을 것이다. 마지막에 장대령은, 신도들을 버릴 수 없어 평양에 남았던 고군목(박암)과, 부상병들을 버릴 수 없어 평양에 남았던 민소령을 탈출시키고 죽는다. 그가 남긴 것은 "저쪽 놈들을 믿을 수 없으니까"라는 말과 고목사(고군목)의 교회 개척을 돕기 위한 성경책이다. 그에 반해 신목사의 생사 여부는 불분명한 채로 남겨진다. 이로써 영화에서 최후의 순교자는 국군 정보국 대장이었던 장대령이 된다.

이렇게 될 수 있는 논리는 마지막 장면에서 드러난다. 장대령의 죽음 소식을 듣고 혼자 걸어가는 이대위의 모습 위로 신목사의 다음과 같은 목소리가 들린다. "이대위, 인간을 사랑하시오. 그들을 도와주시오. 절망과 싸우고 언젠가는 죽기 마련인 인간을 불쌍하게 여길 용기와 함께 십자가를 간직하시오." 곧이어 이대위의 독백이 이어진다. "그리고……, 암담한 고난의 땅을 향하여 나는 맹세했다. 그 희생의 거룩한 밤에 비록 불운의 무거운 짐을 진 나라일지라도 나는 두려움 없이 죽을 때까지 진정으로 사랑하겠노라고 다짐했다. 이리하여 나는 숙명적인 끈에 의해 나의 조국과 얽매어졌다."[35] 그리고 애국가와 함께 영화가 마무리된다.

마지막 장면은 신목사의 가르침이 이대위의 깨달음으로 전환되는 구조로 이루어지는데, 여기에서 '암담한 고난의 땅'은 '나라'가 되고, '절망과 싸우는 인간'은 이 나라에 사는 '민족'이 된다. 그리하여 용기와 의지를 가지고 그들에 대한 사랑을 맹세하는, 군인이자 기독교도이자 지식인인 '나'는 '숙명'으로 '조국'과 결속되는 것이다. 이는 기독교의 실천적 구원이 개인의 희생을 바탕으로 하는 국가주의와 손잡는 논리를 보여주는 지점으로 〈김약국의 딸들〉의 결말이 보여주었던 근대화 지향과 상통하는 것이기도 하다.

그럼에도 불구하고 검열은 이보다 더 도식적인 것을 원했다. 6·25를 배경으로 평양이 나오고 남북의 대립이 있는 이상 정권의 입장에서 볼 때에 이 영화는 반공영화여야 했다. 당시에 남북 대립이나 이념 문제를 그리는 영화는 공식 검열 기관인 공보부 이외에 중앙정보부의 검열을 받아야 했고, 미군이 나오거나 외국이 연관되는 경우에는 CIA까지 검열에 참여했다. 또한 군인들이 등장하는 영화는 국방부의 검열도 받아야 했다. 따라서 〈순교자〉에 대해서는 매우 여러 단계의 복

---

35) 이 마지막 독백은 "알베르 카뮈의 『반항적 인간』 속에 있는 횔더린의 「엠페도클레스의 죽음」의 한 구절"을 암송한 것이라고 한다.

잡한 검열이 이루어졌고 많은 부분에 제한 조치가 내려졌다. 검열 담당 부처는 공보부이지만 권력의 위계 면에서는 중앙정보부가 그 위에 있었고, 다시 그 위에 CIA가 상위 자문기관처럼 존재했던 것이다.

그러나 검열의 핵심은 중앙정보부였기 때문에 영화 텍스트 내부의 논리나 개연성을 고려하지 않는 강고한 이분법이 요구되었다. '공산주의=북한군=절대악'이라면 '자유주의=남한군=절대선', 혹은 '북한=절대빈곤=지옥'이라면 '남한=절대행복=천국'과 같은 극단적 도식을 적용하는 것이 검열이 요구하는 '안보'이자 '반공'이었다. 그래서 국군이 "자네나 나나(북한군이나 소련군과 마찬가지로) 모두 죄인"이라고 하거나, 부상병을 적진에 두고 철수하는 등의 행동을 보이는 것은 영화에서 용납될 수 없는 것이었다. 여기에서 영화생산자가 선택할 수 있는 것은 북한이나 공산주의자는 아예 그리지 않거나, 아니면 이분법적 도식에 따르는 것이었다. 그런데 영화가 검열을 통과하지 못할 경우 손해가 막심했을 뿐만 아니라, 1960년대 후반으로 갈수록 영화산업은 어려워져갔고, 반공영화를 만들지 않고는 영화지원정책의 수혜를 얻기가 점점 더 힘들어지고 있었다.

여기에서 유현목은 북한이나 공산주의자를 절대악으로 놓고 그것에 대항하는 개인의 고뇌를 천착하는 구도를 택한다. 스스로가 반공영화로 분류하고 있는 〈카인의 후예〉, 〈나도 인간이 되련다〉, 〈불꽃〉은 모두 이러한 구도를 보여준다. 유현목이 이 영화들을 반공영화로 일컬은 것은 이 영화들만이 반공주의를 드러내고 있어서가 아니라, 체제가 요구하는 그러한 구도를 수용하고 있다는 의미로 해석된다.

세 영화의 원작은 각각 황순원, 유치진, 선우휘의 것으로 이미 반공적인 내용으로 널리 알려져 있었기 때문에 검열 통과 면에서 수월할 수밖에 없었다. 세 영화는 기획부터 '반공문예영화'를 겨냥하였고, 그렇기 때문에 원작 선택에서부터 이미 검열과의 암묵적 합의가 이루어진 상태에서 출발한 것이었다. 그래서 검열 과정에서도 북한을 좀 더 비참하게 묘사하고 공산주의자를 좀 더 극단적으로 그리라는 요구가 제한조치의 대부분이었고, 주인공들의 우유부단함이나 음울한 고뇌는 크게 문제가 되지 않았다.[36] 유현목은 '반공'을 알리바이 삼아 '문예(예술)'의 영역으로서 고뇌하는 개인을 지키면서 점점 더 종교적 구원의 문제에 천착해간다. 그는 예술을 해치는 반공의 도식을 혐오했을 뿐이지, 근본적으로는 반공 이념에 동의하고 있었기 때문에 가능한 일이었으며, 그러기에 반공영화를 만들면서도 예술가로서의 자존심을 계속 견지할 수 있었던 것이기도 하다.

5. 개신교의 윤리와 발전론 : 〈사람의 아들〉과 〈등불〉 연작

유신체제에 들어서면 검열제도는 더 강화되는데, 피검열자들에게 그 제도가 내면화되지 않는다. 검열이 가장 강력한 효과를 내는 것은 검열이 있다는 것만으로 제한 조치할 것이 없는 영화만이 만들어지는 것이다. 그런 점에서 보면 1960년대 중반부터 유신체제 이전까지 검열의 효과가 가장 강력한 시기였다고 할 수 있다. 그런데 1970년대 중반에 가면 금지하고 제한해도, 검열에서 만신창이가 되는데도, 검열에서 문제가 될 영화는 계속 만들어진다. 그러면서 검열제도와 영화는 점점 더 괴리가 심해진다. 1970년대 후반에 이르면 이제 반공의 도식을 넘어서는 반공영화가 나온다. 윤흥길의 동명소설을 영화화한 것으로, 역시 '반공문예영화'로 분류되는 〈장마〉(1979)가 그것이다.

이 영화는 공산주의자의 묘사 면에서는 앞서 보았던 '반공영화들'의

유형을 그대로 따르지만, 이념 대립을 가족 내부의 문제로 설정하고 결말에서 샤머니즘을 통해 가족의 반목을 해소함으로써 증오의 도식을 넘어선다. 이는 유현목 영화에서 이데올로기보다 항상 우위에 있었던 것은 '인간의 구원'이라는 종교적 주제였다는 점을 상기하면 자연스러운 행보로 이해된다. 다시 말해 이 영화에 나오는 화해는 이데올로기적인 문제의 해결이라기보다는 개인의 용서를 향한 것이고, 그러기에 그가 이전의 반공영화들에서 지키고자 했던 예술의 영역인 '개인의 고뇌'의 연장선상에 있는 것이다.

이러한 맥락에서 볼 때, '반공문예'가 아닌 '문예'가 가능해진 시대라면, 그는 다시 〈순교자〉(1964)와 같은 종교적 주제를 선택할 것임도 자명해진다. 〈사람의 아들〉(1980)은 바로 그러한 선택을 보여주는 영화다. 1980년에 임권택의 〈짝코〉와 이두용의 〈최후의 증인〉이 나온다. 〈짝코〉가 이데올로기 문제가 우선이었던 감독에 의한 것이라면, 〈최후의 증인〉은 스릴러 장르의 합리성으로 이념 문제에 접근함으로써 냉전 이데올로기에 균열을 일으킨 경우였다. 그 맥락이 다르더라도 영화 속에서 반공의 도식은 깨어져 나가고 있었다. 유현목 감독은 이제 반공영화에 머무를 수도 머무를 필요도 없는 시대가 된 것이다.

〈사람의 아들〉은 이문열이 1979년 『세계의 문학』 봄호에 발표한 중편소설[37]을 원작으로 한 영화다. 이 영화는 실천신학에 빠진 민요섭(하명중)이 방황 끝에 신의 품으로 돌아가려 하지만, 그에게 경도되어 사람들을 구원하고자 범죄까지 저질러왔던 동팔(강태기)에게 죽임을 당한다는 내용이다. 이 영화도 역시 결말에서 원작에는 없는 내용이 삽입됨으로써 유현목 영화 특유의 주제가 드러난다. 원작에서는 아하스 페르츠가 신에 대한 여러 관점을 드러내는 비유로 사용하는 것을 영화에서는 신의 존재를 깨닫는 비유로 전유한다. 민요섭은 "내 눈이

---

[37] 이 소설은 '오늘의 작가상'을 수상한 이후 1986년 장편소설로 개작 발표되었다.

먼 것은 잊어버리고 태양은 없는 것이라 생각했었지, 나는 장님이었다. 태양을 우러르다 눈이 멀어 태양을 잊은 것이다.”라고 하며 해방신학에서 다시 보수적인 교리로 귀의한다. 그리고 마지막에 동팔의 손에 죽으면서 “하나님, 이것으로 제 죄를 사하여 주시렵니까?”라는 말한다. 이를 통해 이 영화는 어떠한 실천도 윤리적이어야 하며, 그것은 신을 포기하지 않을 때 가능하다는 논리를 정연하게 드러낸다. 현실적 실천이 윤리를 통해 신으로 귀결된다는 점에서 이 영화는 1960년대 중반 이후 정향되어온 주제의식의 논리적 결정판이라고 할 수 있다.

이후에 유현목은 네 편의 영화를 더 만든다. 극영화인 〈상한 갈대〉(1984)와 〈말미잘〉(1994), 그리고 문제의 다큐멘터리인 〈조국의 등불〉(1990)과 〈사랑의 등불〉(1990) ― 이후 두 편을 함께 지칭할 때에는 ‘〈등불〉’로 표기 ― 이 그것이다. 왜 유현목은 말년에 자신의 영화를 만신창이로 만들었던 정권의 우두머리를 찬양하는 영화를 만들었을까? 이에 대해서는 여러 가지 해석이 가능하다.

우선 〈등불〉의 전작에 해당하는 〈상한 갈대〉에서 그 단서를 찾아볼 수 있다. 〈상한 갈대〉에서는 기독교적인 주제가 전면화 되면서 어머니와 고향에 대한 향수가 드러난다. 이 영화는 범죄 조직의 우두머리가 된 흑인 혼혈아(박일준)가 평북 선천 출신인 어머니의 지극한 사랑과 간곡한 기도로 하느님의 말씀을 실천하는 사람이 된다는 내용이다. 이에 대해서는 종교에 귀의한 노년의 영화감독이 선택할 만한 주제라고 이해할 수 있다. 그리고 이 영화의 연장선상에서 본다면 〈등불〉은 과거에 대한 향수의 일종이라고 해석할 수 있다.

둘째, 자발적인 의지가 아닌 것으로 해석해 볼 수 있다. 그가 만든 필모그래피에서 이 영화를 뺐다는 것을 고려하면, 그러한 해석에 힘이 실린다. 그러나 그가 영화만 편집한 것이 아니고 그것에 대한 소회를 글로까지 발표했다는 사실은 그러한 해석을 접게 만든다.

> 역사의 거인 고 박정희 대통령의 치적의 단편들을 영상에 담은 그간의 기록영화를, 단축 재편집하는 책임 편집자로서의 저는 커다란 영광이 아닐 수 없었습니다. 그 영광이란 한 나라의 최고 지도자로서의 개념을 넘어선 획기적인 역사의 개혁자이신 그분의 위대한 의지를 수록한 필름을 정리하여, 후세에 길이 남게 될 보물을 위해 제가 참여했다는 점입니다.[38]

위 글의 내용과 어조로 볼 때 유현목은 박정희 대통령을 진정으로 높이 평가하고 있으며, 그래서 자신의 작업이 역사적으로 큰 의미를 지닌다고 자부하고 있다. 억압이나 타의에 의해서 작업을 한 것이라고는 보기 힘든 것이다. 아울러 위 글은 노년의 영화감독이 과거에 대해 향수를 느끼는 것만으로 그러한 작업을 했다고 보기도 어려움을 말해준다. 그렇다면 그것은—설사 향수나 외압이 개재했다 하더라도 그것만은 아닌—유현목의 가치관과 신념 체계에서 나온 실천이었다고 할 수 있다. 그가 〈등불〉 이후에 만들었던 마지막 작품 〈말미잘〉은 그러한 해석에 힘을 실어준다. 〈말미잘〉에서는 섬에 살던 주인공 소년으로 하여금 전남 광주 뒷골목을 여행케 함으로써 광주사태와 타락한 현실에 대해 불편한 시선을 노출한다. 이는 유현목이 현실에 대한 비판의식을 견지하고 있으며 일정한 논리를 지니고 있음을 보여준다. 그리고 〈말미잘〉에서 드러나는 1980년대 신군부를 바라보는 비판적인 시선과 〈등불〉에서 드러나는 박정희 정권을 바라보는 찬미의 시선을 비교해보면, 판단을 가르는 기준은 '도덕성과 근대화'임이 표출된다. 그리고 그것은 개신교의 신념 체계와 깊이 연관되어 있음이 서사논리로 나타난다. 〈조국의 등불〉의 서두는 박정희 정권 탄생의 의

---

[38] 유현목, 「〈조국의 등불〉 편집감독을 끝내면서」, 『근화보』 12, 근화재단, 1990.6.25, 12쪽.

의를 역사적 맥락에서 합리화하고 있다. 그 내용을 요약하면 다음과 같다.

　　민족의 전통은 '단군―삼국통일―세종대왕'으로 이어져왔다. 그런데 민족의 단결을 저해하는 내란과 당파 싸움으로 민족의 고난이 계속되었고, 대원군의 쇄국정치와 유학자들의 위정척사론은 민족이 구원받을 수 있었던 모처럼의 기회를 놓치게 하였다. 이로 인해 민족은 일제 강점이라는 시련을 겪게 된다. 그런데 민족이 해방된 이후에는 김일성, 박헌영을 앞세워 철모르는 젊은이들이 민족의 앞길을 막아 조국이 분단된다. 남한의 자유당 정권은 부정부패로 국민들에게 가난과 굶주림만을 안겨주다가 3·15부정선거로 자멸한다. 4·19 이후 서투른 민주주의가 뿜어내는 공해로 인해 세상은 불만과 불평으로 가득 차고, 국민의 안녕이 위협받는 혼란한 나날이 이어진다. 실업자가 늘어나고 걸인과 불량배가 판을 치고, 공장은 문을 닫고, 백주대낮에 강도가 활개를 치고, 사이비 기자들은 어진 시민들을 등치는 일이 다반사가 된다. 그럼에도 불구하고 누구 하나 바로잡는 사람이 없었다. 국민들은 강력한 지도자를 갈망했다. 국민의 편에 서서 국민의 어려움을 헤아려주는 청렴한 정치인을 고대했다. 드디어 은인자중하던 군부가 궐기하여 무혈혁명을 성취하고 안정을 갈구하는 온 국민의 열망에 답하는 소명의식을 실천한다. 5·16혁명은 학생도 지지하고 시민도 지지, 외교사절도 지지한다. 박정희 대통령의 진취적이고 도덕적인 생활 자세는 국민의 신망을 얻었다. 이에 1963년 8월 30일 박정희는 전역하여 국민혁명의 대열에 참여한다. 그는 모든 시련을 되풀이하지 않게 할 것을 다짐하며 5천년의 가난으로부터 민족을 구제한다.

　　여기에서 박정희 정권을 합리화시키고 있는 '개화―반공―근대화'로 이어지는 논리는 개신교의 역사관과 포개진다. 이러한 맥락에서 등장한 박정희는 5천년 동안 가난과 죄악의 시련 속에서 신음하던 민족을 구제한 '민족의 구원자'로 표상된다. 그래서 박정희의 소명은 근대화를 통해 가난을 없애는 것과, 도덕성을 실현하여 죄악을 없애는 것으로 요약된다.

유현목 영화에서 이러한 논리가 〈조국의 등불〉에만 국한되는 것은 아니다. 반공문예영화였던 〈불꽃〉에서부터 이미 이러한 논리를 그대로 드러낸 바 있기 때문이다. 선우휘의 동명소설을 영화화한 〈불꽃〉은 원작에서는 후반부에 잠시 등장하는 인물인 '연호'를 안타고니스트로 설정하여 처음부터 주인공 '현'과 대비시킨다. 그리고 두 인물의 행동은 대립구도를 형성하면서 3·1운동부터 6·25까지의 역사를 보여준다. 현은 지주의 손자이자 개신교도의 아들이다. 그의 아버지는 3·1운동에 앞장서다 죽고, 현은 독실한 개신교도인 어머니의 정성으로 자란다. 그는 식민지시기에는 사회에 나가는 것을 자제하며 어머니를 도와 농사를 짓는다. 이에 반해 연호는 마름의 손자로 면서기로 일한다. 그러던 중 현과 연호는 학병으로 끌려가게 된다. 현과 연호는 중국에서 탈출하는데, 연호는 공산주의자가 되는 반면 현은 공산주의를 피해 고향으로 돌아온다. 6·25가 발발하자 인민군이 되어 귀향한 연호는 현의 집안을 박해하고, 현은 저항하게 된다. 이 대립구도에서 선(善)은 '지주 - 개신교 - 항일 - 자유주의'로, 악(惡)은 '마름 - 무교(無敎) - 친일 - 공산주의'로 설정되는데, 여기에서 드러나는 맥락은 〈등불〉에서 드러나는 개신교 역사관과 기본적으로 동일하다.

〈불꽃〉은 현(하명중)이 총에 맞아 쓰러진 할아버지(김진규)를 붙들고 총을 들고 일어서는 것으로 끝난다. 원작에서 조용한 자로 살아온 현이 생명의 힘을 깨달으며 저항을 결심하는 것을 그와 같이 장면화한 것이다. 여기에서 '저항'은 무엇일까? 이는 유현목이 문예영화에 부여하고 싶어 했던 '저항'의 의미와 겹치며 해명할 필요성을 제기한다. 현의 저항은 공산주의자(원작에서는 '청부업자')에 대한 것이다. 그렇다면 영화감독 유현목의 저항은 〈7인의 여포로〉 사건 때 그가 보여준 실천에서 살펴볼 수 있을 것이다. 이 사건 당시 유현목 감독은 가장 저항적이었던 영화인으로 알려져 있다. 그것은 그가 세계자유문화대회에서 「은막의 자유」라는 글을 발표했기 때문이다. 이 글에서 유현목은 반공은 국시가 될 수 없다고 주장하여 반공법으로 기소된 것이라고 알려져 있다. 그러나 이 글에서 그는 반공을 부정한 적이 없다.

> 우리는 연산 1백여 편이란 세계유수의 영화생산국으로서 이제 바야흐로 양산 아닌 우수영화를 질적으로 생산해서 세계시장에 수출 과시하는 단계로 줄달음쳐야 할 실정에 놓여 있다. 또 이를 즈음해서 반공을 국시로 하는 나라로서 반공사상을 보다 고차원적인 면에서 제공·주입할 시점에 놓여 있다. 일련의 반공법 위반 혐의 사태는 이러한 때의 변화에 대해서 외면했거나 아니면 편협적인 것으로밖에 해석되지 않는 애국행위라 해둠이 옳은 것이다. (중략) 최고의 예술은 최고의 정치와 통한다는 말이 있다. 괴뢰군을 인형으로만 설정하고 그래서 생명을 부여하지 않는 것이 반공이라면 언제까지나 영화예술의 차원을 높여갈 수 없을 것이다. 또한 영화예술의 차원 높은 표현의 수단을 빌지 않고 국시를 최고로 주입할 수는 없을 것이다.[39]

오히려 반공을 잘 실천하기 위해서는 고차원적인 예술이 발전해야 한다는 논리를 펴고 있다. 유현목의 반공법 위반에 대한 판결문에서도 "반공이 국시라고 해서 그 국시 때문에 괴뢰군을 항상 인형으로만 그린다면 영화예술의 차원을 높일 수 없다고 한 것은 동료 영화제작자로서 영화제작에 관한 추상적인 의견을 말한 것일 뿐이므로 반공법 제4조의 북괴를 고무 찬양하는 구성요건이 될 수 없다. 따라서 이 부분은 무죄를 인정한다."[40]로 되어 있는 것으로 보아 유현목이 반공이 국시임을 부정했다는 것은 유현목의 저항을 강조하기 위한 과장된 소문이며 오히려 유현목의 입장을 완전히 오독하고 있는 셈이다.

---

39) 유현목, 「은막의 자유」, 『경향신문』 1965년 3월 24일자.
40) 『동아일보』 1967년 3월 15일자.

위 글에서 보면 유현목은 반공을 반대하지는 않지만, 반공보다 영화의 발전을 우위에 둔다. 영화의 발전은 우수영화—유현목에게 우수영화란 문예(예술)영화—를 생산하여 세계시장에서 인정받는 것인데, 편협한 애국행위가 '반공'이라는 명분으로 그것을 방해하고 있기에 문제라는 것이 그의 논지이다. 이러한 글을 발표하는 행동을 포함하여 그가 실천하고 있는 '저항'은 영화의 근대화를 저해하는 편협한 '애국행위'에 대한 것이지 반공이라는 국시에 대한 것은 아니다.[41] 여기에서 반공을 잘하기 위해서라도 영화의 발전을 이루어야 한다는 논리는 진정한 안보를 위해서는 적보다 우리가 더 발전하여 그들을 이겨야 하기 때문에 발전을 저해하는 독재에 반대한다는, 1970년대 독재에 저항했던 개신교의 실천 논리와 겹친다.[42] 이러한 논리는 〈조국의 등불〉에 드러난 논리와 동궤를 이루며, 유현목이 〈조국의 등불〉을 만든 것은 단지 향수나 돌발적인 선택이 아니라, 반공문예영화에서부터 정연하게 드러나는 논리를 바탕으로 하는 실천이었음을 드러낸다.

그렇다고 해서 그가 이 영화를 만드는 데 향수의 요소가 없었다는 것은 아니다. 그에게는 '향수'도 노년의 센티멘털리즘을 넘어서는 신념 체계에 속한 것으로 보인다. 개신교도 어머니의 사랑과 어머니를 향한 사랑이 유현목 감독의 개인사에서 매우 중요했음을 앞서 말한 바 있다. 그리고 말년의 작품 〈상한 갈대〉와 〈말미잘〉에 오면 '어머니에 대한 그리움'을 주제화 하고 있다는 것도 지적했다. 〈사랑의 등불〉에서 보여주는 육영수의 모습은 이러한 주제화의 맥락에 있는 것으로, 이상화된 어머니상을 보여준다.

---

[41] 이러한 유현목의 논리를 따르자면 〈불꽃〉에서 현의 저항도 '반공주의자로서가 아니라 자유주의자로서'라고 할 수 있을 것이다.

[42] 한국의 개신교는 서구 문물과 함께 당도했다. 개신교는 서구적 근대화 논리와 함께 발전했다는 것은 주지의 사실이다. 개신교와 근대화 논리의 관계에 대해서는, 류대영, 『한국 근현대사와 기독교』, 푸른역사, 2009 참조.

[1] 저 먼 신의 강가에 흰 새로 날으시어 수호하소서. 이 조국 이 겨레를 사랑, 봉사, 헌신, 애국으로 일관된 여사님의 일생.[43]

[2] 선량한 성품은 끈기 있는 생활력으로 바뀌고, 온순한 성미는 근면하고 절약하는 알찬 힘으로 변한 것, 살아있는 눈매, 내면의 의지를 보여주는 입술의 선이며 그때의 초상을 그려봄직한 그런 변화가 당신에게 나타나기 시작한 것. 어머니의 내면의 변화를 거슬러 생각해 낼 힘이 생겨, 어머니의 인간적인 성장과정을 그림으로 그려낼 수 있게 되었다. 그래서 이제 어머니의 역사에 史觀을 세울 수도 있는 것이다.[44]

[1]은 〈사랑의 등불〉에서 육영수의 모습 위로 흐르는 내레이션이고 [2]는 유현목이 자서전에서 어머니에 대해 서술하는 부분이다. [1]이 이상화된 어머니상이라면,[45] [2]는 어머니가 그러한 경지에 도달하기까지의 성장과정에 대한 것이다. 〈사랑의 등불〉은 육영수가 [2]의 과정을 거쳐 [1]이 되기까지의 서사를 담고 있다. 여기에서 어머니는 '사랑, 봉사, 헌신'과 '끈기, 근면, 의지'라는 덕목으로 이상화된다. 그리고 덕목을 실천하는 것은 신을 향한 것이다. 〈사랑의 등불〉에서 육영수의 죽음을 '호국순교'로 표현하는 것은 그것을 드러낸다.

〈조국의 등불〉과 〈사랑의 등불〉은 '실향민 의식과 어머니에 대한 사랑', '반공의식', '기독교적 윤리관', '발전론'이라는 유현목 작가의식의 요소가 어떻게 위계를 형성하며 구조화되었는지를 보여주는 텍스트이다. 〈오발탄〉에서 발현되었던 비판의식과 〈춘몽〉에서 시도되었던 실험정신은 거세된 채, 체제가 허용하는 범위 안에서 영화를 만들

---

43) 〈사랑의 등불〉, 명덕문화재단, 1990.

44) 유현목, 『예술가의 삶 : 영화인생』, 혜화당, 1995.

45) 육영수는 부덕(婦德)을 갖춘 국모(國母)로서 '청소년에 대한 반공정신의 함양과 과학지식의 보급, 문화예술과 건전한 민족사상을 함양, 체력의 보양과 정서의 순화를 통한 청소년의 복지증진'이 업적으로 찬미된다.

어오며 그것을 자신의 예술로 지켜온 노장은 그 시대의 우두머리를 찬미하는 영화를 만듦으로써 자신의 시대와 예술을 합리화한다. 이미 검열로 구성된 예술은 그와 한 몸이 된 것이다.

6. 신의 윤리와 독재, 그 육화로서의 예술

지금까지 유현목 영화의 서사 논리를 변곡점에 따라 고찰하면서, 그 정체성이 검열과의 관계 속에서 구성되고 변화하는 양상을 살펴보았다. 이는 유현목 감독의 모순된 궤적의 심연을 밝히는 것인 동시에 검열제도 하에서 구성된 예술영화의 정체성을 밝히고자 함이었다. 그리고 그 저변에는 '저항≒리얼리즘≒좌파 대(對) 협력 변절≒반공영화≒우파'와 같은 이분법적 판단으로는 유현목 영화의 정체성이 모순에 차있는 것으로만 보여 실체의 구명(究明)에는 도움이 되지 않을 뿐만 아니라, 검열의 본질도 규명되기 어렵다는 문제의식이 깔려있었다. 재단비평적 판단을 거두고 심연을 들여다본다면 모순된 사실의 공존이야말로 유현목 영화의 정체성을 구명(究明)할 수 있는 단서를 제공하고 검열제도의 본질을 드러낼 수 있는 것이기 때문이다.

태생과 환경적 요인으로 추론컨대, 유현목 감독의 내면에는 작가의식의 기반을 이루는 요소로서 '실향민 의식'과 '반공의식', '어머니의 사랑을 토대로 하는 기독교 신념체계', 그리고 '고난의 극복과 성공에의 의지'가 공존하고 있었다. 만약 그가 검열이 없는 상황에서 영화를 만들 수 있었다면, 그의 작가의식은 보다 깊고 풍성하게 전개될 수 있었을지도 모른다. 그러한 가능성을 보여주는 것이 〈오발탄〉이다. 〈오발탄〉은 4·19를 겪으며 상대적으로 검열로부터 자유로울 수 있었던 영화로, 유현목 작가의식의 원본을 가정해볼 수 있는 텍스트이기 때문이다. 이 영화에 나타나는 전후 사회에 대한 엄정한 비판과 존재의 부조리에 대한 고뇌, 기독교적 윤리관, 그리고 실험적인 면모는 유현목의 작가의식을 드러내면서 유현목 영화의 다양한 가능성을 암시한다. 예컨대 그것은 기독교적인 윤리를 바탕으로 하면서도 보다 현실비판적인 '저항'으로 나아갈 수 있는 것이기도 했고, 한편으로는 〈김약국의 딸들〉에서처럼 기독교와 전통적 가치관이 접합되며 아버지의 질서를 재건하면서 근대화를 이루고자 했던 1960년대의 요구와 손잡을 수도 있는 것이기도 했으며, 〈춘몽〉과 같은 전위적인 형식 실험을 지향할 수도 있는 것이었다.

그런데 〈7인의 여포로〉 사건과 〈춘몽〉 사건을 겪으면서 유현목의 필모그래피는 변곡점을 보여준다. 그의 필모그래피에서 〈오발탄〉이나 〈잉여인간〉과 같은 현실비판적인 영화가 사라지는 것은 물론이고, 영상 실험적 경향도 점차 약화된다. 현실 비판은 양심과 윤리의 문제로 치환되고, 부조리는 인간의 원죄와 구원이라는 종교적인 고민으로 추상된다. 그러면서 기독교의 실천적 구원이 개인의 희생을 바탕으로 하는 국가주의와 손잡는다. 〈순교자〉는 그것을 보여주는 대표적인 영화이다.

그러나 검열은 이보다 더 도식적인 것을 원했다. 이에 유현목 감독은 북한이나 공산주의자를 절대악으로 놓고 그것에 대항하는 개인의 고뇌를 천착하는 구도를 택한다. 그러면서 '반공'을 알리바이 삼아 '문예(예술)'의 영역으로서 고뇌하는 개인을 지키면서 점점 더 종교적 구원의 문제에 천착해간다. 여기에서 유의해야 할 것은 그가 반공영화를 만든 것이 타협은 될 수 있으나 그가 이선에 보여주었던 '저항'으로부터의 변절이라고는 할 수 없다는 점이다. 왜냐하면 그는 예술을 해치는 반공의 도식을 혐오했지만, 근본적으로 실향민이자 기독교인으로서 반공 이념을 반대하는 입장일 수는 없었기 때문이다. 이러한 맥락에서 보면 '은막의 자유' 발언에서 그가 보여준 '저항'의 의미가 반공과 배치되는 것은 아니었음이 드러난다. 그가 실천했던 '저항'은 영화의 근대화를 저해하는 편협한 '애국행위'에 대한 것이지 반공이라는 국시에 대한 것은 아니었다. 다시 말해 그는 반공보다 영화의 발전을 우위에 두었던 것이지 반공을 반대하지는 않았던 것이다. 그렇기 때문에 그는 반공영화를 만들면서도 '반공문예영화'를 지향함으로써 예술가로서의 자존심을 계속 견지할 수 있었던 것이기도 하다.

그러는 과정에서 검열제도는 유현목 영화의 정체성을 구성하며 육화된다. 〈조국과 등불〉과 〈사랑의 등불〉은 그것을 증언하는 아픈 진실이다. 〈조국의 등불〉과 〈사랑의 등불〉에서는 근대화에의 향수를 매개로 '실향민 의식과 어머니에 대한 사랑', '반공의식', '기독교적 윤리관', '발전론'이라는 요소들이 박정희 부처를 찬양하며 그의 시대를 합리화하는 논리로 구조화된다. 〈오발탄〉에서 발현되었던 비판의식과 〈춘몽〉에서 시도되었던 실험정신이 거세된 채, 체제가 허용하는 범위 안에서 영화를 만들어오며 그것을 자신의 예술로 지켜온 노장은 그 시대의 우두머리를 찬미하는 영화를 만듦으로써 자신의 시대와 예술을 합리화한다. 이미 검열과의 관계 속에서 구성된 예술은 그와 한 몸이 되었던 것이다.

1996년에 공식적으로 검열이 없어지기까지 한국영화 생산자들에게 검열은 억압이었음에 틀림없다. 그러나 그렇다고 해서 한국영화 생산자들이 모두 검열의 피해자라고만은 할 수 없다. 그들은 검열을 수용함으로써 영화를 만들 수 있었고, 검열로써 함부로 할 수 없는 영화를 지향하면서 예술영화를 만들었다. 따라서 한국의 예술영화는 검열을 내면화하면서 일정한 방향으로 정향되었다. 한편 그럼으로써 영화생산자들은 보다 유리한 기회를 포착할 수도 있었다. 1980년대까지 '문예영화'라는 이름으로 불렸던 예술영화와 검열은 이러한 역학 관계를 가지고 때로는 상반되지만 때로는 상보적인 이해관계를 가져온 것이다.

유현목 감독의 존재를 형성했던 실향, 반공, 개신교, 그리고 거기에서 근원하는 자유주의와 근대화 지향은 근본적으로 체제의 이념과 부합할 수 있는 것이었기에, 그는 검열제도 속에서 작가의식을 견지하며 예술영화를 만들 수 있었다. 검열제도가 현실 비판과 영상 실험을 거세하고 검열의 도식성이 텍스트 내부의 자율적 원리를 침해하였지만, 작가의식 내부에서 허용 가능한 요소들이 배치를 바꾸며 조율될 수 있었기 때문이다. 그 과정에서 그는 체제가 허용하는 개인의 기독교적 구원 문제에 천착하는데, 그것은 다시 체제가 원하는 예술로 구성되었다. 그의 문예영화에 대한 포상은 그의 예술에 대한 체제의 화답이었다.

'자유'의 이름으로 고뇌하는 지식인, 서구의 세련미를 투영하는 기독교적 표상들, 직설적인 현실비판이 거세된 추상적 질문으로 구성된 영화가 1960년대 이후 한국 예술영화의 표상을 구성하며 1980년대까지 관습화되었던 것은 유현목 영화의 정체성이 개인적 고유함의 영역에 한정되는 것이 아님을 다시금 증언한다. 영화를 만신창이로 만들었던 검열제도는 한국 예술영화의 생산자이기도 했던 셈이다.

▣ 참고문헌

1. 기본자료

1) 영화

〈오발탄〉(1961), 〈김약국의 딸들〉(1963), 〈잉여인간〉(1964), 〈순교자〉(1965), 〈춘몽〉(1965), 〈막차로 온 손님들〉(1967), 〈아리랑〉(1968), 〈카인의 후예〉(1968), 〈나도 인간이 되련다〉(1969), 〈분례기〉(1971), 〈불꽃〉(1975), 〈옛날 옛적에 훠어이 훠

이〉(1978), 〈장마〉(1979), 〈사람의 아들〉(1980), 〈조국의 등불〉(1990), 〈사랑의 등불〉(1990), 〈말미잘〉(1994) 등.

2) 유현목의 논저 및 인터뷰 자료

유현목, 1968 「이 달의 수필 : 양반」, 『대한지방행정공제회』 제17권 178호, 지방행정.
______, 1970 「이 달의 수필 : 인스턴트 영화」, 『대한지방행정공제회』 제19권 201호, 지방행정.
______, 1981 「映畵의 美學과 그 機能」, 『영화연구』 3, 한국영화학회.
______, 1985 「羅雲奎의 民族的 浪漫主義 考察」, 『영화연구』 5, 한국영화학회.
______, 1988.4 「자라지 않는 아이의 고독」, 『월간 샘터』 제19권 4호, 샘터사.
______, 1991.10 「영화에의 길, 수행자의 길」, 『월간 샘터』 제22권 10호, 샘터사.
______, 1991.1 「1992년 연극 영화의 해를 맞아」, 『문화예술』.
______, 1995 『영화인생』, 혜화당.
______, 1997 『한국영화발달사』, 도서출판 책누리.
김병욱, 〈영화인 다큐 유현목 편〉, 1997, http://www.kmdb.or.kr.
장석용, 2000.9 「원로 예술인에게 듣는다 : 영화인 유현목」, 『문화예술 .

3) 신문 및 기타 자료

『동아일보』, 『조선일보』, 『서울신문』, 『경향신문』, 한국영상자료원 KMDB 등.

2. 단행본

강인철, 2006 『한국 개신교와 반공주의』, 중심.
김동호 외, 2005 『한국영화정책사』, 나남출판.
김수남, 2003 『한국영화감독론2』, 지식산업사.
김종원, 1985 『영상시대의 우화』, 제3기획.
류대영, 2009 『한국 근현대사와 기독교』, 푸른역사.
변인식, 1972 『영화미의 반란』, 태극출판사.
______, 1995 『영화를 향하여 미래를 향하여』, 공간미디어.
안병섭, 1989 『영화적 현실, 상상적 현실』, 정음사.
영화진흥공사, 1977 『한국영화자료편람』, 영화진흥공사.
______, 1982 『韓國映畵 · 外國映畵 檢閱現況便覽 1971~1981년』, 영화진흥공사.

______, 1989 『한국영화 70년 代表作 200選』, 집문당.

이용관·이효인·정재형 편, 1999 『유현목, 한국 리얼리즘의 길찾기』, 도서출판 큰 사람.

전양준·장기철 편, 1992 『닫힌 현실, 열린 영화』, 제3문학사.

하길종, 1981 『사회적 영상과 반사회적 영상』, 전예원.

한국영상자료원 편, 2009 『식민지 시대의 영화검열』, 한국영상자료원.

한국영화진흥조합, 1972 『한국영화총서』, 한국영화진흥조합.

3. 논문 외

김소연, 2008 「〈오발탄〉은 어떻게 '한국 최고의 리얼리즘 영화'가 되었나?」, 『환상의 지도 : 한국영화, 그 결을 거슬러 길을 묻다』, 울력.

박유희, 2006 「1960년대 문예영화에 나타난 매체 전환의 구조와 의미」, 『현대소설연구』 32, 한국현대소설학회.

______, 2009 「윤리와 희망 : 유현목의 영화세계」, 『유현목 컬렉션 해설집』, 한국영상자료원.

______, 2010 「文藝映畵의 함의」, 『영화연구』 44, 한국영화학회.

______, 2010 「문예영화와 검열: 유현목 영화의 정체성 구성 과정에 대한 일고찰」, 『영상예술연구』 17, 영상예술학회.

변인식, 1990 「愈賢穆 영화에 表出된 神과 人間의 커뮤니케이션」, 『영화연구』 7, 한국영화학회.

서곡숙, 2008 「한국 영화검열과 코미디영화」, 『영화연구』 36, 한국영화학회.

오영숙, 2010 「한일수교와 영화검열 : 규제와 수용의 실제」, 『아시아 문화정치와 영화검열: 성공적 훈육 혹은 실패한 통제 : 성공회대 동아시아연구소 HK 국제학술포럼』.

이길성, 2010 「1960년대 후반기 문예영화에 나타난 전쟁의 재현」, 『민주주의와 한국영화 : 4·19혁명 50주년 기념 학술발표회 발표논문집』, 민주화운동기념사업회·한국현대매체연구회.

이봉범, 2009 「1950년대 문화정책과 영화 검열」, 『한국문화연구』 37, 동국대학교 한국문화연구소.

이순진, 2009 「식민지 시대 영화 검열의 쟁점들」, 『식민지 시대의 영화 검열』, 한국영상자료원.

이영일, 1995 「영화감독 유현목(愈賢穆) : 그의 인간형성과 영화예술」, 『한국논단』

71, 한국논단.

이유란, 2005 「1960년대 유현목 작품에 나타난 현실인식 연구」, 석사학위논문, 중앙대학교 첨단영상대학원.

조준형, 2010 「박정희 정권기 외화수입정책 연구」, 『한국극예술연구』 31.

최병근, 2009 「유현목 감독의 〈오발탄〉에 나타난 시각적 진술에 대한 연구」, 『영화연구』 42, 한국영화학회.

홍소인, 2003 「문예영화에서의 남성성 연구 : 1966~1969년까지의 한국영화를 중심으로」, 석사학위논문, 중앙대학교 첨단영상대학원.

제4장 간첩과 영화, 그리고 한국 민주주의

1960년대 후반 반공영화 텍스트의 생산맥락을 중심으로

천정환

1. 들어가며 : 간첩론의 필요

우리는 '간첩'[1]을 통해 한반도의 '분단체제'가 만들어낸 특유의, 특별한 인간—존재에 대해 사고해볼 수 있다. 그들은 남북한이 각각 만들어낸 체제대결의 최전선 투사들이다. 이를테면 남으로 내려온 그들은 조국통일이나 "남반부 해방을 위해"[2] 투쟁한 혁명가이다. 또는 북으로 간 그들은 "국가를 위하여 특별한 희생을 한", "특수임무수행자"[3]들이다. 또한 '간첩'은 숭고한 '경계인'[4]이며 사상가이다. 그러나 '간첩'은 가장 더럽고 치졸한 자에게 붙여지는 굴욕적인 이름이다. 그는 체

---

[1] 이 글에서 ' ' 속 '간첩'은 분단 정치체계가 만든 이데올로기와 언어표상의 집합체로서의 간첩을 뜻한다. 스파이·공작원 등과 교환해서 쓸 수 있는 일반명사일 경우 ' ' 없는 간첩으로 표기하려 했다. 그러나 ' '를 통해 한 구분이 완벽하지는 못하다.

[2] 김일동, 「암울한 여로—나는 간첩번호 1336호」, 『북한』 42, 1975.1.

[3] 국가보훈처 등에서 다양한 '북파공작원'들을 공식적으로 통칭하는 용어이다. 대한민국특수임무수행자회 홈페이지(http://www.khuman.org/intro07.php) 참조.

[4] 송두율 교수의, 혹은 송두율 교수에 관한 용어법. 〈경계도시〉에서 송두율 자신의 표현으로는 '어느 편이 되는 게 아니라 통합하고 배제하는 제3의 존재성을 지닌 인간'.

제에 틈입해온 타자이며 믿을 수 없는 인간말종이다. '간첩'은 쥐새끼의 일종으로 음습한 공포를 불러일으키는 존재이다.[5] 남한의 경우 이는 주로 군과 정보기관을 정점으로 하여 대북·대민 반공주의 선전과 대중매체가 만들어낸 표상의 집합체이다.[6] '간첩'은 한국식 반공주의의 대표기표임에 틀림없다. 그러나 과연 '간첩'은 어떤 존재인가?[7]

간첩은 '전쟁'과 '국경'이 만들어낸 존재이다. '전쟁'과 '국경'은 주권[8]의 궁극적인 작용과 작용경계를 표시하는 기표다. 이들도 일반명사가 아니다. 남북한의 주민이 직접 경험한 한국전쟁과 휴전선을 의미하는 것이며 여전히 살아있는 '실재'다. '6·25'와 '38선'은 상상력의 국경선과 '자유'의 임계치를 정해왔다.

간첩이라는 존재는 단지 남북 사이의 첩보전이 아니라, 총체적인 차원에서 남북한의 상호작용이 만들어내는 것이다. 남북의 국가는 각

---

[5] 그래서 '간첩'은 '정보원'이나 '첩보원' 또는 '스파이'와도 전혀 다른 뉘앙스를 가진 말이자 명명법이다. 왜 홍형숙 감독은 〈경계도시2〉의 대사와 홍보 카피에서 "간첩"이 들어가야 할 자리에 굳이 "스파이"라는 말을 써야만 했을까? 실제로 2003~2004년 송두율 교수를 '스파이'라 지칭한 극우나 보수언론은 없었다. '간첩'과 '스파이'의 차이에 대해서는 이성욱, 「내 마음의 '간첩'—김수임, 이수근, 리철진, 쉬리 그리고 기타 간첩들」(『문화과학』 19, 1999.9, 302쪽)에서도 논했다.

[6] 유신시대에 청소년기를 보낸 이성욱은 '간첩'이 연상시키는 것을, "천인공로, 간악, 이수근, 김수임, 김삼룡, 이주하, 실화극장, 124군부대, 김신조, 이승복어린이, 공비, 문세광, 포상휴가, 보로금, 독수리검사, 암약, 난수표, 독침, 적화, 김추자, 뽀빠이, 모란봉1호……" 등으로 나열한 바 있다. 이성욱, 「내 마음의 '간첩'—김수임, 이수근, 리철진, 쉬리 그리고 기타 간첩들」, 297쪽.

[7] 간첩에 대한 공포와 불안증이 한국 현대사에서 매우 큰 역할을 해왔음에도 불구하고 이제까지 간첩론이나 간첩사는 거의 씌어지지 않았다고 할 수 있다. 김성호, 『우리가 버린 얼굴들』, 한겨레출판, 2006 ; 한홍구, 『한홍구 교수의 대한민국사 특강』, 한겨레출판, 2009 ; 이성욱, 「내 마음의 '간첩'—김수임, 이수근, 리철진, 쉬리 그리고 기타 간첩들」 등이 참조할 만한 자료다. 그 외 과거사진실규명위원회의 발간 자료가 있다.

[8] 이 글에서 말하는 주권은 국가가 국가임을 스스로 증명하는 궁극적인 내적 권력, 즉 제헌적 권력을 의미한다. 주권은 또한 국가의 타자를 설정하는 힘이다. 아감벤, 박진우 역, 『호모사케르』(새물결, 2008) 등에서 설명한 슈미트·바디우 등의 논리를 참조했다.

각 내재적인 사회구성원리와 주권의 응결물이다. 그러나 양자는 서로의 존재에 의존한다. 그러면서도 서로의 존재 때문에 언제나 불안하고 유동적이다. '간첩'은 그 체제의 유동성과 대결 강도의 지표이며, 그 존재 양상은 남북 사이의 대결 양상과 역관계도 표시한다. 2010년 남한에서는 천안함 사건과 첩보 멜로 〈아이리스〉가 대히트를 친 반면, 2009년 북한에서는 '반간첩' '예술영화' 〈조난〉(4.25예술영화촬영소 제작)은 세 차례나 '조선중앙텔레비죤'을 통해 반복 상영되었다 한다.[9] 오늘날에도 분단과 한반도의 지정학은 쉼 없이 새로운 간섭적 유동과 불안의 문화정치를 구현하기 때문이다.

그리고 '간첩'은 국내용이다. 그 얼굴성의 반은 상대 적대세력이 만든 것이지만, 나머지 반은 자국민에게 보여주기 위해 아측이 그려낸 것이다. '간첩'은 통치하고 전쟁하는 국가의 위력을 통치대상에게 과시한다. '간첩'은 국적과 국경을 교란하는 존재이다. '간첩'이 없다면 국가도 없는 것이다. '간첩'이 없는 상태는 '자유'이다. '간첩'은 시민들로 하여금 국가 및 '국가들'에 복종하게 한다.

원론적으로 간첩과 대간첩작전(≒언제나 실재하는 정보전·첩보전·심리전)에 투입되는 자원·인원은 일상의 '시민'의 눈에 보이지 않는 것이다. 그것을 가시화하는 것은 '안보'의 반대인 '불안'이나 '전쟁'을 현시하는 일이다. 따라서 우리 눈에 보이는 간첩과 대간작전의 양질은 '자유'나 '평화'의 질량과 경향적 반비례의 관계에 놓인다. 아주 비근한 예를 들어 말하자면, 간첩사건과 국가보안법 구속자가 이명박 정권 하에서 다시 급격하게 늘었다는 사실[10]은 한국 민주주의와 분단

---

[9] 「北 '반간첩' 영화로 대외 경각심 고취」, 『연합뉴스』, 2009년 7월 16일자.

[10] "꾸준히 감소해온 국가보안법 사범이 이명박 정부 들어서 급증하고 있다. 특히 올해(8월 말 기준) 보안법 위반 혐의로 경찰에 입건된 사람은 이미 지난 한 해 동안의 보안법 입건자에 견줘 51%나 많은 106명인 것으로 나타났다. 경찰이 한 해 100명이 넘는 보안법 사범을 정식 형사사건으로 입건한 것은 2003년 이후 7년

2) 간첩과 주권

법은 '법으로' 간첩을 규정하고 처벌하게 돼 있다. 예컨대 남한에는 이에 관한 아주 가혹한 법이 있다.[25] 그러나 법이야말로 '간첩' 앞에 무력하다. 법은 '간첩'을 재단하지 못한다. 소위 '53년체제'와 남한 주권의 성격 때문이다. 인혁당·동백림·통혁당·이수근 등등 가장 많은 '간첩'이 들끓고 있었던 시기에조차 '간첩죄'에 관한 남한 법정의 판단은 흔들리고 있었다. 그 핵심은 간첩이 탐지해야 할 기밀의 성격과 간첩죄의 구성 요건에 관한 것이었다. 한국 어민의 생활상, 외국 유학생의 정치적 성향, 실업자들의 실태 등은 과연 국가기밀인가? 아닌가? 이 문제가 바로 동백림 사건 피의자들의 간첩죄 구성요건에 대한 쟁점의 하나였다. 1969년 2월 25일 대법원은 "정치·경제·사회 등의 전반에 관한 민심동향"도 형법 98조에 규정된 "국가기밀"의 대상이 된다고 판시했다.[26] 그러면서 정보부가 만들어낸 '간첩'들에게 관용을 보인 고법의 판결을 파기했다.[27]

결국 '간첩임'을 규정하고 '간첩'을 처벌하거나 다루는 방식은 주권과 법의 교과서적인 관계를 보여준다 할 수 있다.[28] 그런데 이런 점은

---

25) 현행법에서 간첩은 국가보안법 제2·4·5조 및 형법 98조에 의해 처벌받게 되어 있으며, 간첩죄를 범한 자는 사형이나 무기 또는 7년 이상의 징역에 처한다.

26) 염정철, 「간첩죄에 있어서의 간첩의 개념」, 『사법행정』 제10권 12호, 1969.

27) 1956년 이래의 대법원 판례들이다. 여기에는 총력전의 개념이 작동하고 있다. 간첩이 횡행하던 1967년 판례는 대한민국 사람들에게 '상식'에 속하는 것도 북한에는 기밀이라 주장했다. 그리하여 1970년대 간첩죄 위반자 중에는 "경부고속도로는 4차선이다", "자장면은 맛있다"라든가 "해병대는 뭐 하는 데에요?"라고 말했던 민간인들도 포함되었다 한다. 한홍구, 『한홍구 교수의 대한민국사 특강』 참조.

28) 이 글에서 말하는 주권과 법의 개념과 관계도 아감벤『호모사케르』 등에서 설명한 슈미트, 바디우 등의 설명에 근거한 것이다. 슈미트에 따르면 주권적 예외에서 문제는 바로 법적 규칙을 유효하게 만드는 조건 자체, 그리고 그와 더불어 국가 권위의 의미 자체이다. 그리고 실정법의 효력은 예외 상태에서는 정지되기 때문에, 실정법은 자신의 효력이 발휘되는 정상상태를 정의 내릴 수 있다. '미제의

처벌에서보다 간첩에 대한 권력의 용서 과정에서 더 명확하고 극적으로 드러난다. 자수하거나 전향하는 간첩은 '법'으로 다뤄지지 않는다. 남한의 권력은 필요에 따라 '간첩'을 죽이거나 살려왔다. 헤아릴 수 없는 자의성이 여기에 개재돼 있다. 황태성·김질락 및 인혁당 관계자들의 사형 집행이 바로 그랬다. 반면 김신조·김현희나 그 외 자수 간첩과 많은 전향자들은 살려두었다.

일단 '주권적 예외'가 되는 전향자나 자수 간첩은 제 운명을 예측할 수 없다. 그럼에도 자수(또는 전향)야말로 '간첩'이 살 수 있는 유일한 방법이다.[29] 그것밖에는 없다. '어둠 속에 떨지 말고 자수하여 광명 찾자' 같은 구호는 단지 '국민'을 겁박하기 위한 상투어가 아니라, 남한 권력의 역사와 성격을 무의식적으로 드러내는 국시(國是)이다. '어둠'과 '광명'을 대조시키고, '자수'(고백)라는 방법론을 내세운 이는 다음과 같은 언설과도 상통한다.

너희가 전에는 어두움이더니 이제는 주 안에서 빛이라 빛의 자녀들처럼 행하라. 빛의 열매는 모든 착함과 의로움과 진실함에 있느니라. (에베소서 5:8~9)

눈을 뜨게 하여 어두움에서 빛으로 사탄의 권세에서 하나님께로 돌아가게 하고 죄 사함과 나를 믿어 거룩케 된 무리 가운데서 기업을 얻게 하리라 하더이다. (사도행전 26:18)

물론 주(主)는 바로 박정희─국가였다. 그러한 회개+죄사함의 너무나 허다할 뿐 아니라 아예 '제도화'되었다. 아니, 더 정확히 말하면 이

___

간첩' 박헌영 등에 대한 북의 처리 방법을 보면 남북한에서 이 명제는 다 적용되는 것임을 알 수 있다.
[29] 동백림 사건의 발생과 처리과정을 보라.

는 '사례'와 '제도'의 수준을 넘는다. 즉, 남한의 국가성(stateness) 자체와 유관하다. 박정희 국가는 세속국가인가? 그 자신 죄를 씻고 죽음 가운데에서 살아남아 전능한 권력자가 된 박정희가 반공교국의 교주이다.[30]

잠정적인 결론을 내려보자. 남북한 권력의 성격은 '남북관계'에 의지한다. 주권권력이 주권에 대한 궁극적인 도전자인 '간첩'을 처벌하거나 용서한다. '간첩'들은 박정희-국가의 진정한 카운터파트였다. '민주화'는 그러한 대결과 대결의 구체적인 관계를 '법' 속으로 순치시킨 과정이기도 했다. 그래서 국정원이나 보안사도 정상적인 국가기구가 되는 듯했다. '민주화' 이후 간첩은 남한의 법에 의해 '정당하게' 처벌받았다.

간첩은 정치의 극한에 있다. 대간첩 작전을 벌이는 정보부원이 영화에서 엄숙하게 말한다. "우리가 가슴에 담고 살아야 할 것은, 이 제도가 없으면 인간의 존엄뿐 아니라, 사회의 발전, 물적 재부도 없는 것"이라고. 또는 우리가 간첩을 신고해야 하는 이유가 "자유와 평화를 지키기 위해"서라고 한다. 전자는 북한영화 〈조난〉에서 보위부 간부가 하는 말이다. 그는 대간첩 작전을 "계급투쟁"이라 지칭하며, "그것은 전문 일꾼만이 하는" 일이 아니라 강조한다. 후자는 1967년에 나온 남한 문화영화 〈수상한 사람〉의 대사이다. 그러면서 우리 모두 신고하는 시민이 되자고 한다. 양자는 거의 비슷하지 않은가?

그리고 양자는 각각 기묘한 반어이다. 역사가 가르쳐준 것은 위의 언설과 반대다. 대간첩 투쟁이 심해지고 거기에 대한 국민의 참여가 늘수록, 민주주의와 인간의 존엄과 자유가 빈껍데기가 된다는 것이었다.

---

[30] 그는 엘리아스 카네티가 『군중과 권력』에서 설명한 시체더미 위의 인간상과 흡사하다. 한편 『김형욱 회고록』은 박정희와 김종필의 '좌익 의혹'을 씻어주기 위해 미국과 다른 남한 지배블럭 앞에서 얼마나 애썼는지를 반복해서 말하고 있다.

3) '간첩'의 종류 혹은 그 표상의 심급

'간첩'은 조어력이 대단히 왕성한 어근이다. '간첩' 앞에 붙는 표지어는 표상체계 속에서의 간첩의 존재양식을 설명한다. 간첩은 여타 '분단 서사'처럼 과잉재현되거나 혹은 '재현되지 않는' 존재가 된다. 여러 종류의 영화들은 이중 어떤 '간첩'은 착취하듯 반복하여 재현해왔지만, 어떤 것에는 시선을 두지도 못했다. 이 배분은 '민주화' 같은 역사의 전환 때문에 달라져왔다는 점에 주목할 필요가 있다.

(1) 표상공간에 난입하거나, 체포된 '간첩'들

▌남파간첩, 전향간첩, 귀순간첩

간첩은 단지 A체제에 충성하지 않는 자가 아니라, B체제에서 뭔가 지위와 임무를 부여받은 자이다. 간첩은 지령과 정보, 자금과 장비를 수수하는 자이다. 이 '수수'는 가장 확실한 간첩의 증거이다. 김질락은 자신의 수기에서 월북했지만 결코 노동당원증과 난수표를 받지 않았다는 사실을 강조한다.[31] 이는 자기가 남한 체제에 대한 비판적 인식을 가진 사람이지만, 북의 하수인(=간첩)이 아니라는 점을 주장하기 위한 것이었다.

그런데 우리는 '간첩'이란 존재야말로 언제든 한 체제를 '배신'할 수 있다는 '믿음'을 갖고 있다. 왜 그렇게 됐을까? 수없이 많은 귀순간첩·전향간첩 때문이 아니겠는가? 자수와 귀순에 부과해놓은 정부의 용서—정책 때문이 아닐까? 아니 더 정확하게는 그들의 기자회견과 귀순담 때문이 아닐까?

'귀순'이나 '전향'은 간첩 서사나 반공영화에서도 아주 중요하다. '포

---

31) 김질락, 『어느 지식인의 죽음』, 행림출판사, 1991.

섭'이나 '남파'가 간첩 서사의 시작을 구성한다면, '귀순' '전향'은 그 오메가이기 때문이다. 간첩이 '귀순' 또는 '전향'하는 순간, 서사는 급물살을 탄다. 그 타이밍도 중요하여 초를 다툰다. 간첩이 자진해서 반공서사의 최종 목적인 '승공(勝共)'을 확인해주느냐 마느냐 하는 결정적 모멘트가 거기 있기 때문이다.

간첩영화의 효시라 일컬어지는 1950년대 영화 〈운명의 손〉(1954, 한형모)이나 간첩영화의 발전(?)이 극점에 달했던 1960년대 말의 영화 〈동경특파원〉(1968, 김수용)도 간첩이 귀순 또는 전향하는 것으로 서사가 종결된다. 그러나 이들의 전향은 지나치게 극적이다. 총격전이 벌어지는 와중에 이뤄져 희생을 수반한다. 〈국제간첩〉(1965, 장일호)이나 〈순간은 영원히〉(1966, 정창화)도 동일한 형식의 결말을 가진 바, 이들은 분단과 가족의 비극을 연결시킨 한국적 첩보액션 서사의 문법을 구성한다.[32]

▌여간첩

'간첩'은 젠더를 가진 존재이다. 그것은 '간첩'이 유혹자로서 기능해야 하기 때문이다. 이 전통은 마타하리나 김수임 이래 뿌리 깊다. '현실'에도 당연히 그러하다. 2008년과 2009년 국정원이 발표한 '실제' 여간첩 사건인 원정화 사건과 김미화 사건의 서사를 보라. 고전적이다. 두 여성 '간첩'은 모두 '미인계' 또는 '섹스'를 통해서 남한의 남성을 유혹한 것으로 돼 있다. 마타하리나 김수임은 일종의 '신화'가 되어 여전히 인유(引喻)된다. 원정화도 "한국판 마타하리"라 불렸다.[33]

당연히 여간첩은 간첩서사의 가장 중요한 요소이다. 스파이영화 일

---

[32] 오영숙, 「60년대 첩보·액션영화와 반공주의」, 22~23쪽.

[33] 「'한국판 마타하리' 원정화 계부 항소심에서도 무죄」『오마이뉴스』 2010년 7월 15일자 등.

반의 원리가 유관하다. 〈운명의 손〉 이래 여간첩은 하필 남한 대간요원과 사랑에 빠진다. 007 영화는 이 클리셰를 증폭했다지만, 굳이 본드걸이 아니라도 북에서 온 여간첩은 쉽게 '사랑'의 대상일 수 있다. 남한 남성의 역사적 판타지가 거기 결부되기 때문이다. '북녀'에 관한 오래된 상상력이 작동한 효과이거나 '금지된 것'이 불러일으키는 욕망의 작동일 수도 있다. '북녀'는 팜므파탈일 수도, 남성의 보호본능을 불러일으키는 존재일 수도 있다. 이런저런 계기들 때문에 '북녀'는 아주 쉽게 성애화될 수 있는 존재인 것이다.

〈운명의 손〉 이래 '아름다운' 여배우들이 간첩 영화의 주연으로 캐스팅되는 것도 당연한 일이다. 최은희는 〈여간첩 에리샤〉(1965, 최경옥), 김지미는 〈몽녀〉(1968, 임권택)에서 여간첩을 맡았다. 〈이중간첩〉(2003, 고소영 주연)에서도 보듯 '민주화' 이후에도 그렇다. 그러나 민주화 이후 '간첩'이 급격히 희화화되자 〈그녀를 모르면 간첩〉(2004) 같은 영화에서는 여간첩과 '동네 얼짱' 자체가 (고의로) 혼동된다. 한편 〈동경특파원〉(1968, 김수용)은 매우 예외적인 서사를 갖고 있다. 이 영화에서는 간첩인 재일교포 남성이 남한 여성(윤정희 분)을 유혹하는 것으로 되어 있다.

▌우리 이웃의, 뭔가 잘 모르는, 간첩

1960년대 후반의 '문화영화'와 〈대한뉴스〉는 실로 많은 간첩과 간첩사건을 소개했다. 그중에서는 아주 직접적으로 간첩 식별법을 설명하고 있는 것들이 있다. 〈이것이 간첩이다〉(1966.11.1)와 〈수상한 사람〉(1967.11)은 대표적이다. 〈이것이 간첩이다〉는 다음과 같은 사람을 간첩으로 의심할 만한 존재라 한다.

- 건전지를 다량으로 사는 사람
- 구두창이 물에 젖는 것을 피하는 사람
- 동네 사람에게 이유없이 친절하게 행동하는 사람
- 달라를 소지하고 일정한 직업 없이 돈을 많이 쓰는 사람
- 굴뚝이나 빨래줄에 철삿줄을 매어 안테나로 이용 평양방송을 듣는 사람
- 일정한 주소가 없거나 수시로 여행과 이사를 하는 사람
- 공동변소나 한강인도교에 낙서를 하는 사람(사실은 접선 신호)
- 시골에 나타난 세 사람

저처럼 "간첩의 특징"이란 다양하다. 관심을 끄는 것은 이 영화에서 극화된 후반부이다. 간첩은 '화려한 서울 거리에 놀라 사방을 두리번 거리거나 엉뚱한 질문을 하'거나, 이북 사투리와 "공산주의 용어"를 사용하기도 한다. 또한 담배를 사러 갔다가 담배 이름을 모르거나 값을 몰라 당황해한다. 그래서 간첩은 남한의 "풍습을 잘 알기 위해 신문이나 광고를 한자도 빼놓지 않고" 읽는다.

또한 〈수상한 사람〉에서는 (여)간첩은 "일본에서 온 아저씨"와 만나, "갑자기 멋쟁이 아줌마가 되고" "우리보다 더 잘 살게 되"었다. "아줌마"는 "미국 돈을 갖고 있"다. 즉 간첩은 평범하지 않은 형식의 '부(富)'를 소유하거나 운용하고 있다. 이 영화에서 간첩담론은 똘이장군형 어린이 서술자에 의해 진술되는데, 아저씨는 "나보다 라디오를 더 좋아한다." 그리고 아저씨는 라디오를 혼자 들으며 편지를 쓰며, 밤에만 주로 나다닌다. 결정적으로 어린이는 불 꺼진 방에서 전보치는 소리를 듣고는 "간첩이 아닐까"라 의심한다. 그리고 영화의 말미에 '간첩 식별법'이 첨부된다. 간첩은 "시간과 장소에 따라 맞지 않는 행동을 하는 수상한 사람"이다. "세수나 이발을 못해 얼굴이 더럽거나, 사람을 만나 당황하는 사람"이며 "자기의 본적지와 다른 사투리를 쓰는 사

람"이다. "이유 없이 친절한 사람"도 다시 살펴야 한다. 역시 그는 "물건 값을 잘 모르는 사람"이며 산 이름이나 동네 근처의 파출소나 상점의 위치를 모르는 사람이다.

즉 '간첩'은 일상의 상식 밖에 있는 존재이다. 그는 뭔가 어색하며 '뭔가를 모르는' 이웃의 존재이다. 그 '모름'은 '일상'에 속해있는 매우 기본적인 것이다. 생활과 체제 속의 타자 전체를 간첩으로 돌릴 만하게 만드는 이 위험한 '모름−기준'은 간첩의 표상 중에서 가장 대중적(?)이고 중요한 것이 된다. 간첩 체포 공로자에게 주어진 상금 및 '보로금' 때문에 얼마나 많은 'ㅇㅇ를 모르는 사람'들이 신고되었을까? 짐작하기 힘들다.[34] 한 수사관의 기록에 의하면 실제로 "독침간첩 박춘도"는 소주 한 병 값을 잘 모르고 얼떨결에 북한 돈으로 환산한 값인 "3원"(실제 당시 소주값)이라 했다가 이웃 주민에게 신고당하여 검거된다.[35]

뭔가를 모르는 존재가 간첩이라는 것은 민주화 이후의 영화에서도 중요한 모티프로 사용되었다. 그러나 '모름'의 의미는 달라진다. 이전의 '모름'이 낯섦과 비일상성을 내포한 타자성이었다면, 〈간첩 리철진〉에서 '모름'은 간첩 자체를 조롱하거나 신자유주의 세계체제에 대한 한갓 부적응자로 북한 사람 전체를 치부하는 알레고리가 된다. 간첩은 이제 "서울에 온 시골촌놈"일 뿐이다.[36] 또한 〈그녀를 모르면 간첩〉은 'ㅇㅇ를 모르면 간첩'이라는 남한 사회의 인식과 상투어(속담?) 자체를 영화의 '구조'로 삼아 만든 영화이다.

---

[34] 간첩 신고 포상금 때문에 죄없는 사람을 간첩으로 몰거나 포상금을 상관이 횡령한 사건들도 물론 많았다. 「六大事件辯論을 시작」, 『동아일보』 1960년 8월 31일자(3면) ; 「補償金 가로채 말썽」, 『동아일보』 1960년 9월 18일자(3면).

[35] 성용욱, 「독침간첩 박춘도」, 北韓, No.1, 1972, 240쪽.

[36] 변재란, 「남한영화에 나타난 북한에 대한 이해」, 한국영화학회, 『영화연구』 16, 한국영화학회, 2001.2, 258쪽.

▌이중간첩

반간(反間)이라는 어휘를 고려할 때 이중간첩의 기원은 상당히 깊다. 그러나 한국에서 '대중적인' 이중간첩의 표상은 이수근 사건에서 연유된 것이라 하지 않을 수 없다.[37] 이수근 이전에 한국 신문이나 대중서사 수용자들은 이중간첩을 CIA와 KGB(혹은 영국과 나치 정보기관)의 대결 과정에서나 나오는 존재로만 생각했을 것이다.[38] 이수근 사건이야말로 1960년대 후반 중정의 최고 최대의 히트작이라 하지 않을 수 없다. 이 사건은 간첩에 대한 상 전반에 영향을 미쳤다고 보인다. 이수근 사건은 전체 과정이 극적일 뿐 아니라, 귀순 전후가 모두 반공 선전을 위한 매우 좋은 소재였다. 때문에 당시 영화사들은 중앙정보부에서 "이수근 스토리의 영화권"을 얻어내기 위해 "치열한 경쟁"[39]을 벌였으며 결국 〈고발〉 같은 사실성 높은 영화를 낳았다. 뿐 아니라 이수근은 〈대한뉴스〉를 위시한 반공 선전 영상물에서도 매우 자주 등장했다. 1980년대에까지 그랬다. 1965년 이래 외산 간첩 007의 시대가 도래했지만, 국내산 간첩의 위력도 만만치 않았던 것이다. 〈이중간첩〉(2003, 김현정)은 이수근의 귀순 장면 그 자체나, 〈고발〉을 오마주했다 할 수 있을 만큼 강렬한 탈출 신(scene)으로 시작된다. 그러나 이 영화의 서사는 남북화해 시대에서 상당히 "시대착오적"[40]인 것으로 혹평받았다. 흥행에서도 '참패'했다. 그러나 드라마 〈아이리스〉와 유사한 면이 있다는 (오늘날의) 평도 있을만큼 '진지한' 영화였다. 2003년이 아니라 지금 돌아보면 그렇다. 〈이중간첩〉에 의하면 이중간첩은 우울증을 앓는 존재이다. 언제든 양측 모두로부터 버려질 수 있

---

[37] 여기에 약간의 혼동이 있다. 이수근을 '위장간첩'이라 부르는 경우도 있다.

[38] '이중간첩'을 표제어로 한 일제강점기 신문기사들을 참고.

[39] 김수용, 『나의 사랑 씨네마』, 씨네21, 2005, 196쪽.

[40] 김성욱, 「이중간첩」, 『스크린 screen』, 2003년 2호, 17쪽.

는 그는, '신념'이 주는 자기동일성과 충일함을 누리지 못하기 때문이
겠다.

중요한 것은 지금도 그런 이중간첩이 '있다'는 사실이다.[41] 첩보전
이 끝나지 않는 한 이중간첩은 있을 수밖에 없다. 반간 행위 자체가
첩보전의 기본이며, 대결하는 두 체제는 반드시 사이에 끼이거나, 어
떤 편인지 단정하기 힘든 존재를 만들어내기 까닭이다.

(2) 표상공간에 침입하지 못한, 표현될 수 없는 간첩, 민주화 이후에 포착된 간첩

이제부터의 항들에 이르러 간첩의 존재성은 완전히 모호해진다. 단
순 방북자와 반정부단체, 학생들의 독서회도 모두 간첩과 유사해지거
나 간첩으로 조작될 수 있다. 중요한 것은 이들이 영화를 위시한 표상
공간 속에서 가시화되지 않았다는 것이다.

현실에서 간첩의 형상은 동백림 사건 이래 바뀐다. 한홍구는 박정
희 정권의 제2기 전후의 '간첩'은 확연히 다르고, 그 기점이 동백림 사
건이었다고 주장했다.[42] 피라미급 간첩죄 위반자 외에 그림표 위에
그려진 간첩단도 1960년대 후반부터 그야말로 족출한다. 박정희의 감
옥은 좌익과 간첩들로 들끓는다. 〈대한뉴스〉의 카메라는 이 모호한
간첩들을 일방적으로 서사화하며 착취했으나, 반공영화의 최전성기
에도 극영화의 카메라는 이를 담지 않았다. 이 모호한 간첩들은 너무
정치적이거나 비대중적인 존재들인가? 민주화 이후 비전향장기수를

---

[41] 「검찰, 이중간첩 혐의 '흑금성' 구속」 『한겨레』 2010년 6월 3일자.

[42] 한홍구, 『한홍구 교수의 대한민국사 특강』에 의하면 "북측이 보낸 남파 간첩 가
운데 상당수가 50년대에서 60년대 말에 적발된다. 그러다 72년 7·4남북 공동 성
명 이후 간첩이 급격히 줄어든다." 1970년대 이후 간첩으로 적발된 1,200여 명 가
운데 사살된 사람을 제외한 천 명 중 북쪽에서 보낸 "원단 간첩"이 50명도 되지
않을 것이리는 것이 그의 설명이다.

위시한 많은 '간첩'들이 〈송환〉, 〈선택〉 등등의 다큐멘터리 필름에서
비로소, 또한 집중적으로 가시화되었다는 것은 상징적이다.[43] 문화적
'재현'은 언제나 과부족의 상태를 진동한다. 그것이 문화정치의 맥락
을 표시해준다.

▌'간첩=(노동)당원'

〈경계도시2〉에 의하면 '송두율 사건' 때 처음에는 동정적이던 여론
이 송교수의 1973년 노동당 입당 사실이 '사실'로 확인되면서 급변했
다 한다. 한국의 보수언론과 극우진영은 송교수를 '해방 이후 최대 간
첩'이라 규정하기까지 했다. 도대체 '정치국 후보위원'과 '간첩'이 무슨
관계가 있나? 관계가 있을 뿐 아니라, '(노동)당원=간첩'이라는 식의
사고가 '대한민국'의 일각의 인식이다. 〈경계도시2〉에 등장하는 한 '시
민'은 송교수를 사형시켜야 한다고 주장한다. 이런 거친 신경증은 '극
우'들의 것만이 아니다. 이는 남한의 법체계에 정확히(?) 근거하거나
'간첩'의 역사를 이해한 후에 나온 소산이다. 국보법 제3조 2항은 반국
가단체의 "간부 기타 지도적 임무에 종사한 자는 사형·무기"에 처하
게 해두었으며, '간첩죄'와 국보법 위반을 구분하지 못하는(않는) 것은
오랜 법속(法俗)이었다. 그 기원은 정치적 라이벌을 간첩으로 몰아 죽
인 이승만의 시대에 있다.[44]

---

43) 문학의 양상은 다소 달랐던 듯하다. 주지하듯 1980년대 이후 한국 소설은 이런
    용공조작을 전면 비판하였다. 1950~70년대 소설에서도 간첩─만들기에 관련된
    전횡을 비판하거나 일상인의 불안을 묘사·풍자하는 작품들이 없지 않았다. 많
    지 않지만 전자는 「이십년을 비가 내리는 땅」(『현대문학』 1971) 등 조정래의 소
    설들이 있으며, 하근찬의 「산중고발」(『사상계』 1958.10), 박해준의 「다시 어둠속
    에서」(『경향신문』 1966)를 들 수도 있다. 후자의 예는 비교적 많이 있다. 이호철
    의 『서울은 만원이다』(『동아일보』 1966), 신상웅의 「접선」(단편집 수록, 1979) 등
    이 있다.
44) "1심 재판부는 간첩 혐의에 대해 간첩죄가 아니라 단지 국가보안법 제3조를 적용
    해 징역 5년을 선고했다. 반면 항소심은 양이섭이 간첩혐의를 인정한 1심 진술을

▮간첩=조직원, 그림표 속의 나

동백림 사건의 피해자들 자신이 자기에게 간첩죄가 적용되지 않았다는 사실을 수십 년간 모르고 있었다[45]는 것만큼 드라마틱한 '간첩'의 존재론이 또 있을까? 우선 이는 동백림 사건 피해자의 '죄'가 법에 의해서가 아니라, 중정의 납치·고문·허위자백 같은 법을 빙자한 국가폭력에 의해 구성되었다는 점을 보여준다. 그러나 그보다도 중요한 것은 '그림표 속의 나(그)'를 곧 간첩으로 간주하는 인식과 언어일 테다. 나(그)는 그들의 법과 호명에 복종할 뿐 아니라, '나'의 내면에 간첩은 '깊이' 침투해온다. 결국 나(그)는 간첩이 된다. '내 귀에 도청장치'[46]는 이 정신병적 결과를 가장 적절히 함축한 일종의 시어가 아니겠는가.[47] 환자의 감각은 이중으로 혼란되어 있다. 상식적으로 보면 환자의 호소는 자신이 누군가에게 도청당하고 있다는 것이겠다. 그러나 그 환자의 말 자체도 진실일 것이다. 그는 (누군가의 사주로?) 본의 아니게 누군가를 도청하고 있다. 그의 양심은 그래서 더 괴롭다. 감시와 피감시자는 중첩되어 있다. 바로 모든 첩보전과 국보법이 사람을 괴롭히는 원리가 아닌가?

번복했음에도 불구하고 오히려 간첩죄를 인정해 사형을 선고했다. (중략) 대통령은 대통령선거에서 자신에 대항해 두 번 출마했던 사람에게 사형이 내려진 것에 만족했지만, 지방법원과 항소법원 판사 간의 (판결의) 큰 불일치에 관해 우려를 표명했다" 「대법원, 조봉암사건 막바지 심리」 『내일신문』 2010년 9월 13일자.

45) 국가정보원, 『과거와 대화 미래의 성찰―주요 의혹 사건편 상권』, 2007, 342쪽.

46) 이 실제 환자는 1988년 MBC 뉴스방송을 방해한 것으로 유명해졌는데, 1987년 7월 한 병원에서 자신의 귀에 도청장치가 설치되었다고 주장했다. 「MBC뉴스소동 20代 이번엔 校庭 알몸시위」 『경향신문』 1991년 3월 23일자.

47) 여기에는 상금·보로금(報勞金)이 물론 한몫한다. 간첩 신고자에 대한 포상금을 주는 관습은 1공화국 이래 존재했고, 1960년 민주당 정부 이후 역대 정권은 수차례 조치로 보상금을 인상해왔다. 또한 박정희 정권은 간첩이 보유한 자금의 50%를 간첩 신고자에게 주는 제도도 시행했다. 다음의 기사들을 참조. 「間諜檢擧에 도움 두 兒童에 表彰狀과 賞金(仁川)」, 『동아일보』 1959년 8월 5일자 ; 「間諜 索出에 새 措置」, 『동아일보』 1962년 2월 28일자.

▮'결과적' 간첩=이적행위자, 그리고 고정간첩

'결과적으로' 그가 한 행위가 다른 체제에 기여하게 되는 것, 즉 포괄적이며(?) 결과적인 이적행위까지 간첩 행위로 간주될 수도 있다. 물론 이는 '기밀 탐지'라는 간첩죄의 구성 조항과 무관하며, '우리' 체제와 그들 체제의 대적 전선에서 '우리' 체제를 불리하게 한 것=이적행위라는 매우 단순한 도식이 작동한다. 그러나 이 단순 도식은 실제 남북한이 경험한 '전쟁'에서 도출된 '현실'이기도 했다. 간첩의 존재성을 모호하게 만드는 남한 사람의 인식은 고정간첩에 대한 것으로부터도 주어진다. 고정간첩은 남한 사회에 뿌리를 박고 '살아간다'. 그는 '○○를 모르는' 간첩과 정반대된다. 고정간첩의 상도 획기적으로 바꿔놓았던 〈간첩 리철진〉의 분전에도 불구하고, "5만"을 넘는 '고정간첩'이 정계와 관계뿐 아니라 모든 사회영역에 침투해있다[48]는 불안증이 여전하다. 이때 '간첩'='좌빨'일 수 있다.

▮북파공작원, 특수임무수행원, 소위 '북파간첩'

'북파간첩이 있다.' 이 명제를 발화하기가 얼마나 어려운 것이었는지를 김성호의 책이 요약해서 보여준 바 있다. 1972년까지 북에서 실종·사망한 북파 공작원의 수는 무려 7987명이고 살아 돌아온 사람을 포함한다면 대한민국이 북에 파견한 무장공작원(북에서 보낸 사람들을 우리는 '무장공비'라 부른다)은 11,273명이다. 박정희 정권 이후에도 1,889명이 북파공작원으로 양성되었다.[49] 남한 정부로부터 처절하게 무시당하고 버려졌던 이들이야말로 '비존재'에 가까웠다. 북한 또

---

48) 황장엽과 일부 기독교 목사들의 주장이라 한다. 「한국에 반미감정 염병 돌고 있다 남한내 고정간첩 5만여명 활동」, 『오마이뉴스』 2003년 1월 22일자 ; 「황장엽 암살하고 투신자살하려 했다」, 『중앙일보』 2010년 4월 22일자.

49) 김성호, 『우리가 버린 얼굴들』, 한겨레출판, 2006, 293쪽.

한 이들의 존재를 부정해왔다는 점도 시사적이다. 왜 이들이야말로 한반도 전체에서 가장 숨기고 싶은 존재였을까?[50] 민주화 이후에 이들은 남한의 법률과 〈실미도〉 같은 표상공간 속으로 진입하여 갑자기 다각도로 '가시화'되었다.[51] 오늘날까지 지속되고 있는 이 '북파간첩'의 역사드라마가 사실 남북한 '간첩사'의 상당부분을 압축요약해준다고 할 수 있다.[52]

▌"기타 간첩들"[53]

1950년대 이승만 정권하에서 간첩은 다른 의미였다. 조봉암이 이를 대표한다. 정치적 의미를 띤 간첩=정적(政敵)이다.[54] '미제의 간첩'도 남북한의 간첩을 논하는 자리에서 결코 빼놓을 수 없는 존재이다. 물론 그 가장 앞자리에는 박헌영·이강국·임화 등의 남로당 인사들이 있다. 만약 이런 기준이 남에 적용된다면 어떻게 될까? 1980년대의 운동세력 중 일부는 다른 정파의 활동가들을 '미제의 간첩'이라 칭하기도 했다. 굳이 이름 붙인다면 '지식인－간첩'도 중요한 존재이다. 1960~80년대 남의 중앙정보부와 북의 대남사업부는 공동으로 '지식인－간첩'이라는 특별한 존재를 만들어내기도 했다.[55] 그는 동시대 영화에서 등

---

50) 김성호, 『우리가 버린 얼굴들』은 북의 경우 체제의 폐쇄적 특징 때문이라 하고, 남의 경우 정전협정 때문이라 하나 부분적인 설명인 듯하다.

51) '실미도 사건'이 일어났을 당시에 소설로 그것을 형상화한 최인훈의 『소설가구보씨의 일일』의 일절과 오늘날의 상황을 비교할 만하다.

52) 이외에 '고용간첩'과 '국제간첩' 등 좀 역사가 있는 '간첩'과 '재범간첩' '386간첩' '우회간첩' 같은 신형 '간첩'도 있으나 생략했다.

53) 이성욱, 「내 마음의 '간첩'－김수임, 이수근, 리철진, 쉬리 그리고 기타 간첩들」)에서 나오는 표현임.

54) 전갑생, 「간첩 잡는 "방첩대"에 끌려간 이들 60년간 계속되는 안보 장사, 반공 장사」, 『민족21』 112, 2010.7.

55) 자기 의사와 남에 의해 '간첩단'으로 조작된 많은 남한 지식인들, 북에 '포섭'된 남한 출신의 지식인들, 그리고 남한 출신의 지식인으로 월북했다가 남파된 지식인. 그리고 유학생 간첩단 사건으로 조작된 일본 및 유럽의 유학생들 등을 가리킨다.

장한 국제 '스파이'인 007이나 그의 "이복형제들"[56])과는 전혀 다른 육체성과 존재감을 갖고 있다. '진짜' 안경을 쓰고 있는 그는 아무런 육체적 매력이 없다. 대신 그는 시대와 '사상'에 관계한다.

3. 간첩·반공영화의 심리전적 인식론과 텍스트 원천

1) 심리전 도구로서의 반공영화와 심리전 논제들

〈경계도시1〉은 한국영화와 간첩의 관계를 설명하는 것에 포커스가 맞춰져 있다. '몰래카메라'에 잡혀버린 국정원의 '기관원'은 제작자에게 송두율이라는 '간첩=빨갱이'에 관한 영화를 만들면 안 되는 이유를 친절하게(?) 설명한다. '간첩' 송두율과 통신·회합해야 가능한 영화 제작과정 자체가 국가보안법 위반의 소지가 있어 영화가 폐기처분될 수 있다는 위협 외에도, 중요한 것은 '간첩 영화'의 효과에 대한 것이다. 이것이 우리의 관심을 끈다.

"굳이 만든다면", '이적성' 없는 영화를 만들라는 것이 기관원의 주문이다. 이적성이란 무엇인가? 이 영화의 경우 '송두율이 핍박 때문에 억울하게 귀국을 하지 못하고 있다는 동정심을 잦아내게 되는 것'이다. 그런데 기관원이 파악하는 동정심이란 점층하는 효과를 가진 것이며, 이야말로 '이적성'의 핵심이다. 냉전ー정치와 국가보안법의 인식론도 바로 여기에서 결절한다. 이는 전쟁에서의 초토화나 소개 작전의 개념과 상통한다. 즉 적에게 도움이 모든 것은 인간·물자·시설

극우 언론인 조갑제는 최근에 쓴 그의 칼럼에서 '지식공작원'이라는 표현을 쓴다. 조갑제, 「지식공작원은 이런 글을 쓴다, 송두율의 경우」 등의 글을 참조. www.chogabje.com/

56) 오영숙, 「60년대 첩보·액션영화와 반공주의」에서의 표현.

물·자연에 무관하게 차단되고 소각되어야 한다. 동정심은 "그 사람들"의 활동에 대해 동조할 뿐 아니라 그 활동을 강화하게 되는 효과를 발한다. 그리고 그게 바로 '노동당 서열 23위'인 '비밀요원' 송두율이 노리는 것이다. 이는 곧 '동조세력을 확보하는 것인바, 그게 바로 "빨갱이들의 기본전략"이라는 것.[57] 우리 내부에 숨어서 암약하는 '빨갱이'들(='간첩')이 영화를 활용하지 않게 하는 것이 영화 스스로의 사명이다.

그러나, 이는 소극적인 설정이다. 박정희 시대 영화의 사명은 좀더 적극적인 것이었다. 그것은 요약컨대 '승공'을 위한 것이었다.[58] 주지하듯 '반공영화'는 '국책'에 의해 만들어졌다. '국책'이란, 한편 북과의 체제경쟁의 일부로써 다른 한편 국내의 계급투쟁을 관리·진행하기 위한 수단으로써 영화가 사용되었다는 의미이다.

그러한 '국책'의 인식론적 원천은 과연 어디에 있을까? 이를 심리전 개념과 연관시켜 볼 수 있을까? 심리전은 박정희 정권의 '레짐'과 '문화'를 각각 국제적 냉전과 군사주의에 연관시켜 폭넓게 이해할 길을 열어준다.

(1) 몇 가지 논제가 수반된다. 우선 심리전에 대한 인식의 시원이다. 그것이 일제말기의 총력전체제로부터 왔는지, 또는 한국전쟁과 그 전후(前後)의 경험으로부터 배워서 왔는지, 또는 이 모두를 합한 것에 쿠데타로 정권을 잡은 정치군인들의 새로운 통치 전략이 더해진 결과인지?

심리전의 경험과 인식이 일제시기로부터 처음 비롯되었다는 것은 사실일 테다. 일제는 1937년 이후 '총력전'을 수행했고 여러가지 표상

---

57) 영화 속 기관원의 표현.
58) 서윤성, 「반공영화의 시대적 사명」, 영화진흥조합, 『코리아시네마』, 1972 참조

을 생산하면서 '심리'를 동원했다. 영화 또한 그러했다.[59] 그러나 대한민국의 심리전 인식과 경험의 시원을 식민지시기로 소급하는 것은 신중을 요한다. 한국전쟁의 당사자이자 세계 최강국이었던 미국은 가장 혹독하고도 치명적으로 매혹적인, 미증유의 심리전 경험을 남북 양측의 민족에게 안겨주었기 때문이다.[60] 미국의 심리전은 전방위적이고 거대한 것이었다. 가장 잘 알려진 바 그것은 전쟁기간 중 총 20~30억 장이 뿌려졌다는 '종이 폭탄'으로부터,[61] 또는 VOA를 위시한 방송과 영화로 좁은 한반도를 덮은 미공보원의 활동, 그리고 친미 인사를 길러내는 반영구적이고 고차원적인 문화적 헤게모니 전략[62]에 이른다 할 수 있다. 또한 미국으로서도 한국전쟁은 심리전의 새로운 국면이었다. '공산주의자들'과 직접 접촉하여 냉전의 심리전을 경험했기 때문이었다. 미국은 돈만 많이 들인 것이 아니라, 대학과 군의 인력을 대거 동원해 북한을 공부하고 심리전술을 개발했다 한다. 한국전쟁은

---

59) 이준식, 「일제파시즘기 선전 영화와 전쟁 동원 이데올로기」, 『동방학지』 124, 2004 ; 정근식, 「일본 식민주의의 정보통제와 시각적 선전」, 한국사회사학회, 『사회와역사』 82, 2009.6 ; 강부원, 「식민지 시기 비행기 표상과 기술 지배로서의 신체제」, 성균관대 석사학위논문, 2009 등.

60) 간첩 또한 마찬가지가 아닐까? 간첩(과 스파이)에 관한 상상력은 일제말기에 한번 꽃을 피웠다(권명아, 『역사적 파시즘』, 책세상, 2005의 2장 등을 참조). 그러나 이미 간첩 서사와 '간첩'의 표상은 1920년대 조선인들에게 낯설지 않은 것이었다. 상해와 조만 국경에서, 그리고 세계 전체가 계속적인 전쟁 상황에 있었기 때문이다. 하지만 일제시기의 '간첩 경험'을 한국전쟁 이후 한반도 사람들의 경험과 의식에 비교할 수 있을까? 그럴 수 없다고 생각한다. 왜냐? 박정희 정권 이후, '간첩'은 바로 '우리'일 수 있었기 때문이다. 두근거리는 가슴을 진정시키면서 북한 라디오방송을 듣는 그 사람, 그리고 산에서 농구화를 신고 이슬을 맞고 내려오는 바로 그 사람, 정권의 정책을 지지하지 않는 사람, 간첩을 '신고'하여 한몫 잡으려 하는 그 사람, 무심결에 박정희와 김일성을 비교하는 발언을 한 그 사람은, 바로 우리 가족이거나 나 자신이기 때문이다. "내 마음 속의 간첩"은 주로 중앙정보부·안기부 덕분에 확립된 것이다.

61) 이윤규, 『들리지 않던 총성 종이폭탄 : 6·25전쟁과 심리전』, 지식더미, 2006 등을 참조.

62) 허은, 『미국의 헤게모니와 한국 민족주의』, 고려대 민족문화연구원, 2008 등을 참조.

거대한 국제 심리전이었던 것이다.[63]

그리고 한국은 미군으로부터 최고 수준의 심리전 이론과 경험을 전수받았다. 한국전쟁 초기 국방부 정훈국에서 심리전을 담당하다가 점점 그 '전선'은 확장되었다. 1952년 육군본부 작전국 산하에도 심리전과를 창설했고, 이는 주로 한반도 남부의 '공비'를 상대하면서 심리전을 본격적으로 시작했다. 1960~70년대 인기 라디오 드라마 〈아차부인 재치부인〉의 작가이자 대표적인 반공극 작가의 하나였던 박서림은 최초의 육본 심리전 요원이었던 사람이다. 그는 "대구방송국을 통한 대 이북 방송, 여군을 통한 일선지구와 공비지구에서의 확성기 방송, 남원방송국을 통한 대공비 선무방송 그리고 극동지구 UN군 사령부의 협조를 받아 각종 전단(傳單) 원고의 작성 등"이 자신이 맡은 심리전 임무였다고 한다.[64] 최초에 심리전은 전적으로 미군의 영역이었으나, 후에 미군의 '협조'로 한국군이 직접 그 영역을 맡게 되는 것이다. 주목할 만한 것은 이 최초의 심리전 요원이 KBS에서 '작가'로 일했다는 점 외에도 드라마 창작에 임할 때 심리전 교본이 가르치는 원칙에 근거했다는 진술이다.

1960년대에는 육본 심리전감실이나 중앙정보부 외에도 공보부 조사국[65]이 심리전 관련된 업무를 수행했다. 이는 중요해 보인다. 박정희 정권은 어느 정권보다 공보의 기능을 중시했다. 공보부 조사국은

---

[63] 정용욱, 「6·25전쟁기 미군의 삐라 심리전과 냉전 이데올로기」, 『역사와 현실』 51, 2004, 122~123쪽.

[64] 박서림의 홈페이지(http://www.parkseolim.pe.kr) 참조. 박서림의 경험은 1공화국 때에도 민간 영역과 군의 영역이 서로 겹쳐 있었던 방송사(史)와 '대국민 홍보사'를 보여주는 바, 박정희 정권은 군 경험을 바탕으로 꽃을 피우는 것이다. 박서림은 종전 후에 잡지사 기자로 근무하다가 1958년 12월 육군본부 심리전감실(心理戰監室) 촉탁이라는 직책을 갖게 되기도 했다. 그가 〈희망의 소리〉라는 방송 때문에 KBS와 인연을 맺어 방송작가 경력을 시작한 것도 '희망의 소리'라는 원고를 작성하기 위한 것이었다.

[65] 『동아일보』 1961년 6월 23일자.

1961년 6월에 창설됐는데, 이때 문화선전국이 함께 공보부 내부에 생겼으며 국립영화제작소도 생겼다는 점은 잘 알려져 있다. 박정권은 종래 340여명이었던 공보부 직원을 무려 세 배까지 증원하여 960여명으로 늘려 놓았다. 공보부 장관은 정부의 모든 여론조사를 관장하는 권한을 가졌고, 공보부 차관은 국가심리전을 담당하는 '특수선전위원회' 위원장을 맡았다.[66] 특히 1961~63년 사이에 심리전과 선전에 대한 조사·연구가 활발히 진행되며 공보부 내부에 내외문제연구소를 두고 북한의 전술을 분석하고, 문화정책을 입안하게 했다.

1960년대 이르러 그야말로 심리전 전선이 새롭게 설치된 셈이 아닌가? 박정희 정권은 없는 정통성을 '공보'와 심리전을 통해 메우려 한 셈이다. 영화를 위한(?), 영화를 통한 '심리전'도 기획·실시되었다. 쿠데타 정권 초기부터 '영화-동원'에 대한 인식은 명징했던 것으로 보인다. "농촌이나 민도가 낮은 곳에서는 직접적으로 계몽 선전"하는 "직접시사"를 위해 기록영화나 뉴스영화 등을 활용할 것, 또한 "도시민이나 지식층에게는 간접적인 방법으로 감화를 받도록" 하는 "간접시사"가 유효하니 이를 위해서는 극영화를 이용할 것을 장려한다.[67] 이보다 〈대한뉴스〉, 문화영화 그리고 반공영화에 관한 박정권의 정책의 기원을 압축적이고 효과적으로 요약해주는 명제가 있을까?

이상과 같은 맥락은 박정희 정권의 문화정책과 이데올로기 투쟁에 대해 심리전 개념을 적극적으로 적용할 것을 요청한다고 보인다. 그것은 '지배-동의'에 관한 일반론보다 훨씬 구체적인 인식을 제공해주는 듯하다. 그럼에도 더 세밀히 짚고 넘어가야 할 문제는 남는다고 느껴진다.

---

66) 이하나, 「1960년대 문화영화의 선전 전략」, 『한국근현대사연구』 52, 2010년 봄호.
67) 홍천, 「선전의 강화책을 논함」, 『국가재건최고회의보』 12, 1962 ; 이하나, 「1960년대 문화영화의 선전 전략」, 150쪽에서 재인용.

만약 비유적인 의미에서가 아니라 심리전으로 박정희 정권의 '문화동원'을 이해한다면, 통치와 심리전을 혼동하는 권력은 어떻게 규정되어야 하나? 그 '통치'는 정상정치(normal politics)나 현대적인 의미의 '거버넌스' 등은 말할 것도 없고, 심지어 '개발동원'이나 '권위주의' 등의 개념도 불충분하게 보이게 한다. 대신 이는 '병영국가' 명제나 군사주의와 잘 어울린다. 학자들은 북한을 일컬어 "농성체제" 혹은 "유격대국가"로 지칭한 바 있다. 그렇다면 그 카운터파트이자 거울―대상으로서 박정희 정권도 적극적으로 규정되어야 하는 것이 아닐까?[68]

(2) 그런데 과연 박정권이 자신의 통치대상이자 선거권자들을 잠재적 적으로 삼아 심리전을 전개한 것으로 간주할 수 있는가? '전쟁상태'가 아닐 때 그것은 가능한 일일까?

심리전론자들은 '만유 심리전'의 입장을 견지한다. 즉 전시상황에서 수행되는 '적'과의 심리전투뿐 아니라, 국내의 일상적·이데올로기적 계급투쟁도 모두 심리전의 원리에 따라 움직여져 나가는 것으로 간주하거나, 또는 아예 그 자체를 심리전으로 간주한다.[69] 당연히 남북한의 작용도 모두 심리전의 일부일 뿐이다.[70] 그러나 이는 오히려 심리

---

[68] 이를 통해서도 국제정치사의 핵심 개념인 '냉전'을 한반도에 적용하는 데에 한계가 있음을 짐작할 수 있다. 안토니오 네그리, 조정환 외 역, 『다중』(세종서적, 2008)은 '정상 상태'가 되어버린 '전쟁'의 개념으로 냉전의 의미를 설명한다. 단지 전면전을 하지 않았을 뿐, 1960~80년대의 한반도의 두 국가는 군사적 동원과 대결을 멈춘 적이 없다.

[69] 일상적이고 일반적인 이데올로기 투쟁이나 커뮤니케이션 활동도 여기에 포함된다. 이운규는 심리전의 기능을 "군사작전에 유리한 여건을 조성"하는 것뿐 아니라 "국제관계 개선" "총력 태세 확립" "여론형성 기능" "지휘통솔과 경영관리 수단" 등으로 정리하고 있다. 이운규, 「6·25 전쟁과 심리전」, 『보이지 않는 전쟁, 삐라』, 청계천문화관, 2010, 586~587쪽.

[70] 이를테면 "2002년 부산아시안게임과 2003년 대구 유니버시아드대회 때 미녀응원단의 합법적 대내외 심리전은 한국국민의 북한에 대한 그동안 가졌던 대적관을 일거에 녹여버린 좋은 사례이다. 이러한 보이지 않는 심리전의 침입은 지금도 자

전의 개념을 형해화하는 것이 아닐까? 심리전 개념은 민간인을 끊임없는 '계몽'과 '홍보'의 대상으로 삼는 수준 이상의 이데올로기 전투에 해당하는 걸로 제한해야 하지 않을까? 심리전과 '문화동원'이 다른 것은, 전자가 대상을 대적 개념으로 대할 뿐 아니라, 그 목적이 직접적으로 적의 '전투의지'를 상실하게 만드는 데 있다.

덧붙여 심리전 개념 적용에 있어 유의할 점은 총력전 개념이 갖고 있는 난점과 유사한 것이라 보인다. 국가는 과연 '문화'를 빠짐없이 전선(戰線)에 동원할 수 있는가? 문화구성체와 그 행위자들이 지니는 자율성을 어떻게 봐야 할 것인가?

최근의 연구들에서 박정희시대의 문화정치는 '반공규율'과 국가주의적 '개발동원'이 기조였다고 정리된다.71) 이에 대해 점점 더 커진 (대중)문화의 자율성과 다원성, 그리고 민주주의 문화를 어떻게 기입할 것인가가 문제가 아니겠는가? 이는 단순히 '개발(근대화)' 대 '민주주의(민주화)'의 이분법을 제출하려는 것이나 또한 도시 인텔리의 '청년문화'나 '저항문화'도 형성되고 있었다는 수동적인 설명과도 다른 것이다. 문화적 자율성과 다원성은 동원에 그 자체로 맞서는 힘일 뿐 아니라, '탈동원'하는 힘이다.

이 힘이 박정희 시기의 문화정치 전반을 규정하는 모순의 한 벡터로서 동시에 이해되어야 한다고 보인다. 이를테면 1967~69년은 '체제대결'과 반공동원이 심화되고 전환점에 달했던 시기이다. 동백림과 통혁당, 김신조부대 침투, 푸에블로호 납치사건 등으로 최고조의 안보위기감이 조성되고 6.8 부정선거와 3선개헌 등으로 이어진 '정치' 또한 체제의 광기를 숨기지 않고 있었다. 또한 반공영화의 제작도 절정에

주, 민족대단결(후략)" 같은 인식이다. 이운규, 「6·25 전쟁과 심리전」, 475쪽.
71) 조희연, 『동원된 근대화―박정희 개발동원체제의 정치사회적 이중성』, 후마니타스, 2010 등.

달했던 시기이다. 그러나 이 시기의 영화는 〈산불〉, 〈싸릿골의 신화〉 처럼 반공 동원을 오히려 '예술적으로' 비껴가거나, 반공영화 러시에 대해 회의하고 있었다.72) '심리전쟁' 개념의 장려책이 있음에도 불구하고 1966년과 68년을 제외하고 반공영화는 전체 제작편수의 10%를 넘지 않았다.73) 관객수를 따지면 더욱 그 비중은 적을 것이다. 또 다른 한편, 〈육체의 길〉, 〈안개〉, 〈미워도 다시 한번〉 같은 새롭고도 다른 장르의 길을 개척하고 있었다. 1970년대로 이어진 박정희 정권하의 영화문화뿐 아니라74) 독서국민운동 따위의 '문화동원'에서 읽을 수 있는 것도 오히려 동원의 '역효과'나 탈동원의 양상이기도 한 것이다.75) 그 외에도 무수한, 문화의 민주주의화에 관한 사례가 있을 것이다. 박정권이 '총력안보' 개념을 제출한 것은 1972년 유신 이후의 일이지만, 이때에도 이런 움직임은 멈추지 않았다. 이를 단순히 '저항'이나 '경제개발의 효과'로도 환원할 수 없다고 본다.

요컨대 '심리전'과 '민주주의'가 병존할 수 있는가의 문제이다. 전쟁과 안보—통치의 대상이 휴전선뿐 아니라 (불완전한) 국경 내부에 항존하는 상태, 그러면서 국가주의적 동원이 지속되지만 다원화하는 힘

---

72) 김종원, 「반공영화 30년의 현주소」 ; 「반공영화 세미나」, 『신동아』, 1968.9 등을 참조.

73) 조준형의 통계에 의하면 역사상 가장 반공영화가 많이 제작된 해인 1968년에 24편, 1967년에 15편, 1969년에 17편 등이다(조준형, 「반공영화 소사」). 변재란의 「남한영화에 나타난 북한에 대한 이해」(244쪽)에 의하면 1975년까지의 총 제작 영화 중 반공영화가 9%라 한다.

74) 유선영은 「동원체제의 과민족화 프로젝트와 섹스영화」(공제욱 외, 『국가와 일상—박정희 시대』, 한울아카데미, 2008.8)에서 70년대 영화의 "쇠퇴와 저질화"는 영화를 지나치게 착취하고 '동원'하거나 검열한 후과이며, 박정희식 대중동원이 실패하고 있었다는 증거라고 설명했다. 대중은 '과민족화'에 맞서 스스로 '자치구'를 만들고 있었다는 주장이다.

75) 박정희 정권의 독서 교양주의 동원에 대해서는 천정환, 「처세·교양·실존」, 『민족문학사연구』 40, 민족문학사연구소, 2009; 윤금선, 「독서 대중화 운동 연구—60년대를 중심으로」, 『한국도서관·정보학회지』 제38권 제2호, 도서관정보학회, 2007.6 등을 참조.

이 길항하는 상태를 어떻게 규정해야 할까? '예외상태'와 '정상상태'의 불균질한 변증법, 혹은 '휴전상태'의 권력과 민주주의-문화를 동시에 포괄하는 논변이 필요하다 느껴진다.

2) 간첩 서사의 불균등-상호텍스트론 : 영화 찍는 국가가 소설도 쓴다

1950년대 이래 반공 간첩 서사의 최고 최대 창작자는 누구인가? 분명 영화감독이나 소설가는 아니다. 육군 특무대, 중앙정보부, 안기부, 보안사 등 전 시대의 폭압기구들이다. 그들이 수집하거나 만든 서사가 민간의 이야기산업에 원콘텐츠로 제공되고, 또한 민간의 창작물과 교환된다. 가끔은 경합·협상한다. 결국 불균등-상호텍스트론 같은 것이 필요한 셈이다.

간첩의 형상은 북한의 형상, 그리고 분단체제의 안정감과 직접 연관된 것이다. 때문에 분단 정치체제의 정보전·심리전 담당자들은 간첩의 형상(화)에 많은 주의를 기울여 온 듯하다. 이는 물론 일상의 대중을 정보전·심리전 속으로 주체화 또는 대상화하는 작용이다.

1960~70년대의 중정과 1980년대의 안기부는 '사건 발표'를 통해, 자신들이 적절하다고 생각한 '간첩'-'소설'을 써낸다.76) 이 서사는 '포섭-조직-활동-개심-전향-일망타진' 등의 원형적 화소를 갖고 있다. 그리고 기자회견장의 마이크 앞에서 발표했다. 그림표와 증거품

---

76) 조작의 구체적 양상과 서사 문법, 이런 조작의 서사가 어디에서, 어떤 상상력에서 비롯되었는가 하는 점은 고를 달리한 분석을 요한다. 통혁당 사건 연루자였던 신영복은 인터뷰에서 이에 대해 다음과 같이 말했다. "청년기의 고민과 방황이 어린 수많은 만남과 토론, 그리고 서로 빌려주고 빌려서 보던 수많은 책들이 몇 십 장의 자술서와 몇 십 장의 조서와 몇 줄의 법률용어에 의해 온통 조직적인 관계로 규정됐다. 지난 몇 년간 자신이 행한 활동을 담은 것이건만 수사기록은 외국어보다도 낯설었다. 그리하여 '이런 방식으로 한 사람의 복잡한 사상과 의식이 규정되고 단죄되는구나' 하는 것을 뼈저리게 느끼게 된다." 한홍구, 『대한민국사 04』, 한겨레출판, 2008, 195~196쪽.

이 보족적인 형상화의 수단으로 등장한다. 기실 대중이 공포를 느낀 것은 정보기관이 그려낸 간첩의 상뿐 아니라, 그것을 발표하는 권력의 형상 때문이리라. 즉 그들의 서사창작방법론에는 '발표'까지 포함된다.

특히 김형욱이 마음에 걸린다. 가장 오랜 기간 동안 중앙정보부장이었던 그는 직접 카메라 앞에서 마이크를 들고 국민들에게 '일망타진' 소식을 전하기 위해 부하들이 집단창작해낸 '간첩 서사'를 발표하기 좋아했다. 중앙정보부장이야말로 〈대한뉴스〉의 단골 출연자의 한 사람이었다 할 정도다. 대통령의 최고위 심복이자 '음지에서' 피터지게 벌어지는 첩보전의 수장인 정보부장이 직접 극장에 빈번히 나타나는 일은 세계적으로도 흔한 일은 아닐 것이다. 김형욱의 라이벌(=친구)이자 중정의 창설자였던 김종필도, 후임 이후락과 신직수도, 그러지는 않았다. 이후락이 정보부장으로서 카메라 앞에 선 것은 주로 그가 박정희에 의해 7·4남북공동성명 때문에 북으로 '밀파'된 이후의 일이다. 신직수는 민청학련 사건(1974년) 발표 때문에 등장한 일이 있으나 기본적으로 화면과 '친하지' 않았던 것으로 보인다.[77]

인혁당·동백림·통혁당 사건을 직접 발표한 김형욱의 '카메라 워크'는 '간첩'이 말 그대로 '국내용'이었다는 점을 보여줄 뿐 아니라 1960년대 박정희—국가의 성격을 나타내는 일이다. '조작'을 전혀 부끄러워하지 않고 발표할 수 있는 그 권력의 윤리적·문화적 의식 자체가 연구거리겠지만, 여기서 더 중요해 보이는 것은 현시하는 권력의 문제이다. 허두에서 말했던바 '정상상태'에서 '간첩'은 보이지 않는 존재이며, 그와 대결하는 '우리'의 정보요원들도 보이지 않아야 한다. 그러나 1960년대의 국가는 중앙정보부장뿐 아니라, '간첩'을 매일 전시하다시피 했다.[78] '간첩'의 '이모저모'가 〈대한뉴스〉와 문화영화를 통해

---

77) http://film.ktv.go.kr/ (e-영상역사관)에서의 검색결과에 의함.

늘 소개되었다. 간첩의 얼굴뿐 아니라 그들의 무섭거나 첨단적인 장비들. 그리고 간첩 소탕 작전에 동원된 군인과 장삼이사들, 또는 간첩 체포 유공자들, 간첩 희생자 돕기 바자회 등등.[79] 이러한 '현시'가 1960년대 후반의 정치정세와 분단정치의 상황에서 필요했던 것이리라. 그러나 그 후과는 엄청나게 컸다. 이 현시를 통해 '간첩에 관한 모든 것'이 주조되었기 때문이다. '혁명정부의 크리스마스 선물'[80]로 텔레비전 방송을 '국민'들에게 최초로 제공하고, 자신의 통치 하에서 어떤 정부와도 비교할 수 없이 많은 영화가 생산되도록 한 박정희 정권은 실로 '시청각 정권'이었다. 아래에서는 〈고발〉을 통해 이러한 맥락들 아래에서 생산된 간첩 영화의 텍스트 생산과정을 살펴보자.

3) 〈고발〉의 경우 : 간첩서사의 새 표상공간

김형욱의 중정은 일단 '간첩' 혐의를 들씌우고 상상을 초월하는 '소설'을 써낸다. 그다음에 거기에 상응하는 처벌, 혹은 예상하지 못한 용서를 한다. 물론 적절히 '이용'한 후에 그렇게 한다. 그런데 이 과정은 언제 뒤집어질지 모른다. 두 번 뒤집힐 수도 있다. 이러한 예기치 못한 운명에 처한 '간첩'은 적지 않다. 쿠데타 후에 박정희를 만나러 북에서 파견된 '간첩' 황태성이나, 통혁당 사건 후에도 3년간 목숨을 부지한 김질락의 경우도 그러했다.

그중 가장 극적인 경우는 이수근이다. 그는 심지어 사형장에서도 자신이 죽을 것을 믿지 않았다 한다. 교수형 집행자들이 머리에 용수

---

78) 〈대한뉴스 제685호〉, 1968.7.26. 통혁당 사건 발표 뉴스릴은 가장 전형적인 영상 구성방식을 보여준다.

79) 〈대한뉴스 제666호〉, 〈대한뉴스 제692호〉, 〈대한뉴스 제702호〉 등을 보라.

80) 5·16이 일어난 그해 겨울 서둘러 국영방송 KBS를 개국하면서 정부관료가 했던 유명한 말이다.

를 씌우려 하자 검사를 향해 "연극을 그만합시다. 이것으로 충분하지 않습니까"라는 취지의 말까지 했다. 중정의 회유에 끝까지 속았던 것이다.[81] 김형욱은 반전을 무척 즐겼던 것이다. 그러나 이수근 사건의 최종반전은 무려 40년 후에야 완성된다. 이수근은 간첩이 아니었다. '참여정부'의 〈진실·화해를위한과거사정리위원회〉는 2006년 12월 19일 다음과 같은 '진실규명' 결정을 내렸고, 법원은 사건 피해자인 가족들에게 수십억 원의 배상금을 국가가 지급하라 판결했다.[82] 이수근은 두 체제 모두에 대해 공포와 환멸을 느낀 정상적인(?) 인간일 뿐이었던 것이다. 물론 두 체제에 대해 다 그렇게 느낀 그 감각이 바로 희생자가 된 이유였겠다.

중요한 것은 중정의 공작과 '쇼'에 속은 것은 물론 '간첩' 자신뿐 아니라는 점이겠다. 간첩의 서사를 통해 듣는 모든 관객들(즉, 대한민국 '국민'들)도 속았다. 이수근의 귀순은 대대적으로 보도되어 '국민'들의 환영을 받았다. 〈대한뉴스〉 제617호(1967.4.10)는 '월남 간첩 이수근씨 서울시민 환영 대회'가 열려, 김현옥 서울시장이 이수근 씨에게 천만 원 생활기금, 생활 기구 등 선물 증정했다는 소식을 전했다. 뿐 아니라 '북한 귀순자 이수근씨 가족 돌려보내기 서명운동'도 벌어졌다(〈대한뉴스〉 제628호 참조). 이수근이 북에 남은 가족이 이북 당국으로부터 보복당하는 것을 걱정하자, 서울 시민들도 함께 걱정해주었기 때문이다.

김수용 감독은 이런 정황에서 치열한 경쟁을 뚫고 영화 〈고발〉을 만들게 됐다. 그리고 속았다. 그는 회고록에서 분노를 터뜨린다. "그는 위장간첩이었으며 중앙정보부는 송두리째 그의 거짓탈출에 속았고, 영화를 만든 우리도 그에게 농락당한 것이었다." 이수근 역을 열

---

81) 조갑제, 『李穗根은 역시 간첩이 아니었다!』, 조갑제닷컴, 2009.
82) 「"이수근 이중간첩 사건은 중정의 조작" 공식결론」 『한겨레』 2007년 1월 16일자.

연하여 대종상 남우주연상을 수상한 배우 박노식도 상을 돌려주고 싶다며 분노했다 한다.[83] 이처럼 김형욱의 중정은 '이중'이 아니라 그 이상으로 사람들을 속였다. 김수용도 회고록이 나오던 시점까지 근 40년 동안 김형욱에게 속은 셈이다. 그러나 김형욱도 박정희 정권에 속아 '간첩'보다 더 드라마틱하게 목숨을 잃었다.[84]

이 영화는 여느 반공영화와 다르다. 첩보영화나 '간첩영화'라 부를 수도 없을 것 같다. 남북한 첩보원들의 대결이나 음습한 표정의 '간첩'들이 전혀 등장하지 않는다. 〈고발〉에서의 '간첩'은 결과적으로 '이중간첩'인 이수근뿐이거나, '간첩=반국가단체 가입자들'인 북조선 노동당의 간부들이다. 대신 지식인이자 통신사 부사장까지 지낸 고위급 언론인이었던 이수근의 '귀순 동기'[85]와 북한에서의 삶을 비교적 치밀하게 드라마화했다. 김수용 감독은 이수근을 세 번 만나 자세하게 취재하여 영화를 만들었다 한다.[86] 그러다보니 망외의 효과가 났다. 북의 체제와 직장, 또한 가정생활을 사실적으로 영상에 담고 보통의 대중영화라면 다루지 않을 담론도 등장시킨다. 이 모두는 검열당국이나 중앙정보부가 인정하는 반공 간첩 영화가 다루는 표현의 한계선을 넘어선 것이라 볼 수 있다.

〈고발〉이 그린 예기치 않는 진실의 첫 번째는 북한의 '현실'이다.

---

83) 김수용, 『나의 사랑 시네마』, 112쪽 ; 「〈고발〉의 박노식 씨. "간첩 이수근 역 맡아 대종상 받았으니 분해서 돌려주고 싶다", 『조선일보』 1969년 2월 23일자.

84) 그의 죽음 또한 '의문사'로 남아있다. 프랑스 파리 근교에서 닭 모이가 되었다는 설에서부터 박정희가 직접 쏘아 죽였다는 설까지 적어도 5~6가지의 설이 있다. 국정원과거사건진실규명을통한발전위원회, 『국정원과거위보고서 간첩편(Ⅵ)』, 2007 참조.

85) 결정적인 귀순 동기는 이수근 자신의 직장 내부에서의 권력 쟁투이다. 거기에 송달현(전 문화선전상) 숙청과 그의 딸 송현옥의 결혼문제가 더해진다. 북한의 가족 · 직장까지 파고든 정치과잉과 권력 투쟁, 여기에 '인간성'을 대비시키는 것이 '내적' 동기로 설명된다.

86) 김수용, 『나의 사랑 시네마』, 111쪽.

〈고발〉에는 김일성 초상과 인공기가 반복해서 등장하는가 하면, 열성 노동당 간부인 이수근의 부인을 위시한 '빨갱이'들이 '인간'으로 다뤄진다. 또한 목숨을 걸고 북 체제를 비판하는 극중의 송현옥은, 북의 '현실'을 비판하면서 '진정한 사회주의'와 '당의 사랑'을 요구한다. 따라서 영화는 1차원적인 반공주의가 아니라, 북한체제에 대한 '내재적 비판'을 가한 셈이다. 통상의 반공영화가 결코 담지 않는 논리적이고 복잡한 '귀순 동기'를 담아내고 있는 것이다. 남북한 체제비교는 '귀순'과 '전향'에 필수적인 요소이다. 이 비교는 대부분의 반공서사에서 선언적이고 '권선징악'식으로 단순하다. 북에는 있을 수 없는 자유·부·가족·사랑의 가치를 '자유대한'만이 보유한 것으로 진술된다. 이를테면 김수용 자신의 다른 반공 간첩 영화 〈동경특파원〉에서도 '간첩'을 꾸짖는 반공 논리도 간단하다. "인간의 양심을 말살"하는 "공산주의가 겨우 이런 것이었냐?"[87]이다. 그런데 '이중간첩' 이수근의 목소리가 서술하는 〈고발〉은 논리적이고도 복잡하다.

이는 영화가 굳이 1960년대 후반의 국제 냉전질서와 현실사회주의의 정세에 대해서도 친절하게 설명해주는 데에서도 드러난다. 미국 대통령 존슨이 베트남 파병국 정상을 초청해서 연 1966년 마닐라 정상회의와 존슨의 한국 방문 장면의 뉴스릴을 통해서 '사실'로 제시된다. 당연히 여기 박정희도 등장한다. "자유 대한이 아시아 타국을 리드하는 정치적 지위를 확보"했다거나 "존슨의 방한으로 남한의 국제적 위상이 확고해졌다"는 과장된 나레이션과 함께 나온다. 그래서 역으로 이는, 당시 관객과 영화제작자가 한국의 위상과 '체제우월'에 대한 자신감이 부족했거나, 또는 열심히 설명했음에도 '귀순동기'가 충분하지 못한 이수근의 변명처럼 들린다. 이 영화에 삽입된 뉴스릴과

---

87) 이는 부모가 재일교포 간첩이 된 아들과 서로를 알아보지를 못하고, 그 아들이 자신의 여동생과 결혼하려 한다는 '천륜 위배'의 무리한 설정이 부가되어 있다.

실사필름은 존슨과 한미 안보 동맹을 강조하기 위한 것뿐 아니다. 판문점과 자유의 다리가 비춰지는가 하면 이수근 서울시민 환영대회도 소개된다. 실제 이수근이 출연하는 셈이다. 등장한 이수근은 "나는 자유다!" "내 가족들과 함께 살게 해 주세요"라고 호소한다. 극(劇)만으로는 불충분했던 것일까? 이수근의 드라마에 관한 한, '현실'은 영화보다 훨씬 강하고 상상을 초월한 것이다.

이런 점들이 1960년대 반공영화의 텍스트성을 설명하는 요인이 되지 않을까? 그것을 결정지은 전래의 요인들은 한국전쟁으로부터 인입된 전쟁의 스펙터클과 극적요소였고, 1960년대 중반 이후에는 〈007영화〉 같은 새로운 대중오락적 간섭력 등이었다. 간첩 반공 영화는 그 상태에서 정치성을 포지하지만, 이 정치성은 '동원'된 허구적인 것이었다. 다수의 '간첩영화'는 진지할 수가 없었다. 대신 실제 거대한 대간첩 전투를 치르던 권력은 직접적으로 TV나 〈대한뉴스〉, 혹은 라디오드라마 같은 영화보다 빠르고 직접적인 매체를 총동원하고 있었다. 이는 미증유의 "시청각시대"[88]였기 때문에 가능했겠다. 그것이 새로운 차원의 '심리전'과 '반공방첩'의 자원이자 맥락이었다. 정색하고 진지하게 '간첩'을 다룬 〈고발〉은 상당히 정치적이었기에, 그러한 매체 텍스트의 자원과 서사를 활용하지 않을 수 없었던 것 아닐까.

4. 나오며 : 간첩 영화의 미래

1980년대까지 수없이 많은 '간첩'이 중정과 안기부에 의해 '창작'되었을 때, 시민들은 그것이 조작일 것이라 짐작하면서도, '간첩'이라는

---

[88] 김승옥의 중편소설 「60년대식」(1968)에서의 표현이다.

딱지 때문에 그들을 변호하거나 정부를 비판할 수 없었다. 반공규율에의 동원이 해소된 '민주화' 이후에 오히려, 한국 영화는 특정 국면의 남북한의 관계와 '간첩'의 표상을 스스로 창조해낸다. 그래서 어쩌면 이때 오히려 진정한 '간첩영화'의 제작과 수용이 시작되는 셈이라 할 수도 있겠다.

그럼에도 전시대의 영화 또한 '간첩'의 존재를 통해 징후적으로 분단 정치체제와 주권에 대한 자기입장을 드러낼 수밖에 없었을 것이다. '현실'을 담아낸 영화는 비록 이데올로기적이라 해도 전혀 식상하지 않다. 〈주검의 상자〉(1955, 김기영) 이래 '성공한' 반공 간첩 영화들은 반드시 그런 요건을 갖고 있었다고 보인다.[89] 물론 〈쉬리〉나 〈간첩 리철진〉도 그런 경우에 속한다.

남북관계의 차가운 현실을 경험하는 '국민'들이 상상하는 '간첩'의 상은 진화하며 수용되어 왔다. 간첩서사에 필수적인 정보전과 그 테크놀로지도 진화하여 새로운 서사성을 재창출해낼 수 있다. 2009년산 북한 영화 〈조난〉에서 공작원 '카멜레온'이 "흡수"(포섭)하려는 대상은 김책공대를 졸업한 최첨단 기술자(프로그래머)이다. 간첩은 그에게 이메일로 공작 지시를 내린다. "북한을 테러국가로 계속 고립되게끔 하자는 음모"를 분쇄하기 위한 대간첩 작전에 나선 측도 감시카메라로 상대를 관찰하고 컴퓨터로 몽타쥬를 작성한다. 영화에 대한 반응도 물론 시사적이다. 영화를 본 북의 시민들은 "행복하면 할수록 (중략) 혁명의 수뇌부 두리(주위)에 굳게 뭉쳐 강성대국 건설에서 대혁신, 대비약을 이룩해 나갈 의지를 가다듬었다"고 한다.

---

[89] 이 영화를 직접 볼 수는 없었다. 김종원 앞의 글에서는 해방 후 30년의 반공영화 베스트 20을 뽑았는데 그중 3위에 이 영화를 올려뒀다. 또한 영화를 둘러싼 김종문·오영진의 논쟁 중에서 오영진의 평문이 이 영화가 50년대의 사회상과 간첩상을 적절히 제시하고 북의 대남전술 변화를 실감나게 전달하여 바향을 인으켰다고 했나. 『한국일보』 1955년 8월 3~4일자 참조.

 따라서 당분간은 양측에서 '간첩' 영화는 더 만들어지고 향유될 것이다. '간첩' 또한 일상의 감시, 타자의 배제, 항시적인 불안 등에 근거하기에 한반도 수준에서의 민주주의의 확장이 성취되지 않는 한 재생산될 것이다. 민주주의와 '간첩'은 양립하기 어렵다. 그러니까 '간첩'과 분단 정치체제에 대한 새로운 대응의 태도와 물질적 논리를 만들고, '내 귀에 도청장치'도 이겨내야 하는 양 갈래의 과제가 다시금 '현실'에 있다.

▣ 참고문헌

1. 기본자료

『북한』, 『동아일보』, 『경향신문』 등의 신문·잡지.
〈주검의 상자〉, 〈동경특파원〉, 〈싸릿골의 신화〉, 〈쉬리〉, 〈이중간첩〉, 〈경계도시2〉, 〈경계도시〉, 〈간첩 리철진〉, 〈그녀를 모르면 간첩〉, 〈고발〉, 〈실미도〉, 〈국제간첩〉, 〈순간은 영원히〉, 〈조난〉 등의 극영화.
〈대한뉴스〉와 〈수상한 사람〉 등 문화영화.
e-영상역사관(http://film.ktv.go.kr/).
대한민국특수임무수행자회 홈페이지(http://www.khuman.org/intro07.php).
박서림의 홈페이지(http://www.parkseolim.pe.kr).

2. 단행본

강만길, 2010 『역사가의 시간─강만길 자서전』, 창비.
국가정보원, 2007 『과거와 대화 미래의 성찰─주요 의혹 사건편 상권』.
권명아, 2005 『역사적 파시즘』, 책세상.
김성호, 2006 『우리가 버린 얼굴들』, 한겨레출판.
김수용, 2005 『나의 사랑 씨네마』, 씨네21.
아감벤(박진우 역), 2008 『호모사케르』, 새물결.
안토니오 네그리(조정환 외 역), 2008 『다중』, 세종서적.
이윤규, 2006 『들리지 않던 총성 종이폭탄: 6·25전쟁과 심리전』, 지식더미.

조갑제, 2009 『李穗根은 역시 간첩이 아니었다!』, 조갑제닷컴.
조희연, 2010 『동원된 근대화―박정희 개발동원체제의 정치사회적 이중성』, 후마니타스.
허은, 2008 『미국의 헤게모니와 한국 민족주의』, 고려대 민족문화연구원.
한홍구, 2009 『한홍구 교수의 대한민국사 특강』, 한겨레출판.

3. 논문 외

강부원, 2009 「식민지 시기 비행기 표상과 기술 지배로서의 신체제」, 성균관대 석사학위논문.
김일동, 1975.1 「암울한 여로―나는 간첩번호 1336호」, 『북한』 42.
김종원, 1975.12 「반공영화 30년의 현주소」, 『북한』.
변재란, 2001.2 「남한영화에 나타난 북한에 대한 이해」, 한국영화학회, 『영화연구』 16
서윤성, 1972 「반공영화의 시대적 사명」, 영화진흥조합, 『코리아시네마』.
염정철, 1969 「간첩죄에 있어서의 간첩의 개념」, 『사법행정』 Vol.10, No.12.
오영숙, 2009.12 「60년대 첩보·액션영화와 반공주의」, 『대중서사연구』 22, 대중서사학회.
유선영, 2008 「동원체제의 과민족화 프로젝트와 섹스영화」, 『국가와 일상―박정희 시대』(공제욱 외), 한울아카데미.
윤금선, 2007.6 「독서 대중화 운동 연구―60년대를 중심으로」, 『한국도서관·정보학회지』 제38권 2호, 도서관정보학회.
이성욱, 1999.9 「내 마음의 ‘간첩’―김수임, 이수근, 리철진, 쉬리 그리고 기타 간첩들」, 『문화과학』 19.
이운규, 2010 「6·25 전쟁과 심리전」, 『보이지 않는 전쟁, 삐라』, 청계천문화관.
이준식, 2004 「일제파시즘기 선전 영화와 전쟁 동원 이데올로기」, 『동방학지』 124.
이하나, 2010년 봄호 「1960년대 문화영화의 선전 전략」, 『한국근현대사연구』 52.
전갑생, 2010. 7 「간첩 잡는 “방첩대”에 끌려간 이들 60년간 계속되는 안보 장사, 반공 장사」, 『민족21』.
정근식, 2009.6 「일본 식민주의의 정보통제와 시각적 선전」, 『사회와역사』(한국사회사학회) 82.
정용욱, 2004 「6·25전쟁기 미군의 삐라 심리전과 냉전 이데올로기」, 『역사와 현실』 51.

ㅇ

기타

필자 소개

(글의 수록순)

▶ **이승희** · 고려대학교 민족문화연구원 HK연구교수
「식민지시대 흥행(장)「취체규칙」의 문화전략과 역사적 추이」
(2011), 「공공 미디어로서의 극장과 조선민간자본의 문화정치」
(2010), 「조선극장의 스캔들과 극장의 정치경제학」(2010) 외

▶ **이봉범** · 동국대학교 문화학술원 연구교수
「1960년대 검열체재와 민간검열기구」(2011), 「8·15해방~1950년
대 문화기구와 문학」(2011), 「잡지『신천지』의 매체전략과 문학」
(2010) 외

▶ **이선미** · 동국대학교 국어국문학과 BK연구교수
「박완서 소설과 '비평'」(2011), 「미국적 가치의 대중적 수용과
통제의 메카니즘」(2011), 「1950년대 젠더 인식의 보수화 과정과
'왈순아지매'」(2009)

▶ **이순진** · 연세대학교 강사, 도서출판 소도 대표
『조선인 극장 단성사 1907-1939』(2011), 「1930년대 영화기업의 등
장과 조선의 영화 스타」(2009), 「식민지시대 영화검열의 쟁점들」
(2009) 외

▶ **정근식** · 서울대학교 사회학과 교수
『식민권력과 근대지식:경성제국대학연구』(2011, 공저), 『4월혁명
과 한국민주주의』(2010, 편저), 『경계의 섬 오키나와』(2009, 편저)

▶ **곽귀병** · 서울대학교 사회학과 대학원

► **안진수** · UC Berkeley 동아시아학과 교수

「1960년대 만주액션 영화의 모호한 민족주의」(2008), 「역사의 부담과 작인성의 딜레마」(2007), 「창발적 장소의 변주들」(2003) 외

► **Steven Chung** · Princeton University 동아시아학과 교수

"Visibility, Nationality, Archive"(2011), "The Split Screen: Sin Sang-ok in the DPRK"(2009) 외

► **조준형** · 한국영상자료원 연구부장

『영화제국 신필름』(2009), 『한형모: 통속/장르의 연금술사』(2008, 공저), 「1960년대 초 정변기 한국영화 연구」(2011) 외

► **이길성** · 중앙대학교 강사

『김승호: 아버지의 얼굴, 한국영화의 초상』(2007, 공저), 「1950년대 외국 스릴러 장르의 한국적 수용양상」(2010) 외

► **박유희** · 고려대학교 민족문화연구원 HK연구교수

『서사의 숲에서 한국영화를 바라보다』(2008), 『디지털 시대의 서사와 매체』(2005), 「스펙터클과 독재」(2011), 「문예영화의 함의」(2010) 외

► **천정환** · 성균관대학교 국문학과 교수

『대중지성의 시대』(2008), 『근대의 책 읽기』(2003), 「처세, 교양, 실존－1960년대의 자기계발과 문학문화」(2009), 「문화론적 연구'의 현실 인식과 전망」(2007) 외